Para

com votos de paz

FRANCISCO FERRAZ BATISTA

EM TORNO DO CRISTO

Salvador
1ª edição – 2024

COPYRIGHT ©(2024)
CENTRO ESPÍRITA CAMINHO DA REDENÇÃO
Rua Jayme Vieira Lima, 104
Pau da Lima, Salvador, BA.
CEP 412350-000
SITE: https://mansaodocaminho.com.br
EDIÇÃO: 1. ed. – 2024
TIRAGEM: 3.000 exemplares
COORDENAÇÃO EDITORIAL
Lívia Maria C. Sousa

REVISÃO
João Sérgio Boschiroli
Plotino Ladeira da Matta
COLABORAÇÃO
Eleonor Cecília Batista
CAPA E MONTAGEM
Marcos Cosenza
EDITORAÇÃO ELETRÔNICA
Marcos Cosenza
COEDIÇÃO E PUBLICAÇÃO
Instituto Beneficente Boa Nova

PRODUÇÃO GRÁFICA
LIVRARIA ESPÍRITA ALVORADA EDITORA – LEAL
E-mail: editora.leal@cecr.com.br

DISTRIBUIÇÃO
INSTITUTO BENEFICENTE BOA NOVA
Av. Porto Ferreira, 1031, Parque Iracema. CEP 15809-020
Catanduva-SP.
Contatos: (17) 3531-4444 | (17) 99777-7413 (WhatsApp)
E-mail: boanova@boanova.net
Vendas on-line: https://www.livrarialeal.com.br

Dados Internacionais de Catalogação na Publicação (CIP)
(Catalogação na fonte)
BIBLIOTECA JOANNA DE ÂNGELIS

B333   BATISTA, Francisco Ferraz.

　　　　　Em torno do Cristo. 1. ed. / Francisco Ferraz Batista
　　　Salvador: LEAL, 2024.
　　　　　592 p.
　　　　　ISBN: 978-65-86256-38-3

　　　　　1. Cristianismo primitivo 2. Jesus 3. Era Cristã
　　　I. Batista, Francisco II. Título

　　　　　　　　　　　　　　　　　　　　　　　　CDD: 133.93

Bibliotecária responsável: Maria Suely de Castro Martins – CRB-5/509

DIREITOS RESERVADOS: todos os direitos de reprodução, cópia, comunicação ao público e exploração econômica desta obra estão reservados, única e exclusivamente, para o Centro Espírita Caminho da Redenção. Proibida a sua reprodução parcial ou total, por qualquer meio, sem expressa autorização, nos termos da Lei 9.610/98.
Impresso no Brasil | Presita en Brazilo

SUMÁRIO

Agradecimentos 11

Notas do autor 13

Introdução 15

Apresentação 17

I   As lembranças dolorosas e a saudade 19

II   A fundação dos núcleos cristãos de Cartago e Alexandria
pelo apóstolo Filipe e pelo discípulo João Marcos 29

III   A Cidade da Fé – Homenagem a Irineu
de Lugdunum 33

IV   O núcleo cristão de Alexandria – A filosofia cristã –
Os líderes cristãos 43

V   Quintus Septimius Florens Tertullianus e o
Cristianismo 57

VI   Reflexos do Martírio de Irineu de Lugdunum –
O núcleo cristão de Alexandria e a visita de Clemente de
Alexandria à Cidade da Fé – Revelações do passado 63

VII   A Roma do século III – O imperador Lucius Septimius
Severus – Restabelecimento da perseguição
aos cristãos 79

VIII	As primeiras divisões no Cristianismo primitivo............... 85
IX	O combate às heresias no núcleo cristão de Alexandria – A bailarina da Pártia...91
X	Roma e o núcleo cristão central – Ações do epískopo-geral Zeferino – Manifestações de Orígenes sobre as decisões do epískopo-geral do núcleo de Roma.............. 109
XI	Reunião na Cidade da Fé 113
XII	Roma e o Império Parta.. 117
XIII	A ascensão do general e procônsul Romano Lucius Virius Lupus – A cristã Júlia Antius Crescêncio........................ 125
XIV	O procônsul romano da província da Britânia visita o núcleo cristão de Leondinium... 149
XV	Roma e os núcleos cristãos do Ocidente........................ 157
XVI	Nova reunião na Cidade da Fé 161
XVII	Reuniões instrutivas no núcleo cristão de Alexandria – A maravilhosa narrativa de Miriam de Migdal – Revelações espirituais concernentes ao sepultamento do corpo físico de Yeshua de Nazareth – A conversão da bailarina da Pártia ao Cristianismo 177
XVIII	Roma e o núcleo cristão de Jerusalém – A visita de Tertullianus... 203
XIX	Visita de Tertullianus e Eliaquim à Cidade da Fé – Lembranças e revelações.. 213

XX	Recordações e diálogos de Tertullianus no núcleo cristão de Jerusalém	225
XXI	Lembranças da bailarina da Pártia – Revelações	233
XXII	A conversão do general Lucius Virius Lupus ao Cristianismo	239
XXIII	A viagem do general Lucius Virius Lupus a Roma – Recordações inesperadas	251
XXIV	Preparação para a viagem a Pártia – Novas revelações	259
XXV	Conversações entre Tertullianus e Eliaquim – Planejamento para a viagem a Roma	287
XXVI	Importante reunião na Cidade da Fé – Providências	297
XXVII	A campanha militar na Pártia – Revelações espirituais – A saudade de Júlia	311
XXVIII	A carta de Júlia	329
XXIX	A invasão da Pártia – Lucius Virius Lupus é ferido em combate – O retorno a Roma	339
XXX	A saudade de Júlia – Alusão, pelo imperador, a novas tarefas	343
XXXI	O retorno a Britânia – A triste notícia da morte de Júlia e do filho – A intensa dor de Lucius Virius Lupus	347
XXXII	A nova visita de Lucius Virius Lupus à cidade espiritual de Nova Roma – Revelações do passado	355

XXXIII	A viagem de Tertullianus e do epískopo Eliaquim e diákonos a Alexandria	365
XXXIV	Reencontro com o epískopo Demétrio e o Diákono Clemente	385
XXXV	As homenagens do imperador ao general Lucius Virius Lupus e sua nomeação como cônsul romano da província do Egito	405
XXXVI	Confissões do imperador Claudius Septimius Severus	409
XXXVII	Planejamentos para a viagem de Tertullianus, Clemente e Eliaquim a Roma	429
XXXVIII	Ações do novo cônsul romano em Alexandria – Desdobramento	437
XXXIX	A chegada do grupo cristão a Roma – Planejamentos	447
XL	A tensa e decepcionante reunião com Zeferino, epískopo-geral de Roma	455
XLI	Nova visita do cônsul romano ao núcleo cristão de Alexandria	465
XLII	A visita de Camilla e do menino ao cônsul romano de Alexandria – Importantes revelações	471
XLIII	O retorno do grupo cristão para Alexandria	495
XLIV	A aproximação do cônsul romano do Egito com a bailarina da Pártia	507
XLV	Revelações na cidade espiritual de nova Roma se materializam na Terra	511

XLVI	A morte do imperador Claudius Septimius Severus – Seu último desejo 521
XLVII	A chegada de Publius Septimius Geta a Alexandria – Notícias da morte do pai – A carta do imperador Severus 525
XLVIII	Roma – O trono do império e a ira do coimperador Caracala 533
XLIX	Notícia da morte do coimperador Geta – A tristeza de Lucius Virius Lupus – O édito do imperador Caracala 543
L	As ordens do imperador Caracala – A prisão e julgamento de Clemente de Alexandria e Tertullianus de Cartago – A decisão do cônsul Lucius Virius Lupus 547
LI	A desencarnação de Lucius Virius Lupus – O reencontro com Júlia e os pais na cidade espiritual de nova Roma – Novos planos 563
LII	Importante reunião na Cidade da Fé – Planejamentos para o futuro – Novas tarefas – A mensagem da esperança 579

AGRADECIMENTOS

Gratidão, primeiro, a Yahweh, Senhor de nossas vidas, e a Yeshua ben Josepho, o Inolvidável e Sublime Pastor de nossas almas, pela honrosa oportunidade concedida para, de alguma forma, servir à causa do Cristianismo, meu despretensioso desejo.

A meu anjo de guarda, Espírito caridoso, paciente, tolerante com minhas dificuldades e imperfeições, sempre presente, auxiliando-me a continuar na caminhada, sob os esforços e testemunhos indispensáveis ao progresso espiritual.

Renovada gratidão ao grupo de *Espíritos Paulinos,* pela inspiração que me fizeram chegar, demonstrando bondade e tolerância para comigo, ensejando-me a execução desta nova obra, bem como aos demais Espíritos amigos e benfeitores, tutelares de minha reencarnação, que sempre auxiliam a perseverar no bem, com suas presenças e vibrações de amor e paz.

À querida e amada esposa Eleonor Cecília, companhia ativa e sempre presente em todas as horas alegres e mesmo difíceis e que me tem impulsionado sempre para a melhoria do meu Espírito, com sua conduta e exemplo de esposa, mãe, companheira e colaboradora.

Aos meus filhos e netos, Espíritos que reencontrei nesta etapa para o prosseguimento das lutas redentoras.

Em especial, dedico este livro ao Espírito Sabrina Ferraz Batista, minha filha, com quem pude conviver quarenta e quatro anos desta encarnação, augurando, com fervor de pai e amigo e embalado pelos ventos da saudade, que ela esteja firme no trabalho do bem e de seu progresso, no Mundo espiritual, sob a tutela dos bons Espíritos.

Por final, gratidão ao estimado amigo João Sérgio Boschiroli, imprescindível na revisão das obras que tenho tido oportunidade de levar a público, que sob o lastro de sua experiência e saber tem sido o colaborador caridoso de sempre, rogando ao Mestre Jesus que o abençoe sempre!

NOTAS DO AUTOR

Dentre as oportunidades que me têm alcançado nesta encarnação, agradeço, genuflexo, as que me permitiram incursionar no campo da escrita, de maneira que pude lançar meu primeiro livro: *Nos tempos de Paulo*, publicado pela Editora EBM, de Santo André (SP), inspirado por um grupo de *Espíritos Paulinos,* em cuja obra tive a alegria inenarrável de escrever sobre alguns ângulos específicos do extraordinário trabalho realizado por Paulo de Tarso, o Apóstolo da Gentilidade, na sua grandiosa luta e esforço para a sedimentação do Cristianismo na Terra.

Ainda sob o concurso e inspiração dos mesmos Espíritos bondosos, pude retratar, igualmente, as lutas ingentes e intensamente travadas por diversos outros trabalhadores de Yeshua em favor do zelo, cuidados e divulgação de sua inolvidável Mensagem, dentre eles: *Inácio de Antioquia,* no segundo livro: *Testemunho pelo Cristo,* publicado pela Editora EBM – Santo André (SP); Policarpo de Esmirna, no terceiro livro: *Testemunhos pela verdade,* publicado pela Editora Francisco Spinelli, da Federação Espírita do Rio Grande do Sul; Irineu de Lyon, no quarto livro: *Trajetórias para o Cristo*, publicado pela Editora Leal – Mansão do Caminho – Salvador (BA).

Esses livros, que se recomenda ler em sequência, em razão do contexto histórico, têm composto o que posso denominar, de alguma forma, como uma *pequena saga* dos primeiros grandes divulgadores do Cristianismo, após a desencarnação do Cristo Jesus.

Na continuidade dessa diminuta *saga,* com alegria imensa, apresento este despretensioso quinto livro, retratando mais uma pequena parte alusiva à continuidade das lutas pela preservação da pureza da Mensagem de Yeshua, desta feita, pela grandiosa ação de almas como *Tertullianus de Cartago, Clemente de Alexandria e Orígenes.*

Pela inspiração, permiti-me viajar nas asas do tempo, ao período fascinante da história do Cristianismo primitivo, agora nos séculos II e III da Era Cristã, e registrar, pela memória, a coragem, o esforço, a bravura, a dedicação, a abnegação e estoicismo destes que, podemos dizer, contam-se no rol dos *Trabalhadores das Primeiras Horas do Cristianismo*, e que foram resolutos e firmes na defesa dos postulados do vero Cristianismo, tal qual nos entregou seu Autor: *Yeshua de Nazareth.*

Ao levar a público mais esta obra, continuo nutrindo o desejo de que aquelas almas que pela bondade de seus corações tiverem a oportunidade de a ler, possam, de alguma forma, mergulhar seu pensamento nos tempos do Cristianismo Verdadeiro e revestir-se das energias, otimismo e esperanças dos primeiros cristãos que, por seus exemplos maravilhosos de dedicação e esforço, convidam-nos a orbitar sempre *em torno do Cristo.*

Que Yeshua de Nazareth, Mestre de Amor e Bondade, abençoe-nos hoje e sempre!

INTRODUÇÃO

U m ramo surgirá do tronco de Jessé, e das suas raízes brotará um ramo. O Espírito do Senhor repousará sobre ele, o Espírito que dá sabedoria e entendimento, o Espírito que traz conselho e poder, o Espírito que dá conhecimento e temor do Senhor (Isaías, 11:1-2).

Dias virão — declara o Senhor —, em que levantarei para Davi um Renovo justo, um rei que reinará com sabedoria e fará o que é justo e certo na Terra. Em seus dias, Judá será salva, Israel viverá em segurança, e este é o nome pelo qual será chamado: O Senhor é a Nossa Justiça (Jeremias, 23:5-6).

...E são as Escrituras que testemunham a meu respeito... (João, 5:39).

E, LEVANTANDO-SE dali, foi para os termos da Judeia, além do Jordão, e a multidão se reuniu em torno dele; e tornou a ensiná-los, como tinha por costume (Marcos, 10:1).

E aconteceu que, apertando-o a multidão para ouvir a palavra de Deus, estava ele junto ao lago de Genesaré (Lucas, 5:1).

E DESCENDO ele do monte, seguiu-o uma grande multidão (Mateus, 8:1).

E grande multidão o seguia, porque via os sinais que operava sobre os enfermos (João, 6:2).

"*Enquanto as ambições desregradas conduzem as inteligências ao paroxismo e à alucinação da posse, da fama, da glória, das disputas cegas, Ele ressurge na consciência moderna, em plenitude, jovial e amigo, afortunado pela humanidade e a segurança íntima. A atualidade necessita urgentemente de Jesus descrucificado, companheiro e terapeuta em atendimento de emergência, a fim de evitar-lhe a queda no abismo...*" (*Jesus e atualidade*, ditado pelo Espírito Joanna de Ângelis, psicografia de Divaldo Pereira Franco).

APRESENTAÇÃO

Apresente obra é o quinto livro de uma série que enfoca o Cristianismo nascente, e mais especificamente alguns expoentes da difusão da Mensagem do Evangelho de Jesus na plenitude de sua pureza.

A primeira obra: *Nos tempos de Paulo,* editada pela EBM em 2014, narra a saga do gigante apóstolo Paulo de Tarso, juntamente com seus colaboradores mais próximos.

A segunda: *Testemunho pelo Cristo,* também pela EBM, em 2016, tem como protagonista Inácio de Antioquia.

A terceira: *Testemunho pela verdade*, editada pela FERGS em 2018, tem Policarpo de Esmirna como ator principal.

A quarta: *Trajetórias para o Cristo*, editada pela LEAL em 2018, está centrada em Irineu de Lyon.

A quinta: *Em torno do Cristo* tem como protagonistas Tertullianus de Cartago, Clemente de Alexandria e Orígenes Adamâncio, também de Alexandria.

Neste quinto volume, o autor, inspirado por uma equipe de Espíritos Paulinos, analisa os últimos tempos do Cristianismo nascente, quando os núcleos cristãos do Oriente mantinham da melhor forma possível a pureza doutrinária da Mensagem do Cristo Jesus, enquanto os núcleos do Ocidente, liderados pelo núcleo de Roma, rendiam-se a costumes estranhos e cerimoniais do paganismo do Império Romano, abrangendo a adoção de paramentos, de rituais e a cobrança de contribuições dos cristãos, entre outras *inovações* distanciadas da Mensagem do Mestre Nazareno.

Entre outras ocorrências significativas, Tertullianus, Orígenes e Clemente deslocaram-se de seus núcleos de origem e foram até Roma para conversar com o epískopo-geral, com o intuito de convencê-lo a abandonar as práticas dissociadas da pureza primitiva do Cristianismo.

As cinco obras mencionadas são, na verdade, históricas, à medida que acompanham o desenvolvimento do Cristianismo, a par das conquistas do Império Romano, focalizando, em muitos momentos, as perseguições aos cristãos, as prisões e as execuções sumárias, principalmente no circo romano.

Também são essencialmente doutrinárias, na medida em que tratam da Mensagem de Jesus, assim como da mediunidade, da vivência da caridade cristã, da Lei de Causa e Efeito, dos desdobramentos etc.

Por outro lado, são belíssimas e profundas as preleções feitas por Tertullianus e por Clemente, em diversos momentos, além das instruções de Acádio, governador da Cidade da Fé, localizada no Mundo espiritual.

Várias são as visitas que os protagonistas fazem à Cidade Espiritual de Nova Roma e à Cidade da Fé, para receberem instruções para a condução das atividades na Terra.

Por último, a par da Doutrina e da História, o livro traz um belíssimo romance, narrado em contraponto com os demais assuntos, protagonizado pelo general e procônsul romano Lucius Virius Lupus, fiel cidadão romano que se apaixona pela Mensagem do Cristo.

Curitiba (PR), 21 de agosto de 2023.
João Sérgio Boschiroli

CAPÍTULO I

AS LEMBRANÇAS DOLOROSAS E A SAUDADE

Debruçado sobre o espaldar de uma das janelas de sua morada, em Cartago, numa manhã um pouco fria, Quintus Septimius Florens Tertullianus olhava fixamente para a chuva que derramava suas águas renovadoras, molhando as árvores, lavando o solo, e o bailado das flores que açodadas pelo vento caíam ao chão, uma aqui, outra acolá, prenunciando a chegada da primavera. Ajeitou-se na grossa túnica comprida. Sentia um pouco de frio, e seus olhos estavam molhados, não pela chuva, mas pelas lágrimas que brotavam de seu coração.

Uma nesga de tristeza trazia para perto de si vibrações de amargura e melancolia, e uma saudade imensa lhe invadia a alma, que estava carregada pela lembrança da amada e inesquecível esposa Verônica. Já se haviam passado seis anos do dia em que ela havia falecido em seus braços, contudo, o perfume de sua presença nunca se esvanecera e naquele dia se fazia muito forte, não somente no seu ser, como em toda a casa. Ela sucumbira a uma doença misteriosa, aliás, era ela dez anos mais nova do que ele.

Mergulhado em suas lembranças, Tertullianus viajou pelo tempo, recordando-se que foi numa tarde morna, como muitas que costumeiramente se faziam em Cartago, quando, num leito de dor e de silêncio, tendo por única companhia o marido, Verônica entregaria sua alma ao desconhecido. Ela era de origem grega e sua família afeta à adoração de Dionísio, Zeus, Apolo, Ártemis e Hera, os deuses do Olimpo.

Apertando os olhos, dos quais escorriam lágrimas sentidas e ainda mirando a chuva, Tertullianus lembrou-se que naquele dia fatídico, quando, no prenúncio da morte, Verônica, afagando-lhe o rosto com ternura e com voz débil, falou:

— Meu amado marido, pressinto que está chegando o meu fim neste mundo. Trouxeste-me a felicidade traduzida no amor puro, na companhia prazerosa, no amparo de marido e até de irmão. Oxalá tivesse a concessão do Deus maior, a fim de que eu tivesse mais um dia que fosse, na Terra, para poder viver mais esse dia contigo! Entretanto, vejo que isto não me será possível. Então te peço, sob os ares da minha preocupação, vigia sobre ti, não te descuides.

Verônica respirava com dificuldade. Carregava em seu íntimo, ultimamente, um segredo que ainda não pudera dividir com o marido, não que desejasse ocultá-lo, eis que aguardava o momento propício para revelar-lhe.

Após uma pequena pausa, continuou:

— Neste momento em que meu coração chora por ti, tenho um segredo para revelar-te, meu querido marido. Não o fiz antes porque aguardava o melhor momento para fazê-lo e por certo outro momento mais propício não haverá, que não seja o deste instante.

Após outra pequena pausa, pois sua respiração ficava mais ofegante, Verônica varreu com seu olhar o ambiente do pequeno quarto de dormir, como que a olhar para alguma coisa muito importante, e volvendo novamente os olhos para o marido, continuou:

— Meu amado, já faz quase seis meses que, sem que tu soubesses, tenho frequentado o núcleo cristão da cidade. Sempre que lá vou, o que se deu desde a primeira vez, sou otimamente recebida por aquele a quem chamam de epískopo, cujo nome é Cipriano.

Nesse local pude conhecer ensinamentos e revelações sobre a pessoa que eles dizem ser o líder máximo de sua crença; aprender que, para eles, existe um único Deus, que tudo criou e a quem chamam de Yahweh, e que esse líder é filho de Yahweh, por Ele enviado para a Terra para uma missão de renovação de toda a Humanidade, e que se chama Yeshua ben Josepho, ou Yeshua de Nazareth, como costumeiramente a Ele se referem.

Aprendi com eles muitas coisas que esse Mestre ensinou e exemplificou em toda a sua vida, principalmente que a nossa vida não termina com a morte dos sentidos físicos nem se encerra no túmulo; que prosseguimos, mesmo depois da morte física, a viver em outras moradas, na condição de alma; que nosso corpo carnal é apenas uma vestimenta temporária da alma que, após a cessação dos sentidos físicos, baixa à sepultura, decompõe-se e desaparece com o tempo, mas a alma sobrevive.

Quero dizer-te, neste instante em que meu coração parece se dilacerar ante o prenúncio de nossa separação física que, de maneira impressionante, o que não sei como explicar, estou vendo aqui ao nosso lado os meus pais já falecidos e também meus avós, que se apresentam vivos, que nos olham e sorriem para mim, como a me aguardar para ir-me com eles.

Embora isto de certa forma me assuste, como um paradoxo, a me ver na condição de deixar tua amada convivência na Terra, uma espécie de conforto invade minha alma, pois o que ocorre me confirma que irei com eles para outras moradas, como é ensinado no núcleo cristão, e passo a nutrir a certeza de que nossa separação não será definitiva, e sim apenas temporária, eis que agora vejo que a imortalidade nos aguarda a todos, e um dia, um dia, com certeza, haveremos de nos reencontrar no reino do maior dos deuses, Yahweh, o que nos possibilitará estarmos juntos novamente, talvez de forma definitiva, quem sabe!

Verônica tossiu levemente, fez nova pausa, como a se concentrar e buscar forças para continuar a falar, e então prosseguiu:

— Eles me dizem, meu amado, que todos morremos várias vezes no corpo, mas também já renascemos outras vezes e que isto se dá para que prossigamos no rumo de aperfeiçoar nossa alma; na direção de conquistar o ingresso definitivo no Reino de Yahweh, e que nesse Reino impera o Amor, a Paz e a Justiça, para sempre, as quais são virtudes soberanas.

Após nova pausa, as lágrimas correram abundantemente pelos olhos de Verônica e com a voz ainda mais fraca, continuou:

— Estou pedindo, meu amor! a esse Deus que pouco ou quase nada conheço, que Ele te abençoe, e àquele a quem os cristãos denominam como sendo o Enviado e Messias, que também te abençoe os passos e teu caminho, e, como a vida continua mesmo, seja-me possível velar e esperar por ti, para que nos abracemos novamente e, quem sabe, façamos planos de nova convivência, pois esta que se finda me foi uma dádiva, pela gentileza, cuidados, amor e carinho que sempre desvelaste para comigo.

Verônica olhou novamente nos olhos do marido Tertullianus, que chorava sentidamente, segurando as mãos da esposa. Então, entre novos soluços débeis, exclamou, baixinho:

— Até um dia, meu querido! Eu te amo com todas as forças do meu coração, e sempre te amarei!

A seguir, qual um pavio cuja labareda vai lentamente se apagando, perdeu os sentidos e se foi.

Tertullianus, pela última vez, apertou a esposa de encontro a seu peito. Já tinha estudado, na sua juventude, sobre a religião e a tradição dos judeus e já tinha ouvido referências sobre Yeshua ben Josepho, mas apesar de sua erudição nesses assuntos, ainda duvidava um pouco de tudo o que já pudera ter conhecido nesse sentido. Agora, naquele momento fatídico para sua alma, as lágrimas rolavam mais profundamente e exclamou em voz alta: — Será que que de fato tudo isto é verdade? Tomara que sim, pois neste instante entrego a esse Deus a alma da minha vida!

Ainda olhando para a janela do passado, em que as lembranças de Verônica sempre se reavivavam no seu coração, lembrou também que passara quase toda a sua juventude na cidade de Roma, na Península Itálica, eis que seus pais eram possuidores de boas condições econômicas. Seu pai era oficial do exército romano, na condição de centurião, e embora fosse de origem africana já herdara do avô de Tertullianus boas posses materiais. Sendo de origem africana, como seu pai, teve a oportunidade de estudar, em Roma, o latim, o grego e o hebraico, habilitando-se também nos estudos da filosofia da Grécia e na cultura e tradição religiosa dos hebreus e judeus e especializando-se sobre a legislação esparsa que havia no Império Romano, que era ainda portentoso e dominador.

Igualmente, lembrou-se do dia em que, impelido pelas lembranças de sua amada Verônica, resolveu visitar o núcleo cristão de Cartago. Quando lá chegou, foi recebido por um dos auxiliares do epískopo, e este se apresentou a ele como sendo o diákono Jairo, o qual lhe dispensou excelente recepção, eis que Tertullianus já era reconhecido na cidade como portador de uma mente brilhante e possuidor de uma sólida formação intelectual.

Para ir até o núcleo cristão, embora as vivas lembranças que tinha do que lhe dissera sua amada esposa no momento extremo de sua morte, ele teve que lutar contra um certo ceticismo pessoal em relação ao Cristianismo, do qual, além do que lhe dissera Verônica, já tinha algum conhecimento, pois um amigo aqui, outro acolá já haviam lhe falado, embora superficialmente, sobre essa crença, e mais, falavam-lhe com encantamento sobre a presença, que diziam majestosa, de Yeshua de Nazareth na Terra.

Sua formação de crença até aquele dia em que entrou pela vez primeira em um núcleo cristão baseava-se na predileção, embora sem muita convicção, pelo politeísmo grego. Aprofundara-se nos estudos da filosofia da Grécia.

Notadamente, tinha predileção pelo filósofo Tales de Mileto, e se encantava com a busca que esse notável filósofo fez, de respostas racionais para os fenômenos da Natureza e as razões da existência.

Tales de Mileto foi o filósofo fundador da Escola Jônica, considerada a mais antiga escola filosófica da Grécia, onde seus pensadores buscavam explicações cosmológicas, ou seja, por meio da Natureza, através da observação dos astros do céu, além das suas contribuições na área da Astronomia, que partiram de muitas observações que realizava, nas quais chegou a prever o eclipse solar ocorrido no ano de 585 a.C., acrescido aos conhecimentos no campo da Matemática, mais precisamente na área da Geometria, a partir de demonstrações dedutivas, tendo apresentado as teorias sobre a semelhança dos triângulos e as relações sobre seus ângulos; as retas paralelas e a propriedade das circunferências.

Tertullianus também tinha predileção por Aristóteles, que examinou os conceitos de substância e essência, concluindo que uma substância é a combinação daquilo que a compõe, a matéria, e aquilo que a distingue como tal, a forma. Porém, o que mais lhe atraía em Aristóteles eram os ensinamentos no campo da ética e da moral, das virtudes e da lógica, como caminho para o pleno desenvolvimento humano, do ponto de vista ético, defendendo que o objetivo é ser bom, não apenas saber o que é bom e que um caráter virtuoso nos aproxima da felicidade. Lhe impressionava o fato de que os conceitos extraídos da filosofia grega, e principalmente desses filósofos, conflitavam com o próprio politeísmo grego, pois os filósofos gregos admitiam a existência de um Deus maior, o Criador de tudo o que existe, e o denominavam como sendo o *Deus Desconhecido*.

Admirava também outros grandes pensadores gregos, como Sócrates e Platão, que consideravam ser a existência não finita e que, para além do Monte Olimpo, a aurora de uma nova existência podia ser antevista.

Todas essas lembranças fizeram sulcos profundos em sua mente e coração e naquela noite em que entrou ao núcleo cristão de Cartago, teve a oportunidade de ouvir uma leitura feita pelo diákono Jairo, por ocasião do início da atividade pública, extraída de um pergaminho, e que, segundo o diákono, tratava-se da anotação de quem denominou como sendo João, um apóstolo de Yeshua.

O que mais lhe chamara a atenção, e de que passaria a lembrar-se, sempre repetido em sua mente, fora o trecho traduzido na seguinte forma:

"Infelizmente o vil deleite vence a alma mundana, que julga delícia estar no meio de espinhos, porque nunca viu nem provou a doçura de Yahweh e nem a suavidade das virtudes. Mas aqueles que perfeitamente desprezam as coisas mundanas e procuram fazer de sua vida uma vida dedicada a Yahweh, em rigorosa disciplina, estes experimentarão a doçura divina, prometida aos abnegados de suas leis".

Não mais esqueceria que, após a leitura e comentário da noite sobre a lição lida, fora conduzido por Jairo até a presença do epískopo Cipriano, para que este o conhecesse, ocasião em que o epískopo, ao vê-lo, logo lhe disse:

— Olá, irmão Tertullianus, os Espíritos do Senhor já me anteciparam que deveríeis vir ao nosso núcleo. Na verdade, esperávamos por vossa chegada, para que soubésseis, por nós, que tendes um grande compromisso assumido com o zelo, a dedicação e a divulgação da Doutrina de Yeshua de Nazareth, na Terra. Esperamos que tenhais gostado de nossa Casa de Orações e tenhais a certeza de que sereis sempre bem-vindo a ela.

Tertullianus ficou simplesmente espantado e confuso com o que lhe dissera, de inopino, o epískopo. Creditou o que ouviu, em parte, à vontade do anfitrião em agradá-lo, e respondeu:

— Nobre senhor, percebo que a gentileza e a boa educação fazem morada neste local. Sinto-me, sim, otimamente bem recebido, porém, não posso entender tal manifestação, que penso, fazeis a todos aqueles que aqui chegam e dirigem-lhe a palavra, a não ser que alguém, quiçá minha esposa, tenha dado alguma informação a meu respeito. Se assim se deu, posso entender a calorosa recepção.

O epískopo sorriu dizendo:

— Meu amigo, nós sabemos por que viestes ao nosso núcleo, pois além do que vos falamos, posso dizer-vos que aqui chegastes, pela vossa ótica, para cumprir de alguma forma o desejo de vossa esposa, que no exato momento em que faleceu, recomendou-vos a aqui vir, não foi?

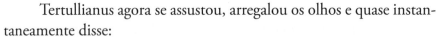

Tertullianus agora se assustou, arregalou os olhos e quase instantaneamente disse:

— Pois que? Como sabeis disto, se nada contei a ninguém sobre esse pedido dela antes de desfalecer em meus braços e que me representou o seu último desejo? Acaso sois um adivinhador?

Cipriano olhou bem no fundo dos olhos do visitante e respondeu:

— Não, não, nobre Amigo — penso que posso chamar-vos assim —, não sou adivinhador, ao contrário, eu ouço as vozes e vejo aqueles que já se foram para as moradas de Yahweh, o nosso e com certeza o vosso Deus também.

Ante o estado de estupefação do visitante, o epískopo continuou:

— Gostaria de dizer, com vossa licença, que neste instante vejo vossa esposa aqui a vosso lado, como a conhecemos no Núcleo, que ela frequentou por quase um ano. Ela continua sendo aquela moça bela, muito simpática, que se apresenta com os seus cabelos castanhos e cacheados, penteados para trás, seus olhos verdes e o sorriso cativante, que continua o mesmo. Ela me sorri e pede que vos diga que no momento em que ela deixou este mundo, sob lágrimas, disse-vos o seguinte: "*Sob os ares da minha preocupação, vigia sobre ti, não te descuides*".

O epískopo calou-se. Tertullianus, ao ouvir o que este dissera, sentiu como que uma espécie de leve tontura e quase cambaleou. Teve que se esforçar para que a tontura não aumentasse, buscou aguçar os sentidos para que atinasse melhor juízo sobre o que ouvira, buscou forças interiores para recobrar o controle de suas emoções, que pareciam ter lhe fugido momentaneamente e falou com esforço:

— Como? Como podeis saber disto que me falais? Somente ela e eu sabemos destas palavras, que me foram ditas por ela no momento em que faleceu! Como será isto possível? Então... então...! Ela estava certa mesmo! A vida continua, e ela deve estar mesmo aqui e vos transmite isto? Dizei-me, é assim que acontece?

O epískopo, estudando as reações de Tertullianus, buscou responder com palavras que não o colocassem em maior tensão, então, com voz serena, aduziu:

— Sim, meu amigo, a criação de Yahweh supera em muito tudo o que possamos entender como sendo a Vida verdadeira. Todos nós já vivemos várias existências, pois a alma não morre, somente o corpo carnal perece. A alma continua a viver, com suas conquistas ou derrotas, com seus traços morais adquiridos, com seu coração brando ou revolto, pois a morte é uma passagem de retorno para a Vida verdadeira. Vossa amada Verônica aqui está, neste instante, feliz por vossa chegada na Casa de Yeshua e de Yahweh. Ela pode ver-vos e ouvir-vos, embora vós, por enquanto, assim não o possais. Ela pede que vos diga, ainda, que vossa presença nesta Casa a deixa muito feliz.

O epískopo calou-se. Tertullianus, de fato, ante o inusitado dos acontecimentos, sentia a energia da presença de sua inesquecível Verônica e de repente o suave perfume de sua amada se fez sentido, então não conteve as lágrimas, que correram por sua face ante a forte emoção. Após alguns instantes, em que o silêncio inundava de esperança e vida o ambiente, disse ao epískopo:

— Nobre senhor, se for possível que ela me escuta, quero manifestar o que ela com certeza já sabe, a minha enorme saudade, e agora, a extrema alegria que experimento neste instante e que invade todo o meu ser, em razão da clara, inegável e insofismável presença dela, e clara comprovação da continuação da vida após a morte. Comprometo-me, neste instante, com ela e com o vosso Deus, que doravante me afirmarei em frequentar este núcleo cristão, e se vós, senhor, permitirdes, gostaria de poder conhecer e estudar sobre estes a quem chamam de Yahweh e Yeshua de Nazareth.

As emoções do momento, naquele núcleo da fraternidade cristã, eram altamente sensibilizadoras. O epískopo Cipriano então disse:

— Nobre irmão, ela vos ouviu e sorriu, e pede que vos diga que está muito feliz com vossa decisão, e que podereis contar com ela, que sempre que possível virá visitar-vos.

Tertullianus, ainda sob o impacto forte dos acontecimentos, enxugou as lágrimas e sorriu levemente. Verônica aproximou-se dele e o abraçou. Nesse momento, ele sentiu o calor do abraço e uma energia contagiante lhe invadiu o íntimo, aspirando o perfume de sua presença. A seguir, olhou para o epískopo e falou baixinho:

— Manifesto minha gratidão por tudo o que está ocorrendo, e podeis contar comigo como um aprendiz dedicado.

Após esses extraordinários acontecimentos e com a frequência constante no núcleo cristão, a amizade de Tertullianus com o diákono Jairo, com o epískopo Cipriano e com dois outros diákonos do núcleo foi solidificando-se.

Passou a estudar com afinco os Evangelhos de Mateus, Marcos, Lucas e João e igualmente as Cartas de Paulo, de Inácio de Antioquia e de Policarpo de Esmirna, eis que já havia estudado, em Roma, sobre a Lei Antiga, de modo que Yahweh, ou Eloim, como Deus dos hebreus e dos judeus, embora o que lhe dissera a esposa, no momento de sua morte, já lhe era, assim, um tanto conhecido.

CAPÍTULO II

A FUNDAÇÃO DOS NÚCLEOS CRISTÃOS DE CARTAGO E ALEXANDRIA PELO APÓSTOLO FILIPE E PELO DISCÍPULO JOÃO MARCOS

Tertullianus nasceu naquela cidade grandiosa de Cartago, no norte do continente africano. Ficava situada na costa norte da África e fora fundada pelos fenícios de Tiro, no ano de 814 a.C., por uma princesa fenícia chamada Elissa. Seu nome era fenício e significava *Nova Cidade*. Em pouco tempo se tornou uma grande cidade comercial e no tempo do Rei Aníbal, atingiu quase 500 mil habitantes.

Possuía amplas alamedas floridas, com flores de espécies variadas, que eram também enfeitadas com várias estátuas em mármore, em homenagem aos deuses. De suas encostas dava para se divisar o Mar Mediterrâneo. Era uma cidade próspera e cosmopolita, com grande comércio, aliás, o comércio marítimo era a principal atividade econômica dos cartagineses.

No ano de 146 a.C., Roma, já por essa época, estendia os domínios de seu império para além-fronteiras. Os romanos foram inicialmente interessados na expansão via território da Sicília, parte do qual estava sob controle de Cartago. No início da primeira Guerra, chamada Púnica, Cartago era o poder dominante do Mediterrâneo Ocidental, com um extenso império marítimo, enquanto Roma era o poder rapidamente ascendente na Península Itálica, mas não tinha o poder naval de Cartago. A maior parte da Sicília era habitada por cartagineses, que viviam em luta constante com as colônias gregas da Magna Grécia.

Em Roma, o senador Marco Pórcio Catão, o Censor, iniciava intensa campanha contra Cartago. Todos os seus discursos terminavam com a frase: *"Delenda est Carthago"* – *"Cartago precisa ser destruída"*. Até o final da terceira guerra, depois de mais de uma centena de anos e da perda de muitas centenas de milhares de soldados de ambos os lados, Roma tinha conquistado definitivamente, por um tempo, o Império Cartaginês e destruído completamente a cidade, tornando-se, assim, o império mais poderoso do Mediterrâneo Ocidental. Entretanto, Cartago renasceu das cinzas, ao passar a integrar o Império Romano, transformando-se em pouco tempo num grande centro cultural e no celeiro do império.

Filipe, o quinto apóstolo escolhido por Yeshua, foi convidado ao apostolado quando o Mestre e seus quatro primeiros apóstolos estavam no caminho de volta, vindos do local em que João batizava, no Jordão, até Caná da Galileia. Como vivia em Betsaida, Filipe já tinha informações sobre Yeshua há algum tempo, mas não lhe tinha ocorrido que Ele fosse realmente um grande homem, até aquele dia, no vale do Jordão, em que Yeshua, ao vê-lo, olhando-o com a ternura de irmão, apenas lhe disse: *Segue-me*. Filipe não somente aceitou de pronto o convite, até porque já estava influenciado pelo fato de André, Pedro, Tiago e João, que lhe eram conhecidos, haverem aceito o convite do Alcandorado Galileu.

Ele contava com vinte e sete anos, quando se juntou a Yeshua e aos apóstolos. Houvera se casado recentemente, mas não tivera filhos até então. No grupo, ele foi feito intendente. Seu dever era zelar para que nunca lhes faltassem suprimentos. E ele cuidou bem da despensa e das economias para as deslocações constantes, o que era a sua característica mais forte.

Filipe vinha de uma família de pescadores e era de uma confiabilidade a toda prova. A qualidade de Yeshua que Filipe tão continuadamente mais admirava era a generosidade infalível do Mestre. Era portador de ampla curiosidade, e às vezes não hesitou em interromper Yeshua no meio de um ou outro dos ensinamentos mais profundos, para fazer alguma pergunta. O Mestre nunca lhe fazia qualquer reprimenda por tais descuidos. Era paciente com ele e levava em consideração sua curiosidade e sua busca por compreender os significados mais profundos dos ensinamentos.

Não era um bom orador público, mas suas palavras tinham o dom da persuasão. Não ficava desencorajado facilmente; era um trabalhador tenaz em qualquer coisa da qual se incumbisse. Tinha o dom raro de dizer: *vem*. Quando Natanael, o seu primeiro convertido, quis discutir sobre os méritos e deméritos de Yeshua de Nazaré, a resposta efetiva de Filipe foi: *Vem e vê*. Ele não era um pregador dogmático que exortava os seus ouvintes a *irem fazer isso ou aquilo*. Encarava todas as situações como elas surgiam no seu trabalho com um:

— Vem comigo que eu te mostrarei o caminho.

Filipe continuou seu trabalho após os meses e anos de provações que advieram depois da morte do Mestre, e participou da reorganização do colégio dos doze apóstolos. Seguiu os passos de Natanael Bartolomeu, que foi o primeiro dos apóstolos a sair para outras terras a fim de conquistar almas para o Reino de Yahweh, fora das fileiras judias, e ao fazer isso, teve muito êxito em seu trabalho com os samaritanos e em todos os seus trabalhos posteriores em nome do Evangelho. Ele tornou sua esposa um membro eficiente do corpo feminino de auxílio na pregação da Boa-nova.

Após a crucificação do Mestre, Filipe partiu para fugir das perseguições de Jerusalém e foi o primeiro que chegou ao território da África, ao norte, no que foi seguido por João Marcos. Ambos fundaram o núcleo cristão de Alexandria, por volta de 43 d.C. De lá, foram até o noroeste da África pregando a Sublime Mensagem de Yeshua, proclamando as boas-novas.

Por ter convertido a esposa de um procônsul romano ao Cristianismo, ele foi morto cruelmente, sendo crucificado. Entretanto, deixou fundado o núcleo cristão de Cartago, que era e sempre foi composto por servidores leais a Yeshua, entusiasmados e corajosos, que criaram toda uma resistência à autoridade despótica e às perseguições romanas.

O primeiro documento que se conhece, do núcleo cristão de Cartago, foi escrito no ano de 175 d.C. por um grupo de sete homens e cinco mulheres trabalhadores do núcleo, chamado de *Atas de Scilli*. Scilli era um pequeno povoado próximo a Cartago, no qual os seus escritores, que eram cristãos, foram presos por Roma e condenados pelo procônsul romano de Cartago, Ário Antonino, a morrer pela espada, o que se deu em 17 de julho do ano de 180 d.C.

Eles utilizavam, nas atividades do núcleo cristão de Cartago, além dos pergaminhos dos Evangelhos, de uma tradução latina das Cartas de Paulo de Tarso. Esse fato revela uma face do núcleo cristão africano, ou seja, que o núcleo se solidificou sob os laços latinos de Roma, abandonando pouco a pouco a influência da cultura e da língua grega.

CAPÍTULO III

A CIDADE DA FÉ – HOMENAGEM A IRINEU DE LUGDUNUM

As lutas pela implantação dos ensinamentos trazidos por Yeshua de Nazareth à Terra continuavam, intensificadas pela ação de seus trabalhadores nos dois planos da existência, física e espiritual.

O Messias Divino, através de seus valorosos auxiliares, encaminhava à *Cidade da Fé,* cidade espiritual situada na ionosfera terrestre, governada há mais de quatro séculos por um Espírito de escol que fora um dos grandes profetas da Lei Antiga e que agora, sob o nome de Acádio, era o responsável pela organização ativa das ações que eram levadas a efeito, não somente na própria cidade espiritual, mas também em outra cidade criada para suporte dessas ações, que ficava próxima, chamada *Cidade Espiritual de Nova Roma.*

Era uma espécie de entreposto espiritual que cuidava dos Espíritos romanos que pudessem, ante as condições morais, para lá ir após a morte física. A Cidade da Fé cuidava das ações de divulgação e vigilância sobre a Mensagem do Inesquecível Rabi da Galileia, que eram levadas a efeito nos núcleos cristãos do Oriente e do Ocidente e em outras nações da Terra.

O dia 4 de janeiro do ano de 203 d.C., na Cidade da Fé, estava engalanado. Havia no ar uma música maravilhosa, cujos acordes eram sentidos nos refolhos mais íntimos da alma, por todos aqueles que a habitavam.

O Auditório Central da cidade, ao estilo dos anfiteatros gregos, com 600 lugares, era dotado de cadeiras confortáveis, todas com acento e encosto em azul-escuro, tendo à frente um amplo palco e sobre ele uma mesa comprida com dez cadeiras da mesma cor, com encostos mais altos.

Luzes indiretas, em tonalidade azul-safirino, saíam dos cantos do amplo teto, deixando o ambiente maravilhoso. Sobre a mesa central, enorme lustre, bem ao centro, com pingentes em pedras cristalinas sobrepostas de círculos, do maior para o menor, que refletiam, curiosamente, variadas cores nas pedras que traduziam luz própria e que giravam muito lentamente, criando no ambiente uma visão extraordinariamente bela. O anfiteatro estava lotado.

Num repente, outra música, de beleza inenarrável, composta de acordes belíssimos, e um sem-número de vozes afinadíssimas começou a ecoar pelo amplo salão, penetrando as fibras mais sutis dos Espíritos que ali se encontravam.

A mesa era composta pelo Governador Acádio ao centro e pelos Espíritos Simão bar Jonas, Paulo de Tarso, Mateus Levi, Natanael Bartolomeu, Filipe, João Marcos, Lucas, João, Estêvão, Inácio de Antioquia e Policarpo de Esmirna.

Na primeira fileira do auditório achavam-se sentados antigos epískopos que trabalharam na Terra, de maneira incansável, pela divulgação da inolvidável Mensagem da Galileia: Flávio Justino, Pápias, Timóteo, Tito, epískopo do núcleo cristão de Creta; Aniceto, que fora epískopo do núcleo cristão de Roma; Silas, amigo de Paulo, que atuara no núcleo cristão de Tessalônica; Timóteo, que fora responsável pelo núcleo cristão de Éfeso; Evódio, que fora epískopo de Antioquia da Síria; Militão de Sardes; Potino, que fora epískopo do núcleo cristão de Lugdunum.

Havia também vários diákonos e auxiliares, como Alexia Arquisius, Mical e Uriel. Todos estavam ali para homenagear o Espírito Irineu de Lugdunum, que havia retornado da Terra e que galhardamente havia cumprido sua última trajetória terrena com integral dedicação à causa do Cristianismo.

Atrás da mesa, sobre o tablado, havia uma gigantesca tela branca que se confundia como se fosse uma parede enorme. O ambiente era tão suave que parecia poder-se ouvir a voz do silêncio.

O governador Acádio levantou-se. Ato contínuo, sem que ele falasse ou fizesse qualquer gesto, a música foi diminuindo, sem que atrapalhasse a fala. Então, fez sua saudação inicial a todos:

— Amados irmãos, filhos de Yahweh, nosso Pai Celestial de Justiça e Misericórdia! cumprimentamos a todos, em nome de nosso Mestre Yeshua de Nazareth.

Estamos reunidos para as justas homenagens ao irmão Irineu Nicholas, mais conhecido como Irineu de Lugdunum, em reconhecimento pelo excelente trabalho de zelo, proteção e divulgação dos ensinamentos de nosso Amado Messias sobre a Terra.

Antes de iniciarmos as homenagens propriamente ditas, peço ao nosso irmão e amigo Paulo de Tarso, que ore por todos nós.

O Gigante de Tarso levantou-se e se pôs a orar:

— *Mestre e Senhor Yeshua, sempre nos reunimos para a celebração de vossa desejada presença. Legaste-nos a vossa paz abundante e nos envolvestes na candura de vosso amor infinito por toda a Humanidade. Repetimos o cântico que imortaliza nosso encontro com vosso doce coração: "Quem me dera, oh Senhor! achar-vos, a vós, só".*

Das profundezas d'alma, com o coração e os lábios, suspiramos sempre beber a água viva de vosso Evangelho, para que continuemos a saciar nossa sede de amor.

Ajuntamo-nos em vosso redil, para manifestarmos a alegria do reconhecimento pela dedicação e obra de vosso servo Irineu, que se entregou a vós, sem temores.

Pedimo-vos que o abençoeis, e a nós, neste momento, renovando-nos as forças para a continuidade do serviço de espalhamento de vossa mensagem, como a recebestes de Nosso Pai Yahweh e nos entregastes como prova de vosso amor incondicional por todos nós.

Que assim seja!

Mais alguns instantes de silêncio, e o governador, retomando a palavra, disse:

— Queridos irmãos, peço que todos fiquemos em pé para a entrada no recinto do servidor de Yeshua.

Instantaneamente, a música se elevou e por uma porta lateral, à direita do palco, quase ao final, o grande epískopo de Lugdunum, mais remoçado, de braços dados com Miriam de Migdal, que viera especialmente da cidade espiritual chamada *Cidade do Amor*, para as justas homenagens, caminhou lentamente e sentou-se juntamente com Miriam, em duas cadeiras colocadas ao lado da mesa central.

A emoção, no ambiente, era indizível.

Após sentarem-se todos, o governador falou:

— Irmão e amigo Irineu, pedimos-te licença para que recebas duas pessoas, que embora já tenhas cogitado, pelo pensamento, onde estariam e se poderias reencontrá-las. Por concepção e determinação de nosso Amado Yeshua, aqui elas comparecem, neste momento, eis que estão vivendo na *Cidade do Amor* e de lá vieram, acompanhando a querida Miriam.

Miriam de Migdal levantou-se e dirigiu-se à mesma porta lateral por onde há pouco entrara junto ao Irineu, abriu e esperou um pouco.

Após alguns momentos, entraram no recinto Júlio Nicholas e Cláudia Nicholas, os pais físicos de Irineu Nicholas, remoçados e joviais.

Júlio, de estatura elevada, magro e esguio, com pequeno corte no centro do queixo, qual Irineu possuía, os cabelos pretos e encaracolados, o olhar profundo, possuía o padrão de beleza grega, e Cláudia, de estatura mediana e cabelos pretos, que caíam até o meio das costas, muito bonita, os olhos castanhos e grandes, o rosto fino e o olhar de ternura, caminharam na direção do filho amado.

Irineu chorava.

— Oh! Yahweh! há quanto, quanto tempo?!

Desde que ele saíra de Esmirna pela primeira vez, para, junto de Policarpo, Pápias, Flávio Justino e outros amigos irem até Roma com o objetivo de se entrevistarem com o epískopo Aniceto, que, aliás, estava presente na plateia, nunca mais retornaria ao lar paterno e nunca mais veria seus pais, na Terra.

Lembrou-se, num átimo, do dia em que, contando com 15 para 16 anos de idade, sentado com eles na área da casa em que viviam, em Esmirna, disse-lhes:

— Meus amores! — assim os tratava sempre, pois era filho único — preciso falar-vos sobre uma situação muito séria, para a qual peço a compreensão de vossos corações amorosos, que se traduz no seguinte:

Vós bem sabeis que desde os 13 anos eu frequento o núcleo cristão e lá sou sempre otimamente recebido por seu líder, o irmão Policarpo, que já conheceis de encontros pela cidade. Não sei como dizer-vos o que preciso falar. Eu vos amo do fundo do meu coração, mas os ensinamentos que tenho colhido no núcleo cristão de Esmirna preenchem de tal forma a minha alma, que já não consigo me ver apartado deles.

Conheci lá, queridos papai e mamãe, a Yeshua de Nazareth, e encontrei nos seus ensinamentos, com certeza, o que entendo, embora minha pouca idade, ser o objetivo principal da minha existência na Terra.

Bem sei que podereis pensar que se trata de um arroubo da idade e que sou muito novo para pensar assim. Tenho-vos, e disto bem sabeis, como a razão da minha existência, pela qual sou e serei imensamente grato sempre, de forma perene, porém, curiosamente, há uma força de atração que envolve todo o meu ser e me chama para ir ao encontro de Yeshua de Nazareth.

Digo-vos isto porque fui convidado pelo epískopo Policarpo a acompanhá-lo, junto a outros amigos do núcleo, para uma viagem até a cidade de Roma, na província romana da Itálica, para uma reunião de trabalho de divulgação da Mensagem de Yeshua de Nazareth, com os trabalhadores do núcleo cristão de lá.

Entretanto, não basta a minha vontade, pois, pelas leis romanas que vigem em todas as províncias conquistadas, como sou considerado ainda de menor de idade, preciso de vossa autorização para fazer essa viagem, que não sei dizer quanto tempo levará.

Lembrou-se, para sua surpresa, da fisionomia alegre de seus pais. Aliás, seus pais eram pessoas amorosas com todos, extremamente bons com os empregados, pois o pai era um comerciante muito rico, porém, tratava a todos indistintamente, com respeito, e ajudava sempre a quem lhe pedia, e mesmo a quem nada pedia. O mesmo se dava com sua mãe. Nunca mais esqueceria o que seu pai lhe respondeu, naquele dia, pois ele disse:

— Meu amado filho, sabes que és o amor de nossas vidas, fruto desejado de nosso amor, e tencionava continuar educando-te para que mais tarde assumisses os negócios da família, e assim pensa também tua mãe.

Porém, faz já alguns anos que temos visto tua dedicação ao Cristianismo. A princípio, temeros por ti, pois Roma persegue os cristãos, porém, vendo o teu entusiasmo, conformamo-nos. Quero dizer-te, filho amado, com suma devoção, ardente amor, afeto e fervor de nossos corações, que entendemos o teu desejo, com ele concordamos e daremos sim a autorização de que precisas.

É claro que eu e tua mãe ficaremos aqui com o coração partido por tua ausência, mas creio no Deus desconhecido e te entrego a Ele, pedindo que te cuide e proteja, entretanto, recomendo-te, filho: sê simples e obediente aos mais velhos, curva-te sempre à verdade e receberás a luz da razão. Afasta-te das tentações. És nossa única joia preciosa. Não deixes que a ignorância e a arrogância apaguem o teu brilho.

Irineu lembrou-se, ainda, que o pai lhe dissera tudo aquilo sob uma nuvem de lágrimas que derramava dos olhos da paternidade, e que sua mãe, também sob lágrimas, apenas conseguiu dizer:

— Oh! filho querido, agradeço-te por seres nosso filho e agradeço ao Deus desconhecido por tua existência. Entrego-te a Ele, para que Ele te cuide e proteja. Aqui estaremos sempre a esperar-te!

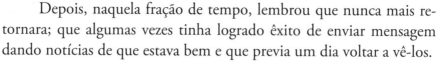

Depois, naquela fração de tempo, lembrou que nunca mais retornara; que algumas vezes tinha logrado êxito de enviar mensagem dando notícias de que estava bem e que previa um dia voltar a vê-los.

O dia da volta não chegara, até que, numa manhã chuvosa, em Lugdunum, um viajante mercador chamado Zayon chegou ao núcleo cristão de Lugdunum e trouxe-lhe a triste notícia da morte de seus pais, num espaço de dois meses, vitimados por febres. Naquele dia, Irineu chorou as fibras mais sutis da alma e os recomendou à ternura e ao amparo de Yahweh e de Yeshua. Eram almas boas e valorosas e tinha certeza, no seu íntimo, que eles iriam para as Moradas Celestes destinadas às almas boas.

Agora, eis que, após passadas tantas lutas, o tempo da felicidade os conduzira, naquele instante, até ele, e estavam na sua frente, sorrindo e com os braços da saudade abertos. Irineu esqueceu de tudo e arrojou-se naqueles abraços, chorando, mas feliz e grato a Yahweh e a Yeshua.

Ao abraçá-los, deu-se conta que das extremidades das mãos e do contorno do corpo espiritual de seus pais pareciam expandir-se pequenos raios de prata. Pôde, então, aquilatar a grandeza espiritual daqueles dois Espíritos que o receberam em paternidade, na Terra, e imediatamente agradeceu a Yeshua, mentalmente.

Após os abraços e lágrimas, respeitados por todos, no ambiente, altamente sensibilizados, os pais de Irineu foram conduzidos a dois lugares previamente selecionados, na fileira da frente do auditório. O governador pediu que todos se sentassem, e tomando de um pequeno rolo de pergaminho, disse:

— Amigos e irmãos, tenho em minhas mãos, trazida pela estimada e amorosa amiga Miriam de Migdal, uma mensagem endereçada ao irmão Irineu e, por conseguinte, a todos nós, de nosso Mestre Yeshua de Nazareth, que a ditou diretamente à sua mãe, nossa doce mãe Maria de Nazareth, que por sua vez a entregou a nossa Miriam de Migdal, solicitando que no-la trouxesse, para a homenagem selecionada, a qual me permito ler:

Meus amados e amado irmão Irineu, sejam bem-aventurados os simples, porque hão de sempre deter a paz!

Nosso Pai Celestial louva aqueles que suportaram e suportam as contínuas e graves tentações, as ofensas, as calúnias, as perseguições, as lutas e os tormentos provocados pelos ainda inimigos de sua mensagem, desavisados que são da ordem natural do existir para a glória perene d'Ele.

Os servidores da Minha Vinha, que é a Vinha do Senhor dos Mundos, são aqueles que têm empregado utilmente o seu tempo, espalhando ao seu derredor, entendimento e bondade, amor e renovadas esperanças, renunciando às honrarias e riquezas da Terra, que são passageiras, e buscando as riquezas dos Céus.

Estes que assim agiram e agem se fazem os pobres de Espírito que declamei, porém ricos de graças e virtudes da alma! Exteriormente, às vezes pode lhes faltar tudo. Interiormente, porém, nada lhes falta, eis que se completam na absorção das consolações divinas, que sempre lhes auxilia a fortalecer a coragem e a certeza de estarem caminhando no rumo ao Reino de Yahweh!

Estes, a si mesmos têm em conta de nada, mas foram e são preciosos e queridos aos meus olhos e aos olhos de Nosso Pai. Os vestígios que deixaram e deixam na Terra — e nesta assembleia, muitos que aqui estão, assim o fizeram — atestam que foram verdadeiros filhos e filhas de Yahweh e, nos mais difíceis combates, venceram a si próprios e ao Mundo!

Revelei que Yahweh a todos protege, ama, consola, auxilia, revela seus segredos e, com a doçura de Pai Magnânimo, atrai para sua morada e seu Reino de Amor; que Ele espera que os que ouviram e ouvem sua mensagem e procuram vivê-la serão aqueles que não devem ficar contemplativos e sim se esforçar para que seus irmãos de luta, ainda equivocados em face de suas Divinas Leis, sejam auxiliados a tirar dos olhos a venda da ignorância, eis que, por se desviarem das verdades do Pai Celestial, vivem a ilusão da riqueza vã e passageira, que não promove, e do poder despótico, que destrói e arrasa, embora todos, absolutamente todos, sejam seus filhos.

Por certo são felizes os que ouviram e ouvem a voz do Senhor na intimidade de seus Espíritos e procuram de todas as formas atender a seu desejo, eis que estes sempre receberão a recompensa por se aplicarem no cumprimento de suas leis, e com isto se desembaraçarem de todos os impedimentos do mundo. A eles o Pai Celestial conforta e concede novas tarefas, porque a maior homenagem ao servidor é que ele continue sendo chamado a servir, reflexo do cumprimento das tarefas santas, a lhe proporcionarem as condecorações estampadas na alma, que luzem no interior, como auréolas brilhantes, polidas pelo esforço contínuo na prática do bem.

Os que servem a mim, ao meu e ao Vosso Pai são denominados como os anjos do auxílio e estrelas cadentes e resplandecentes que se dedicam a socorrer as almas sofredoras, nos dias escuros da dor de quantos filhos, ainda desviados do caminho do Reino de Yahweh, sentem-se presas dos dois grandes e vorazes inimigos da alma, o orgulho e o egoísmo. Perseverai sempre, amados irmãos, nas lutas em favor de minha Mensagem, para que com ela possais, um dia, afugentar definitivamente essas feras malignas da alma.

Perseverai sempre no bem. Onde estiverdes, derramai vossa luz e vossa verdade, para que Yahweh resplandeça sobre a Terra.

Sempre estarei com todos, até o fim dos tempos!

Enquanto lia a mensagem, todos sentiam penetrar em seus Espíritos vigorosas energias que lhes incutiam o sentimento real da fraternidade e os refazia, com maiores forças para as lutas vindouras.

Após lida a mensagem, vários amigos de Irineu se pronunciaram, cumprimentando-o pelo êxito na tarefa.

Depois, com uma prece eivada de ternura feita por Miriam de Migdal, a pedido do governador Acádio, este deu a reunião de homenagem por encerrada.

Irineu, agora radicado na Cidade da Fé, ainda pôde conviver com seus pais terrenos por mais alguns dias. Após, estes retornaram à Cidade do Amor, com ajustes para novas visitas, confidências e abraços.

CAPÍTULO IV

O NÚCLEO CRISTÃO DE ALEXANDRIA – A FILOSOFIA CRISTÃ – OS LÍDERES CRISTÃOS

Alexandria, no alvorecer do século III d.C., era uma das maiores cidades do mundo antigo. Já no início da Era Cristã, tinha mais de um milhão de habitantes. Era a cidade mais povoada do mundo, à época. Apesar de ter sido conhecida como a *"Joia do Egito"*, tornou-se a mais importante cidade fundada por Alexandre da Macedônia, no ano de 331 a.C.

Após ser incorporada ao domínio de Roma, eis que era por assim dizer a capital da província romana do Egito, conquistada por Gaius Julius Caesar Octavianus, no ano de 31 a.C., Alexandria já contava com 300 anos de fundação.

Traduzia-se num território rico e ao mesmo tempo intrigante à época de sua fundação, para os gregos, o mesmo sendo para os próprios egípcios e para os romanos. Era uma verdadeira cidade cosmopolita. Estrangeiros de várias partes da Terra para lá iam com a finalidade de não só conhecê-la, mas, e principalmente, de buscar estabelecer-se nela e conquistar riquezas.

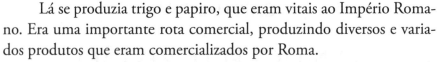

Lá se produzia trigo e papiro, que eram vitais ao Império Romano. Era uma importante rota comercial, produzindo diversos e variados produtos que eram comercializados por Roma.

Suas construções eram inovadoras. Construíram-se casas de vários andares. Havia casas para aluguel e apartamentos em prédios vários.

A preocupação com a limpeza da cidade era grande, bem como com o conforto de seus moradores. A água era distribuída por uma rede inteligente de canalização que vinha do canal que recebia água do Rio Nilo.

A vida na cidade era animada e barulhenta. Ali se produziam também todos os prazeres mundanos. A administração pública havia construído vários monumentos: hipódromo, estádio para corridas de bigas, para lutas de gladiadores, teatros ao ar livre e fechados, ao estilo grego.

Seu porto era talvez o maior daquele tempo. Era um centro de comércio de primeira grandeza. Alexandre da Macedônia havia, no seu tempo, mandado construir um porto artificial entre a costa de Alexandria e a ilha de Faros, que ficava a mil estádios da margem. Foi construído um paredão, um dique com sete estádios de cumprimento.

A baía foi dividida em dois portos: a leste, o porto de guerra, onde atracavam os navios e ficavam os arsenais e os estaleiros navais e a oeste o porto mercantil, que era utilizado exclusivamente para comércio. Duas aberturas existentes no dique permitiam aos navios passarem de um porto para o outro.

O arquiteto grego Sóstrato de Cnido ergueu na ilha o primeiro farol do mundo, com 120 estádios de altura e equipado com instrumentos mecânicos, para proteção da navegação, que era capaz de fazer posições meteorológicas. Sua luz era alimentada por lenha resinosa, içada por máquinas hidráulicas, que através de uma combinação de espelhos côncavos se tornava visível entre 50 mil e 70 mil estádios de distância.

A configuração da cidade era geométrica. As ruas de cada um dos seus quatro bairros eram ortogonais. Em razão do clima quente e seco, características daquela região, suas ruas eram estreitas e arborizadas para ofertarem mais sombra. Era toda edificada em pedra.

Alexandria ficava magnificamente situada na encruzilhada de rotas navais, fluviais e terrestres da África, Ásia, Anatólia, Hispânia, Itálica e Britânia. Era a maior cidade comercial do mundo.

Notabilizou-se também em ser uma cidade onde a cultura assumia papel relevante.

Assim acontecia também no núcleo cristão fundado na cidade, onde trabalhadores dedicados à causa do Cristianismo tinham uma grande erudição ou conhecimentos sobre os ensinamentos do Mestre de Nazareth, como também se esmeravam no estudo da filosofia grega e mesmo sobre as ideias nobres que podiam ser colhidas em Roma, que era ainda a dominadora.

Foi ali, nessa cidade cosmopolita, que o Cristianismo teve o impulso necessário para construir uma base que pudesse ofertar resistência às investidas de seus perseguidores; fosse espalhado na província do Egito e fizesse, desse modo, despontarem líderes cristãos que passariam a ser o suporte a ensejar maior segurança possível para que o Cristianismo pudesse atravessar as tormentas de maiores e mais graves tentativas de suprimi-lo da Terra, dentre eles Tito Flávio Clemente, Orígenes Adamâncio e Quintus Septimius Florens Tertullianus, inicialmente capitaneados pelo epískopo Demétrio, que assumira o episkopado do núcleo em 183 d.C.

A influência do pensamento grego já se havia imposto em vários países e territórios dominados por Roma, e de forma clara alcançava todo o império, sugerindo novidades no pensamento recorrente dos povos.

Portanto, nos principais centros de domínio romano, a filosofia grega triunfava e seria através dela, nesses centros, que os acréscimos trazidos pelo pensamento cristão encontrariam eco.

A filosofia grega, portanto, tornava mais aceitável o Cristianismo do que o paganismo tradicional. Dessa maneira, insofismavelmente, o pensamento do Cristo encontrava guarida, com relativo sucesso, em qualquer lugar onde as linhas da filosofia da Grécia eram mais influentes.

Houve então uma contribuição notável, no sentido de preparar o mundo para receber as máximas extraordinárias do Evangelho de Yeshua, que passou a ser disseminado pelas terras do império, na sua maior parte, na língua grega comum, conhecida como *koiné*, língua na qual os Evangelhos foram redigidos e sob o uso dessa língua, os ensinamentos do Mestre passariam a ser, em quase todo o território romano, pregado, disseminado.

Aliás, mesmo ao tempo de Yeshua de Nazareth, o grego já era a língua de maior alcance ao longo da costa do Mediterrâneo. Quem falava o grego tinha grande chance de se comunicar facilmente em todo o Império Romano.

Desse modo, o relativo sucesso alcançado pelo pensamento cristão, naquele tempo, está atrelado à expansão do pensamento filosófico da Grécia, contudo, paradoxalmente, havia um vazio que essa filosofia racionalista grega deixava, porque, embora os avanços inegáveis, fora incapaz de preencher o vazio emocional das criaturas comuns, e o helenismo, muito embora a mudança de paradigmas que provocara, estava em iminente queda e foi exatamente esse vazio que a Sublime Mensagem da Galileia veio preencher. As palavras de Yeshua não somente reformularam os conceitos filosóficos da Grécia, mas todos os pensamentos filosóficos e religiosos de antes d'Ele, o que o levou a dizer que *amar a Yahweh sobre todas as coisas e ao próximo como a si mesmo* resumia toda a lei e os profetas que existiam na Terra.

Em Alexandria, Panteno, filósofo da escola estoica da Grécia convertido ao Cristianismo, fundou uma escola de catequese para a divulgação e estudos, principalmente da Sublime Mensagem do Nazareno, e um dos mais brilhantes alunos foi Tito Flávio Clemente.

Tito Flávio Clemente nasceu em Atenas, no ano de 150 d.C., de pais pagãos. Além de ter sido educado sob a filosofia de sua gente, ali recebeu os primeiros ensinamentos cristãos, no núcleo cristão de Atenas, que fora fundado por Paulo de Tarso, no ano de 52 d.C.

Viajou por toda a Magna Grécia, pela Ásia, onde conheceu e frequentou várias escolas filosóficas. Esteve em contato sobretudo com os filósofos estoicos e com os gnósticos. Converteu-se ao Cristianismo em 179 d.C., e depois se radicou em Alexandria, no Egito, onde, no núcleo cristão da cidade, efetuou profundos estudos sobre a Lei Antiga de Israel e sobre os Evangelhos do Cristo.

Entendia que a filosofia do seu povo era muito boa e após conhecer o Cristianismo, considerava que os pensamentos da Grécia provinham do próprio Yahweh. Compreendia que para os homens desenvolvidos sob a égide do paganismo, a filosofia dos gregos antecipava e preparava a criatura para receber e compreender a Mensagem do Cristo.

Para ele, antes de Yeshua e de sua Iluminada Mensagem, a Lei Antiga dos judeus, juntamente com o pensamento filosófico dos gregos, cada um a seu passo, seriam instrumentos indiretos de Yahweh para guiar os homens.

Nesse sentido, a filosofia de seu povo exercia um papel pedagógico, orientando os gentios para a absorção do Cristianismo, ainda que de forma inconsciente.

Não possuindo claros conhecimentos sobre a Lei Antiga de Israel, nem rudimentos de uma fé forte, a verdade sobrevinha aos gregos, através do pensamento e da razão. Para ele, esta era uma forma indireta que Yahweh utilizava para comunicar a Verdade.

Os homens que viviam na Grécia conforme a virtude, isto é, com honestidade, bondade, coragem etc., são exemplos de que o Cristianismo veio ampliar a filosofia grega e dar a ela um valor de sustentação.

Clemente dizia que a Verdade é como um curso de água que tem três grandes correntes, uma, nascida da Lei revelada aos judeus, chamada de Lei Antiga; a outra, na razão especulativa da filosofia grega. Ambas confluíam para desaguar na terceira corrente, que é o

Cristianismo, porque a revelação cristã não veio para abolir a Lei, mas sim para cumpri-la.

Assim, a fé não deveria abolir a razão, já que esta representa para o grego o que a Lei Antiga representa para os judeus. Dessa forma, a filosofia é útil para preparar a fé àqueles que ainda não a alcançaram, e isto seria feito pela justificação racional dos ensinamentos do Cristo Yeshua. Além disso, a filosofia auxilia aos que já professam a fé, pois permite uma defesa argumentativa da fé contra aqueles que a ridicularizam.

Entendia que a fé é também um dom divino, entretanto, a razão é auxiliar direta desta. A filosofia é a busca da sabedoria e somente a fé na verdade revelada pode atestar essa sabedoria. Portanto, Clemente é daqueles pensadores que confiavam e defendiam uma conciliação entre a fé e a razão, sendo a fé o critério da verdade, já que nela o *Logos*, portanto, o Criador, faz-se verdade total, através da Mensagem do Cristo. Desse modo, é preciso *crer para compreender*.

Ainda jovem, começou a frequentar o núcleo cristão de Alexandria, onde passou a se dedicar inteiramente ao ensinamento do Cristianismo. Em breve se tornou um excelente orador e divulgador. Passou também a escrever com profundidade sobre os ensinamentos de Yeshua. Dono de um coração sensível, portador de uma cultura muito grande e extremada inteligência, seu entusiasmo pelo Cristianismo crescia cada vez mais.

Iniciou a escrever sobre as virtudes, sobre a questão do casamento, sobre as responsabilidades do dinheiro e sobre a salvação dos chamados ricos. Clemente, nas suas pregações, dizia que a vida nos oferta diariamente oportunidades de travarmos verdadeiro combate espiritual contra as imperfeições, e se deve buscar a transformação moral da criatura para melhor, sempre. Dizia que: "O que o Cristianismo condena o abuso, o excesso de afeição aos bens da Terra, pois isto faz a criatura esquecer o verdadeiro sentido da vida". Condenou com rigor o luxo, os vestuários ricos, os sapatos banhados a ouro, a gulodice desmedida dos ricos e as gastronomias requintadas. Certa feita, em uma pregação no núcleo cristão de Alexandria, disse:

Deus ampara os aflitos, mas também socorre os necessitados de toda a espécie, inclusive os que necessitam de fé, os que são invejosos, egoístas e orgulhosos. Neles há imensa necessidade moral. Ante estas questões, não consigo aceitar que se busque distorcer os ensinamentos de Yeshua, pois deve haver uma identidade entre os ensinamentos do Cristo e a prática de uma vida cristã sadia. Assim, não está certo tornar-se escravo dos prazeres mundanos, da mesma forma que é errado entregar-se às paixões irracionais.

A Fé e a Razão são interdependentes. Deve existir entre elas, complementaridade. Deve-se buscar uma fé sincera através da obediência às leis de Yahweh e o exercício de uma vida reta em Cristo, utilizando-se do bom senso e da razão. O pecado é como uma doença da alma, que deve ser curada através do correto seguimento dos ideais pregados pelo Cristo Yeshua.

A religião é importante e deve auxiliar o povo, para que este compreenda e aprenda a necessidade de se praticar boas ações. Estas sim é que nortearão a criatura a encontrar o caminho da salvação da alma, rumo a Yahweh. É preciso praticar uma crença em que a fé deva ser entendida e praticada como critério racional.

Um cristão ideal é aquele que crê no que dizem os Evangelhos e esse conhecimento se torna útil para o exercício de uma fé mais segura, mais forte, para que se possa distinguir com toda certeza o bem do mal.

A salvação da alma não é coisa fácil de se conquistar e para se lograr êxito, as criaturas precisam buscar seguir os passos do Messias e aplicar em suas vidas os seus ensinamentos, sempre procurando levar uma vida santificada. É necessário imitar, o máximo possível, o Senhor Yeshua.

Quem detém o conhecimento, deve divulgá-lo, torná-lo acessível ao público, para que isto possa auxiliar a criatura no fortalecimento da sua fé, e jamais esquecer que aquele que ensina também está aprendendo, em cada palavra que profere.

A sabedoria é personificada em Yahweh. O exercício dela leva à perfeição e sua prática é inimiga do erro. Por essa razão, os que não praticam sua fé, perdem-se.

Os ricos encontram dificuldades para entrar no Reino dos Céus pelo fato de muito se ligarem aos bens materiais e acabarem por se atrofiar no que diz respeito às coisas espirituais. Não se duvide que a riqueza verdadeira é aquela que possui a alma que envereda na direção de conquistar o Céu, pelo bem que pratica.

Sendo a vida um perene combate às imperfeições da alma, faz-se urgente combater diuturnamente o erro e o pecado, chagas que mais não são do que doenças da própria alma.

Além de Clemente, o núcleo cristão de Alexandria também recebeu a presença de um jovem idealista interessado no conhecimento do Evangelho do Mestre, Orígenes Adamâncio, que nasceu no ano de 185 d.C. ali mesmo em Alexandria.

Contava com 17 anos quando chegou para o núcleo cristão. Chegou sofrido. Entendia que um terrível golpe do destino lhe tirara um bem preciosíssimo, pois, com o Decreto Imperial editado pelo Imperador Romano Claudius Septimius Severus, que declarava a mudança de religião um crime contra Roma, seu pai, Leônidas, havia sido preso, tão somente porque havia se declarado cristão.

Como era jovem e cheio de ideal, a prisão o abalou profundamente, e, indignado, estava determinado a juntar-se a seu pai, na prisão, e até a sofrer com ele eventual martírio, se isso ocorresse. Ao perceber a intenção do filho de se reunir a seu pai na prisão, sua mãe escondeu suas roupas para impedir que ele fosse embora de casa. Como não foi para a prisão, Orígenes escreveu uma carta a seu pai, na qual disse: "Cuidado, papai! não mude de ideia por nossa causa. Mantenha-se fiel a Yeshua de Nazareth".

O objetivo do imperador, com o decreto, era impedir o avanço do Cristianismo a todo custo, tanto na Península da Itálica como em todas as províncias conquistadas. O decreto afetava os frequentadores dos núcleos cristãos, como também aqueles que se colocavam na condição de instrutores da Boa-nova. Produzia também, nas escolas do império, enormes dificuldades, haja vista que já no início do século III, um grande contingente de professores romanos, quando já não haviam se convertido ao Cristianismo, eram, no mínimo, simpáticos à Causa Cristã. Assim, naquele tempo, e mais especificamente em Alexandria, nas principais escolas, os professores eram quase todos convertidos ao Cristianismo.

Os instrutores das escolas da cidade que eram cristãos estavam em menor número, e ante o destaque e notícias sobre o jovem aluno do Cristianismo, Orígenes, que rapidamente, ainda bem moço, foi guindado também como um dos instrutores auxiliares no núcleo cristão de Alexandria, reuniram-se e decidiram ir alertar o jovem instrutor, que era um destaque, já por seu cabedal de conhecimento, apesar da pouca idade, para que ele tomasse cuidado com suas posições, nas aulas que ministrava, a fim de não ser denunciado e consequentemente preso por Roma. Esses colegas, mesmo não sendo cristãos, assim o fizeram, porque todos respeitavam e admiravam Orígenes, por sua bondade e altivez, e até o amavam, ainda mais por sua simplicidade, pureza de intenções e disposição para auxiliar, fosse a quem fosse. Os alertas eram plenamente justificáveis.

O pai de Orígenes, Leônidas, embora preso, continuou firme. Orígenes, que estava bem adiantado nos estudos que fazia na escola de Alexandria e igualmente no núcleo cristão da cidade, embora muito jovem, logo igualmente se tornou professor da escola filosófica, e ganhava o suficiente para sustentar a mãe e seis irmãos mais novos, dando inclusive aulas de literatura grega.

Numa tarde quente, quando as areias do deserto varriam a cidade, trazidas de longe, pelo vento, para enorme tristeza de Orígenes, seu pai, Leônidas, foi levado ao circo dos horrores de Roma, em Alexandria, e foi vilmente morto, queimado na fogueira da ignorância romana.

A dor experimentada por Orígenes foi profunda. Seu pai era um homem bom, leal ao império dominador, mas de convicção firme e que adotara a nova fé trazida por Yeshua, como proposta de vida, com todas as forças de sua alma. Costumava dizer ao filho: "Guarda-te, pois, de confiar demasiadamente em preconcebidos desejos que tenhas, para que não suceda que te arrependas. Procura com zelo refletir sempre, antes de agires. Convém, às vezes, refrear mesmo o bom desejo e empenho, para que as preocupações não te distraiam o espírito, para que não dês escândalo por falta de discrição, para que, enfim, não te perturbe a resistência dos hipócritas e desfaleças na tarefa de servir a Yeshua".

Um ano se passara, após ter enterrado o que sobrara do corpo de seu pai. Orígenes lembrava-se sempre desse cometimento, eis que, quando velava os restos mortais de seu pai, nos fundos do local em que assim os parentes o faziam, de repente sentiu que algo lhe tocava os ombros, e qual não foi sua enorme surpresa e espanto, quando, ao olhar para trás, ficou lívido, pois o Espírito de seu pai ali estava, em pé, sorrindo para ele.

Orígenes esfregou rapidamente os olhos para ver se não era uma miragem ou uma visão fruto de sua imaginação, entretanto, a visão era real. Então, como estava petrificado, imóvel, continuou apenas a olhar, ao que seu pai lhe disse:

— *Amado filho! não te assustes. O que vês é real. Sou eu que estou aqui. É o meu Espírito que te fala, e lá* — disse, apontando o velório —, *onde os amigos me cultuam, somente estão os restos do meu corpo físico, queimado e ressequido, que a tua bondade e dos amigos resgataram das feras do ódio romano. A vida, meu filho, é imortal, perene, e sobrevive ao corpo físico, como vês.*

Almas amigas, nesta esfera em que estou, já me disseram que nossa alma já existia antes de nosso nascimento e continuará existindo após a morte do corpo carnal. Procura convencer-te disto. Utiliza esta realidade que o Mestre Yeshua de Nazareth já havia ensinado, mas não foi muito entendido. Prossegue servindo-o, com mais vigor e com mais galhardia.

Não chores mais, nem lamentes, porque vou para as Moradas Celestes, mas sabe que te deixo momentaneamente, com a alma enlevada, por ver tua precoce dedicação a Yeshua. Fica bem. Conserva-te sempre no desejo fervoroso da prática da virtude do amor. Procura refúgio nas ocupações do bem, serve aos humildes e necessitados, aplica-te continuamente em ajudar sem esperar retribuição e nunca esqueças o que nos ensinou o Cireneu Paulo de Tarso, quando escreveu carta aos romanos: "Não têm proporção os sofrimentos da vida presente, com a glória futura que em nós é manifestada". *Agora, amado filho, vou-me e recomendo-te a Yahweh e a Yeshua. Fique em ti o meu abraço paternal de sempre!*

Maravilhado com a visão e com a audição do que seu pai lhe dissera, Orígenes tinha ali a prova incontestável da imortalidade da alma e o esclarecimento de que há várias existências corporais físicas, por parte da alma; que isto era uma realidade incontestável.

Alguns familiares e alguns amigos de seu pai ali se achavam, então Orígenes aproximou-se e falou-lhes:

— Meus amigos e irmãos, apesar de nossa dor, em nos apartar da alma lutadora e querida de nosso pai e irmão, penso que se trata de um afastamento temporário apenas. Um dia, todos nós pereceremos e devolveremos à terra o corpo físico que nos serve para o objetivo de progredirmos na direção de Yahweh. Desse modo, sentir a dor da separação de quem amamos é perfeitamente natural, entretanto, não nos cabe o desespero, mas sim a certeza de que um dia nos reencontraremos, em caráter de totalidade, eis que todos, um dia, haveremos de entrar no Reino de Yahweh.

Essa lembrança, que lhe era aprazível, embora retratasse o ocorrido logo após a morte do seu pai, fê-lo dedicar-se com mais afinco ainda nos estudos da Mensagem de Yeshua, e seu progresso se tornou impressionante, sugestionando positivamente o epískopo do núcleo cristão de Alexandria, Demétrio, tanto quanto o seu instrutor Clemente, que o indicou como apto, apesar da pouca idade, para ser instrutor auxiliar do núcleo, função que passou a ocupar com seus 17 anos.

Quando Orígenes completou 18 anos, fruto de seu extraordinário trabalho interpretativo dos Evangelhos, o epískopo Demétrio o nomeou como um dos responsáveis pelos ensinamentos do núcleo.

A partir do ano 203 d.C., Orígenes se integrou ao núcleo de corpo e alma, auxiliando no que já era conhecido pelos frequentadores como Escola Cristã de Alexandria. Já com 18 anos, passou a dirigir uma outra escola, chamada Escola Filosófica dos Iniciados. Por algum tempo seguiu com as duas escolas, dedicando-se exclusivamente à catequese. Sua reputação entre os seguidores da Escola Filosófica de Alexandria, que muitos pagãos e gnósticos passaram a frequentar, era notável.

Orígenes tinha uma vida austera e rigorosa com seus compromissos. Moderno em seus pensamentos, esclarecia os simpatizantes do Cristianismo, jovens, em sua maioria, que desejavam melhor entender o Cristianismo, falando a eles sobre a Sublime Mensagem do Nazareno e também sobre os grandes problemas filosóficos relativos ao conhecimento, entretanto, tudo sob a luz do Cristianismo.

Próximo aos 30 anos de idade, deixou a direção da Escola Filosófica de Alexandria com seu amigo Heraclas e aprofundou-se nos estudos dos escritos dos Evangelhos de Yeshua, das vastas anotações de Paulo de Tarso, de Inácio de Antioquia, de Policarpo de Esmirna, de Flávio Justino, de Militão de Sardes e de Irineu de Lugdunum.

Incentivado e auxiliado por Ambrósio, que era um homem muito rico, em Alexandria, e que gostava muito do jovem Orígenes, fez várias viagens a outros países, elastecendo seu cabedal de conhecimentos.

Excelente pregador e orador, em pouco tempo Orígenes adquirira, nos núcleos cristãos do Oriente, a condição de uma celebridade, dado a seu alto grau de conhecimento da Mensagem Cristã. Recebeu convite, encaminhado através do epískopo Demétrio, que lhe foi enviado pelo governador romano da Arábia e de um colega egípcio, para que fosse lhes fazer alguns esclarecimentos sobre suas pregações. Foi também convidado por epískopos cristãos da Grécia para ir a Atenas para debater com grupos heréticos. Visitou Cesareia da Palestina, onde esteve com os epískopos cristãos Teotisto e Alexandre. Estes, sem consultar o epískopo Demétrio, ordenaram Orígenes como diákono.

Para Orígenes, o verdadeiro sentido que havia na Lei Antiga e igualmente na Mensagem do Cristo Yeshua, nem sempre era aquele extraído de uma interpretação literal. Era preciso que se interpretasse a Sublime Mensagem de Yeshua de forma espiritual. Para ele, não somente os ensinamentos de Yeshua, como os da Lei Antiga e as demais tradições religiosas, tinham três sentidos diferentes, mas que se completavam. Um sentido era literal ou físico; o outro, moral ou psíquico, e um terceiro sentido era intelectual ou espiritual.

Pregava que devemos gravar na alma o sentido construtivo da Sublime Mensagem de Yeshua, pois se o homem se compõe de corpo, alma e espírito, assim também se compõe a Mensagem do Cristo.

Cultuava a certeza do império da Vontade de Yahweh. A esse respeito sempre dizia: "Compreendei aqui qual é a Bondade do Criador. Se obedeceis à Sua Vontade; se seguis Suas Leis, elas obrigam os elementos da própria Natureza a vos servirem".

Defendia que os escritores dos Evangelhos foram inspirados por Yahweh e por isso eles são Obras Divinas, mas também entendia que o autor inspirado conserva, enquanto escreve, as suas faculdades mentais. Ele sabe o que está escrevendo, e tem a liberdade de escrever ou não.

Para ele, existiam três formas de interpretar os Evangelhos. Primeira: literalmente; segunda: moralmente e terceira: espiritualmente. A interpretação espiritual é a mais importante e mais difícil de ser feita. A forma como lemos e interpretamos o Evangelho indica também nosso estágio de amadurecimento espiritual e nossa capacidade intelectual.

Orígenes formulou a teoria das duas leis, *as leis dos homens* e *as Leis Divinas*. As leis dos homens são as formuladas pelos legisladores dos diversos estados e as Leis Divinas nos vêm diretamente de Yahweh.

Após um estudo profundo do Evangelho, chegou à conclusão de que a reencarnação fazia parte dos ensinamentos proferidos por Yeshua, pois alguns dos ensinamentos só podem ser explicadas à luz da reencarnação. "Toda alma vem para este mundo fortalecida pelas vitórias ou enfraquecida pelas derrotas da sua vida anterior. Seu lugar, neste mundo, é determinado por seus méritos ou deméritos anteriores. Seu trabalho neste mundo determina o seu lugar no mundo que se seguirá após este".

Nessas palavras, há uma definição clara sobre uma Lei de Causa e Efeito, eis que Yahweh não é o Criador de nenhum favoritismo, pois é infinitamente Justo e Bom. Desse modo, não haveria como se explicar as diversas injustiças presenciadas dia a dia, a não ser pela reencarnação, por isso dizia: "Se a preexistência da alma não é verdadeira, por que encontramos aqueles que sofrem devido a defeitos de nascimento sem ter feito mal algum?". Para ele, o objetivo da nossa existência no corpo material é a purificação das falhas cometidas em vidas anteriores e, com isso, subir novos degraus em busca da religação com Deus.

No que se refere à divindade de Yeshua, manifestou que o corpo de Yahweh não pode ser como o nosso. Rebatendo a alusão de que Yahweh e Yeshua eram a mesma pessoa, disse que na sua vinda à existência material, Yeshua obteve o seu corpo através da mulher que o gerou, eis que nasceu de uma mulher e por isso seu corpo físico era humano e sujeito à morte. A centelha divina de Yeshua estava e está contida no seu Espírito e não no corpo de carne e osso. Esse detalhe não tornava Yeshua menos divino e não alterava sua posição como Filho de Yahweh.

Convencido da necessidade de tornar aceitável ao ambiente intelectual de sua época, empreendeu atividades que vão do estudo da Filosofia ao ensino superior, passando pela Arqueologia e pela crítica textual. Criou o Didaskaleion, centro de estudos destinado a inserir o Cristianismo no panorama cultural clássico da Humanidade.

CAPÍTULO V

QUINTUS SEPTIMIUS FLORENS TERTULLIANUS E O CRISTIANISMO

Os anos seguiam seu curso natural. Na cidade de Cartago, Tertullianus tivera, já na sua infância, também a influência politeísta dos deuses romanos. Conhecia a crença mítica das principais divindades do panteão de Roma, porém, trazia consigo, já em plena adolescência, um pensamento íntimo que lhe encaminhava a acreditar que deveria haver entre os deuses que Roma cultuava, alguns deles herdados da civilização grega, um Ser Superior ou um Deus que comandaria os demais.

Essa forma de pensar facilitou sua aproximação com a cultura judia, tendo, por volta dos seus 17 para 18 anos, frequentado a sinagoga judia de Cartago, que à época era dirigida pelo judeu Araão ben Eliabe, com quem Tertullianus travava longas conversações, na escola rabínica que chegara a frequentar. Em seus estudos, entendeu lograr resposta ao que já trazia como sendo uma verdade, ou seja, a certeza da existência de um Ser Superior a tudo e a todos. Muito lhe influenciou o que dizia o capítulo seis do Deuteronômio, que assim orientava:

> Estes, pois, são os mandamentos, os estatutos e os juízes que mandou o Senhor, teu Deus, ensinar-te, para que os cumprisses na terra que passas a possuir; para que temas ao Senhor, teu Deus, e guardes

todos os seus estatutos e mandamentos que eu te ordeno a ti, a teu filho e ao filho do teu filho, todos os dias de tua vida, e que teus dias sejam prolongados.

Ouve, pois, ó Israel! e atenta em os cumprires, para que bem te suceda, e muito te multipliques na terra que mana leite e mel, como te disse o Senhor, Deus de teus pais.

Ouve, Israel! O Senhor nosso Deus é o único Senhor! Amarás, pois, o Senhor, teu Deus, de todo o teu coração, de toda a tua alma e de toda a tua força. Estas palavras que hoje te ordeno estarão no teu coração. Tu as inculcarás a teu filho, e delas falarás, sentado em tua casa, e andando pelo caminho, e ao deitar-te e ao levantar-te.

Também as atarás como sinal na tua mão, e te serão por frontal entre os olhos.

E a escreverás nos umbrais de tua casa e nas tuas portas. Quando, pois, o Senhor teu Deus te introduzir na terra que, sob juramento, prometeu a teus pais Abraão, Isaque e Jacó, que te daria, com grandes e boas cidades, que tu não edificaste, e casas cheias de todo o bem, as quais tu não encheste, e poços cavados, que tu não cavaste, vinhas e olivais, que tu não plantaste, e quando comeres e te fartares, o Senhor, teu Deus, temerás e a Ele servirás e, pelo seu nome, jurarás. Não seguirás outros deuses, nenhum dos deuses dos povos que houver à roda de ti.

Tertullianus, na sinagoga de Cartago, passara a estudar com afinco toda a tradição religiosa de Israel, embora em alguns pontos discordasse do que tinha oportunidade de conhecer, a exemplo do que concerne ao surgimento de Adão como primeiro homem e Eva como primeira mulher. Não aceitava essa informação, por considerar que a Criação não poderia ser tão simples a ponto de o Criador não ter estabelecido leis que dessem origem ao surgimento da raça humana na Terra, de maneira inteligente e não ocasional.

Pelas anotações dos pergaminhos que estudava na Sinagoga, conheceu a importância dos profetas daquele povo e de suas revelações, que objetivava à criatura humana buscar se aproximar de Yahweh.

Também teve oportunidade de ler sobre a presença, prisão e morte de um Nazareno judeu que se chamou Yeshua ben Josepho, ou Yeshua de Nazareth, o qual, segundo as anotações que lera, fora morto porque tivera a ousadia de se proclamar filho de Deus ou de Yahweh; que era o Messias aguardado pela tradição apregoada pelos profetas, e que por isto fora preso, condenado à morte e crucificado, eis que, segundo a tradição dos rabinos daquele tempo, cometera também o engodo de dizer, mesmo àqueles que não o seguiam, que viera libertar a nação do jugo dos poderosos.

Foi num dia ensolarado que, ao sair dos estudos na sinagoga, ele encontrou pela primeira vez a jovem Verônica, que contava com apenas 17 anos de idade. Ela vendia flores na rua, com um pequeno cesto. Na ocasião, Tertullianus, que já contava com 29 anos de idade, encantou-se com a beleza e singeleza da jovem, e ao se aproximar dela, a troca de olhares entre os dois foi significativa e a chama do amor, qual ingente labareda, estabeleceu-se no coração de ambos, eis que Tertullianus lhe disse:

— Olá, linda jovem, que flores são essas?

— Rosas, senhor — respondeu Verônica, não que Tertullianus não o soubesse, mas foi a maneira gentil que encontrou de dirigir a palavra a ela.

— Quanto custa cada uma? — perguntou.

— Um sestércio — respondeu a jovem.

— Por favor, dá-me seis rosas — disse Tertullianus.

A jovem graciosamente atendeu ao pedido e ele lhe entregou o pagamento. Após receber as rosas, Tertullianus estendeu as mesmas na direção da jovem, dizendo:

— Nobre senhora, não sei o teu nome, mas isto não importa. Aceita, por favor, estas rosas como um mimo, que será sempre grato ao meu coração!

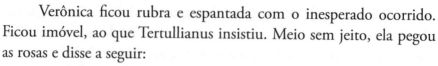

Verônica ficou rubra e espantada com o inesperado ocorrido. Ficou imóvel, ao que Tertullianus insistiu. Meio sem jeito, ela pegou as rosas e disse a seguir:

— Nobre senhor, agradeço vossa gentileza e amável gesto, que muito me sensibiliza.

A partir daquele momento, a vida dos dois mudaria de rumo, e num período de dez meses apenas se consumou o casamento.

Agora, ante essas e outras recordações, a saudade de Verônica, que eram imensas, rasgavam o peito de Tertullianus. Ela se fora para os Campos Elísios, entretanto ele sentia todas as manhãs o perfume e a presença espiritual de Verônica. Ao menos assim entendia ser, o que lhe dava a impressão de que ela estava por perto.

Após o comparecimento de Tertullianus ao núcleo cristão e o que lá ocorreu, fizera uma grande amizade com o epískopo Cipriano e, ante o quadro de acontecimentos, procurou, na sinagoga que frequentava, o rabino Araão e disse-lhe que, por influência e pedido da sua mulher, que já falecera, havia passado a frequentar o núcleo cristão da cidade.

O rabino deixou viva a sua contrariedade, porém não colocou objeção. Tertullianus passou então a ser assíduo frequentador do núcleo cristão de Cartago e aplicado estudante da Sublime Mensagem de Yeshua de Nazareth.

As pregações no núcleo cristão eram feitas de maneira firme, corajosa e entusiasmada e até desafiavam as perseguições de Roma, que de quando em quando recrudesciam.

A tarefa de divulgação da Boa-nova fora iniciada na cidade há muito tempo, pelos essênios, que em pequeno grupo residiam em Cartago, e por judeus zelotes convertidos ao Cristianismo, entretanto, a perseguição aos cristãos, em todo o Império, como sempre assim se dera, obedeciam à vontade dos imperadores, que se sucediam.

Ao mergulhar no estudo dos escritos de Mateus Levi, Marcos, João e Lucas, e principalmente, em razão de sua predileção, nas Cartas de Paulo de Tarso, Tertullianus descobriu um mundo novo nunca imaginado, e não foi difícil para ele apaixonar-se pelo Mestre Galileu, principalmente pela visão da grandeza do Mestre Yeshua, que foi habilmente composta pelo cireneu de Tarso.

Como seu pai fora centurião romano, e talvez por isso, tinha predileção pela Carta de Paulo aos Romanos. Trazia na mente, sem esquecer, as orientações de Paulo quanto à justiça pela fé em Yeshua, e decorara o que Paulo de Tarso dissera a respeito:

> Pois não me envergonho do Evangelho do Cristo, porque é o poder de Yahweh para a salvação de todo aquele que crê; primeiro do judeu e também do grego, visto que a justiça de Yahweh se revela no Evangelho de Yeshua, de fé em fé, como está escrito: O justo viverá por fé.

> Assim, pois, irmãos, somos devedores, não à carne, como se constrangidos a viver segundo a carne, porque, se viverdes segundo a carne, caminhais para a morte; mas, se pelo Espírito mortificardes os feitos do corpo, certamente vivereis. Pois todos os que são guiados pelo Espírito de Yahweh, são filhos d'Ele.

> O Messias testifica, com o nosso Espírito, que somos filhos de Yahweh. Ora, se somos filhos, somos também herdeiros, herdeiros de Yahweh e co-herdeiros com Yeshua, o Cristo. Se com Ele sofremos, também com Ele seremos glorificados.

Em razão de sua extraordinária percepção das coisas, de sua vasta cultura, já conhecida de todos em Cartago e inclusive também em Roma, em breve, Tertullianus passou à condição de auxiliar do epískopo e dos diákonos, no núcleo cristão, sem que ainda fosse necessariamente membro ativo do núcleo.

Como ele era filho da cidade e seu pai atingira o posto mais alto que um não romano podia atingir, no império, ou seja, o posto de centurião, ele sabia que os cartagineses em geral, desde o tempo de Aníbal e das Guerras Púnicas, que ocorreram três séculos antes de Cristo, nutriam aversão a Roma, e o surgimento do Cristianismo, em Cartago, foi um ponto aglutinador.

Sua genialidade e a sua certa instabilidade de temperamento, às vezes, o conduziam a interpretações apressadas, fato no qual foi muito auxiliado pelos ensinamentos de Yeshua, que em breve dominava perfeitamente.

Sua conversão definitiva mesmo à Mensagem do Cristo se deu por volta de seus 40 anos de idade. Tertullianus se transformara num mestre de prosa, mestre em retórica, e era exímio polemista.

Nessa idade madura, tinha um enorme conhecimento da Mensagem Iluminada da Galileia antiga, de maneira que os fatos da vida, as pessoas e o mundo, para ele, agora atingiam novo significado, pois passara a crer mais firmemente na imortalidade da alma, acrescida agora da certeza de que a alma não perece e que volta ao quadro de atividades da Terra, em outra roupa, para continuar crescendo e evoluindo para Yahweh.

CAPÍTULO VI

REFLEXOS DO MARTÍRIO DE IRINEU DE LUGDUNUM – O NÚCLEO CRISTÃO DE ALEXANDRIA E A VISITA DE CLEMENTE DE ALEXANDRIA À CIDADE DA FÉ – REVELAÇÕES DO PASSADO

As ocorrências havidas em Lugdunum no ano de 202 d.C. com o sacrifício de novos cristãos e do epískopo Irineu refletiram no mundo cristão da época.

Os núcleos cristãos do Ocidente acabavam, de certa forma, de perder uma grande liderança que combatia com energia e coragem as heresias que continuavam a buscar se imiscuir na doutrina de quem também chamavam às vezes de *Carpinteiro de Nazareth*. Igualmente refletiram na sede do Império, em Roma, o martírio provocado ao centurião Julius Atilius Galesius.

No Senado Romano, ares de insurgência e de insatisfação com as ações do Imperador Septimius Severus começavam a surgir, entretanto, o imperador, pretendendo demonstrar seu pulso firme, no final do ano de 202 d.C., havia expedido um decreto imperial proibindo a conversão de romanos ou de qualquer cidadão das províncias conquistadas, portanto, sob o jugo de Roma, ao Cristianismo.

Era uma tarde fria em Alexandria. A noite prenunciava a sua chegada. Os ventos vindos do deserto do Saara, que fustigavam a cidade, traziam com eles nuvens de areia quente. No núcleo cristão da cidade, interessante conversação era levada a efeito entre o epískopo Demétrio, que dialogava com um dos seus diákonos mais queridos, Tito Flávio Clemente, que era mais conhecido pelo último sobrenome.

Clemente, na ocasião, dizia a Demétrio:

— Nobre epískopo, já conto com 23 anos e em razão das boas condições econômicas de minha família já viajei por vários locais. Estudei em Atenas, a cidade dos meus antepassados; estive na Síria e também já fui a Jerusalém. Pude conhecer e ouvir vários homens sábios e conheci também vários cristãos com os quais tive oportunidade de dialogar sobre os ensinamentos de nosso Alcandorado e Amado Mestre Yeshua de Nazareth.

Nessas minhas andanças, quero vos dizer que um cristão que conheci aqui mesmo em Alexandria, com o qual tive a satisfação de conviver por alguns anos e que também vós conheceis, nosso amigo Panteno, foi a criatura que mais me impressionou, como sendo portador de excelentes conhecimentos sobre a Natureza em geral e particularmente sobre a criatura humana, portanto, a existência humana, conhecimentos que julgo espantosos. Certa vez, em um de nossos extensos diálogos, eu lhe perguntei:

— Mestre Panteno, penso que tendes procurado ensinar-me tudo o que sabeis. Não temeis que cheguemos ao ponto de mais nada terdes a ensinar-me?

Ele passou as mãos pelos cabelos já grisalhos, que pouco penteava, e como estávamos ao relento, olhou para o céu demoradamente — era quase ao cair do crepúsculo —, depois, olhando-me com os olhos da bondade, característica das almas elevadas, respondeu-me:

— Meu jovem amigo! A Natureza provém de uma Criação, por certo, eis que ela simplesmente existe, é apreensiva aos nossos olhos e reativa ao nosso toque. Ao observarmos bem a paisagem que ela nos descortina, transparece-nos que tudo está pronto e extremamente arrumado ao nosso derredor, e por mais que possamos tentar compreender essa realidade, não conseguimos, ainda, ter condições de dimensionar

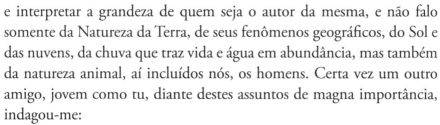

e interpretar a grandeza de quem seja o autor da mesma, e não falo somente da Natureza da Terra, de seus fenômenos geográficos, do Sol e das nuvens, da chuva que traz vida e água em abundância, mas também da natureza animal, aí incluídos nós, os homens. Certa vez um outro amigo, jovem como tu, diante destes assuntos de magna importância, indagou-me:

— Quem Criou essas naturezas?

— Lembro-me de que respondi: ela se fez. Obviamente que tu, Clemente, vais falar-me o que aquele amigo a seguir disse.

— Ora, mas para ela se fazer não haverá de se ter uma condição qualquer, apropriada... uma causa?

— Sim — respondi —, há que se ter uma causa anterior, porque, por exemplo, os teus olhos podem ver o que tuas mãos tocam, mas tu também podes ver o Sol, a Lua, o céu, as estrelas, que tuas mãos não tocam. Por certo tudo isto são efeitos inteligentes que provêm de uma Causa Inteligente, que tu, ao veres estes fenômenos da Natureza, sentes que é real, existente, mas não podes definir nem ver.

Mas há outras coisas em ti, que tu não podes ver nem tocar, mas sentes a sua realidade, como, por exemplo, o funcionamento interno de teu corpo. Sabes que dia e noite ele funciona intermitentemente, contudo, não temos ainda como compreender, na essência, ainda, esse maravilhoso mecanismo de vida, que há de ter uma fonte, uma origem extraordinariamente inteligente!

Nobre Demétrio, depois dessas profundas impressões, jamais pensadas, eu ainda lhe indaguei:

— Nobre mestre Panteno, porventura chegastes a estudar essa causa?

Ele sorriu-me novamente e falou:

— Com certeza, e ouso exemplificar-te de outra forma. Vejamos:

Tu não podes enxergar a dor, porém a sentes, porque é real e provoca efeitos no teu organismo. Tu conheces o vento, sentes os seus efeitos e absolutamente não o vês, mas isto não significa que ele não exista ou que enxerguemos tudo o que existe no mundo. Estes simplórios exemplos, meu

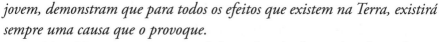

jovem, demonstram que para todos os efeitos que existem na Terra, existirá sempre uma causa que o provoque.

Vês a Natureza, o quanto é bela, enfeitada de árvores, flores, frutos, dos mais variados, a vegetação rasteira, os pássaros de variadas espécies e cores, as montanhas, o deserto, os rios, cujas correntezas produzem música em nossos ouvidos e carregam vida no seu interior; os peixes, o som do mar, a imensidão de suas águas, cuja quantidade e até onde vão, sequer ainda podemos imaginar; a vida submarina, o sol que cresta toda a paisagem, fornecendo as condições da vida; a lua majestosa, que clareia o escuro; a chuva, que alimenta as plantas e sacia nossa sede; os animais, muitos dos quais nos alimentam as necessidades físicas; a beleza do céu; a grandeza das nuvens carregadas de água; os açoites do vento, tudo, tudo isto, Clemente, são efeitos de um Grande Construtor, Inteligência que tudo previu, fez, deu causa, organizou o funcionamento. Essa força criadora, meu jovem, nos povos que existem pela Terra, é chamada por várias denominações. Na nossa gente, de Apolo; para os romanos, Júpiter; para os egípcios, Osíris e para os judeus da Palestina, Yahweh.

— Então prosseguiu:

— Ainda, sob o enfoque de tudo o que te falei, entre os homens que trouxeram para a Terra revelações sobre esse Ser Criador, houve um sobre cuja vida e obra tive acesso, o que me possibilitou aprender um pouco mais sobre todas as coisas da Criação e muitos segredos mais me revelou. Ele viveu na Palestina e deixou marcas profundas e inapagáveis na Terra, que nem mesmo o tempo do futuro, prevejo, fará esquecer, ao contrário, tornará ainda mais viva a sua presença entre nós. Essa criatura, que se chamou Yeshua ben Josepho ou Yeshua de Nazareth, sobre cuja vida e obra tenho lido, fez-me ver e aprender muitas coisas que ignorava, principalmente a existência de um Reino que, segundo ele, é o Reino do Criador de Tudo, e que embora esteja em a Natureza, está também dentro de cada um de nós.

Diante de todos estes fatos incontestáveis, sem nenhum receio te digo, meu jovem, com absoluta certeza, que há um Criador Maior, em quem tenho acreditado. Que esse Pai Criador enviou para a Terra esse Yeshua para

dar-nos a conhecer isto, porque os judeus assim já acreditam, e para revelar
outras coisas que esse Pai de todos nós determinou que nos fosse revelado.

— Confesso-te, nobre Demétrio, que foi esse diálogo profundo que me fez buscar Yeshua de Nazareth, para compreender e encontrar Yahweh e Seu Reino. Hoje estou aqui neste núcleo cristão, continuando meu aprendizado, ampliando minhas possibilidades de servir à causa do Cristianismo, morando em dependência dele, pelo beneplácito de vossa pessoa e candidatando-me a auxiliar na catequese dos que aqui chegam.

Após ter ouvido toda a narrativa de Clemente, Demétrio ficou muito pensativo.

Clemente, quebrando o silêncio repentino que se fez, disse ainda:

— Indago-vos, nobre epískopo, se eu posso, além do trabalho de cuidados e zelo com a construção e preparação de nossas reuniões públicas, apresentar-me para trabalhar na tarefa de catequese dos novos frequentadores do núcleo, que sempre chegam.

Demétrio sorriu e respondeu, sem pestanejar:

— Como não, meu jovem! Vejo que embora os arroubos de tua juventude, teu Espírito já é experiente e talvez calejado pelas brumas do tempo. Podes, sim, e já estás convocado a integrar-te nesse trabalho.

Clemente agradeceu e passou a se dedicar de corpo e alma ao ensinamento do Cristianismo, inclusive, em breve, tornou-se o mais aplicado orador do núcleo.

Além dos esforços empregados nas tarefas, certa noite, logo após deitar-se e orar sentidamente, assim que adormeceu, viu, pela vez primeira, que sua alma se desprendia do corpo. Assustou-se e quis de alguma forma retornar, quando ouviu um chamado:

— Clemente, meu jovem, não te assustes. O que vês é normal. É que ainda não tinhas te dado conta. Vim buscar-te!

Clemente olhou para a porta do aposento de dormir, de onde viera o chamado e viu um jovem de rara beleza, porte de gladiador, os cabelos pretos e dois olhos grandes e esverdeados, que lhe sorria bondosamente. O jovem continuou a lhe falar:

— Tem calma! O que ouves é real e o que sentes também. Sou teu amigo que reside em uma das moradas da Casa do Pai Celestial Yahweh. Podes chamar-me pelo nome de Estêvão.

Clemente, um pouco confuso, sentiu a ternura que emanava do som da voz do visitante e cativou-se ante o sorriso dele. Ficou ainda um pouco reticente em atender ao convite ou internar-se no corpo novamente, ao que o visitante lhe disse:

— Amigo Clemente, onde resido, conseguimos ler o pensamento. Sei o que estás pensando neste instante. Mais uma vez te peço: Acalma-te e tem confiança. Estou encarregado de levar-te a uma cidade maravilhosa.

Clemente virou-se na direção do jovem e quis caminhar até ele, mas teve dificuldade. Estêvão aproximou-se dele, pegou sua mão e lentamente fez o impulso de caminhar, e ao fazê-lo, Clemente percebeu que levitavam na direção do espaço, contudo, sentindo confiança, embora muito confuso, fechou os olhos.

Em breve percebeu que chegavam a uma cidade belíssima. Clemente reparou na beleza extraordinária da cidade: as construções num misto de estilos romano, grego e jônico; as ruas com calçadas acinzentadas; os prédios em sua maioria em mármore branco e azul; diversas construções com torres altas e algumas com anéis sobrepostos, no cume. As alamedas com jardins maravilhosos.

Clemente estava maravilhado com o que via, contudo, de maneira para ele curiosa, parecia, no seu íntimo, que já conhecia ou tinha visto aquele local, aquela cidade, mas achou isso impossível, e que aquilo só acontecia ante o seu deslumbramento.

Em breve chegaram em um conjunto grandioso, com um prédio de quatro pisos na frente e aos fundos uma construção estranha, que não conhecia, pois era um prédio arredondado. Ao chegarem, subiram dez degraus, levitando, e penetraram em amplo salão, onde foram logo recebidos por uma mulher aparentando o início da madureza, muito bonita, os cabelos castanhos, os olhos de cor cinza, que, com elegância, dirigiu-se a eles:

— Saudações, amigo Estêvão, é ótimo rever-te, e vejo que estás acompanhado por um novo visitante.

Estêvão adiantou-se e disse:

— Este é nosso amigo e trabalhador da Causa Cristã. Ele se acha ainda nas regiões da Terra e se chama Clemente.

Depois, voltando-se para Clemente falou:

— Meu amigo, esta é a nossa irmã Eleodora. É auxiliar direta do governador desta cidade, que se chama Acádio.

Eleodora fez um gesto reverencial e olhando com olhos de quem já parecia conhecer Clemente foi dizendo:

— Nobre irmão, é com prazer que o recebemos em nossa cidade. Peço, por gentileza, que me acompanhem. O governador vos aguarda.

A seguir, caminharam por um extenso corredor e chegaram a uma porta dupla, que se abria por dentro. Eleodora deu duas batidas e entrou. Em breve retornou, abrindo a porta, e disse:

— Por favor, entrem. O governador vos aguarda.

Estêvão caminhou na frente e os dois entraram na sala.

O governador Acádio levantou-se e foi na direção dos dois saudando-os:

— Olá, amigo e irmão Estêvão, que bom que nos trazes o irmão Clemente. Sinto que nosso visitante, embora esteja estranhando tudo o que vê e ouve, imagina que talvez esteja sonhando, entretanto, quero dizer-te, caro Clemente, que não é um sonho, é uma situação real que envolve teu Espírito ou tua alma, como quiseres, pois, como já pressentes, a morte não existe para o Espírito — ou para a alma.

O que perece com a morte é o corpo físico, que ao ser enterrado se destrói, com o tempo, mas a alma vive e vai para lugares que o teu pensamento atrai, ou para onde é atraído.

As criaturas transitam pela Terra e morrem, o que é um processo natural da criação de Yahweh. Ao terem o corpo físico sem vida, suas almas se libertam dele e vão para as regiões próprias, nos céus, segundo a afinidade dos seus pensamentos e segundo a força geradora de seus comportamentos. Se forem pessoas boas, reunir-se-ão com Espíritos bons, em regiões boas e belas; se forem pessoas ainda más, por suas escolhas, reunir-se-ão com Espíritos maus, em regiões infelizes. Trata-se de uma Lei Divina, a que chamamos de Lei de Atração.

Além disto, de certa forma, o mesmo se dá com aqueles que ainda não pereceram, na Terra, e que, ao dormirem, suas almas se desprendem do corpo físico, a ele ficando ligadas pelo que podemos chamar, para vosso entendimento, por uma espécie de corda invisível, e igualmente pode ir pelos espaços e se encontrar com as almas que pensam como eles. Como vosso pensamento tem sido o de servir à causa de Nosso Messias Yeshua, logo, foste atraído até nós, porque aqui todos trabalhamos para e pelo Cristo Yeshua e para Yahweh.

Clemente ouviu tudo com atenção e ante o fôlego que o governador tomou, aproveitou para perguntar:

— Então, esta bela cidade e vós ficais no Céu? Yeshua e Yahweh aqui estão?

O governador sorriu, em razão da perspicácia da pergunta, e com elegância respondeu:

— Meu amigo, embora possa de alguma maneira ou de certa forma assim ser, não é totalmente assim. De fato, estás na Cidade Espiritual da Fé, que é comandada por Yeshua de Nazareth, porque ela está sob os desígnios de Yahweh. Porém, para aqui estar, somente é possível de acordo com o progresso moral individual da alma. Quanto a Yeshua e Yahweh, estão em regiões espirituais ainda para ti e para nós inimagináveis e inatingíveis, e somente podemos colher suas recomendações e ordens, que nos são encaminhadas por trabalhadores espiritualmente mais evoluídos que nós.

O governador continuou:

— Aqui nesta cidade, temos nossas obrigações, eis que após o retorno de Yeshua de Nazareth à Pátria Espiritual, Ele comandou pessoalmente a organização dela e estabeleceu as ações que foram e precisam continuar a ser tomadas para a preservação e o espalhamento de Sua Mensagem de orientação à Humanidade terrena, Mensagem que a seu passo recebeu de Yahweh e que tão habilmente espalhou pela

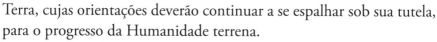

Terra, cujas orientações deverão continuar a se espalhar sob sua tutela, para o progresso da Humanidade terrena.

Assim, nobre Clemente, muitas almas amigas que incursionaram pela Terra, como Ele, estão aqui nesta cidade. Muitas outras, como tu, já retornaram às regiões da matéria física para continuar servindo no planejamento que visa permitir seja cada vez mais conhecida a Sublime Mensagem do Cristo, para que todos possamos caminhar ao encontro do Reino de Yahweh.

Clemente, que tudo ouvia com muita atenção, assustou-se com as últimas frases do governador e então rapidamente indagou:

— Do que falais? Pelo que pude entender, eu já vivi aqui e depois retornei para a Terra? Isto é possível? Como pode ter acontecido isto? Podeis explicar melhor?

O governador sorriu, levantou-se, deu a volta pela sua mesa e se dirigiu até um armário muito grande, que estava cheio de pergaminhos enrolados e amarrados, uns sobre os outros, em várias divisões. Com os dedos, correu por vários e a seguir retirou um rolo, voltou-se, foi para o seu lugar, colocou-o sobre a mesa, desenrolou-o e começou a ler:

Eram aqueles os tempos prósperos e longos do reinado de Uzias, em Judá, e de Jeroboão II, em Israel. Eram tempos que ofertavam à nação riquezas e poder que há muito tempo não se experimentava, entretanto, abundavam as vítimas humanas que eram sacrificadas em altares. Ainda se refestelava o povo com pompa e rituais. Os costumes pioravam e os israelitas ostentavam uma moral prejudicada, onde a piedade para com o próximo não existia e o ódio para com o adversário ou os inimigos triunfava. Deslumbrada com a prosperidade, a nação caminhou a passos largos para a ruína. As multidões iam para os festivais sagrados apenas para gozos profanos e tumultuosos e os líderes religiosos buscavam tirar vantagens pessoais, além de se associarem aos pagãos, assim chamados, para comércio, chegando até, em certas ocasiões, a fazer um culto a Yahweh para as deidades pagãs. Cegos, não se davam conta do crescimento do poderio dos exércitos da Assíria. Prenunciava-se a derrocada da nação.

Nessa ocasião, surgiu no meio do povo um humilde pastor da região de Técua, que dizia ter sido chamado por Yahweh para pregar ao povo o arrependimento pelos atos servis e profanos a que a maioria se entregava. Fez previsões de anos de castigos eminentes no futuro, pois disse:

— O dia do Senhor será para vós um dia de trevas, e não de luz! É como se um homem fugisse de diante de um leão e lhe saísse ao encontro um urso; ou como se tendo entrado em casa e segurando-se com a mão à parede, mordesse-o um réptil. Eu aborreço e rejeito as vossas festas. Não me é agradável o cheiro dos sacrifícios nos vossos ajuntamentos. Se me oferecerdes os vossos holocaustos e os vossos presentes, eu não os aceitarei. Apartai de mim o ruído dos vossos cânticos. Os maus juízos se manifestarão contra vós como a água que transborda, e a minha justiça se fará como uma impetuosa torrente.

Ele percorreu cidade por cidade, em Betel e na Samaria, alertando o povo para a necessidade de se voltarem novamente para Yahweh e desprezarem as riquezas vãs. Acabou por ser expulso de Israel, e então voltou à atividade de pastor. Depois voltou a pregar, durante o reinado de Jeroboão II, entre os anos 783 e 743 a.C., e enfrentou corajosamente a oposição dos sacerdotes de Betel, que era o principal santuário naquele tempo.

O governador Acádio fez uma pausa na leitura e olhando para o visitante, disse:

— Estas anotações, nobre Clemente, revelam uma vida tua ao tempo dos profetas, em Israel, quando vieste para a Terra com o nome de Amós, e renasceste na cidade de Técua, a 40 estádios de Belém. Nesse tempo, foste o primeiro dos profetas a escrever sobre as visões e intuições que possuías. Desenvolveste uma tarefa espiritual que trouxe esperanças ao povo. O que se viu tempos depois, foi o cumprimento de tuas profecias, pois o assolador veio da Assíria e da Babilônia e invadiu as entranhas de Israel, escravizando a nação, pois não prestaram atenção ao que tu dizias e aos seus profetas. Apesar de tuas advertências, naquele tempo, quanto à dor e à escravidão que se abateriam sobre a nação, recebeste também as intuições do auxílio divino que viria tempos depois,

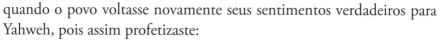

quando o povo voltasse novamente seus sentimentos verdadeiros para Yahweh, pois assim profetizaste:

"Tirarei do cativeiro o meu povo de Israel; reedificarão as cidades desertas e as habitarão. Plantarão vinhas e lhe beberão o vinho. Farão jardins e comer-lhe-ão os frutos. Plantá-la-eis no seu país, e não os tornarei mais a arrancar da terra que lhes dei, diz o Senhor teu Deus."

Nesse tempo, tu foste contemporâneo dos profetas Isaías e Oseias, e dentro dos registros do que pregavas, tu sempre dizias:

"Eu não sou profeta nem discípulo de profeta, mas boiadeiro e colhedor de sicômoros. Mas o Senhor me tirou de após o gado e o Senhor me disse: Vai e profetiza ao meu povo de Israel."

Nessa época, amigo Clemente, fizeste, pois, precioso trabalho para Yahweh. Depois estiveste algumas outras vezes de volta à vida terrena, aqui anotadas, e que poderás em breve conhecer, mas sempre buscando defender e expandir o conhecimento da Lei Antiga de Israel.

Mais à frente, renasceste na Terra, no ano de 35 d.C., como filho de pais israelitas, na cidade de Roma, na Itálica.

Muito jovem, acabaste por conhecer, com teus 20 anos, a Doutrina de Yeshua de Nazareth e por ela te apaixonaste. Por volta do ano 60 d.C. tiveste a oportunidade de trabalhar no núcleo cristão de Roma. Em dois anos já eras diákono auxiliar, ocasião em que pudeste conhecer e te relacionares com o apóstolo Simão bar Jonas e o discípulo Paulo de Tarso, que te ensinaram muitas coisas a respeito do Messias, isto ao tempo em que eles ficaram presos em Roma.

Sentiste muito a morte física deles e a partir disto foste um defensor ardoroso da Mensagem do Cristo Yeshua e do núcleo cristão. Tornaste-te, então, o principal diákono auxiliar do epískopo Anacleto, e, naquela ocasião, adotaste o mesmo nome que hoje tens: *Clemente*, com o qual te identificas bastante.

No ano de 88 d.C., sucedeste ao epískopo Anacleto na condição de epískopo-geral de Roma. Dentre muitas coisas que implantaste no núcleo cristão, foste tu que, nas cerimônias religiosas do núcleo, após as preces a Yahweh e a Yeshua, de maneira curiosa até, adotaste o uso da palavra *Amém*.

Deste valiosa e inestimável contribuição ao Cristianismo. Chegaste até a escrever, a esse tempo, inspiradamente, uma carta de orientação aos irmãos do núcleo cristão de Corinto, na Grécia, onde aconselhaste e alertaste os irmãos daquele núcleo. Temos anotados aqui alguns trechos dessa carta:

Em nome dos princípios e da unidade do Cristianismo, peço que vos abstenhais de discussões estéreis e inúteis em torno da Mensagem do Mestre Yeshua; que eviteis conflitos e não busqueis de forma alguma o poder pelo poder; que seja evitada a intriga a traição grotesca, a ambição desvairada, e sejam apaziguados os ânimos. Não se estabeleçam lutas por hegemonia dentro do núcleo, pois isto, na verdade, traduz-se num desserviço à causa do Cristianismo.

Instigo-vos para lutardes contra a hipocrisia nas relações entre os trabalhadores do núcleo e alerto ainda que pode até se enganar a um ou outro irmão de fé, mas que jamais se enganará o Mestre Yeshua e o Pai Yahweh.

Estimulaste ainda, na carta:

Que todos se unam verdadeiramente em torno de estudar os Evangelhos do Mestre anotados por Mateus, João Marcos, Lucas e João, e bem assim, também, as Cartas de Paulo de Tarso, pois encontrarão nesses estudos, de forma séria, a compreensão da grandeza do Sublime Mensageiro da Galileia Antiga e igualmente quais as melhores condições para se dirigir um núcleo cristão com acerto, evitando-se as intromissões indesejadas, as ideias ou sugestões fantasiosas para que desse modo se estabeleça seguro freio à indesejada deturpação da Sublime Boa-nova.

Alertaste para que não se envolvessem com erros e com doutrinas estranhas, o que deixaste claro nesta parte:

Irmãos, haveis de proporcionar alegrias e prazeres, se vos submeterdes ao que emana do Espírito do Senhor, que nos orienta a cultivar o bem e a paz. Afastai-vos sempre da ira, do ciúme por posições, da inveja, cortando pela raiz os pensamentos malsãos. Ajuntai-vos em vibrações de amizade sincera e não ilusória e procurai viver em paz e em concórdia, pedido que vos fazemos por esta carta.

No núcleo cristão de Roma, que assumira a liderança de todos os núcleos cristãos do Ocidente, renovaste o vigor dos diákonos e auxiliares. Criaste um trabalho de assistência aos menos favorecidos e, à semelhança de Simão bar Jonas, Tiago, Barnabé e demais apóstolos de Yeshua, junto com teus trabalhadores, passaste a recolher, pelas ruas de Roma, os doentes e os esfaimados, os abandonados, crianças, jovens e velhos e a tratá-los no núcleo cristão, dando-lhes, em primeiro lugar, a ternura da atenção e do carinho, e empós, dignidade, alimento, agasalho e acima de tudo a incutir neles as orientações que emanam dos Sublimes Ensinamentos de Yeshua.

Nesse tempo, por urdiduras dos judeus das sinagogas, foste preso por ordem do Imperador Romano Trajano e condenado a trabalhos forçados. Foste exilado nas minas de *Galipoli*. Forçado a deixar Roma, renunciaste a teu episkopado em favor do epískopo Evaristo. Em Galipoli, fizeste, apesar de prisioneiro naquele local para onde iam outros presos, um excelente trabalho de divulgação da Mensagem de nosso Sublime Messias. Converteste muitos deles ao Cristianismo, o que acabou por ser informado a Roma, e então, Trajano, irritado, decretou a tua morte. Ataram uma pedra em teu pescoço, isto no ano de 100 d.C. e te jogaram no mar. Alguns irmãos cristãos, de maneira silenciosa, após os teus executores terem se afastado, mergulharam e resgataram teu corpo e o colocaram numa sepultura, na cidade de Crimeia.

Vencedor das lutas pelo Cristianismo puro e sem interseções, estagiaste aqui nesta cidade, o que por ora não te lembras. Participaste das tarefas aqui desenvolvidas, junto com vários trabalhadores do Cristo: Paulo de Tarso, Simão bar Jonas, João, Mateus, Lucas, Tiago, Inácio de Antioquia, Policarpo de Esmirna, Silas, Timóteo, Tito e outros, inclusive nosso amado Estêvão, que aqui te trouxe, e igualmente do intercâmbio com diversos servidores de Yeshua no plano físico da matéria.

Aceitaste o convite do Mestre para retornares à Terra e ingressares novamente nas fileiras daqueles que servem a Yahweh e a Ele, para não somente continuares a auxiliar na disseminação do Cristianismo, mas principalmente para que possas deixar, em razão do planejamento, escritos sobre a maravilhosa Mensagem da Galileia antiga e sua aplicação, a fim de auxiliar os crentes do futuro.

Hoje estás, inclusive, mais apto para mais ainda servir a Yeshua, e poderás desenvolver um amplo trabalho no sentido de catequizar gentios em geral e mesmo judeus convertidos, bem como os romanos, buscando incrustar na intimidade deles o Cristo Vivo, Atuante, Descrucificado.

O governador propositadamente fez uma pausa e esperou.

Não tardou para Clemente, sob impulso das lágrimas, dizer:

— Nobre governador! o que me revelais, além de causar-me alegrias indizíveis, enquanto faláveis foi me trazendo lembranças dos dias difíceis, mas também a alegria das lutas. Conforta-me saber que em vidas passadas eu já me houvera entregado a Yahweh e a Yeshua de Nazareth.

Agora, enquanto faláveis, passei a lembrar-me de várias outras situações do passado, de maneira clara e até de alguns detalhes de minha última existência física anterior a esta, em que pude conviver, naquela época, com grandes trabalhadores de Yeshua. De fato, lembro-me bem de que convivi com o apóstolo João, com quem estive várias vezes no núcleo cristão de Roma. Ele vinha de vez em quando à cidade, hospedava-se e fazia pregações em nosso núcleo, e lembro-me de várias conversações que tivemos entre os anos 85 d.C. e 95 d.C.

Certa feita, o que ele me disse ficou profundamente gravado em meu Espírito e, apurando a minha memória, lembro-me de que ele assim se referiu:

— *Amigo Clemente! todas as vezes que o homem deseja alguma coisa desordenadamente, torna-se inquieto. O soberbo e o avarento nunca sossegam, entretanto, o pobre e o humilde de espírito vivem em paz. O fraco de espírito é ainda um pouco carnal e inclinado às coisas sensíveis;*

dificilmente pode se desapegar de todos os desejos terrenos, de repente, e quando deles se priva, ordinariamente se entristece e com facilidade se irrita se alguém o contradiz, e se, porém, alcança o que deseja, sente logo remorso na consciência, porque obedeceu à sua paixão, que nada vale para alcançar a paz que almejava. Assim, meu amigo Clemente, em resistir, pois, às paixões desordenadas, acha-se a verdadeira paz do coração e não em as seguir.

— Diante desse maravilhoso ensinamento, procurei resistir às paixões que me provocavam desalento e ideias malsãs e almejei dedicar-me total e interiormente ao Mestre Yeshua, do que jamais nutri qualquer pensamento de temor e do que jamais me arrependi ou me arrependerei.

Clemente, ainda em lágrimas, silenciou.

O governador aguardou um pouco, esperando que Clemente se restabelecesse. Após, continuou:

— Nobre irmão Clemente! conhecemos o valor da tua alma e quanto amas o Cristo. Sabe que, como em muitos outros, Yeshua confia em ti e sabe que sempre poderá contar contigo. Após teu retorno à Terra, esta é a primeira vez que retornas a nossa cidade. Foste aqui trazido para que te reavivemos a lembrança da nova tarefa que recebeste da parte do Mestre, pois Ele requisita teu trabalho para que na Terra procures escrever com o objetivo de estabeleceres os cuidados que as pessoas devem observar sempre, para bem orientar os cristãos tradicionais e os novatos e até mesmo os descrentes, e poderás fazer isto de maneira muito útil.

Para isto, também te servirás das ideias filosóficas de teus atuais patrícios, com o objetivo de mostrares às criaturas a necessidade de se dedicarem e desenvolverem as potências de suas almas e de travarem combate permanente contra os vícios e as paixões desordenadas, procurando conhecer-se interiormente, tarefas nobres, estas, que foram assumidas por ti, como compromisso, antes de retornares à Terra.

Este nosso encontro, Clemente, visa lembrar-te do momento do cumprimento dos teus deveres.

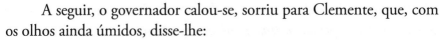

A seguir, o governador calou-se, sorriu para Clemente, que, com os olhos ainda úmidos, disse-lhe:

— Nobre governador Acádio, para servir ao Cristo, faça-se em mim a Soberana Vontade d'Ele.

Mais alguns comentários foram feitos. Então se despediram com tratativas de retorno, e Estêvão levou Clemente de retorno ao corpo.

CAPÍTULO VII

A ROMA DO SÉCULO III – O IMPERADOR LUCIUS SEPTIMIUS SEVERUS – RESTABELECIMENTO DA PERSEGUIÇÃO AOS CRISTÃOS

Lucius Septimius Severus era um homem vigoroso, de estatura baixa, de traços fisionômicos marcantes, de pele morena. Tinha uma personalidade forte, entretanto, era muito supersticioso. Acreditava em sonhos reveladores e na Astrologia, principalmente quando os astrólogos lhe prediziam um futuro brilhante. Sentia-se sempre ligado à sua cidade de nascimento, chamada Leptus Magna, que ficava na província romana da Tripolitania e que se tratava de uma cidade originalmente fundada pelos púnicos, também conhecidos como cartagineses, isto no século VII a.C.

Quando resolveu se casar, já contava com 30 anos, então escolheu uma esposa natural de sua cidade, de nome Paccia Marciana. Nesse casamento, que durou dez anos, tiveram duas filhas, que não sobreviveram, e a esposa Marciana faleceu no ano de 176 d.C., deixando-o viúvo.

Buscando casar-se novamente, recorreu à ajuda de astrólogos. Na procura, ouviu falar de uma mulher síria, de quem os astrólogos previram que se casaria com um rei. Então ele se deslocou até a província romana da Síria e acabou por conhecer Júlia Domna Bassianus, descendente do casal real Sempsiceromidas e Soenio, que eram reis

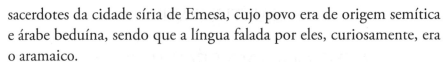

sacerdotes da cidade síria de Emesa, cujo povo era de origem semítica e árabe beduína, sendo que a língua falada por eles, curiosamente, era o aramaico.

Júlia era uma mulher muito bonita, e com a aprovação de seu pai, Julius Bassianus, sacerdote do templo do deus Heliogábolo, casou-se com Septimius Severus no ano de 177 d.C. A seguir, tiveram dois filhos, Lucius Septimius Bassianus, no ano de 179 d.C. e Publius Septimius Geta, no ano de 189 d.C. Durante todo esse tempo, ele foi governador romano da Gália e depois da Sicília. Nesse tempo, o Imperador de Roma era Commodus.

Em 180 d.C. Severus foi nomeado cônsul, o mais alto cargo da magistratura romana, e no ano seguinte o Imperador Commodus o nomeou governador da província da Panonia, na fronteira com o Rio Danúbio, onde assumiu o comando de várias e experimentadas legiões do exército romano.

Foi a partir disso que, com o assassinato de Commodus, assumiu o império, em 193 d.C.

Entre os anos 197 e 199 d.C., travou duras batalhas contra o Império Parta, nas quais obteve sucesso, e se estabeleceu em uma nova província, a província romana da Pártia. Dedicou cinco anos na organização dela.

A preocupação com o exército e as questões militares foi o cerne da política governamental de Septimius Severus. Estabeleceu novas honras militares e autorizou os oficiais a portarem um anel de ouro, privilégio que era somente reservado aos cavaleiros. Tinha como seu principal auxiliar, seu primo Gaius Fulvius Plautianus.

Na Síria, ele criou duas províncias para facilitar a administração local.

Depois de concluir a campanha no Oriente, Severus visitou o Egito, onde rendeu homenagens no túmulo de Alexandre da Macedônia, o Grande. Depois disso, dedicou-se aos assuntos da África, onde as tribos nativas dos garamantes causavam problemas. Derrotou os inimigos e expandiu os limites africanos, tendo oficialmente estabelecido a província da Numídia, separada da África, e retornando a Roma em 200 d.C.

Septimius Severus governava Roma com mão de ferro, embora buscasse também se harmonizar com o Senado, pois, se de um lado o seu caráter de hábil militar fosse inegável, por outro lado, fruto de ações intempestivas, aos poucos, ao seu derredor, formara-se um poder civil paralelo, em Roma, através de seus seguidores mais próximos.

Severus escolheu como jurisconsultos vários juristas, como Plauciano, Vapiano e Papiano e os nomeou como seus auxiliares mais diretos. Nomeara outro seu amigo, Vepiano, como prefeito do seu Pretório, tudo isto com a clara intenção de buscar suprimir a força política do Senado, que ele entendia se intrometer indevidamente nas questões do império, como a querer ditar normas para o imperador.

Talvez, inspirado em Marco Aurélio, convidou também, além dos juristas, alguns filósofos para o grupo de auxiliares mais próximos, dentre eles Flávio Filóstrato, que acabou, sem que Severus se apercebesse disto, por difundir na Corte Imperial as ideias do filósofo Platão, cuja filosofia era mais próxima às ideias do Cristianismo.

As viagens que Severus realizou pelas províncias do império, nos anos 199 d.C. a 203 d.C. demarcaram a ação civil do imperador com clara contraposição às ideias senatoriais.

Quando em campanha militar no território da Síria, criou duas novas na África e estabeleceu oficialmente a província da Numídia.

Visitou e reorganizou a província do Egito, cujo território era, àquele tempo, uma província romana, dando ao Egito as características de, embora ligada a Roma, uma província autônoma.

Em 203 regressou a Roma. Na capital, Severus ergueu uma série de importantes construções. Embelezou o lado sul do Monte Palatino. Nesse mesmo ano, mandou construir uma fonte monumental, a que deu o nome de *Septizonium*, cujo nome o auto-homenageava. Era um edifício dedicado às sete divindades planetárias: Saturno, Sol, Lua, Marte, Mercúrio, Júpiter e Vênus.

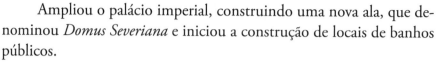

Ampliou o palácio imperial, construindo uma nova ala, que denominou *Domus Severiana* e iniciou a construção de locais de banhos públicos.

Sua cidade natal beneficiou-se amplamente, no seu reinado, sendo embelezada por vários monumentos suntuosos: o Fórum de Severus, a Basílica de Severus e o Mercado, com grandes instalações portuárias.

Na legislação romana, fez mudanças significativas, eis que a presidência dos tribunais romanos, que era afeta aos governadores, cônsules ou procônsules, foi transferida para os prefeitos pretorianos.

Com a finalidade de consolidar a sua sucessão, casou seu filho Lucius Septimius Bassianus, que era conhecido pela alcunha de Caracala, com a filha do prefeito pretoriano Plauciano.

Caracala atendeu aos interesses de seu Pai, contudo, odiava o prefeito pretoriano e recusou-se a ter qualquer intimidade com a esposa. Isto e outros interesses levaram Plauciano a conspirar contra o imperador. Descoberto, foi acusado de traição e Severus mandou executá-lo.

As relações de Septimius Severus com o Senado Romano nunca foram boas, em razão do seu caráter ditatorial, além do que, o imperador mandou executar uma dúzia de senadores sob a acusação de corrupção e conspiração contra o império e substituiu-os por amigos fiéis à sua causa.

Embora todos esses fatos, perante a plebe romana ele gozava de boa popularidade, entretanto, houve um aumento vertiginoso das despesas militares do império, o que o obrigou a fazer uma desvalorização do denário, a primeira desde o reinado de Nero.

Diante de tantas exigências, Severus, no ano de 198 d.C. nomeou seu filho Lucius Septimius Bassianus — Caracala, como César, para que este o auxiliasse na manutenção da unidade do império.

Caracala era então coimperador junto com o pai e foi designado para combater as tribos da Caledônia, que viviam além das muralhas de Adriano e que se rebelaram contra Roma. A campanha contra os caledônios durou bastante tempo, e teve um alto custo econômico e de vidas, ante a feroz resistência que essas tribos impuseram a Roma.

Precedido por outros imperadores, restabeleceu a perseguição aos cristãos, o que procurou fazer de forma velada, porém, isto era impossível. A verdade é que se prenunciava o início, para Roma, de uma lenta, porém gradual agonia.

Não surtiam efeito os combates travados contra os cristãos, pois o Cristianismo crescia de maneira acentuada, em número de seguidores. Havia uma ampla proliferação de cristãos nas províncias da Britânia, na Hispânia, no Egito, na Germânia, na Ásia Menor, nas costas gregas da Troácia e nas cidades costeiras da Síria.

CAPÍTULO VIII

AS PRIMEIRAS DIVISÕES NO CRISTIANISMO PRIMITIVO

Embora a maioria dos cristãos fossem pessoas do povo, de poucas condições econômicas, isto não os impedia de viajar pregando as verdades da Mensagem do Cristo, eis que, até mesmo fora das fronteiras do Império Romano, na Mesopotâmia, na Pérsia, na Etiópia, na Índia, vários seguidores cristãos buscavam espalhar o Evangelho de Yeshua.

Em Alexandria, Panteno, filósofo da escola filosófica estoica da Grécia, convertido ao Cristianismo, fundou uma escola de catequese para a divulgação e estudos, principalmente da Sublime Mensagem do Nazareno, e um dos mais brilhantes alunos era Clemente de Alexandria.

Apesar do crescimento do Cristianismo, de forma numérica, ocorria, por vezes, um certo relaxamento do ponto de vista da firmeza, que havia se iniciado em alguns cristãos, isto já ao tempo de Paulo de Tarso, e que dava origem ao surgimento de apostasias ou espalhamento de ideias estranhas dentro dos núcleos cristãos, levando à iniciação de divisões dentro dos núcleos, seja do Oriente, seja do Ocidente.

Diante dos judeus e romanos, céticos em sua grande maioria, os cristãos passaram a ser denominados como a terceira raça. Para o império, constituíam-se numa força que não podia ser ignorada pelos governantes, por isto, entre os anos 200 d.C. e 202 d.C., o Imperador Severus decretou a proibição de conversões ao Judaísmo e ao Cristianismo.

Após o martírio do epískopo-geral Victor, em Roma, no ano de 198 d.C. um de seus diákonos, Hipólito, entrou em conflito com outro colega, Zeferino, e rompeu com ele e com outro diákono de nome Celesto, sob a acusação de que o núcleo de Roma estava ensinando serem, o Filho e o Espírito Santo, apenas *modalidades do Pai Celestial.*

Hipólito também não aceitava a reconciliação dos hereges como apóstolos da nova fé, em razão disto, escreveu várias obras contra essa situação, entre elas *Refutação de todas as heresias; Crônicas; Anticristo* e *Comentários de Daniel.* Ele desejava uma Igreja Cristã formada, no seu entendimento, apenas por pessoas puras e santas.

Por essa época, a chamada Igreja Cristã ou núcleos cristãos do Ocidente restabeleceu a necessidade da cerimônia do batismo e de uma celebração a que deram o nome de *Eucaristia* e instituíram a *ordenação dos diákonos.* O rito de iniciação cristã era o batismo, geralmente ministrado para adultos. Os conversos tinham um período de preparação, o catecumenato, durante o qual se preparavam para receber esse sacramento. Os que eram aprovados, recebiam o batismo nas correntezas de algum rio. Quando não houvesse rio, era utilizada uma piscina. E, na falta de uma piscina, batizava-se derramando água sobre a cabeça.

Ao receber o batismo, o fiel já podia se aproximar da eucaristia, que já se traduzia na menção de que: *a carne e o sangue de Jesus Cristo deveriam ser sempre consagrados.* Eucaristia é uma palavra grega que quer dizer ação de graças.

Em tempos de perseguições ou no aniversário da morte de mártires, os fiéis instituíram o dever de se dirigirem às catacumbas, onde se faziam leituras do Antigo Testamento, dos Evangelhos de Yeshua ou das Cartas de Paulo.

Em seguida se exortava a assembleia, com base na palavra proclamada, que era traduzida como *a palavra de Yahweh.* Após isto, os fiéis faziam suas preces e ofertavam, em altares criados nos núcleos, pão, vinho e água.

Os diákonos levavam para os ausentes parte do alimento consagrado. Os fiéis mais generosos entregavam suas doações ao núcleo, que as dividia entre os órfãos, as viúvas, os doentes, os estrangeiros e encarcerados, e uma parte ficava retida para as despesas do núcleo.

Pouco a pouco começa a se organizar um ciclo litúrgico. Yeshua deveria ser o centro da fé. Orava-se várias vezes ao dia, erguendo-se as mãos e voltando-se para o Oriente, ajoelhando-se, prostrando-se.

Orava-se antes das refeições, ao levantar, na hora de dormir, quando se fazia alguma ação especial, enquanto se trabalhava ou antes de sair para visitar alguém.

Havia também o costume, herdado dos judeus, de rezar na hora terceira, na hora sexta e na nona. Rezava-se o Pai-nosso e os salmos extraídos das Escrituras antigas, além de orações espontâneas.

À medida que o Cristianismo crescia em número de adeptos, aumentavam os casos de fiéis que cediam às tentações da cobiça, da luxúria e da apostasia. Embora estes acontecimentos, a penitência era algo levado muito a sério. Quem pecasse gravemente depois do batismo podia não mais voltar para a comunhão do núcleo. Instituiu-se para os epískopos e diákonos, o poder de perdoar o pecador, poder que se alardeava ter sido concedido por Yeshua diretamente ao apóstolo Pedro e aos demais apóstolos, e isto passou a ser usado sem muito critério, já naqueles tempos. O cristão em erro grave era obrigado a oferecer algum tipo de reparação material para o núcleo cristão. Durante algum tempo era excluído da liturgia eucarística, precisava fazer jejuns, dar esmolas e submeter-se a severas mortificações, até o dia em que o epískopo lhe concedesse a absolvição.

O Apóstolo Paulo já tinha preocupações com a integridade da fé das comunidades cristãs. Deixou advertências contra o risco das práticas judaizantes, gnósticas e contra alguns que negavam a ressurreição.

O Apocalipse do Apóstolo João denunciou duas seitas gnósticas: A dos discípulos de Balaão e a dos Nicolaítas. Estes últimos amaldiçoavam o Deus do Antigo Testamento e levavam uma vida libertina.

O chamado gnosticismo cristão era uma criação doutrinária bastante complexa. Acreditava-se na existência de *eões,* que emanavam de Deus ou Yahweh e que faziam o papel de mediadores entre o mundo e o Criador. Esses eões eram organizados em classes, variando dos menos puros aos mais puros. Todas as classes de eões constituíam o *pleroma.*

Criou-se a crença de que, no meio da sequência de eões, um deles tentou se igualar a Deus e caiu em desgraça. Colocado para fora do Mundo espiritual, teve de viver com seus descendentes em um universo intermediário. Revoltado, criou o mundo físico, essencialmente mau e contaminado pelo pecado. Os eões prevaricadores eram conhecidos como demiurgos e identificados com o Deus do Antigo Testamento.

O homem, emanação do eão decaído, contém em si uma centelha da Divindade e aspira a ser libertado da matéria. O mal é estar vivo. Os que querem viver estão condenados. São chamados de *hílicos* ou *materiais.* Os que buscam a gnose, os *psíquicos*, têm a possibilidade de alcançar a paz interior. Finalmente, os que renunciam à vida, os *espirituais*, são os únicos capazes de obter a salvação. Para eles, Yeshua era um dos eões escondido na carne humana. A razão de sua vinda era ensinar aos homens o verdadeiro conhecimento capaz de libertar: a gnose.

A esse tempo existiu um gnosticismo sírio-cristão, encabeçado por Saturnino, e depois por Cérdon. Também houve o gnosticismo de Basílides, hostil ao Deus dos judeus.

Principalmente em Alexandria, e em seguida em Roma, existiu o gnosticismo de Valentino, que tentava harmonizar os ensinamentos de Yeshua com especulações estranhas. Havia ainda os cainitas, que louvavam Caim, os ofitas, que adoravam a chamada serpente do Gênesis, e inclusive seguidores de Judas Iscariotes, que criaram um novo evangelho.

O número de seitas e, portanto, de divisões que começavam a acontecer nos núcleos cristãos era enorme. Já houvera Marcião, gnóstico *híbrido* que entrou em conflito com as autoridades do núcleo cristão de Roma. Saiu e foi excomungado, isto no ano de 144 d.C. Acabou por tornar-se fundador de uma contraigreja, na qual era dogma de fé a existência de dois deuses, um bom e um mau. O primeiro, o Demiurgo, era o Deus do Antigo Testamento: justiceiro, vingativo, impiedoso. O segundo, o Deus verdadeiro, era o Deus pregado por Yeshua de Nazareth, o Cristo: amor, perdão, bondade. Essa crença denominava-se *Marcionismo*.

Doutrinas tão amalucadas, às vezes ridículas e às vezes terríveis, atraíam muitas almas inquietas. Marcião havia organizado sua crença e estabelecido seu próprio cânone de livros inspirados, rejeitando tudo o que poderia contradizê-lo, nas Escrituras.

Os marcionitas cresceram tanto que pareciam ter invadido todo o mundo cristão. Mesmo com a morte de Marcião, em 160 d.C., suas comunidades continuaram a existir. Seus sucessores se tornaram irrelevantes, excetuando o de nome Apeles, que diminuiria um pouco o rigor das teses do fundador.

Parte dos marcionitas passaram para o maniqueísmo, no século III.

Havia também o monarquianismo, inventado por Teódoto, que ensinava um só Deus e uma só pessoa divina.

Noeto, da cidade de Esmirna, ensinava que o Pai padeceu na cruz, gerando o que se conheceu como *patripassianismo*.

CAPÍTULO IX

O COMBATE ÀS HERESIAS NO NÚCLEO CRISTÃO DE ALEXANDRIA – A BAILARINA DA PÁRTIA

Amanhecia, em Alexandria, naquele dia 2 de julho de 202 d.C. Clemente ainda estava deitado. Levantou-se mais tarde do que o costume. Apesar de sua família residir na cidade e deter boas posses materiais, ele residia no núcleo cristão.

O núcleo ficava radicado em uma elevação da cidade, eis que de lá se avistava o Mediterrâneo, que, costumeiramente, quando o dia estava limpo e iluminado pelo Astro-rei, o que quase sempre ocorria naquela região, este refletia-se nas águas verdes do oceano, causando uma imagem belíssima. Do núcleo também se avistava o Farol de Alexandria, que fora construído no ano de 280 a.C. pelo governante grego Ptolomeu I. Sua construção era feita em granito claro e revestida de mármore e calcário. Sua beleza era notável.

O dia amanhecera quente, embora o clima da cidade fosse bastante ameno. Clemente, debruçado no espaldar da janela de seu quarto de dormir, nos fundos do primeiro piso, na sede do núcleo cristão, olhava para a belíssima paisagem que se descortinava aos seus olhos e no seu íntimo um pensamento brotou: "Ora, se esta cidade é tão linda,

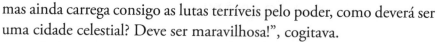

mas ainda carrega consigo as lutas terríveis pelo poder, como deverá ser uma cidade celestial? Deve ser maravilhosa!", cogitava.

Após ajeitar-se na túnica, Clemente dirigiu-se à sala de refeições, onde já estava servido o desjejum, o que fez na companhia dos amigos, diákonos como ele, Sálvio e Onélio. Após o desjejum, saíram os três para caminhar um pouco. Clemente gostava de caminhar todas as manhãs que estavam ensolaradas.

Depois de percorrerem quatro estádios, chegaram e entraram na tradicional Tenda de Negócios e de diversão, da cidade. Era uma grandiosa construção, cujo interior possuía vários cômodos que eram destinados a utilidades variadas, para receber estrangeiros, soldados, artesãos, grupos de danças, pintores, cantores, declamadores de poesias etc.

Num determinado espaço da tenda, bem ao centro, havia 250 mesas com cadeiras, que eram utilizadas para as recepções ou banquetes da cidade. O teto do local era sustentado por 50 pilares de madeira bruta, espaçados. Os cômodos todos eram divididos por cortinados em vermelho acetinado. Do lado de fora, na entrada da enorme tenda, havia um enorme pórtico em madeira com duas colunas ligadas na parte superior por um arco. No centro do pórtico, uma enorme águia em madeira trabalhada foi fixada, como que a olhar para quem entrava, com as asas em prontidão para voar.

Em volta da tenda havia postes com animais esculpidos em mármore, no total de 50 por toda a volta. No espaço entre os postes, havia pinturas de vários artistas da época. No corredor de acesso ao cômodo central, as paredes eram formadas em tecidos bordados com filetes de ouro.

Ali, Roma permitia a exposição de algumas pinturas de reis do antigo Egito. Acima deles, eram fixadas pequenas espadas em ouro e prata, alternadamente.

O chão, na extensão dos corredores, era separado entre os cômodos ou divisões, onde havia suportes dourados e mesas compridas com pratos e copos de prata, que ficavam disponíveis para os convidados.

Ali se davam várias apresentações ao público, com espetáculos de arte dramática, dança, cantorias, declamações, representações teatrais e outros, inclusive em homenagem a vários deuses, como Osíris, Dionísio e Apolo.

Clemente gostava de admirar o esplendor e riqueza do local. Agradava-lhe às vistas, entretanto, sentia que o vazio e a indiferença habitavam naquela espécie de monumento feito para a satisfação da riqueza vã e fria dos que dirigiam a cidade.

Por alguns momentos, na tela do pensamento, imaginou-se no cômodo central, no palco que ali havia, falando aos presentes sobre os ensinamentos de Yeshua de Nazareth. Saindo da absorção que o local produzia, Clemente disse aos diákonos que o acompanhavam:

— Queridos amigos, de fato, nosso Mestre e Messias não tem como ser recebido pelo fausto e pelos servidores da vaidade humana. Embora este lugar seja belo aos olhos, é extremamente frio aos corações.

Haviam transposto uma das divisões, já buscando encaminhar-se para a saída, quando ouviram um sentido choro, em voz média, que vinha de uma divisão anexa à saída principal.

A um sinal de Clemente, todos se aproximaram devagar e ao abrir as cortinas que davam acesso ao outro cômodo, viram, sentada em uma cadeira, junto a uma pequena mesa de canto, uma linda jovem com os cabelos louros, os olhos azuis e a pele clara, porém amorenada, demonstrando exposição ao sol, ou mesmo traços de sua origem, traços esses que eram finos e muito bonitos. Trajava uma túnica azul, até os pés, demarcada, na região da cintura, por um cinto largo e dourado.

Esta, ao vê-los, buscou conter as lágrimas e calou-se, assustada com a presença. Clemente e os diákonos se aproximaram devagar e com cuidado. Estranharam ver aquela bela jovem, na imensidão daquela tenda que ainda se achava vazia, estar ali sozinha e em pratos.

Ante a surpresa, a jovem esperou. Clemente aproximou-se um pouco mais e utilizando ternura na voz, falou:

— Olá, minha irmã, podemos auxiliar-te em algo? Precisas de ajuda?

Um pequeno tempo de mutismo se fez. Entretanto, a jovem, parecendo recobrar-se da grande tristeza e melancolia que se via em seus olhos, respondeu:

— Olá, nobres senhores, peço-vos desculpas se o meu choro pôde ter-vos incomodado.

— De maneira nenhuma — retrucou Clemente —, gostaríamos de ajudar em alguma coisa, se possível.

A jovem aprumou-se mais um pouco e perguntou:

— Quem sois vós? Por acaso administradores deste belo lugar?

— Não, não somos administradores deste lugar — respondeu Clemente —, e sim de outro que fica um pouco distante daqui. Estamos aqui apenas visitando o local.

— E que lugar é esse que dizeis administrar? — perguntou a jovem.

— Trata-se, irmã... penso que podemos chamar-te assim, não?

A jovem acenou afirmativamente, fazendo um gesto com a cabeça.

— Como ia dizendo, trata-se de um local que denominamos como núcleo cristão de Alexandria.

— E o que fazeis nesse local? — indagou a jovem.

Clemente, compreendendo que precisava tirar a jovem daquele estado de prostração, antes de responder, indagou:

— Antes que te diga, gostaríamos de saber teu nome, de onde vens ou se és daqui desta cidade.

— Oh! senhor — respondeu a jovem —, não sou daqui, sou natural de Selêucia, na Pártia. Chamo-me Nadir. Sou uma bailarina da tribo dos lúrios. Eu era membro da corte do rei Vologases V, e uma das damas de companhia da princesa Drakontis, mas fui raptada por um grupo de dança, cujo chefe se chama Kaspar, há um ano, e aqui estou para atender ao espetáculo de dança que é feito todas as noites neste local, e quando me vistes, chorava a minha desdita, pois me tornei uma escrava. Tenho pedido aos nossos deuses Aura-Mazda e Mitra, mas vejo que não respondem à minha dor nem ao meu chamado e meu sofrimento. Perdoai-me se meu choro vos incomodou.

Clemente olhou para a jovem, apiedado. Seus olhos já se encontravam cavados, com certeza por muito chorar. Uma onda de ternura lhe invadiu a alma, então respondeu:

— Não, minha jovem, tuas lágrimas não nos incomodaram. O que nos incomodou foi ver-te neste estado, e agora, em saber da tua história, crê, queremos ajudar-te, entretanto, ainda não sabemos como. Onde está o teu chefe?

Nadir olhou para todos os lados, como a buscar ainda mais se esconder, e respondeu, com voz mais baixa:

— Oh! senhor! não sei, mas com certeza em breve deverá estar aqui, à minha procura, pois me evadi da casa onde estamos hospedados. Somos um grupo de 30 bailarinos, 20 mulheres e 10 homens. Já estamos aqui há quase um mês e daqui a dois dias ele disse que partiremos, não nos falou para onde, e hoje, quando ele ainda não se levantara, me arrumei e saí, sem saber para onde ir ao certo, e como desejo fugir dele, mas não tenho sequer recursos nem sei para onde, acabei vindo para cá. Só me resta a angústia de saber que em breve ele deverá me procurar aqui e com certeza me levará à força, se precisar.

Clemente, ao ouvir a narrativa, num ímpeto, pediu licença à jovem para falar com seus dois amigos diáconos. Afastou-se um pouco dela e estabeleceu rápido diálogo com eles. Tinha em mente a ideia de fazer alguma coisa, auxiliar de alguma maneira aquela jovem.

Disse aos amigos que naquele instante tinha a intuição para que assim fizesse, mas não sabia ainda como, então rapidamente trocaram confidências a respeito. Foi Onélio quem disse:

— Nobre Clemente, meu coração também está partido. Se tivermos que fazer alguma coisa por esta jovem, devemos ser rápidos, antes que seja tarde. Eu sugiro que a levemos, com cuidado, espreitando as ruas, para o nosso núcleo cristão e lá a escondamos em uma dependência e aguardemos o desenrolar dos fatos.

— Amigo Clemente — disse o diácono Sálvio —, eu tive também a mesma intuição.

— E nosso epískopo Demétrio — aduziu Clemente —, o que acham? Ele vai apoiar nossa atitude?

— Conheço bem o coração do nosso epískopo — respondeu Onélio. — Não tenho a menor dúvidas disto, e se tivermos que fazer algo por essa jovem, temos mesmo que ser muito rápidos.

— Sim — disse Clemente —, sim, vamos ajudá-la. Assumiremos os três o resultado desta ação.

A seguir, Clemente dirigiu-se à jovem e lhe disse:

— Jovem Nadir, acho que podemos auxiliar-te. Somos cristãos e como te disse há pouco, temos um núcleo de atividades que não fica longe daqui. Como disseste que em dois dias o grupo de dança partirá, gostaríamos que viesses para o nosso núcleo e lá te ofertaremos guarida, em segredo, até que o grupo vá embora.

Os três perceberam um brilho de vida nos olhos da jovem, e antes que ela dissesse algo, Clemente ainda aduziu:

— Não te preocupes, ninguém irá molestar-te em nada, e não serás mais escrava, entretanto, pelo que nos disseste, temos mesmo que ser muito rápidos, porque se o chefe do grupo de dança chegar, não poderemos fazer mais nada. Então, o que achas?

— Aceito o que me propondes — respondeu a jovem, de pronto. — Não tenho nada a perder, mas aviso que não tenho nada a dar. Não posso pagar-vos nada. Tenho só a roupa do corpo.

— Não queremos pagamento algum — respondeu Clemente —, só queremos ajudar. Então vamos, rápido!

Olhando para os dois diákonos, disse:

— Irmão Sálvio, vá na frente, ganhe a rua e faça sondagens do movimento e mais do que depressa venha nos avisar.

Sálvio correu para a entrada e olhou para os dois lados da rua, que estava deserta e rapidamente voltou e informou a Clemente.

— Vamos! vamos rápido! — disse Clemente.

Esgueirando-se pela rua, deixando a jovem ao centro, em rápida caminhada, em breve chegaram ao núcleo. Conferiram os dois lados da rua. Ninguém os tinha visto. Entraram, e mais do que depressa trataram de acomodar a jovem nas dependências dos fundos, no cômodo em que Onélio dormia, onde internaram a jovem temporariamente.

Nadir entrou rápido, embora com ar de desconfiança, ao que Clemente lhe disse:

— Tenha calma e não tenhas medo. Já te disse que ninguém te molestará em nada.

Após assim fazerem, Clemente disse:

— O irmão Onélio deve voltar em breve com o desjejum e baterá quatro vezes na porta para ser identificado.

A jovem agradeceu. Onélio saiu a providenciar o desjejum. Nadir estava em exaustão, mais pelo medo do que por qualquer outra coisa. Deitou-se na cama, que estava arrumada, e as lágrimas novamente voltaram a rolar pelo seu rosto, devido à tensão e mesmo ante o inesperado. Temia ser descoberta de alguma forma.

Em breve, Onélio retornou com o desjejum composto de leite de cabra, chá, um bom pedaço de broa e um copo com água. Acomodou tudo sobre pequena mesa que havia ao canto do aposento, que tinha uma janela para os fundos da construção e falou à jovem:

— Aqui está o alimento. Alimenta-te e não te preocupes, estás segura. Observamos que nenhuma pessoa nos viu na rua e ninguém viu quando entramos no núcleo. Após te alimentares, se quiseres dormir um pouco, fica à vontade. Noto tua fisionomia exausta e vejo que na noite que passou não deves ter conseguido dormir. Fica bem, que ninguém te perturbará.

No momento da refeição diurna, pediremos à amiga Deodora, que é uma espécie de cuidadora de todos nós, e que também reside aqui no núcleo, para que venha te chamar e providenciaremos uma cama para ti, nas dependências dela, está bem? Se quiseres, podes olhar pela janela, pois estás nos fundos da propriedade e daqui não tem como seres vista.

Onélio sorriu e dirigindo-se para a porta saiu, não sem antes acenar para Nadir.

A jovem fez o desjejum, comeu muito pouco, ante a tensão e o medo, depois se deitou novamente e ficou pensando no que estava acontecendo. Ante a exaustão causada pela tensão dos acontecimentos, adormeceu.

Clemente, Onélio e Sálvio, enquanto a jovem estava hospedada no quarto emergencialmente cedido a ela, trataram de ir ao encontro do epískopo Demétrio.

Recebidos na sala de onde o epískopo administrava o núcleo cristão, foram convidados a sentarem. Ao assim fazerem, Clemente foi logo quebrando o breve silêncio:

— Nobre epískopo Demétrio, eu e os demais diákonos precisamos conversar com o senhor sobre um assunto que sabemos muito delicado, entretanto, antes, gostaria de propor-lhe uma questão, para a qual, em meus estudos, ainda sou tomado de curiosidade e às vezes fico pensando nas razões desse tipo de acontecimento.

Talvez até o momento eu não tenha entendido de fato o que se passou com o apóstolo de todas as gentes, nosso Paulo de Tarso, em certa ocasião.

A questão se resume a uma indagação mental, para a qual ainda não tenho resposta, ou seja, se ele agiu acertadamente ou não, quanto a um fato que se deu após a sua conversão, em Damasco, de ter sido curado da cegueira instantânea, que mais não era que o choque da claridade do sol do meio-dia e da claridade que envolvia o Mestre Yeshua, que provocou nos olhos de nosso cireneu, cura que foi feita pelo irmão Ananias.

Expresso melhor a minha dúvida: após estar sob os cuidados do epískopo do novo núcleo cristão de Damasco, em alguns dias apenas, Paulo foi falar na sinagoga de Damasco, em pleno momento em que os acontecimentos ainda fervilhavam na sua e na cabeça dos judeus da cidade. O certo é que as manifestações do cireneu na sinagoga de Damasco não foram aceitas e ele esteve na iminência de ser preso, sendo que para que isso fosse evitado, sob o arranjo de Ananias, Paulo teve que fugir do local, escondido em um cesto.

Diante disso, nobre Demétrio, aproveito para indagar-lhe, pois isto sempre me tem intrigado: Foi acertado esconder Paulo de Tarso em um cesto para que ele se evadisse do local para não ser preso? Nós não temos que enfrentar nossas dores e sofrimentos por amor ao Cristo de Yahweh, sejam quais forem? Houve mérito na fuga? Logo, diante disto, o que nos pode dizer? Qual a sua visão sobre o fato, nobre epískopo?

Demétrio ouviu com bastante atenção a proposição de Clemente e percebeu a quase desmedida atenção que os diákonos Sálvio e Onélio emprestavam à proposição feita. Refletiu por brevíssimo tempo, então respondeu:

— Nobres irmãos, a questão merece análise profunda quanto ao modo, tempo e local em que ela ocorreu, somada a todos os fatos que antecederam a situação, notadamente, partindo de quem era Paulo e do que ele representava naquele tempo para os judeus, principalmente. É claro que o ato foi configurado como sendo uma fuga e ainda às escondidas, entretanto, entendo que não houve nada de errado na atitude do cireneu de Tarso, eis que, mesmo diante da Lei de Yahweh, temos o direito e precisamos preservar nossa vida, principalmente nos precavendo, em razão dos injustos, dos agressores, dos perversos, dos orgulhosos, dos invejosos e dos egoístas.

A simplicidade das coisas, meus irmãos e amigos, e dos objetivos sadios, hão de estar na pureza da intenção do ato e na grandeza do que se pretende semear de bem para as criaturas. A procura sincera por Yeshua também exige daqueles que pretendem servi-lo, que eles se cuidem e se protejam na sua integridade moral e também física, e como Ele sabiamente nos ensinou, devemos ser mansos como as pombas, mas prudentes como as serpentes.

Vejamos o que aconteceu com nosso Simão bar Jonas, quando da prisão e julgamento de nosso amado Yeshua. O Mestre sabia das dificuldades ainda presentes no Espírito do amigo; conhecia o seu coração impetuoso, porém amoroso, e não tinha dúvidas que ele lhe era fiel, entretanto, não o condenou após as três negativas a que ele deu causa, pois, pela grandeza de seu Espírito, sabia que há uma Lei de Yahweh que nos impele à preservação da vida, tanto que após a sua ressureição e enquanto conviveu com os apóstolos amigos, por mais 40 dias, certa vez, antes de retornar às Moradas Celestes, de maneira definitiva, em verdadeiro contraponto com as três negativas de Simão e depois de terem ceado, perguntou Yeshua a Simão Pedro:

Simão, filho de Jonas, amas-me mais do que estes? Simão respondeu: Sim, Senhor; tu sabes que te amo. Então falou-lhe Ele: Apascenta os meus cordeiros. Tornou a dizer-lhe uma segunda vez: Simão, filho de Jonas, amas-me? Simão respondeu: Sim, Senhor, tu sabes que te amo. Disse-lhe novamente Yeshua: Apascenta minhas ovelhas. Após, perguntou uma terceira vez: Simão, filho de Jonas, amas-me? Simão entristeceu-se por lhe ter indagado uma terceira vez: Amas-me? Então respondeu: Senhor, tu sabes todas as coisas; tu sabes que eu te amo! Yeshua disse-lhe novamente uma terceira vez: Apascenta as minhas ovelhas. Depois desse diálogo, o Mestre Yeshua ainda disse a Simão bar Jonas: 'Na verdade, na verdade, te digo que, quando eras mais moço te cingias a ti mesmo e andavas por onde querias, mas quando já fores velho, estenderás as tuas mãos, e outro te cingirá, e te levará para onde tu não queiras'.

De certo modo, meus irmãos, às vezes nos move a paixão, o ímpeto, que é certo deve ser refreado, entretanto, apressadamente passamos a ver defeitos onde não existem, pois quem retamente avaliar suas próprias obras não será capaz de julgar os outros com o rigor que às vezes beira as margens do excesso.

Por esse prisma, que entendo acertado, penso, nobre Clemente, que tanto Ananias como os demais irmãos em Cristo, de Damasco, e o próprio Paulo, não erraram em planejar e concluir a fuga do cireneu ante o perigo, mesmo às escondidas, porque a maldade humana ainda é um tanto acentuada na Terra e com certeza poderiam, os que fizeram declarados ataques a Paulo, não somente o prender, como também o matar.

Demétrio fez uma pausa e a seguir concluiu:

— Tens nestas minhas palavras uma visão, como poderias achar em outros irmãos, visão igual ou diferente. O importante é que o bem prevaleça sempre.

Demétrio calou-se.

Clemente, que ouvira tudo com muita atenção, juntamente com os diákonos, a seguir falou:

— Nobre epískopo, ao ouvirmos isto do modo como nos expusestes, não há como se chegar a outra conclusão que não seja a de admitir que a ação de Paulo de Tarso era necessária. Ele teria mesmo que preservar-se, preservar a própria vida, para depois doar-se integralmente ao Cristo, o que fez no resto de sua existência na Terra.

Embasado em vossa resposta, que me fez compreender, acho que agora, em definitivo, dissipei as dúvidas de outrora, não que minha pergunta tenha objetivo de vos iludir com um fato ocorrido nesta manhã, no qual participei com os irmãos Onélio e Sálvio, cujo fato vos narrarei com os mínimos detalhes.

A seguir, Clemente contou ao epískopo, sem nada omitir, tudo o que lhes acontecera pela manhã e sobre a presença e guarida, no núcleo, da bailarina da Pártia, Nadir. Após ouvir atentamente todo o acontecido, Demétrio em nada alterou sua fisionomia e olhando para os três, aduziu:

— Meus irmãos, a glória de um homem de virtudes é a de deter uma boa e sã consciência, e aquele que age sob a virtude da piedade, traz a consciência tranquila e permanece confiante e alegre, até mesmo nas adversidades, eis que guarda tranquilidade no coração e goza de paz aquele que não é indiferente à dor e ao sofrimento alheio. Vós agistes sob o apanágio do amor em ação, logo, não há o que condenar. Tendes a necessidade de se planejar bem, para que o socorro a nossa irmã seja efetivo, pois é nossa irmã em Cristo. Podeis contar com minha compreensão e com minha ajuda.

Os três diákonos, ao mesmo tempo em que sorriram para Demétrio, sentiram uma onda de altíssima vibração amorosa em suas almas, e num ímpeto, os três se levantaram e abraçaram o epískopo.

A cena era comovedora e acompanhada, na outra esfera da vida, pelo governador da Cidade da Fé, Acádio, pelo próprio Paulo de Tarso, por Estêvão, pelo Apóstolo João, por Inácio de Antioquia, Policarpo de Esmirna e Irineu de Lugdunum, que ali compareciam, na dimensão espiritual.

Os quatro servidores do Cristo continuaram a conversação. Agora se dedicavam em planejar como manter a jovem Nadir fora do alcance de quem a havia sequestrado e escravizado.

Resolveram que, por sondagens, acompanhariam as ocorrências na cidade, em razão do *desaparecimento* da jovem. Ajustaram que a manteriam nas dependências da servidora Deodora, até que o grupo de dança que se apresentava na cidade seguisse viagem. Ajustaram o que deveriam falar se alguém de alguma forma os viesse perguntar se haviam visto a jovem, momento em que responderiam de forma indeterminada, utilizando as premissas de suas crenças e falariam: somente Yahweh, nosso Deus, sabe.

Após terminarem o diálogo, Deodora veio até eles e comunicou-lhes que a refeição do meio-dia estava servida, e como tinha sido comunicada pelos diákonos sobe o ocorrido, furtivamente abrira a porta do quarto de Onélio para perguntar à jovem se queria que lhe servisse o desjejum, ainda há pouco, mas que a jovem dormia profundamente. O epískopo Demétrio então tomou a frente da conversação e falou:

— Boa Deodora, deixemos que ela durma. Com certeza deve ter passado muitas noites em claro.

A seguir se dirigiram para as dependências destinadas à alimentação. Lá, após sentida prece de gratidão a Yahweh, a conversa continuou sobre a jovem Nadir e ficou estabelecido que na parte da tarde os diákonos Sálvio e Onélio dariam uma volta pela cidade, inclusive em volta da Grande Tenda, para ouvir o que poderiam estar comentando sobre o desaparecimento da jovem, enquanto Deodora tomaria conta dela.

Após o descanso feito depois da refeição e munidos de alguns sestércios, os diákonos Sálvio e Onélio saíram do núcleo cristão, na direção da parte central da cidade, para adquirirem alguns víveres, algumas frutas e óleo de oliva. Caminharam descendo a rua onde ficava o núcleo, viraram na primeira rua à direita e após mais quatro estádios, passaram em frente à Grande Tenda.

Perceberam um grupo de seis homens que conversavam, próximos à porta da Tenda. Um deles trajava uma roupa diferente, usando uma blusa lisa e branca, acetinada, e calças sanfonadas e fechadas no início dos pés. Tinha a postura de um artista, alto e musculoso. Pelo gestual deles, via-se que estavam nervosos. Diminuíram um pouco o passo, ao cruzar com o grupo e notaram que o tal homem quis se dirigir a eles, porém escutaram um outro do grupo falar:

— Atanásio, estes são criaturas que se identificam com os seguidores de um tal Homem do Caminho. São esquisitos e fracos. Passam o dia todo orando e pregando o que dizem ser ensinamentos desse tal homem a quem chamam de Yeshua de Nazareth, que foi um judeu rebelado contra sua própria gente. São criaturas que não matam sequer um pássaro. Logo, nem pense que teriam coragem de ajudar tua bailarina.

Onélio e Sálvio ouviram a referência que fora feita em voz alta e ao passarem pelo agrupamento curvaram-se um pouco diante deles. Ao ver o gesto, aquele que falara tudo aquilo ao chefe do grupo de bailarinos destampou estrondosa e divertida gargalhada. Os diákonos seguiram adiante.

Após caminharem por várias ruas, chegaram ao centro da cidade e logo foram à loja de Didius Marcus, um romano que se estabelecera no comércio de frutas, ervas e azeite. Ao entrarem, foram saudados pelo comerciante, que já por muitos anos os conhecia:

— Olá, Sálvio! Olá, Onélio, tudo bem? O que desejais levar hoje?

Onélio e Sálvio o abraçaram e foi Onélio que falou:

— Bom amigo Didius, estamos bem, graças a Yahweh. Nosso epískopo Demétrius recomenda-vos abraço.

Didius sorriu dizendo:

— Que bom. Retribuí a ele.

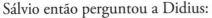

Sálvio então perguntou a Didius:

— Amigo, quando estávamos vindo para cá, passamos em frente à Tenda Central e vimos um grupo de pessoas agitadíssimas. Sabeis dizer o que houve?

— Ah! — respondeu o comerciante — é que uma jovem que parece ser a bailarina principal de um grupo de dança da Pártia e que já há quase dois meses está se apresentando na cidade, desde a manhã de hoje sumiu. Não sabem o seu paradeiro. Uns dizem que ela fugiu para outra cidade, outros dizem que deve ter sido raptada. O que sei é que a procura por ela está intensa, pois o grupo de dança, segundo um de seus membros comentou, daqui a dois dias pegará a estrada no rumo de outra cidade onde já possuem compromisso de se apresentarem.

Após dizer isto, Didius, num repente, perguntou aos dois:

— E vós, por acaso a vistes por aí? Sabeis porventura de seu paradeiro?

— Só Yahweh, que é o nosso Deus, é quem sabe! — apressou-se Onélio a responder.

Após aviarem as compras, despediram-se do comerciante e retornaram ao núcleo. Lá chegando, deram conta do ocorrido ao epískopo, que tudo ouviu e ficou um pouco preocupado.

Ao final da tarde, Deodora foi aos aposentos onde estava Nadir, abriu levemente a porta e curiosamente viu que ela ainda se achava de olhos fechados. Ia saindo bem devagar e silenciosamente, quando ouviu:

— Oh! boa senhora, não saias, estou acordada, apenas estava com os olhos fechados.

A seguir, Nadir sentou-se na cama. Deodora, um pouco surpresa — ela deveria ter em torno de uns 40 anos —, virou-se e, olhando para a jovem, exclamou:

— Olá, boa menina, não quis acordar-te, mas já que estás acordada, penso que poderás me acompanhar até os meus aposentos. Lá já instalamos uma cama para ti. Providenciei roupas minhas, pois temos a mesma altura e somos magras. Poderás banhar-te e trocar essa roupa, e enquanto fizeres isto, eu vou preparar alguma coisa para comeres, está bem? Estás com fome? Nada temas, estás segura e somos teus amigos.

Nadir olhou para os olhos de ternura de Deodora e respondeu:
— Aceito, sim, boa senhora, o que me ofertas.
— Então, vamos para lá — disse Deodora.

Em pouquíssimo tempo, Nadir instalou-se no quarto de dormir de Deodora, que ficava próximo de um aposento de banho, uma espécie de pequeno barco feito em barro seco, que se enchia de água para banharem-se, com uma abertura ao fundo, na lateral próxima à parede, com tampa própria para esvaziar.

Após banhar-se e trocar de roupa, Nadir recebeu o alimento desejado. Enquanto se alimentava, Deodora se ausentou para atender à alimentação do epískopo e dos diákonos.

Aquele não era dia de reunião pública no núcleo. Após a refeição noturna, o epískopo Demétrio manifestou o desejo de conhecer a hóspede e pediu a Deodora e aos epískopos que a levassem até ela. Assim fizeram.

Deodora entrou nos aposentos para avisar à jovem quanto às visitas, ao que ela aquiesceu. Assustou-se levemente por ver tanta gente entrando no quarto, pois além de Deodora, Clemente, Sálvio e Onélio, agora o epískopo Demétrio se somava às pessoas que conhecera.

Todos buscaram de alguma maneira se acomodar em almofadas e pequenos bancos. A jovem estava sentada na cama. Foi Demétrio que falou:

— Olá, jovem, não te assustes. Vim aqui nas dependências onde estás, apenas para conhecer-te e para te dizer que sou o responsável por este núcleo cristão e que faço gosto em hospedar-te, para que consigas de alguma maneira estar bem. Fica tranquila!

O epískopo sorriu. Nadir, ao ver o seu sorriso franco e que exalava bondade, tranquilizou-se instantaneamente. Demétrio continuou:

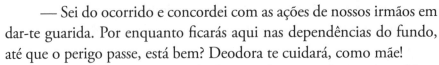

— Sei do ocorrido e concordei com as ações de nossos irmãos em dar-te guarida. Por enquanto ficarás aqui nas dependências do fundo, até que o perigo passe, está bem? Deodora te cuidará, como mãe!

Nadir, pela primeira vez, desde a manhã, sorriu levemente e falou:

— Meu senhor, não sei como agradecer-vos por tudo o que estais fazendo por minha pessoa. Espero um dia retribuir-vos.

— Não há o que agradecer — respondeu Demétrio. — Se consentires, providenciaremos vários rolos de pergaminhos com ensinamentos de nosso Orientador Espiritual da alma, e poderás passar teu tempo aqui nestas dependências lendo os mesmos. Aceitas?

— Sim, sim, aceito. Gostaria mesmo, e me auxiliará a não ficar pensando no que me ocorreu antes de aqui chegar.

Diante da resposta da jovem, o epískopo, que trazia um rolo de pergaminho nas mãos, falou:

— Então, aqui está — disse, entregando-o à jovem. — Toda noite, antes de nos recolhermos, lemos um trecho desses ensinamentos e poderíamos fazê-lo já, aqui, neste momento. Aceitas participar?

A jovem, agora com os olhos de curiosidade, respondeu:

— Sim, nobre senhor, aceito.

Demétrio abriu o rolo de pergaminho, desenrolou-o um pouco, parou e deu a Clemente, pedindo que este lesse para todos.

Clemente iniciou a leitura:

Então, se chegou a Ele a mulher de Zebedeu, com seus filhos, e, adorando-o, pediu-lhe um favor: Perguntou-lhe Ele: Que queres? Ela respondeu: Manda que no teu reino, estes meus dois filhos se assentem um à tua direita e o outro à tua esquerda.

Mas Yeshua respondeu: Não sabeis o que me pedis. Podeis vós beber o cálice que Eu estou para beber? Responderam-lhe: Podemos.

Então Yeshua lhes disse: Bebereis o meu cálice, mas quanto a assentar-se à minha direita e à minha esquerda, não me compete concedê-lo, é, porém, para aqueles a quem está preparado por Meu Pai.

Ora, ouvindo isto, os dez indignaram-se contra os dois irmãos. Então Yeshua, chamando-os, disse: Sabeis que os governadores dos povos os

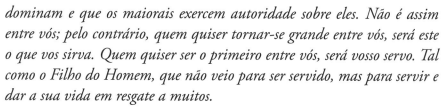

dominam e que os maiorais exercem autoridade sobre eles. Não é assim entre vós; pelo contrário, quem quiser tornar-se grande entre vós, será este o que vos sirva. Quem quiser ser o primeiro entre vós, será vosso servo. Tal como o Filho do Homem, que não veio para ser servido, mas para servir e dar a sua vida em resgate a muitos.

Anotação de Mateus Levi.

Clemente calou-se.

Demétrio observou que Nadir acompanhou a leitura com viva atenção. A seguir, disse:

— Boa jovem, se nos permites, após esta leitura, faremos uma oração ao nosso Mestre Yeshua e ao nosso Deus, a quem chamamos de Yahweh. Após nossa prece, retirar-nos-emos, para que repouses.

A seguir, Demétrio iniciou a orar:

— *Senhor, Pai Celestial e Nosso Criador Yahweh; Mestre Inesquecível Yeshua, é certo que algumas vezes passamos por aflições e contrariedades, que frequentemente nos fazem refletir sobre nossas vidas. Todavia, convém, nos momentos de tristeza e dor, pedirmos a vós, que nos auxilieis a nos levantarmos, e mesmo com os joelhos desconjuntados, possamos caminhar na vossa direção.*

Bem sabemos que apesar do sofrimento, nenhum dos vossos filhos e irmãos estarão sem o alívio de vossas consolações.

Rogamos que ampareis nossa irmã Nadir, nestes momentos de dores e angústias da alma, para que ela possa em breve superar tudo isto e voltar a sorrir.

Assim seja.

Após a oração, todos viram que a jovem chorava baixinho. Enxugando as lágrimas com a barra da túnica, falou:

— Nobres senhores e nobre senhora, não saberei como agradecer o que estais fazendo por mim. Vosso carinho e ternura para comigo, vós que sois estranhos, comovem-me! Eu não sei qual será o meu destino daqui para frente. Os deuses da minha gente não responderam a meus pedidos e lamentos. Sou sozinha. Meus pais faleceram e não tenho para onde ir. Não tenho nada para pagar-vos por tanta ajuda e carinho para comigo e de fato não sei o que será da minha vida daqui para frente, apenas, se puder pedir-vos alguma coisa, o que peço é que me adoteis em vossa casa. Posso ajudar na limpeza e trabalhar para todos; sei cozinhar, inclusive.

A seguir, num ímpeto, levantou-se e abraçou todos. Não havia quem não chorasse, ali, naquele ambiente, naquele momento. Passada um pouco a emoção, Demétrio disse:

— Minha cara jovem, já estás convidada a viveres conosco para sempre, se quiseres. Estamos pedindo a Yeshua, que tudo se acalme na tua vida. Agora nos retiraremos. Dorme em paz. Doravante, peço que te sintas como se minha filha fosses.

A seguir, todos se retiraram, deixando Nadir aos cuidados de Deodora, para o sono reparador.

CAPÍTULO X

ROMA E O NÚCLEO CRISTÃO CENTRAL – AÇÕES DO EPÍSKOPO-GERAL ZEFERINO – MANIFESTAÇÕES DE ORÍGENES SOBRE AS DECISÕES DO EPÍSKOPO--GERAL DO NÚCLEO DE ROMA

A perseguição aos cristãos teve viva continuidade nos anos que se seguiram, por parte do Imperador. Com aprovação do Senado Romano, concedeu a todos os súditos do império a cidadania romana, sendo que vários povos conquistados optaram por essa cidadania, o mesmo se dando com um grande contingente de simpatizantes ao Cristianismo e também boa parcela de cristãos. O objetivo claro de Severus, com isto, era o de cobrar mais impostos para Roma.

Os combates nas fronteiras do império se acirraram, obrigando o imperador a estabelecer constantes batalhas contra os invasores.

A esse tempo, o comando-geral do núcleo cristão de Roma estava sob a batuta do epískopo-geral Zeferino, que era uma pessoa muito introspectiva e gostava de dar ordens, pouco admitindo ser contrariado em alguma ideia. Ele entendia e apregoava que a salvação da alma estava na frequência ao núcleo; que aqueles que se afastassem estariam irremediavelmente condenados ao Inferno, região criada pelos judeus, e que passou a ser adotado no núcleo cristão de Roma, como sendo uma fonte de suplício eterno, tal como concebia a crença judia. Era para onde iriam as almas que fossem rebeldes, que praticassem o mal e agissem contra as Leis de Yahweh, acrescendo-se a isto o descumprimento dos ensinamentos do Cristo Yeshua e os ditames dos núcleos cristãos.

Zeferino restabeleceu com intensidade a crença na gravidez divina de Maria de Nazareth, no sentido de que ela fora concebida pelo já criado Espírito Santo. Fortaleceu a visão de que o fiel fosse batizado, para que se pudesse afirmar que assim ele assumia compromisso com o Cristo e que isso salvaria a alma para Yahweh.

Procedeu da mesma forma em relação a uma prática exterior a que deram o nome de Eucaristia, que segundo já se apregoava no núcleo cristão de Roma, há tempos, nessa cerimônia estariam presentes o corpo e o sangue de Yeshua de Nazareth.

Zeferino manteve a tradição da comemoração e descanso no *shabat* e a comemoração da morte de Yeshua, junto com a Páscoa dos judeus. Apregoava também homenagear o Cristo através de uma cruz, e nela se fez a imagem do Yeshua crucificado, em miniatura, objetivando que o fiel esteja lembrando do suplício e do sacrifício, de maneira permanente, e que isto impactaria no chamamento de mais fiéis para o Cristianismo.

Desse modo, as práticas do núcleo cristão de Roma e da maioria dos núcleos cristãos do Ocidente traduziam situações que se apartavam do verdadeiro sentido dos simples ensinamentos do Mestre da Galileia.

A cobrança para a visitação do local onde Pedro e Paulo haviam sido presos por Roma também já havia sido adotada.

Todas essas ações repercutiram no seio dos núcleos cristãos, principalmente do Oriente, como também em Alexandria e inclusive em Cartago, na província romana da África.

Iniciara-se também, há alguns anos, no núcleo cristão de Roma, a cultura por pedido de doações, o que proporcionava até luxo nas dependências do núcleo, que já naquela época era bem grande fisicamente.

A acumulação de riquezas, os vestuários criados para as celebrações exteriores, ricos e coloridos, inclusive sapatos bordados a ouro e gastronomias requintadas faziam parte integrante da prática diária do núcleo cristão de Roma.

O epískopo-geral Zeferino comungava a ideia de que os núcleos cristãos deviam ser abertos e aceitar qualquer um que desejasse falar, no púlpito do núcleo, a respeito dos ensinamentos de Yeshua de Nazareth.

Ao tomar conhecimento das decisões adotadas pelo epískopo-geral do núcleo cristão de Roma, Orígenes, embora jovem, foi instigado pelos epískopos dos núcleos cristãos de Cesareia e de Jerusalém, dada a sua erudição e conhecimento, tanto da Lei Antiga como da Mensagem de Yeshua, a manifestar-se publicamente em face dessas decisões.

Orígenes fundara a escola de Cesareia e começara a escrever sobre o Cristianismo. Começou dizendo que as fontes cristãs são os escritos dos apóstolos, que ele denominou como *Escrituras*; que a existência de uma regra de fé que deva conter os ensinamentos do Cristo deve ser preservada em sua integral pureza nos núcleos cristãos; que somente pode ser admitido como verdade o que não se afasta das Escrituras Apostólicas.

Nessa linha de argumentação, escreveu a obra *De principiis,* em que tratou das divergências entre os cristãos, na qual, entre outras coisas, disse:

> Mas como entre os que professam crer em Cristo Yeshua existem muitas divergências, não apenas em detalhes de pequena importância, como também em matérias sumamente importantes, é necessário estabelecer sobre todos esses pontos uma regra de fé fixa e precisa, antes de abordar o exame das demais questões. Como o ensinamento foi transmitido em sucessão ordenada, desde os apóstolos se conserva e perdura nos núcleos cristãos até o presente. Não se deve receber como artigo de fé, nada além das verdades que não se afastem das escrituras. A missão do Cristianismo consiste em aprofundar e explicitar as verdades sobre o Criador, que Yeshua descortinou e o

manifesto exercício da fé cristã. Convém saber que os apóstolos, ao pregar a fé em Cristo Yeshua, manifestaram com clareza os pontos que entendiam necessários a todos os crentes compreenderem, inclusive aqueles que são menos aplicados, eis que recomendaram a tarefa de indagação àqueles que detêm os dons do Espírito, sobretudo àqueles que por intermédio dos Santos Espíritos obtiveram os dons das línguas, de sabedoria e do conhecimento.

Pregou que o Filho procede do Pai, ao dizer:

Que outra coisa podemos supor que é a luz eterna a não ser o Deus Pai, de quem nunca se pode dizer que, sendo luz, seu esplendor não estivera presente com Ele? Não se pode conceber a luz sem esplendor, por isto, o Filho procede do Pai, e resplendor da luz ingênita, possui essa mesma luz como princípio e fonte verdadeiramente nascido dela. A sabedoria, por proceder de Yahweh, é gerada também da mesma substância divina.

Orígenes buscou interpretar as escrituras com um método alegórico, visando conciliar os ensinamentos com a filosofia grega. Certa feita, escreveu:

Quão úteis para os filhos de Israel foram as coisas levadas da Grécia, as quais os gregos não tinham usado de maneira correta, mas que os hebreus, orientados pela Sabedoria Divina, empregaram a serviço de Yahweh.

Dessa maneira, ele incentivava os seus alunos a extraírem da filosofia dos gregos o que pudesse servir como assunto de estudo ou preparação para o conhecimento do Cristianismo.

CAPÍTULO XI

REUNIÃO NA CIDADE DA FÉ

Ante a turbulência do início do século III d.C., na Cidade da Fé, o governador Acádio, atendendo ao planejamento relativo ao trabalho de afirmação e fixação da Doutrina de Yeshua na Terra, convocou uma reunião do grupo responsável diretamente por essa tarefa.

Sob sua direção, reuniram-se Simão bar Jonas, Tiago Maior, Tiago Menor, João, Paulo de Tarso, Barnabé, Estêvão, Inácio de Antioquia, Policarpo de Esmirna, Tadeu, Filipe, Zebedeu, Bartolomeu, Tomé, Mateus, Lucas, João Marcos, Silas, Timóteo, Irineu, Flávio Justino e Pápias, entre outros, para a tomada de deliberações quanto às santas tarefas. O governador abriu a reunião no pequeno auditório, solicitando que o Apóstolo João orasse por todos.

O anunciador de Patmos iniciou a orar:

— *Amado Pai Celestial e Amado Mestre Yeshua! Recebei nossos votos de continuados desejos de louvar-vos. Reunimo-nos uma vez mais, sempre com o propósito de servir-vos. Auxiliai-nos na continuidade das tarefas que assumimos para que a Sublime Verdade prevaleça na Terra. Que vossas bênçãos se derramem em nossos Espíritos, hoje e sempre!*

Terminada a prece, o governador retomou a palavra e disse:

— Meus amados irmãos, na continuidade da aplicação dos projetos relativos à fixação da Mensagem de Yeshua na Terra, é preciso que tenhamos em conta que para enfrentarmos pensamentos de desalento e o surgimento de doutrinas estranhas no seio dos núcleo cristãos, precisamente, neste tempo, três Espíritos devotados ao Senhor da Vida iniciaram na Terra suas plenas atividades para esse necessário combate. Trata-se de nossos irmãos, ora na vida física, conhecidos como Tertuliano de Cartago, Clemente de Alexandria e Orígenes.

Faz-se urgente que nossa assessoria espiritual a eles, que já é fruto de nossa ação, doravante se aprimore, porque fomos avisados que os irmãos desordenados, que escolheram o caminho da ambição, do orgulho, da vaidade, da prepotência, da inveja, organizam ataques que vão desferir em vários povos e principalmente em Roma e sobretudo sobre os três amigos do Cristo, para a continuidade do nefando projeto de supressão da Mensagem de Yeshua, na Terra.

Desse modo, em nossos planos, estamos designando alguns de vós para que exerçais auxílio direto a essas almas, em todas as ocasiões, para possibilitá-las, sempre, a bem orientar os cristãos e não cristãos sobre os postulados do verdadeiro Cristianismo.

Com esse objetivo, designamos nossos irmãos Pedro e João, que passarão a fazer parte, com o auxílio de todos os demais, da assessoria espiritual do irmão Tertuliano; nossos irmãos Paulo de Tarso, Lucas e Mateus, que estarão mais próximos do irmão Clemente; Tadeu e os irmãos Tiago Maior e Tiago Menor, que estarão mais próximos do irmão Orígenes.

A tarefa será a de inspirarmos nessas mentes, o significado ainda um tanto quanto oculto da grande transformação que deverá ocorrer na Terra neste início de século, eis que a meta, todos sabemos qual é: *Por Cristo Yeshua e para o Cristo Yeshua, sob a proteção de Yahweh.*

As ações que adotamos no passado e no presente, todos conhecemos, entretanto, os planos que deverão incitar novos cometimentos pela causa, no futuro, ainda vos serão revelados, sendo certo que envolvem a continuidade da fixação segura da bandeira do Cristianismo na Terra, doravante sob um novo símbolo, o símbolo da cruz.

Nosso Mestre Yeshua já se referia, antes de sua morte, à cruz, o que fez como comparativo ao nefando costume romano de crucificação de prisioneiros, daí lembrarmos o que está anotado por nosso Mateus, aqui presente: "Quem quiser ser meu discípulo, tome sua cruz de cada dia e me siga". Também o amigo Paulo, que nos honra com sua presença neste instante, quando escreveu a primeira carta ao povo de Corinto, assim se referiu: "Os judeus pedem milagres; os gregos reclamam a sabedoria, mas nós pregamos o Cristo crucificado, escândalo para os judeus e loucura para os pagãos".

A cruz, instrumento utilizado para o martírio de nosso Amado Messias, é deveras cruel e até aqui um símbolo de repulsa, medo, sofrimento e desprezo. Nosso objetivo, a partir das orientações do Mestre, que nos chegam, é torná-la, em razão da sua ressurreição, símbolo de vida e liberdade. Com isso, não negamos nem negaremos a crueldade com que a morte do Justo foi executada, mas afirmaremos que o resultado obtido por essa morte foi, da parte de Yeshua, a glória de reentrar na verdadeira vida; de retornar à Casa do Pai Celestial. Dia virá, amados irmãos, e não está tão longe, em que, no estandarte das bandeiras do Império Romano, a cruz assumirá seu lugar, em reverência ao Cristo Yeshua.

Nesse desiderato, a chegada de novos trabalhadores em favor da Causa Cristã se faz imperativa. Embora não devesse ser assim, tem havido ainda muitas deserções nos núcleos cristãos, notadamente de irmãos que querem elogios, louros, lugar de destaque, porém, temem ou fogem de dar testemunhos pela verdade que resplandece na Boa-nova.

Há muitos que se apresentaram e se apresentam a Yeshua como apreciadores dos seus ensinamentos, porém, dentre esses, bem poucos querem dividir com Ele o peso da cruz dos sacrifícios.

Há muitos sequiosos de consolação e muitos que o seguem até partir o pão, entretanto, bem poucos ousam beber o cálice amargo de sua paixão. Muitos têm venerado os seus milagres, porém, poucos resistem ante as adversidades. Aqueles, porém, que amam a Yeshua, pelo bem, pelo amor, pelo despertamento, tanto o louvam nas tribulações e angústias como na maior consolação.

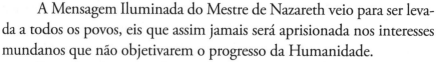

A Mensagem Iluminada do Mestre de Nazareth veio para ser levada a todos os povos, eis que assim jamais será aprisionada nos interesses mundanos que não objetivarem o progresso da Humanidade.

Para alcançar esse objetivo, em razão das condições evolutivas da Terra, neste tempo, não se imagine que a divulgação se faça sem percalços. Nada é fácil. Nunca foi fácil, pois disseminar a verdade significa afastar o engodo e o erro.

Bem sabeis que há um grande contingente de Espíritos dedicados a Yeshua que ora estão em tarefas nobres na Terra, na vida física, o que aliás tem ocorrido desde o retorno do Mestre Inesquecível às sublimes Moradas Celestes. São trabalhadores que sempre buscaram e continuam buscando, sob o peso de dedicação ímpar e inauditos esforços, espalhar nos rincões mais distantes, a Sublime Mensagem Iluminadora que o Mestre trouxe, os quais, junto conosco, haverão de obter êxito na tarefa.

De nossa parte, compete-nos velarmos pela continuidade do intercâmbio com os trabalhadores da Vinha do Senhor, e, neste tempo, em especial junto a esses três servidores, nos quais Yeshua deposita confiança e esperança no zelo com seus ensinamentos.

O governador terminou sua fala com sentida prece:

— *Senhor e Mestre Amado Yeshua! disponde e ordenai tudo conforme o vosso desejo, e concedei-nos vosso terno e doce afeto para que continuemos, destemidos, na tarefa de servir-vos e ao Pai Celestial, sempre. Assim seja.*

A seguir, sob o intenso clima de amor e paz, deu a reunião por encerrada.

CAPÍTULO XII

ROMA E O IMPÉRIO PARTA

O Império Parta, também designado como Império Arsácida, teve o nome de seu fundador Arsaces I, no ano de 274 a.C. A tribo dos partos, originária da Ásia Central, estabeleceu-se na região, dando origem ao Império Parta. Os partos tinham uma grande tolerância às religiões sob seus domínios, onde conviviam pacificamente judeus, seguidores de Siddhartha Gautama, o Buda, e agora, já em pleno século III d.C., contava com a presença de cristãos.

A crença majoritária dos partos era centrada no Masdeismo, fundado pelo profeta Zaratustra, também conhecido como Zoroastro, em meados do século VII a.C. Também influenciada pelas divindades da Grécia, a religião consistia na ideia principal do dualismo constante entre duas forças, representando a luta do bem contra o mal.

Segundo seu fundador, ele teria presenciado a figura de um *ser de luz* que se apresentou como Ahura Mazda, equivalente ao Yahweh dos hebreus e dos cristãos.

O *Avesta* é considerado o livro sagrado, consistindo no agrupamento de diversos textos escritos por diferentes autores, em períodos distintos.

A posição estratégica do Império Parta, entre o Ocidente e o Oriente, tornava-o um entreposto vital para as negociações entre Roma e a China, através do que era denominado Rota da Seda. A sua influência se estendia pela Mesopotâmia, leste da Anatólia, Armênia e norte da Índia. Em razão disto, estava em constante conflito com

Roma. A realidade é que esses conflitos muitas vezes eram baseados na glória pessoal de determinado general ou imperador romano, e levaram a constantes desgastes militares.

As leis de Roma sobre as províncias conquistadas não traziam qualquer menção à necessidade de se estabelecer guerra contra os partos, contudo o general Romano Publius Marcus Crassus, que era membro do primeiro triunvirato romano, junto a Cneu Pompeu e Caio Júlio César, resolveu declarar guerra aos partos. Ele era obcecado por essa ideia. O próprio Caio Júlio César o incentivara à campanha, contudo, o tribuno da plebe, no Senado, Ateio, tentou demovê-lo do projeto e da partida para a guerra, apoiado por muitos descontentes que não encontravam razão para hostilizar um povo inocente de qualquer falta contra Roma. Isto de nada adiantou, pois prevaleceu a decisão de Crassus.

A cupidez e a avidez do general por riquezas, após ter controlado a insurreição de gladiadores na Capua, cujo líder era um gladiador chamado Espártaco, acentuou-se quando ele recebeu do Senado Romano o controle sobre a Síria e passou a imaginar e sonhar com os caminhos percorridos por Alexandre da Macedônia, e que haveria de conquistar todos os tributos e riquezas, se o território sob o domínio romano fosse expandido até a Índia.

Para se alcançar esse objetivo, era necessário conquistar o território dos partos, povo que nem sempre aceitava a interferência de Roma em seus domínios. Na empreitada, ganharam o mar com várias naus. Em razão do mau tempo, muitas se perderam, entretanto, chegando na localidade de Brandízio, cruzando o Rio Eufrates, as tropas romanas iniciaram a tomada da cidade de Zenodotias, na Mesopotâmia. A cidade foi tomada e seus habitantes vendidos como escravos. Desse modo, Crassus aumentava seu patrimônio, o de seus soldados e a riqueza de Roma.

Crassus, porém, cometeu um grave erro, pois ao invés de ocupar as cidades estratégicas da Babilônia e da Selêucia, que eram hostis aos partos, as quais, como os romanos, buscavam aliados no Oriente, ele preferiu ocupar as cidades da Síria, por motivos econômicos e militares.

A partir disto, os partos enviaram-lhe embaixadores propondo um acordo. Crassus se recusou e preferiu continuar a invasão, contando com sete legiões do império e um corpo auxiliar de cavaleiros que haviam lutado sob suas ordens nas batalhas de Júlio César, na Gália.

No início da campanha, um chefe tribal árabe, de nome Abgar, convenceu Crassus a se afastar das margens do rio e caminhar por uma planície, na qual as tropas romanas foram atacadas pelos cavaleiros e arqueiros partos. A luta se estabeleceu, sangrenta. Acostumados a lutar com os gauleses quase nus, os romanos não conseguiam, com suas armas, perfurar as couraças dos partos, que protegiam homens e cavalos, e, de maneira contrária, as flechas dos partos conseguiam furar as armaduras romanas.

O movimento dos cavaleiros partos em volta das tropas romanas dispostas num grande retângulo levantava massas de areia que impediam os romanos de enxergar. O exército romano de Crassus sofreu fragorosa derrota para os partos, que foram comandados à época pelo general Jurenas e pelo Rei Orodes Arsácidas. Nessa batalha, Publius Marcus Crassus foi morto, e os poucos soldados que sobraram resolveram fugir à noite do acampamento, deixando para trás os feridos.

Estimulados por sua vitória sobre Crassus, os partos tentaram capturar territórios romanos na Ásia Ocidental. O príncipe herdeiro Pacorus I, com seu comandante Osaces, atacou a Síria, até Antioquia, isto em 51 a.C., mas foi repelido por Gaius Cassius Longinus, que emboscou e matou Osaces.

Os arsácidas se juntaram a Pompeu contra Júlio César, no Primeiro Triunvirato, enviando tropas para apoiar as forças contra César Augusto, na batalha de Philippi, na Macedônia, em 42 a.C., que selou a vitória do Segundo Triunvirato, constituído por Caio Júlio César Octaviano, também chamado de César Augusto, Marco Antônio e Marco Emilio Lepido, contra os assassinos de Júlio César: Cassius e Brutus.

Após a ocupação da Síria, Pacorus I e seu comandante Barzapharnes invadiram o Levante romano e subjugaram todos os povoamentos ao longo da costa do Mediterrâneo, até Ptolomais, com exceção de Tiro.

Na Judeia, as forças judias pró-Roma, do alto sacerdote Hircano II, Fasael e Herodes, foram derrotadas pelos partos e seu aliado judeu Antígono II Matatias, mais tarde rei da Judeia, enquanto Herodes fugia para sua fortaleza de Massada. A despeito desses sucessos, os partos logo foram expulsos do Levante por uma contraofensiva romana.

Uma força parta, na Síria, comandada pelo general Pharnapates, foi derrotada pelo general romano Ventidius, na batalha de Amanus Pass, causando a retirada de Pacorus I, da Síria. Quando ele retornou, na primavera de 38 a.C. enfrentou Ventidius em nova batalha, no nordeste de Antioquia. Pacorus foi morto durante a batalha e suas forças se retiraram para além do Eufrates. Sua morte causou uma crise na sucessão, quando Orodes II escolheu Fraates IV, da Pártia, como seu novo herdeiro.

Assim que assumiu o trono, Fraates IV, que eliminou a concorrência ao trono matando e exilando seus próprios irmãos, exceto um deles, Monaeses, que fugiu, foi até Marco Antônio e convenceu-o a invadir a Pártia. Marco Antônio derrotou o aliado da Pártia, Antígono II Matatias, na Judeia, em 37 a.C., instalando Herodes o Grande, como rei cliente, em seu lugar. No ano seguinte, quando Marco Antônio marchou para Erzurum, no extremo leste da Anatólia, Artavasdes II, da Armênia, mudou de lado mais uma vez, enviando tropas adicionais para ele.

Marco Antônio invadiu a Média Atropatene, então governada pelo aliado da Pártia, Artavasdes I, com a intenção de capturar sua capital Praaspa, contudo, Fraates IV emboscou a retaguarda das forças de Marco Antônio, causando a retirada do apoio de Artavasdes II a Marco Antônio.

Os partos perseguiram e fustigaram o exército de Marco Antônio, obrigando-o a sua retirada para a Armênia, e finalmente conseguiram alcançar a Síria, muito enfraquecidos. Através de um ardil que prometia um casamento de aliança, Marco Antônio aprisionou Artavasdes II, em

34 a.C., enviando-o para Roma e lá executando-o. Posteriormente, tentou uma aliança com Artavasdes I, da Média Atropatene, cujas relações com Fraates IV haviam recentemente azedado.

Tal ideia foi abandonada quando as forças de Artavasdes I se retiraram da Armênia, em 33 a.C., escapando de uma invasão parta, enquanto seu rival César Augusto Otaviano atacava suas forças a oeste.

Após o suicídio de Marco Antônio, no Egito, o aliado da Pártia, Artaxis II, reassumiu o trono na Armênia.

Cerca de 26 a.C., Tiridates II, da Pártia, depôs Fraates IV, por curto espaço de tempo, e rapidamente restabeleceu seu domínio, com a ajuda dos nômades da Cítia. Tiridates II fugiu para o lado dos romanos, levando consigo um dos filhos de Fraates IV. Em 20 a.C., Fraates IV conseguiu negociar a liberdade de seu filho com os romanos, que receberam em troca os estandartes legionários tomados em Carrhae, em 53 a.C., bem como os sobreviventes prisioneiros de guerra, com isso selando uma paz com Roma, agora já sob o império de Júlio César Otaviano, denominado César Augusto.

Augusto também deu a Fraates IV uma escrava italiana que se tornou mais tarde a rainha musa da Pártia. Para garantir que seu filho Fraataces herdasse o trono sem incidentes, Musa convenceu Fraates IV a dar seus outros filhos a Augusto como reféns, fato que ele usou como propaganda de submissão da Pártia a Roma, como um de seus grandes feitos.

Quando Fraataces assumiu o trono como Fraates V — 2 a.C. a 4 d.C. —, Musa casou com seu próprio filho, governando junto com ele. A nobreza parta, desaprovando as relações incestuosas de mãe e filho e a noção de um rei de sangue não arsácida, obrigou o casal ao exílio em território romano.

Seu sucessor, Orodes III, reinou por apenas dois anos e foi sucedido por Vonones I, que tinha adotado maneirismos romanos, por sua estada em Roma.

A nobreza parta, enfurecida pelas simpatias de Vonones pelos romanos, apoiou um vindicante rival, Artabano III, da Pártia — 10 d.C.

a 38 d.C. —, que derrotou Vonones, enviando-o para o exílio na Síria Romana.

Durante o reinado de Artabano III, dois irmãos plebeus judeus, Anilai e Asinai, de Nehardea, próxima da moderna Fallujah, no Iraque, lideraram uma revolta contra o governador parta, da Babilônia, derrotando-o e conseguindo de Artabano III o direito de governar a região.

Com medo de mais revoltas, a esposa parta de Anilai envenenou Asinai, pois temia que ele atacasse seu esposo, por ser casado com uma não judia. A seguir, Anilai envolveu-se em um conflito armado contra um genro de Artabano III, que acabou derrotando-o.

Com o regime judeu removido, os babilônios nativos passaram a ameaçar a comunidade judia, obrigando-a a emigrar para Selêucia. Quando essa cidade se rebelou contra o domínio parta, em 35-36 d.C., os judeus foram novamente expulsos pelos gregos e arameus locais, desta feita para Ctesifonte, cidade da Babilônia próxima do encontro do Eufrates com o Nahr Malka e Nisibis, antiga Mesopotâmia.

Dessa forma, não é estranhável que empreender guerra aos partos se revestia de um sabor especial para Roma, pois a Pártia, além de ser uma terra rica, de cidades antigas, por elas passavam grandes rotas comerciais. A Pártia não foi dominada nem mesmo por Alexandre, o Grande.

O Imperador Septimius Severus se dizia continuador de Antonino Pio, que também havia enfrentado os partos. Os partos haviam atacado os romanos em 161 d.C., já no Império de Marco Aurélio e Lucio Vero. O rei Vologases III invadiu a Armênia e a Síria.

No ano de 197 d.C., Severus criou uma nova legião para Roma, a *Legio III Tertia Phartia*, organizada com 5.500 homens, cuja guarnição ficava acampada na cidade de Resena, na Mesopotâmia. Partindo dali, ela atacou as regiões partas de Osroene e de Adiabene, seguindo os passos do antigo Imperador Trajano e acabou por anexá-las a Roma.

O rei parta, Valogases IV, ao ser informado da entrada das legiões de Severus em seu território, fugiu, permitindo que o imperador anexasse a Roma também a cidade de Ctesifonte. No ano seguinte, Severus recebeu do Senado os títulos de *Pharticus Maximus Arabicus*.

CAPÍTULO XIII

A ASCENSÃO DO GENERAL E PROCÔNSUL ROMANO LUCIUS VIRIUS LUPUS – A CRISTÃ JÚLIA ANTIUS CRESCÊNCIO

Na conquista da Pártia, embora coordenada pessoalmente por Septimius Severus, destacou-se o gênio militar do general Lucius Virius Lupus, que havia sido *Legatus Romanus Pretorianus* e procônsul na província romana da Britânia.

Acampados próximos à linha divisória com a Pártia e a província romana do Egito, comandando a Legio III Tertia Phartia, o general Lucius Virius Lupus, que contava 31 anos de idade, era o general mais jovem nomeado por Roma. Embora jovem, era experiente em batalhas pelo império, e fora muito exitoso nas campanhas militares nas províncias romanas da Germânia e da Britânia. Apesar de sua dedicação ao exército romano, em sua vida pessoal, Lucius Virius Lupus houvera sofrido muito com a perda de seus pais.

Era filho de tradicional família de militares de Roma. Teve em seu avô paterno, Quintus Martinus Virius Lupus, também um destacado general, e em seu pai, Lucius Martinus Virius Lupus, um dos grandes centuriões do império, que serviu no tempo dos imperadores Marcus Aurelius e Commodus.

Os exemplos de seus antepassados, que sempre buscou seguir, marcaram sua personalidade, embora seu pai, na realidade, imaginara para o filho a carreira política e torcera para que ele se tornasse um senador de Roma.

Mesmo ciente do desejo de seu pai, Lucius Virius Lupus se encantou desde cedo com os uniformes dos legionários romanos e admirava as formações das centúrias, de modo que não foi surpresa para seu pai, que viu nele a influência do avô, quando o filho lhe disse que havia se alistado no exército de Roma.

Em razão de sua excelente dedicação ao exército, foi promovido, ainda bem jovem, a decurião e depois a centurião, tendo participado das campanhas militares na província romana da Germânia.

Por influência de seu pai, que era amigo pessoal do imperador Commodus, em 187 d.C., foi promovido a tribuno do império e serviu na guarda pessoal do imperador. No ano seguinte foi promovido a general; logo após nomeado como *Legatus Pretorianus* na província romana da Britânia, e depois procônsul, cabendo-lhe proteger as fronteiras de Roma naquela província, onde estabeleceu várias batalhas, todas exitosas.

Quando lá se estabeleceu, na nova função, estava sob seu domínio uma grande população de nativos, de gregos, de judeus e também um grande contingente de cristãos, que já se constituíam numa força populacional considerável para o império, havendo, ali na cidade, um núcleo cristão muito frequentado.

Certo dia em que estava atendendo na Intendência Romana, seu oficial auxiliar, o centurião Aulus Valerius Vedius pediu licença para entrar em sua sala de trabalho e ao entrar, saudou-o:

— Ave, Roma! Ave, César! Ave, nobre procônsul! Preciso trazer-vos uma situação emergencial para saber se vossa nobre autoridade consente em atender.

— Sim, nobre Aulus, podeis dizer do que se trata.

Aulus então expôs o assunto:

— Trata-se da visita de uma jovem que disse chamar-se Júlia, que diz ser romana, porém, disse também que é cristã, e pede uma entrevista.

Virius Lupus refletiu por instantes. Muitas pessoas lhe pediam entrevistas e se fosse atender a todos teria que passar os dias somente nessa tarefa, razão pelo qual houvera estabelecido a necessidade de se fazer uma severa triagem dos pedidos, o que solicitou que fosse feito pelo seu centurião de confiança:

— Nobre centurião, por acaso já entrevistaste a interessada para saber os reais propósitos dela?

— Oh! sim, nobre procônsul — respondeu Aulus —, assim procedo com todos os que me pedem entrevista com vossa autoridade, porém, confesso que por mais que houvesse indagado à jovem os motivos, o que apenas consegui de concreto é que ela quer fazer-vos diretamente uma denúncia contra uma autoridade romana, teimando em dizer que somente falará com detalhes o que pretende, na sua presença.

O procônsul, que ouvira com paciência, disse:

— Está bem, nobre Aulus, traze-me a jovem.

O centurião saiu e em breve retornou acompanhado da jovem. Dirigindo-se até a mesa de trabalhos do procônsul, parou e aguardou.

Virius Lupus estava com a cabeça abaixada, conferindo algumas anotações, e quando levantou a cabeça ficou instantaneamente impressionado com a beleza da jovem.

Ela era de estatura mediana e tinha o rosto um pouco quadrado, o nariz bem formado e de linhas suaves, dois olhos que não eram grandes nem pequenos, castanhos, cabelos castanho-claros e cacheados caindo sobre os ombros e linhas da face de uma beleza ímpar. Trazia impresso na fisionomia um certo sorriso natural. Possuía um pequeno corte sob o queixo. Não apresentava gordura nem magreza. Embora tivesse dito que era romana, seus traços externavam a beleza clássica das mulheres gregas e possuía um porte ereto, como se fosse uma deusa.

Virius Lupus não estava somente impressionado, na verdade encontrava-se encantado com a formosura da consulente. Demorou-se um pouco na observação da jovem, que lhe sustentou o olhar, com um meio sorriso na face. Ao sorrir, nas laterais do rosto se fazia uma pequena dobrinha que a deixava ainda mais bonita. O centurião percebeu a sutileza do momento e resolveu quebrar aquela espécie de encanto dizendo:

— Nobre procônsul, esta é a jovem de que lhe falei e que insiste em falar-lhe pessoalmente.

Virius Lupus, como que acordando, percebeu seu próprio embaraço e respondeu:

— Sim, sim, nobre centurião! — e ao dizer isto levantou-se e se dirigiu mais à frente de sua mesa, onde havia um espaço que possuía couros de cabras estendidos sobre o piso e quatro confortáveis bancos com almofadas e braços em curva, para apoio, sinalizando para a jovem sentar-se.

Júlia, que trajava um vestido comprido, de cor azul, com um xale branco sobre os ombros e na cintura uma cinta de couro, graciosamente sentou-se. O procônsul sentou-se no banco à sua frente e num ímpeto tomou uma decisão que não era acostumado a tomar, pois sempre atendia os interessados na presença de Aulus. Então, olhando para Aulus, disse-lhe:

— Nobre centurião, podes retirar-te. Conversarei com a jovem a sós.

Aulus, desconcertado e sem entender, empertigou-se ante o procônsul e se retirou. Tão logo o centurião saiu da sala, o procônsul disse à jovem:

— Nobre senhora Júlia, estou pronto para ouvir o que pretendeis. Podeis falar.

Ao dizer isto, o procônsul olhou firme para os olhos da jovem, que sentiu a força daquele olhar, mas o sustentou, dizendo:

— Nobre procônsul, em primeiro lugar, agradeço a vossa bondade e gentileza em receber-me.

Enquanto a jovem falava, o procônsul mais ficava maravilhado com a sua beleza: os dentes perfeitos, alvíssimos; o meio sorriso fixo na face, como que permanente; os olhos vivos bailando rapidamente de um lado para outro; os gestos suaves e graciosos e a voz agradabilíssima. Tudo compunha um conjunto por demais harmonioso. Júlia continuou:

— Aqui compareço para pedir-vos clemência.

O procônsul, como que saindo do encantamento que a jovem lhe causava, disse:

— Clemência... Clemência? Por qual motivo?

— Meu pai é romano — respondeu a jovem —, e minha mãe, que já faleceu, era grega. Ele é comerciante de roupas e de vez em quando viaja a negócios para trazer encomendas feitas em outras localidades. Ele recebeu um pedido de um soldado de Roma, que diz ser o decurião Alvius. O pedido se traduz num vestido de casamento que viria da província da Grécia, para uma jovem que parece que ele vai desposar. Pagou adiantado a encomenda, entretanto, as chuvas que têm se precipitado sobre nossa região ultimamente provocaram atraso na chegada da encomenda. Comparecendo para buscar o pedido, vosso decurião não aceitou o fato. Se disse enganado e deu voz de prisão a meu pai, tendo-o trazido preso aqui para a Intendência. Adianto-vos que de nada valeu a meu pai explicar e propor a devolução do valor pago. O certo, nobre procônsul, é que não tenho mais ninguém, somente meu pai, eis que minha mãe já retornou aos Campos Elísios.

Júlia fez uma pequena pausa e Virius Lupus notou duas lágrimas furtivas bailando nos olhos da jovem. Então, Júlia continuou:

— O fato, para mim muito claro, é que não consigo ver culpa na atitude de meu pai, eis que o atraso não dependeu dele e ele se propôs a devolver o valor ao decurião, mas este se mostrou insensível e não voltou atrás, mantendo a ordem de prisão. Em razão do ocorrido e sabedora dos boatos que correm e que traduzem ser o nobre procônsul uma pessoa sensata e justa, arrisquei-me em vir falar-vos. Não quis adiantar nada ao oficial que gentilmente me atendeu, pois penso que essa questão envolvendo uma autoridade romana deveria ser trazida somente a vós. Assim, venho pedir a vossa intercessão para o caso. Se entenderdes que meu pai errou e feriu alguma lei de Roma, por certo ele deverá continuar preso e eu compreenderei, entretanto, se entenderdes que ele não praticou crime algum, peço-vos que o liberteis.

Ao finalizar a fala, a jovem tinha mudado o semblante e lágrimas outrora represadas, correram-lhe pela face.

O procônsul ficou impactado com a tristeza e o choro repentino que tomou conta da jovem e notou também que mesmo triste, a jovem conservava uma beleza impressionante.

Lucius Virius Lupus, até aquela data, enamorara-se de algumas patrícias romanas, porém foram casos que não se firmaram, até porque como legionário de Roma e depois oficial do exército, não ficava muito tempo numa região do Império somente. Ao longo de sua juventude se admirava da beleza, principalmente das mulheres gregas. Não se casara nem fizera planos para tal. Quando ia a Roma, na Itálica, nas festas que o imperador dava na Corte, ele era alvo dos olhares e das intenções de várias patrícias romanas, entretanto, ele pouco se interessava. Dedicava-se mais à carreira de oficial e a servir Roma.

Após a manifestação da jovem, ele ficou por instantes meditando, olhando fixamente para o piso da sala. Esse interregno foi o suficiente para a jovem observar bem Virius Lupus. Ele era alto, magro, o rosto afilado, os cabelos pretos e ondulados, olhos do castanho para o cinza, nariz nem pequeno nem grande demais. Traduzia um rosto bonito e um olhar penetrante, qual o de um felino.

Depois daqueles instantes, que para ele pareceram mágicos, quebrando o silêncio, falou:

— Nobre jovem Júlia, mandarei apurar o que houve, e se de fato as coisas aconteceram como me narrastes, mandarei libertar vosso pai imediatamente. Deixai vosso endereço com o centurião Aulus. Melhor, pedirei que após nossa conversa ele vos acompanhe de retorno a vossa residência, então ele já saberá o trajeto.

A seguir, o procônsul levantou-se, no que foi imitado pela jovem. Sinalizando, acompanhou-a até a porta da sala, que se encontrava aberta. Tão logo foram avistados por Aulus, o centurião foi ao encontro de seu superior e este lhe disse:

— Nobre centurião, acompanha a nobre senhora até sua residência e ao retornardes, determinai ao decurião Alvius, que compareça à minha presença imediatamente.

A seguir, surpreendendo Aulus, à jovem e até a si mesmo, o procônsul pegou a mão dela e beijou levemente o seu dorso.

Júlia ficou um pouco espantada com o gesto, mas o procônsul a seguir disse:

— Nobre senhora Júlia, podeis retornar tranquila. Em breve tereis minha resposta.

O centurião acompanhou a jovem até sua residência. Após retornar, foi tratar de convocar imediatamente o decurião Alvius, para que ele comparecesse na sala do procônsul.

Passava do meio da tarde quando o centurião Aulus pediu licença ao procônsul e entrou em sua sala trazendo com ele o decurião. Após as saudações de costume, o procônsul pediu ao decurião que se sentasse, no que foi imitado por Aulus. Então, dirigindo-se ao decurião falou:

— Nobre decurião Alvius, dizei-me que idade tendes e a quanto tempo servis no exército de Roma.

O decurião, quando fora convocado à presença do procônsul, por mais que insistisse com Aulus para saber o motivo de sua convocação, nada obteve, até porque Aulus nada sabia. Agora, aquela pergunta deixava-o, além de preocupado, intrigado. Então respondeu:

— Nobre procônsul, tenho 24 anos e estou servindo ao exército há seis.

O procônsul esperou um pouco, percebeu que o decurião estava nervoso, então disse:

— Noto que progrediste no exército e por certo por teus méritos. Dize-me. Conheces bem a legislação de Roma, que interpreta os tipos de crimes contra a nação?

Alvius, ao ouvir aquela pergunta, de imediato, em sua mente, a relacionou com a prisão que fizera do comerciante romano. Precisava pensar rápido o que responder; achar uma saída legal, então disse:

— Sim, nobre procônsul, conheço, e se me chamastes para prestar contas sobre a prisão que fiz de um comerciante, quero dizer-vos que assim agi porque ele se declarou cristão e ofendeu, com isto, Roma.

O centurião Aulus, que ouvia com atenção, temeu pela resposta do decurião, porque um cidadão romano somente poderia ser preso nas províncias por ordem direta dos legados do império, dos procônsules e dos cônsules.

O procônsul, ao ouvir aquela resposta, levantou-se, começou a andar lentamente pela sala, parou em frente a uma estátua em mármore do Imperador Caio Júlio César Otaviano, que ornamentava seu gabinete de trabalho, eis que era seu admirador e gostava de o cultuar, e como se estivesse conversando com a estátua, começou a dizer, em voz alta, na direção dela:

— Nobre Imperador Otaviano, lendo sobre vossos pensamentos, guardei o que sempre repetíeis a vossos comandados: "Os dons da Natureza são comuns aos bons e aos maus, porém os dons da riqueza das virtudes morais são somente comuns aos bons".

Nobre Otaviano, o que me cativou a sempre servir nossa nação, não foram tão somente os dons do direito, mas principalmente os dons da justiça. Sobre esses predicados, nos quais acredito piamente, desembainhei muitas vezes minha espada e me atirei nos campos de batalha, destemido, porque a Roma que recebi de meus antepassados, principalmente de vós, oh! nobre Otaviano, foi a linda senhora do progresso e da justiça, que tinha e tem a tarefa de abraçar sua gente e todos os demais povos, e sei que este era o sonho que iniciastes a colocar em prática.

Nesta minha ainda pouca idade, persigo vosso sonho! Entretanto, bem conheço o caminho que ultimamente Roma tem trilhado como nação, o que me faz sentir, e não sei como traduzir isto, uma

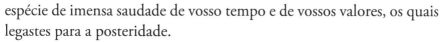

espécie de imensa saudade de vosso tempo e de vossos valores, os quais legastes para a posteridade.

Os tempos são outros oh! Augusto! A Roma de hoje não é nem sombra da que legastes para a posteridade. Infelizmente, a maior soma dos que hoje a servem, vejo aqui nesta sala, estampada na figura deste pobre decurião, que ao dizer-me tais coisas, crava nas entranhas da pátria mais um punhal certeiro, que lentamente provoca, ao lado de tantas outras coisas, mais uma ferida no seu corpo já deformado, dorido e carcomido pela corrupção e pela vileza.

O procônsul fez uma pausa, olhou para o decurião, que estava pálido e com a cabeça baixa. Olhou para o centurião Aulus, que demonstrava apreensão, e continuou a conversar com a estátua de Otaviano:

— Por que vos tendes entristecido, oh! Roma? Esta mentira pequena não deveria causar-vos tristeza, porque não tem sido novidade! Não é a primeira vez, nem será a última! Isto se muito tempo viverdes! Sabeis, como nação, até dar bons conselhos a vossa gente e acalentar o povo com os regalos de vossas conquistas, mas quando bate à vossa porta a falsidade, ante vossa tribulação, logo vos falta conselho e fortaleza. Sofreis, neste instante, o retorno dos que vos sugaram o seio e retiram as vendas da Themis que adotastes por guia!

Oh! Otaviano! sei que dos Campos Elísios podeis escutar-me! Ainda que vos custe ouvir esta ou aquela palavra e vos possais sentir indignado, deixai escapar de vossa alma alguma expressão de alento para que minha esperança não se desvaneça e logo se acalme a tempestade em meu coração de guerreiro. Eis que vos ouço! Consolai-me, para que eu seja sempre corajoso; preparai-me para suportar as coisas maiores e tolerar as menores, como esta.

Fez breve silêncio, e como se a estátua lhe tivesse respondido, disse:

— Ah! nobre Augustus, conforta-me o que me dizeis na alma: Nem tudo está perdido!

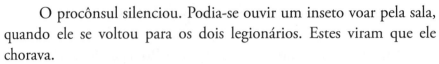

O procônsul silenciou. Podia-se ouvir um inseto voar pela sala, quando ele se voltou para os dois legionários. Estes viram que ele chorava.

Retornando lentamente para a mesa, com os dois braços entrelaçados às costas e olhando para o teto, o procônsul parou, olhou para o centurião Aulus e lhe fez uma indagação:

— Dize-me, Aulus, quando é que os soldados de Roma fazem qualquer prisão nas províncias?

— Quando a autoridade maior da província emite e determina a voz de prisão — respondeu Aulus.

— Tão somente assim? — redarguiu o procônsul.

— Sim, nobre procônsul, tão somente assim.

Virius Lupus sentou-se, pegou um pergaminho em branco, escreveu sobre ele e a seguir, com cera a seu dispor, mergulhou o anel de procônsul romano, firmou o pergaminho, pegou-o e sem olhar para o decurião estendeu-o ao centurião, dizendo:

— Lê em voz alta.

O centurião, pegando o pergaminho, iniciou a leitura:

— *Por ordem de Roma, sob determinação do procônsul Lucius Virius Lupus e sob a chancela do Imperador Caius Septimius Severus, fica declarada a prisão temporária, até que se processe o regular julgamento, por contrariar as leis de Roma, o decurião Alvius Decius Martinus, acusado da prática de insubordinação às leis do império e de usurpação de poderes.*

Após a leitura, ouvida pelo decurião, com a cabeça baixa, o procônsul levantou-se e retirou-se da sala.

Ao sair, para surpresa dos seus ajudantes de ordens, dirigiu-se pessoalmente às galerias que funcionavam como prisão, na Intendência. Ao chegar no corredor que dava acesso às celas, foi prontamente recebido pelo legionário responsável que, surpreso, porque o procônsul jamais ia até aquele local, fez sua reverência:

— Salve, nobre procônsul! Salve, Roma! — disse o legionário Gaius. — Em que posso servir-vos?

O procônsul respondeu:

— Foi preso pelo decurião Alvius um comerciante romano. Trata de libertá-lo imediatamente. Entrega a ele seus pertences e dize que ele pode ir para sua casa.

A seguir, o procônsul se retirou, enquanto o legionário tratava de cumprir as ordens que recebera diretamente.

O dia já ensaiava sua retirada, ofertando albergue às primeiras vagas da noite, quando o comerciante Plaucius Antius Crescente chegou em sua casa. Júlia estava preparando a ceia, e naquele exato momento pensava em seu pai e curiosamente, pensava no procônsul. Ficara muito impressionada com a maneira com que este a recebera. Já o tinha visto na cidade uma vez, mas de muito longe. Já ouvira comentários de outras jovens, de que ele era um homem bonito e gentil. Nunca tivera a sua curiosidade aguçada quanto a isso, mas agora, ao ter-se entrevistado com ele, percebia que seus sentimentos de mulher ficaram aguçados. Absorta nesses pensamentos, não reparou que seu pai entrara no recinto. Este, ao vê-la de costas, disse:

— Olá, minha querida filha!

Ela se voltou repentinamente e levando a mão à boca, num gesto de espanto, exclamou:

— Papai... Papai! — E correndo na sua direção o abraçou.

O abraço foi correspondido e o pai notou que a filha chorava. Plaucius enxugou suas lágrimas com o dorso da mão, ao que ela perguntou:

— Quem o libertou da prisão?

— O carcereiro foi até a cela — respondeu — e me disse: "Senhor, estás livre, por ordem direta do procônsul. Podes pegar teus pertences e sair". Foi somente isto que ocorreu, nada mais.

Júlia fê-lo sentar-se, serviu-lhe um copo de água e após, narrou sua entrevista com o procônsul, arrematando:

— Parece, papai, que o procônsul é um homem justo, pois me disse que tomaria pé da situação, e que eu aguardasse.

O pai agradeceu a ação da filha. Na realidade, fora preso pela manhã bem cedo e já fora libertado no final do dia, começo da noite. Antes de cearem, como eram cristãos, Júlia lhe propôs uma leitura de um trecho das anotações de Mateus Levi, em agradecimento à liberdade do pai.

"— Tremem os anjos e os arcanjos; estremecem os Espíritos de Yahweh e os justos, e vos digo: Vinde a mim, vinde, vinde a mim todos os que sofreis e que estais oprimidos, e Eu vos aliviarei! Mas quem sou eu, Senhor e Pai, para me aproximar de vós? Os céus dos céus não vos podem conter e vós dizeis: Vinde todos a mim."

Após, orou:

Oh! Senhor e Mestre Yeshua! tu que nos ensinaste que aquele que levantar suas intenções a Yahweh, com simplicidade de coração e se despojar de todo o mal ou aversão desordenada, receberá o galardão da fé e será digno de ser abençoado. Agradecemos-te a intervenção em favor do nosso pai e amigo, e pedimos tuas bênçãos em favor do procônsul que nos socorreu, e que tua paz e o teu amor permaneçam conosco.

Após mais algum tempo de conversação, Plaucius Antius, demonstrando cansaço pela refrega que sofrera, retirou-se para o repouso, o mesmo fazendo a filha.

O dia amanheceu nublado e quente, naquele mês de julho de 198 d.C., e prenunciava chuva, o que era comum naquela região da Britânia. Lucius Virius Lupus tinha o hábito de levantar-se bem cedo, ainda com a alvorada. Fazia suas orações aos deuses de Roma, Apolo e Urbano, pedindo amparo para si e seus familiares que residiam todos na cidade de Roma, na Itálica.

Empertigado na farda de oficial general, dirigiu-se para o refeitório da Intendência, que era uma sala ampla com o pé direito alto e ornamentada com duas colunas arredondadas, na entrada, tendo sobre cada uma delas duas grandes águias em barro branco, em posição de alçar voo. O mobiliário era próprio para atender aos soldados legionários e oficiais. Havia aproximadamente 30 mesas compridas, com um banco comprido de cada lado. Podia-se atender, no recinto, em torno de 300 legionários de uma vez somente.

À entrada do procônsul, o legionário que ficava à porta e segurava um bastão, bateu no chão três vezes fortemente e anunciou em voz alta:

— Salve, Roma! Salve, nobre procônsul e general de Roma, Lucius Virius Lupus!

Todos os que estavam no recinto ficaram em pé aguardando a entrada do general. Este, ao entrar, respondeu à saudação de todos com a mão levantada e espalmada para baixo. A seguir acomodou-se no seu lugar de costume. Todos sentaram e mais do que depressa dois ordenanças trouxeram chá quente, bolachas, broas, mel e leite, servindo-lhe a refeição matinal. Enquanto serviam, ouviram o procônsul saudá-los:

— Olá, nobres amigos! agradeço-vos o rápido atendimento. Como estão indo?

— Muito bem — respondeu um dos legionários, que se chamava Titinius. — Agradeço vosso interesse, nobre procônsul.

Virius Lupus ia responder quando viu chegar até sua mesa, apressado, o centurião Aulus, que após saudá-lo recebeu deste um sinal para sentar-se. O centurião sentou-se e apressou-se a dizer:

— Nobre procônsul, peço-vos desculpas pelo atraso, mas é que fui agora bem cedo visitar o decurião Alvius, na prisão, e o encontrei consternado e muito triste, eis que o casamento dele é para daqui a três dias, então, teme não poder realizá-lo. Confessou-me ele, nobre procônsul, que de fato errou muito, mas não tinha a intenção de prolongar a prisão do comerciante, e que era apenas para dar-lhe um susto, pois tinha a intenção de soltá-lo à noite.

O procônsul ouviu o relato de Aulus com paciência, sem que seu movimento facial se alterasse. A seguir, olhando para o centurião, falou:

— Dize-me, nobre centurião, acreditas em nossos deuses?

Aulus surpreendeu-se com a pergunta e respondeu:

— Sim, acredito, entretanto, permiti que eu indague por que me perguntais isto.

— O que acharias — complementou o procônsul — se nossos deuses apenas quisessem nos dar um susto de quando em quando? Que consequências adviriam disso?

Aulus, surpreendido com a lógica da pergunta e a manifestação do procônsul, calou-se. De fato, não havia o que falar. Procurando mudar o rumo da conversação, colocou o procônsul a par das modificações que estavam introduzindo na Intendência, para melhor circulação interna e do pátio.

Após terminado o desjejum, o procônsul foi para seu gabinete de trabalho, depois de responder à pergunta do centurião que lhe indagou se precisaria dele pela manhã, respondendo que não.

Aulus, ante a negativa do procônsul em rediscutir o assunto da prisão do decurião, penalizado que estava com o colega soldado, teve a ideia de procurar Júlia, eis que notara ter o procônsul ficado vivamente impressionado com a beleza da jovem.

Surgiu-lhe, pois, pedir a ela, se, quem sabe, não poderia interceder de certa forma junto ao procônsul, pelo decurião. Foi o que fez. Dirigiu-se ao comércio do pai da jovem, que ficava num cômodo da frente de sua própria residência. Lá chegando, foi recebido com desconfiança por Plaucius e Júlia, mas tratou de tranquilizá-los dizendo que vinha até eles extraoficialmente.

A seguir, expôs aos dois a ordem de prisão do decurião e qual era a intenção dele em relação à prisão que havia imposto a Plaucius, e o fato de que este tinha casamento marcado com uma jovem patrícia, cuja família residia na cidade e que, agora preso, tudo teria que ser cancelado. Olhando para Júlia, disse:

— Como sei que sois cristãos, embora eu nada conheça dos ensinamentos que pregais, o fato é que já ouvi dizer que os cristãos são criaturas bondosas, por essa razão aqui venho, nobre senhora, pedir que perdoeis ao decurião e quem sabe possais ir à Intendência falar

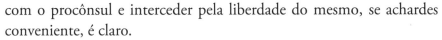

com o procônsul e interceder pela liberdade do mesmo, se achardes conveniente, é claro.

O centurião calou-se. Pai e filha se olharam. Então a jovem respondeu:

— Se é como afirmais, nobre centurião, penso que todos nós temos o direito de errar, como também temos o direito e até o dever de nos arrependermos do erro. Nosso Mestre Yeshua nos ensinou que devemos amar a todos, indistintamente, inclusive aos inimigos. Por essa razão, digo-vos que irei sim falar com o procônsul. Já que lá estive pedindo a libertação do meu pai, lá estarei para pedir a libertação do decurião, isto se vossa senhoria conseguir uma entrevista com ele, e se ele consentir em me receber. Se sim, quando julgais ser isto melhor?

— No final da tarde — respondeu o centurião. — Marcarei vossa visita e tenho certeza de que vos atenderá.

O centurião agradeceu, despediu-se e retornou à Intendência.

Ao chegar, foi rapidamente até a sala do procônsul e pedindo licença, disse:

— Nobre procônsul, a jovem que atendestes ontem pede que se possível a recebais no final desta tarde.

O procônsul, surpreso, respondendo falou:

— O que pretende ela?

— Ela não me adiantou — respondeu Aulus —, mas penso que virá agradecer vosso gesto em mandar soltar o pai.

— Está bem — respondeu o procônsul —, podeis confirmar que vou recebê-la.

No íntimo, a visita da jovem agradava-lhe ao coração.

Próximo ao final da tarde, Júlia chegou na Intendência e rapidamente foi atendida por Aulus, que lhe pediu que aguardasse. A seguir, foi até a sala do procônsul. Ao entrar, percebeu que o procônsul tinha trocado as vestimentas que usava pela manhã e que estava utilizando o traje de gala dos generais romanos. Confirmava assim sua suspeita de que o procônsul tinha ficado muito impressionado com a jovem.

Comunicou ao procônsul a chegada da visitante, ao que o procônsul respondeu:

— Trazei-a.

Júlia não sabia ainda por quê, mas desde que o centurião deixara o estabelecimento de seu pai, sentia uma espécie de alegria na alma, tanto que se banhou, colocou o vestido que mais gostava, soltou os cabelos, perfumou-se e foi ao compromisso na Intendência Romana.

Introduzida na sala do procônsul, este apressou-se em levantar-se e convidou-a a sentar-se em um dos bancos em frente a sua mesa de trabalho, ao que a jovem aquiesceu.

Observando melhor os traços dela, o procônsul notou que ela parecia estar ainda mais bela. Júlia, de sua parte, observou que o procônsul havia alinhado os cabelos, que eram um pouco rebeldes, e notou o esmero de seu traje de general.

Lucius Virius Lupus quebrou o breve silêncio dizendo:

— Olá, nobre senhora Júlia! confesso que estou surpreso em ver-vos novamente aqui nesta Intendência. Em que posso servir-vos, desta feita?

Júlia ficou um pouco corada, mas respirando fundo, respondeu:

— Nobre procônsul, minha disposição de aqui estar se traduz em duas situações. A primeira para agradecer o gesto de correção e humanidade de vossa parte em determinar a libertação de meu pai, gesto que jamais esquecerei.

Fez uma pequena pausa e olhando firmemente nos olhos do procônsul, continuou:

— A segunda situação, e espero que não vos espanteis, aqui estou também para pedir que concedais a liberdade ao decurião Alvius.

Quando Júlia concluiu o pedido e calou-se, o procônsul, num ímpeto automático, levantou-se rápido e começou vagarosamente a andar pela sala, sem nada falar. Parou em frente à estátua em mármore do Imperador Otaviano, olhou-a, mas nada falou. Depois parou em frente à jovem e disse, em tom de voz mais carregado:

— Nobre senhora, estou muito surpreso com o que me pedis. Acaso esquecestes o que ele provocou a vosso pai? Ademais, solicitais-me que eu recue na minha autoridade? Pedis que, como oficial e tribuno de Roma eu volte as costas às suas leis? Não achais porventura demasiada ousadia de vossa parte? Por acaso o decurião Alvius não trouxe sofrimento a vós e vosso pai? Ou o que me falastes ontem aqui não passou de uma farsa! Somente posso creditar este vosso pedido a essa loucura que dizem ser o Cristianismo, pois sei que vós e vosso pai sois cristãos, ou estarei errado?

Ao terminar a fala, o procônsul sentou-se em frente à jovem, agora com o semblante fechado, e esperou pela resposta.

Júlia ficou um pouco aturdida e um pouco aflita, embora pudesse compreender a reação do procônsul, entretanto, controlando-se, esperou mais alguns instantes e olhando firmemente para ele, falou:

— Nobre procônsul, crede, por favor, que jamais passou por meu pensamento questionar ou impedir o exercício de vossa autoridade, até porque não tenho a mínima intenção e sequer condição para fazê-lo, e mesmo que assim tivesse, jamais o faria, porque esse tipo de atitude vai contra os meus mais sagrados princípios morais. Também peço que não cogiteis que eu tenha vindo aqui cometer a ousadia de pedir que volteis as costas às leis da Roma, que representas e defendes, e muito menos a situação que vos apresentei ontem foi uma farsa.

Júlia, enquanto falava, demonstrava coragem. O procônsul notou a firmeza de caráter da jovem e nada disse e esperou. Ela continuou:

— Ocorreu, nobre procônsul, que vosso centurião nos colocou a par da verdadeira intenção do decurião Alvius e é por essa razão que estou aqui a vos fazer este pedido.

Estudando a reação de Virius Lupus, que se mostrava impassível, continuou:

— Sim, nobre procônsul, somos cristãos e muito embora nossa crença possa parecer aos olhos de quem a ignora, como uma loucura, na realidade ela é para nós uma mensagem de amor, de libertação e de paz. Libertação das algemas da ignorância, da intolerância, do orgulho, do egoísmo, das vaidades humanas, do ódio e do desamor.

Fez pequena pausa, a seguir continuou:

— Minha intenção, ao estar aqui, repito, não é para discutir vossa autoridade, ao contrário, é a de dizer-vos, independente do que vossa autoridade vier a decidir, que compreendemos o erro do decurião. Embora ele tenha ferido os regulamentos de vosso império, entendo, sim, que de certa forma a lei deva ser aplicada, entretanto, nobre procônsul, para que um homem se levante das coisas terrestres e direcione seu pensamento aos Céus, através da simplicidade com que vai em busca de Yahweh, que é nosso Deus, o mesmo a quem vosso povo chama de Apolo, ele deve tudo fazer para que esse encontro seja possível, e será, quando a pureza de intenção estiver no todo presente.

Para agradar a seu Deus, basta que a criatura seja boa e pura na intenção e no ato. Crede, nobre procônsul, que todos estamos de passagem pela Terra, e em razão disto, nossa vida deve ser tal qual um espelho onde estarão refletidas as virtudes de nossa alma, ou os defeitos que ela possui, entretanto, mesmo aqueles de nós que erramos, jamais estaremos condenados eternamente, porque, seja o nosso ou vosso Deus, Ele é Amor e compreende nossas faltas, nossas fraquezas, usa de tolerância e parcimônia e sanciona Sua Lei com complacência, utilizando a magnitude de Sua Misericórdia.

Nobre procônsul e senhor, é fato que o decurião Alvius errou ao utilizar de medida para a qual não possuía condições ou poderes. Logo, não se pode anular o erro, porém se pode dosar a punição.

Yeshua de Nazareth — continuou Júlia —, a quem chamamos de Mestre do Amor e Príncipe da Paz, quando esteve vivendo com os homens, na Terra, trouxe diretamente do Pai Celestial inúmeros ensinamentos que visam reformar a criatura humana para melhor.

Certa vez, quando fazia pregações na cidade de Dalmanuta, no Oriente, Ele falou: "A glória do homem virtuoso é o testemunho de sua consciência sã, eis que cultiva e conserva a bondade em seu coração. Aquele que assim age goza de plenitude e leveza da alma. Não se dá por satisfeito, senão quando faz algum bem. Quem proceder dessa forma e submeter-se à humildade, será bem-aventurado na Terra e nos Céus, porque bem-aventurado somente o é aquele que entende, tolera, ama e perdoa".

Desse modo, nobre senhor, peço-vos que possas compreender a atitude infeliz do decurião e rogo que vos utilizeis de tolerância sem conivência, pois é certo que em razão de vossa autoridade, podeis abrandar a pena que aplicastes ao decurião.

Ouso dizer, com vossa licença, que penso que Roma necessita muito de prudência e de tolerância, pelo que, peço-vos essa tolerância em favor do prisioneiro a quem já perdoamos de todo nosso coração e, se for possível, apelo para o vosso coração, para, quem sabe, possais acatar o pleito que vos faço e que seja permitida ao decurião a utilização da virtude do arrependimento, que, segundo vosso centurião, ele já manifestou claramente. Também penso que assim como os deuses são justos e perdoam, se consentirdes em acatar o que vos peço, tenho certeza de que vosso soldado sentirá o abraço da Pátria, porém, sem destoar da responsabilidade da punição, mas que ela, se possível, seja abrandada.

Júlia calou-se.

O procônsul tudo ouvira com o mais absoluto interesse e ficou simplesmente encantado com os conceitos e a erudição da jovem. Fez breve silêncio, enquanto refletia em cada palavra que ela dissera. A seguir, olhando-a firmemente, disse:

— Nobre senhora, reputo vossa manifestação como profunda e de alta sensibilidade e confesso que feriu minha alma. Em razão disto, penso que poderemos, sim, substituir a pena do decurião, contando já o dia em que está preso, para mais um dia tão somente, e trataremos de libertá-lo a tempo do casamento. Se foi a isto que também viestes, podeis tranquilizar-vos.

Júlia, ao ouvir a manifestação do procônsul, não conteve duas lágrimas, que rolaram por sua face. Comovido com a cena, o procônsul

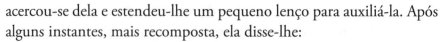

acercou-se dela e estendeu-lhe um pequeno lenço para auxiliá-la. Após alguns instantes, mais recomposta, ela disse-lhe:

— Nobre procônsul, aprendi com meu pai que quem buscar Yeshua de Nazareth e viver o que ele ensinou na Terra, com certeza achará precioso tesouro, o bem superior a todo bem. Vejo em vossa bondosa atitude, que vós caminhais nessa direção e com certeza haverá de um dia encontrar-se com o nosso Libertador e Messias. Recomendo a Ele, neste instante, a vossa alma e vosso bondoso coração, rogando que Ele vos abençoe.

O procônsul ouviu com interesse a manifestação de Júlia, e após ela silenciar, olhou-a com profunda ternura, dizendo:

— Nobre senhora, não há como não reconhecer que possuís um coração mergulhado no sentimento de clara bondade. Crede que minha atitude, até a mim próprio surpreende. Após a turbulência destes dias, apreciaria poder receber-vos novamente. Penso que se não estiver cometendo um ato de indelicadeza, poderia contar com vossa aquiescência, não?

Júlia, que já havia se restabelecido da emoção que lhe tomara o ser, respondeu:

— Nobre procônsul, agradecida pelo vosso acolhimento e atendimento, aceito sim vosso convite e com certeza aqui comparecerei para novas conversações. Agora, se me permitis, devo voltar para a casa de meu pai.

O procônsul, com gentileza fidalga, a acompanhou até a saída da Intendência, recomendando ao centurião que a acompanhasse-a até sua residência.

Haviam-se passado 30 dias do último encontro do procônsul Lucius Virius Lupus com a jovem Júlia. Nesse período, o general se surpreendeu várias vezes pensando nela. Ficara marcada em seu interior, não somente sua bela imagem física, como também o porte altivo, a inteligência e os traços inconfundíveis da bondade que fazia morada em seu coração.

A realidade é que o coração do procônsul havia reservado um lugar cativo para a jovem. Dia após dia, percebia a chama do amor acender-se no seu íntimo, entretanto, não podia simplesmente convocar a jovem à Intendência, pois isto não seria de bom alvitre, dada sua função e importância como autoridade romana, ainda mais que a comunidade local sabia da confissão cristã de Júlia e de seu pai.

Muitas vezes desejou convocá-la à Intendência, sem que houvesse um motivo plausível, contudo, temeu arrepender-se por chamá-la simplesmente para conversar.

Certo dia, logo ao cair da tarde, o centurião Aulus entrou na sala do procônsul e após saudá-lo, disse:

— Nobre general, acabou de chegar um destacamento militar que já está viajando há vários meses, vindo de Roma. Se trata de meia centúria, que é comandada pelo centurião Livius Caecilius, e que de maneira imediata pede vosso consentimento para falar-vos.

— Sim, nobre centurião — respondeu Lucius Virius Lupus —, tendes minha permissão. Trazei o oficial à minha presença.

Aulus saiu da sala e logo mais retornou com o centurião visitante, a quem foi franqueado o ingresso. Tão logo entrou na sala, o visitante fez a saudação de costume. O procônsul olhou para o centurião visitante. Era um homem de estatura mediana, os ombros largos, o corpo musculoso, os cabelos desgrenhados e dois olhos grandes, que se movimentavam rapidamente, ao que este se apresentou:

— Salve, Roma! Salve, nobre procônsul Lucius Virius Lupus! Apresentando-me, legionário centurião Livius Caecilius, membro da *Legio X Ferrata,* em missão militar sob as ordens do império.

O procônsul retribuiu a saudação:

— Salve, nobre centurião Livius, sede vós e vossa tropa bem-vindos. Em que efetivamente poderemos atender-vos?

— Nobre procônsul — respondeu Livius —, recentemente nosso César Septimius Severus expediu um decreto que é válido para todo o império e que determina que todos os cristãos devem prestar culto

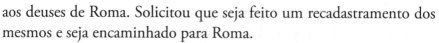

aos deuses de Roma. Solicitou que seja feito um recadastramento dos mesmos e seja encaminhado para Roma.

A seguir, estendeu um pergaminho com o selo imperial ao procônsul Virius Lupus, que ouvira com interesse a manifestação do centurião, abriu o pergaminho e leu o Decreto Imperial e a seguir, respondeu:

— Sim, nobre centurião, estou ciente e pergunto se vós e vossa tropa seguireis viagem ou se pretendeis aqui ficar um bom tempo.

— Pretendemos ficar um bom tempo — respondeu o centurião —, submissos a vossa autoridade.

O procônsul refletiu. Acataria as ordens do imperador quanto às informações e determinações do império. Analisaria depois as consequências. Após, pediu que Aulus acomodasse o centurião e seus soldados, dando por encerrada a entrevista.

Tão logo todos saíram, seus pensamentos voaram na direção de Júlia e de seu pai e sentiu um leve sobressalto em seu interior. Ao mesmo tempo, cogitou ser a oportunidade de rever e conversar novamente com a jovem.

Ainda antes de cair a noite, o procônsul convocou o centurião Aulus e disse:

— Nobre centurião, ouvistes a narrativa do centurião visitante. Digo-vos que me preocupa sobremaneira esse tipo de ação do nosso imperador, e como vós bem sabeis, a jovem Júlia e seu pai são cristãos. Temo por eles. Em razão disto, ordeno que vades até a residência deles e que convoqueis a jovem para vir até a Intendência amanhã ainda pela manhã. Dizei a ela o motivo do convite, que tem razão no meu temor, da parte de Roma, no que se refere aos cristãos.

— Sim, nobre comandante — respondeu Aulus —, irei agora mesmo.

Fazendo ato de reverência, retirou-se para cumprir a ordem recebida.

Aqueles dias de primavera eram engalanados pelo intenso brilho do sol, que se refletia nas árvores e na relva campineira da Britânia.

Júlia, juntamente com seu pai, recebeu a visita do centurião Aulus. O centurião comunicou a ela os temores do procônsul em relação às novas ações de Roma no que se referia aos cristãos e ao final declinou o convite que o procônsul fazia à jovem para que ela fosse à Intendência para se entrevistar com ele.

Um pouco rubra e embaraçada, Júlia olhou para seu pai, como a buscar permissão dele, tendo obtido sua concordância somente pelo olhar, então respondeu ao centurião:

— Nobre Aulus, por favor, diga ao nobre procônsul que me sinto honrada com o convite e que o aceito. Indago-vos, então: quando será a entrevista?

— Conforme disse o procônsul — respondeu Aulus —, é para o dia de amanhã, na parte da manhã.

— Sim — respondeu Júlia —, lá estarei.

CAPÍTULO XIV

O PROCÔNSUL ROMANO DA PROVÍNCIA DA BRITÂNIA VISITA O NÚCLEO CRISTÃO DE LEONDINIUM

O Cristianismo, muito embora a perseguição que os judeus tradicionais sempre lhe impuseram — eis que estes, como comerciantes, espalharam-se também por quase todo o território romano, portanto, pelas províncias romanas da Gália, da Germânia e da Britânia —, também crescia enormemente, para a época, em número de adeptos e igualmente se espalhou por quase todo o império.

Ali na Britânia, onde Lucius Virius Lupus governava, na condição de governador e procônsul da província, desde o ano de 196 d.C., na cidade de Londinium, sede do governo romano na Britânia, já houvera sido fundado, no ano de 135 d.C., um núcleo cristão, que com o tempo cresceu e se tornou um excelente centro de divulgação.

No ano de 190 d.C., assumira a direção do núcleo, como epískopo, um cidadão ali nascido, portanto, com cidadania romana, e que se chamava Nemestrino. Filho de trabalhadores do campo, o epískopo Nemestrino desde muito jovem foi atraído pela Mensagem Cristã. Dedicado, assumira, por consenso dos membros do núcleo, a condição de epískopo.

O núcleo cristão de Londinium era afinado com os núcleos cristãos do Ocidente e reportava-se diretamente ao núcleo cristão de Roma, à época dirigido pelo epískopo-geral Zeferino.

Nemestrino já contava com 40 anos quando assumiu a direção do núcleo e era auxiliado por dois companheiros e dedicados trabalhadores, os diákonos Amim, que tinha origem síria, e Asselius, que era romano.

A sede física do núcleo era uma construção média. Tinha quatro salas na entrada; após, um salão com 200 bancos, e, como era comum, as dependências dos fundos, com oito cômodos, ao todo, onde residiam o epískopo e seus diákonos.

A jovem Júlia e seu pai frequentavam assiduamente o núcleo, sendo que a jovem era muito querida do epískopo e dos diákonos, não somente por sua simpatia, como pelo interesse que ela demonstrava em aprender sempre mais sobre a Sublime Mensagem do Nazareno.

Como era muito amiga de Nemestrino, nos dias da semana em que havia prédicas públicas, ela se dispunha a receber, na porta do núcleo, as pessoas que chegavam, encaminhando-as a sentar-se e principalmente ofertando especial atenção àquelas que chegavam por vez primeira, o que fazia sempre com um sorriso e irradiando felicidade, que contagiava a todos, o que ocorria não somente por sua beleza, mas, e principalmente, por sua educação, gentileza e simplicidade.

Naquele primeiro dia da semana do mês de fevereiro de 198 d.C., Júlia dirigiu-se ao núcleo, juntamente com seu pai, logo ao entardecer. Queria chegar mais cedo do que de costume, pois tencionava falar com o epískopo antes das atividades começarem. Queria confidenciar-lhe o que lhe ocorria no íntimo, em relação ao governador e procônsul, o general Lucius Virius Lupus. Narraria para ele os encontros que já tivera na sede da Intendência Romana e pediria seus conselhos. Sentia que isto lhe era necessário.

Ao lá chegar, notou, porém, que o epískopo ainda não se apresentara no salão, o que acabou, naquele dia, por fazê-lo mais tarde, já próximo do início das atividades, quanto o núcleo já se encontrava cheio de pessoas. Resolvera então que falaria com o epískopo após as tarefas da noite e, como sempre, predispôs-se a receber as pessoas que chegavam, com a mesma simpatia de sempre e a orientá-las onde deviam sentar-se.

Estava próximo de se iniciarem os trabalhos e todos já se achavam acomodados. A mesa, ao centro da sala, na frente, já estava composta pelo epískopo e seus dois diákonos, quando ligeiro alvoroço ocorreu na entrada do núcleo.

Júlia se apressou a ir para a porta de entrada para poder de alguma forma ver o que ocorria e auxiliar, quando o que viu, deixou-a como que petrificada, eis que o procônsul romano Lucius Virius Lupus, em traje de gala, acompanhado pelo centurião Aulus e mais seis legionários, entravam no núcleo.

Júlia hesitou um pouco, porém, como era ela que recebia a todos, sempre com um sorriso, procurou sair do imobilismo e dando dois passos à frente, passos em que ela teve que firmar as pernas para não fraquejarem, sorriu graciosamente e curvando-se um pouco, falou:

— Nobre senhor procônsul, em nome de nosso epískopo, é uma grande honra receber sua visita, assim como a do centurião e demais soldados.

O epískopo Nemestrino, por necessidade de reverência e obediência a Roma e ao governador da província, saiu de onde estava e foi ao encontro de Virius Lupus e o saudou:

— Ilustre e nobre governador e procônsul, sou o que chamamos de epískopo deste núcleo cristão. Chamo-me Nemestrino. Nossa casa se engrandece com vossa presença e dos demais representantes de Roma. Sede, pois, bem-vindos. Peço a gentileza de a irmã Júlia encaminhar-vos para que possais sentar-vos. Após nossa atividade, teremos enorme prazer em dialogar convosco.

Virius Lupus sorriu e fazendo reverência, curvando-se um pouco, o que para os presentes foi uma enorme surpresa, eis que Roma não ser curvava a quem quer que fosse, falou:

— Podeis voltar para vossas ocupações, eis que nos acomodaremos onde essa bela jovem indicar — respondeu.

O núcleo, àquela altura, já se encontrava quase todo repleto. A curiosidade era enorme. Jamais se cogitaria que a maior autoridade romana da província, um dia, prestar-se-ia a entrar com fidalguia no núcleo cristão da cidade, em clima de paz e afetuosidade. A expectativa era geral.

Júlia, saindo do quase imobilismo de que fora acometida, sorriu e acenando para a seguirem, acomodou o procônsul, o centurião e os soldados, e como sempre tinha lugar à frente, reservado para ela, o qual ocupava após acomodar os visitantes, para lá se dirigiu.

Após sentar-se foi que percebeu que seu coração disparara. Parecia mesmo que ia saltar-lhe do peito. Procurou acalmar-se fazendo breve oração mental. Pediu forças a Yeshua para que pudesse se asserenar ante o inusitado.

No momento aprazado, o diákono Amim levantou-se e cumprimentou a todos:

— Nobres irmãos e irmãs, queremos saudar a todos em nome de Yahweh. Para nós é uma honra receber-vos em nossa casa e honra-nos também, e devo confessar-vos, de maneira inusitada para nós, a presença da autoridade máxima de Roma em nossa Província da Britânia, o general e procônsul Lucius Virius Lupus, acompanhado do centurião Aulus e dos demais soldados amigos. Estimamos que se sintam bem conosco. Faremos agora nossa oração para iniciarmos nossas atividades e vós outros podereis acompanhar-nos pelo pensamento:

Senhor e Mestre Yeshua de Nazareth! A vós, que um dia nos falastes: "Quem me segue não anda em trevas", pedimos, nesta noite em que os corações amigos de sempre e novos amigos nos visitam, possam também visitar nossas almas, as alegrias do vosso amor incondicional.

Hoje temos a prova incontestável de que Vossa Mensagem não divide nem separa, antes une a todos como irmãos, filhos do mesmo Pai Celestial, sem distinção de raça, de fronteiras, de cor e de crença. Desse modo, aben-

çoai os propósitos que nos ensinastes, de amar e servir o nosso próximo, e sede conosco, neste oásis de luz e entendimento. Assim seja.

Todos os presentes, bem como o general e seus comandados, acompanharam a oração com vivo interesse. Após a oração, o diákono Assélio levantou-se, tomou de um dos quatro rolos de pergaminho sobre a mesa, abriu-o, enrolando uma parte na outra, até que parou e começou a ler:

— Anotações do Apóstolo de Yeshua, João, a quem chamamos de um dos escritores sobre Yeshua de Nazareth:

Eu sou a videira verdadeira, e meu Pai é o agricultor. Todo ramo que estando em mim não der frutos, ele o cortará, e todo o que dá frutos, limpa para que produza mais frutos ainda. Vós já estais limpos pela palavra que tenho falado. Permanecei em mim, e eu permanecerei em vós.

Quando, porém, vir o Consolador, que vos enviarei da parte de meu Pai, o Espírito da Verdade, que d'Ele procede, esse dará testemunho de mim; e vós também testemunhareis, porque estais comigo desde o princípio.

O diákono terminou a leitura e se sentou. O epískopo Nemestrino levantou-se e iniciou os comentários sobre a lição evangélica da noite:

— *Amados irmãos e irmãs em Yahweh, que é o nosso Deus! Todos somos irmãos e filhos do mesmo Pai Celestial, não importa o nome que dermos a Ele, que é o Único Criador de tudo, de todas as coisas, portanto, de nossas vidas.*

Com a licença dos irmãos que sempre nos visitam, não posso inicialmente deixar de registrar a presença em nossa casa de orações, da mais alta autoridade de Roma em nossa província, pelo que, saúdo oficialmente o general e procônsul Lucius Virius Lupus e também o centurião chefe Aulus e aos demais legionários que os acompanham. A visita de todos vós é uma agradabilíssima surpresa e engalana nosso núcleo de confissão Cristã. Sede todos bem-vindos. Esperamos que o que virem e ouvirem aqui, possa se constituir em traço de entendimento e compreensão de nossa prática cristã e que as palavras possam agradar às vossas almas.

João foi um dos apóstolos, portanto, uma daquelas pessoas que conviveram diretamente com Yeshua de Nazareth, durante a passagem do Sublime Mestre Nazareno pela Terra. Contava ele, ao tempo em que Yeshua foi vilmente crucificado, dezesseis anos de idade. Era muito querido do Mestre e foi a ele que Yeshua deu a incumbência de cuidar de sua mãe, Maria de Nazareth. Tornou-se, com o tempo, um dos mais portentosos baluartes da Mensagem Cristã, tendo feito também as anotações do tempo em que conviveu com o Mestre, seus familiares e demais apóstolos. Seus escritos nos revelam o Cristo Yeshua revestido de toda a sua Divindade.

Esse Apóstolo do Mestre foi o que viveu mais tempo na Terra, não só escrevendo, mas espalhando, pelas viagens, ensinamentos e exposições, dando a conhecer a beleza dos ensinamentos de Yeshua, como já haviam feito seus pares no Apostolado Cristão, notadamente Mateus Levi, João Marcos e Lucas, e anotou também a sublime advertência de Yeshua para a Humanidade, a que ele chamou de Apocalipse.

Ao anotar esses maravilhosos ensinamentos do Mestre da Galileia, João muito se emocionou e especificamente quanto à lição da noite, encantou-lhe a imagem da videira e do agricultor, criada pelo Mestre para falar sobre os ensinamentos relativos à Criação Divina por Yahweh, sobre Seu Reino, ou o Reino dos Céus, traduzindo tudo isto na imagem do Sublime Construtor que fez todas as coisas e dentre elas, nós, que somos seus filhos, tendo traçado para cada um a necessidade da caminhada pelo terreno das descobertas e aprendizados, rumo ao aperfeiçoamento de nossas almas, cujo aperfeiçoamento nos auxiliará sobremaneira na busca e encontro com a felicidade que todos almejamos.

A esse fim, suas anotações destacam a preocupação de Yeshua com cada criatura, não importando a pátria em que nasceu nem a crença que possui, mas sim e unicamente a condição de praticar o bem em favor das outras pessoas, figurando-nos como árvores que devem gerar frutos bons que possam saciar a fome dos aflitos e dos sofredores. Yeshua, nesta valorosa lição, exorta-nos a imitar a sua vida, se verdadeiramente quisermos ser iluminados com a *sabedoria, para ir ao encontro do Reino de Amor de Yahweh. Exorta-nos ao saber e à prática do bem. Remete-nos à compreensão de que há um mandamento maior para toda a Humanidade, que é o de amar o Criador e amar as criaturas. Ensinou que é bem-aventurada a criatura que compreende que amar é uma necessidade imperativa para a alma e é a fonte de sua boa energia espiritual, que lhe proporciona equilíbrio, saúde física e espiritual e, portanto, paz do espírito.*

Ao estabelecer um pacto com a Humanidade, no sentido de não deixá-la só, ao abandono, Yeshua declarou que já havia pedido ao Pai Celestial o envio de consolação aos aflitos e sofredores, já antevendo que, para vencer o coração endurecido da Humanidade, não mais será necessária a força da espada e do escudo, mas sim a utilização das forças mais sutis da alma, através da manifestação pura dos sentimentos que enlevam e causam alegria e bem-estar, estabelecendo que quando agimos, mesmo nas pequenas coisas, com atenção, com cuidado, com compreensão e entendimento, com solicitude, estaremos sendo os trabalhadores do Senhor, espalhando o Amor Incondicional do Pai, através da prática do legado de Seu Filho e nosso irmão, Yeshua de Nazareth.

O mundo, irmãos, ainda nos é uma incógnita e bem pouco dele conhecemos, entretanto, já sabemos que ele gira sob o estigma do amor, que o move na direção das Moradas Celestes, a compor-se como uma das casas do Pai, que oferta guarida a seus filhos, que saídos do escuro, ensaiam os passos na direção da Luz Divina.

Que esse Yeshua nos ampare as necessidades, hoje e sempre.

O espiskopo calou-se. Após mais alguns instantes, retomando a fala, enalteceu mais uma vez a presença no núcleo dos representantes do governo romano e colocou-se à disposição para conversar com eles. A seguir, após a prece feita pelo diákono Assélio, deu-se por encerrada a reunião da noite.

Após o encerramento, Júlia aproximou-se de Virius Lupus e dos demais oficiais, e o mesmo fez o epískopo Nemestrino. Na realidade, ninguém queria sair do núcleo, dada a importância de Roma ter entrado no mesmo.

Foi Júlia quem, irradiando simpatia, indagou ao procônsul:

— Nobre procônsul, ouso perguntar-vos que impressão tivestes do que pudestes ver e ouvir.

Virius Lupus sorriu e disse:

— É tudo muito diferente do que imaginei. Confesso que gostei muito de tudo. Penso que Roma continua sendo mal orientada sobre o que seja o Cristianismo. Senti muita paz e tranquilidade neste ambiente, além do que, os conceitos foram de uma clareza que muito me impressionou.

Após mais algum tempo de conversação, o general e procônsul, sem deixar de transparecer sua simpatia por Júlia, agradeceu a acolhida, colocou a Intendência Romana à disposição do núcleo cristão, no que pudesse auxiliar, e junto com seus comandados, despediu-se de todos e retornou à sede da Intendência.

CAPÍTULO XV

ROMA E OS NÚCLEOS CRISTÃOS DO OCIDENTE

Após o retorno de Yeshua de Nazareth à Casa do Pai Celestial, sua Iluminadora Mensagem foi sustentada, inicialmente, pelos apóstolos, na sua totalidade judeus convertidos, e isto, sem dúvidas, facilitava as interferências que visavam, por parte do Sinédrio, destruí-la sem que ela deixasse qualquer marca da sua presença. Esse era o objetivo permanente dos ainda inimigos do Cristo.

Na Cidade da Fé, os acontecimentos sempre recebiam registro e eram sempre acompanhadas todas as situações ocorridas na Terra. O governador Acádio já houvera recebido um comunicado de planejamento disposto pelo Cristo, para que fosse de certa forma provocado o surgimento de uma baixa significativa nas fileiras dos adeptos da Lei Antiga, o que se confirmou ante a conversão de Saul de Tarshishi, às portas da cidade de Damasco.

Após o inigualável trabalho do Apóstolo dos Gentios, haveria de surgir a tarefa daquele que foi reconhecido pelos núcleos cristãos do Oriente como uma espécie de novo apóstolo, e que, nos registros da Cidade da Fé, foi chamado de *O Apóstolo da Unidade Cristã Primitiva*, o que se consolidou na pessoa de Inácio de Antioquia. Depois surgiram as tarefas de Policarpo de Esmirna, cujo registro também foi feito como sendo: *O Apóstolo da Continuidade Cristã*

157

Primitiva. Depois surgiu a tarefa volumosa e valorosa de Irineu de Lyon, que, a seu passo, foi registado nos anais da Cidade da Fé como *O Apóstolo da Verdade Cristã*.

Em meio aos trabalhos maravilhosos desses Espíritos, na preservação do puro e simples Cristianismo, haviam antes surgido valorosas almas que desfraldaram por primeiro essa bandeira, a exemplo de Mateus, Marcos, Lucas e João, além de Timóteo, Tito, Silas, Barnabé, Pápias de Hierápolis, Flávio Justino, entre outros, todos servidores leais ao Cristo e lutadores pela verdade. Nessa caminhada, inúmeros núcleos cristãos foram fundados e notadamente o núcleo cristão de Roma, que a seu passo exerceu, nos séculos II e III d.C., viva influência de aglutinação dos núcleos cristãos do Ocidente, a ponto de em comum acordo com os líderes cristãos do Oriente, estabelecer-se que a defesa dos postulados cristãos perante a autoridade romana passaria a ser conduzida pelo núcleo cristão de Roma, na figura de um epískopo-geral.

Naqueles anos de lutas, ocupava a Casa Cristã de Roma, o epískopo-geral Zeferino, nascido em Roma, diákono há bastante tempo, que por escolha dos membros do núcleo cristão, sucedeu o epískopo-geral Victor, a partir do ano 199 d.C., o que fez em meio as duras lutas que eram travadas nos núcleos cristãos, tanto do Ocidente como do Oriente, contra as inúmeras heresias, entretanto, um pouco na contramão dos cuidados com a verdadeira Mensagem do Cristo, Zeferino estabeleceu luta contra as ideias que não aceitavam a já existência do que Ele chamava de *Santíssima Trindade*, como também estabeleceu práticas exteriores nos núcleos cristãos, como a denominada *comunhão sagrada*, aduzindo que esta somente poderia ser ministrada àqueles que eram maiores de 14 anos. Criou a patena, uma espécie de prato onde se consagraria o pão e o vinho, definidos como sendo o corpo e o sangue de Yeshua de Nazareth, bem como a utilização dos cálices em vidro, tradição retirada da cultura religiosa grega.

Criou uma catacumba, na Via Ápia, incumbindo Calisto, seu diákono imediato, como responsável por essa obra. A realidade é que Zeferino ia estabelecer duras batalhas doutrinárias com vários líderes cristãos, o que acarretaria a precipitação de um distanciamento da verdadeira, simples e pura Mensagem Iluminadora da Galileia antiga, do centro das decisões sobre o Cristianismo.

CAPÍTULO XVI

NOVA REUNIÃO NA CIDADE DA FÉ

No alvorecer do ano de 201 d.C., a pedido do governador da Cidade da Fé, o irmão Acádio, foi marcada uma grande reunião para o Auditório Central da cidade, para a qual foram convocados todos os apóstolos e discípulos que se achavam envolvidos na continuidade do grande projeto de implantação dos ensinamentos de Yeshua na Terra, reunião que contaria também com trabalhadores que se achavam mergulhados no corpo físico.

No dia aprazado, o salão principal do Grande Auditório estava lotado. Tratava-se de um auditório com 600 lugares, com poltronas sobrepostas, ao estilo dos anfiteatros da Grécia, todas em tecido azul-escuro. No palco havia uma mesa comprida, coberta com uma toalha em amarelo ouro. No centro da mesa havia um vaso de prata com flores de tons variados. As cadeiras que ficavam à mesa eram todas com espaldar alto, igualmente em azul.

Em toda a extensão do auditório, três grandes lustres, com pingentes que pareciam ser de vidro, tinham luz própria e giravam lentamente, expandindo luzes em tonalidades variadas, refletidas nos pingentes, produzindo um matiz de rara beleza, ora em cor prata, ora em azul, ora em lilás.

Suave melodia se ouvia por todo o auditório, semelhante a vários violinos, produzindo uma vibração que não somente enlevava o ambiente, como encantava os ouvidos e proporcionava leveza e paz.

O auditório já se encontrava repleto de trabalhadores que continuavam dedicando suas vidas pelas verdades do Evangelho do Mestre. Ali estavam os apóstolos de Yeshua: Simão Pedro, Tiago, filho de Alfeu, João, irmão de Tiago, Tiago, filho de Zebedeu, Mateus Levi, André, irmão de Simão, Filipe, Bartolomeu, Tomé, Tadeu, Simão, o Zelote, e Matias. Também estavam os queridos discípulos do Mestre: João Marcos, Lucas, Paulo de Tarso, Barnabé, Silas, Timóteo, Tito de Creta, Inácio de Antioquia, Policarpo de Esmirna, Pápias, Flávio Justino, Militão de Sardes, Irineu de Lion, Gaio de Derbe, Carpo, Tobias e tantos outros servidores da Vinha do Senhor.

Na mesa central, sentavam Simão bar Jonas, João, Inácio de Antioquia, Paulo de Tarso e Bartolomeu Natanael, que foi o primeiro apóstolo a sair pregando a Sublime Mensagem de Yeshua.

Ao centro da mesa, o governador Acádio, que se fazia acompanhar pelo primeiro arauto do Evangelho, Estêvão.

Após alguns instantes, o governador levantou-se. A um sinal seu, a música ambiente automaticamente diminuiu de volume. A seguir, saudou a todos:

— Amados irmãos do Mestre de todos nós! Em seu nome e em nome de nosso Augusto Pai Celestial, para que iniciemos nosso encontro, peço ao nobre irmão e amigo Simão bar Jonas que nos conduza em prece.

O antigo pescador de Cafarnaum, agora mais remoçado, levantou-se e com o olhar firme de sempre e a voz forte, iniciou a orar:

— *Oh! Dulcíssimo e Benigníssimo Yeshua de Nazareth. Que respeito! Que gratidão! Que louvores perpétuos vos devemos!*

Em homenagens justas ao Vosso Incomensurável Amor para com todos nós, louvamos-vos e vos engrandecemos sempre! Vós sois o Santo dos Santos, fonte perene da mansidão e refúgio de nossas aflições.

Alegramo-nos porque somos vossos servidores, dispostos ao trabalho de afirmação das maravilhas de que vossa Mensagem Divina é portadora. Abençoai nossos continuados propósitos de bem servir em vosso santo nome! Que assim seja!

Após a prece, a um gesto do governador, todos se sentaram. Apenas o governador ficou em pé, então falou:

— Amados e queridos irmãos! Convido-vos, neste instante, a assistirem, em linhas gerais, a história do Cristianismo na Terra, até esta data. Nesta breve exposição estão as mais importantes tarefas que se passaram com relação à divulgação e fixação da Sublime Mensagem do Cristo Yeshua.

A um sinal do governador, a parede aos fundos do palco, em toda sua extensão, iluminou-se, mostrando um quadro branco gigante. As luzes automaticamente diminuíram de intensidade. A seguir se iniciaram as imagens.

Com toda a atenção, os expectadores viram por primeiro a Jerusalém do século I d.C., os altiplanos da cidade alta, as circunvalações da cidade baixa, as construções, o templo grandioso. Em todas as cenas, os transeuntes da época iam e vinham. Depois, a beleza e calmaria das cidades de Cafarnaum, de Betânia, de Jericó, de Dalmanuta, de Migdal, de Cesareia de Filipe, a Belém Efrata, os pastores no campo e o Mar da Galileia.

A seguir, puderam acompanhar o nascimento do Mestre na estrebaria de pequena estalagem. Ouviu-se, na plateia, o choro divino do Príncipe que chegava na Terra. Logo mais, a casa simples de Josepho, a carpintaria, a delicadeza e o semblante de extrema bondade do menino Yeshua, sua alegria contagiante, a meiguice e ternura de Maria de Nazareth. O menino Yeshua, falando com os pássaros, com os animais em geral, e estes demonstrando atenção e entendimento. Viram as cenas do jovenzinho pregando aos rabinos e anciães do Templo; ouviram o extraordinário conhecimento e erudição do menino.

Após, o cenário modificou-se, mostrando aquela manhã dourada pelo sol que crestava o vale verde; o deleite da vegetação rasteira que se estendia até a praia do Mar da Galileia; os raios de sol que atingindo as ondas provocavam nas águas matiz esverdeado; a conversação dos pescadores que àquela hora da manhã consertavam algumas redes.

A seguir observaram os irmãos Simão e André conversando animadamente sobre o tempo e viram a figura belíssima do jovem que deles se aproximou, com os cabelos da cor do ouro para escuro caídos sobre os ombros, repartidos ao meio, a túnica branca já um pouco escurecida pelo tempo, as mãos finas e delicadas, a barba média, dois olhos grandes que pareciam duas pérolas brancas e castanhas claras, o sorriso encantador, o porte ereto, de uma beleza nunca vista num homem. A seguir, Sua voz canora e encantadora e o sublime convite:

— Olá, amigos, venho vos fazer um convite: Segui-me, e eu vos farei pescadores de almas!

Depois, surgiram as cenas dos convites aos demais apóstolos queridos, as andanças, as curas, as pregações.

A seguir, a cena trouxe o registro daquele dia, ao cair da tarde, no Monte Haitim, e não somente as cenas, pois todos ouviram, no auditório, por um fenômeno extraordinário, a voz do Messias declamando a maravilhosa canção do Sermão das Bem-Aventuranças.

Depois, os inúmeros conselhos, as reuniões plácidas, a mensagem que ia pouco a pouco sendo incrustada na alma dos apóstolos queridos, as difíceis cenas das perseguições, a prisão do Mestre Amado, o ignóbil julgamento e as cenas da infamante crucificação.

A seguir, viram a manhã radiosa e maravilhosa do túmulo vazio; viram e ouviram o diálogo de Miriam de Migdal com o jardineiro e sua expressão de surpresa ante a presença majestosa do Mestre, sua correria e aviso aos apóstolos.

Viram os dois apóstolos que caminhavam pela estrada de Emaús, conversando, e a aproximação de um viandante; ouviram o diálogo entre eles, pelo caminho, e após, a autorrevelação de Jesus. Depois, o diálogo entre Simão Pedro e outros apóstolos, manifestando a necessidade do regresso a Cafarnaum para a continuidade de suas vidas. Viram os dias que se seguiram e viram novamente o mergulhar das redes no mar da Galileia.

Voltaram a ouvir as cantigas dos pescadores, que mais parecia um lamento, eis que a cada momento viviam as recordações vivas da presença do Messias Amado, as conversas noturnas, os planos com relação ao futuro. Ouviram as falas de que o Mestre voltaria. Depois, a cena mostrou a pequena casa e presença do Mestre entre os irmãos queridos; a chegada de Tomé e seu toque nas feridas dos pulsos do Cristo. Mais além, as cenas daquele dia de sol radiante e a reunião com os setenta que deveriam cuidar dos núcleos cristãos e espalhar a Sua Mensagem. Depois, viram as imagens da convivência com Ele, por mais 40 dias e ouviram novamente os divinos conselhos.

A cena modificou-se e viram outra bela tarde no monte Galileu, em que o céu manifestava um azul profundo e os apóstolos em preces faziam comentários sobre as profecias do Messias.

O grupo de pessoas naquele lugar somente fazia aumentar com a chegada de novos seguidores do Cristo, embevecidos e ansiosos pelo encontro grandioso. Havia no ar uma melodia que cantava e encantava a vida! Os ventos que vinham do deserto recendiam, em lufadas, um suave perfume de nardo, e uma tranquilidade imensa envolvia tudo.

Foi nesse instante inenarrável que todos puderam ver o Amado Messias, que assomou no cume do pequeno monte. Viram seu sorriso meigo, como no tempo glorioso de suas primeiras pregações. De todo o contorno de seu corpo irradiava uma luz prateada, tão intensa que todos dobraram os joelhos e caíram por terra. *In continenti*, choravam de alegria e júbilo. Das mãos do Mestre, ao levantá-las na direção dos discípulos, expandiam-se raios prateados que penetravam os corpos daquelas 500 pessoas que ali se achavam. Uma intensa vibração de euforia penetrava todas as almas. Genuflexos, puderam ouvir claramente a exortação amorosa que, aliás, no acompanhamento da cena, ressoou inexplicavelmente de maneira acentuada no recinto:

— *Amados! Eis que retorno à Casa de meu Pai e vosso Pai; regresso à luz do seu Reino de Amor. Envio minhas ovelhas em meio de lobos vorazes e vos recomendo que lhes sigais os passos nesse difícil caminho. A vós confio a tarefa sublime da redenção das almas que o Pai me pediu que trouxesse à Terra.*

Vós sereis também os novos semeadores do bem perene. Instituo-vos, com os que comigo conviveram, como os primeiros trabalhadores, herdeiros dos bens dos Céus.

Não vos iludais, eis que, para entrardes na posse do tesouro celestial, muita vez experimentareis o fel da injustiça por companhia e sereis submetidos às sanções de leis distanciadas do bem comum.

O mundo inteiro se levantará contra vós, em obediência aos que ainda teimam em não ouvir nem conhecer as palavras de Vida em Abundância enviadas por Nosso Pai que está nos Céus.

Sereis escarnecidos e desamparados pelos homens. A dor visitará vossas esperanças mais caras; sereis esquecidos, na Terra; sofrereis perseguições e sacrifícios; o mundo vos cobrirá de golpes terríveis e destruidores; tereis o coração coberto de ultrajes e o corpo de cicatrizes, mas vossa perseverança será vossa redenção.

Vossa voz soará no deserto das almas. Perseverai sempre, quando todos os horizontes estiverem abafados pelas sombras da crueldade. Dar-vos--ei da minha paz, que representa a água viva do meu Evangelho, e mesmo na morte do corpo, consequência natural, estareis unidos pela Alma, no Reino de nosso Pai Celestial.

O mundo vos cobrirá de golpes terríveis, mas de vossos esforços pelo bem e por Minha Mensagem, retirarei o trigo luminoso para os celeiros da graça, destinados ao sustento dos mais infelizes, até que o Reino de Yahweh se estabeleça em toda a Terra.

Não sereis reconhecidos pelo mundo, e muita vez andareis sós. Eu, no entanto, encherei a vossa solidão com minha presença incessante.

Quando eventualmente tombardes, sob as arremetidas dos homens infelizes, Eu vos levantarei, no silêncio dos caminhos, e derramarei sobre vós o unguento que balsamiza as feridas da alma.

Nada temais! Sede fiéis a mim, como sou fiel a vós. Vivei e pregai a mensagem de libertação, para a glória de Yahweh, pois dia virá que as bases do Seu Reino de concórdia e justiça se estabelecerão em toda a Terra.

Na qualidade de meus bem-amados, descei aos abismos mais tenebrosos, convertendo, com as luzes do meu Evangelho e dedicação dos vossos amores, as almas empedernidas, as abandonadas e as desprotegidas.

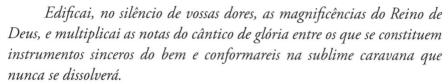

Edificai, no silêncio de vossas dores, as magnificências do Reino de Deus, e multiplicai as notas do cântico de glória entre os que se constituem instrumentos sinceros do bem e conformareis na sublime caravana que nunca se dissolverá.
Rogo-vos a ternura de nosso Pai.
Estarei sempre com todos, até o fim dos tempos!

As primeiras vagas da noite se apresentavam e conduziam com elas as estrelas que brilhavam no firmamento, como flores radiosas do Paraíso Celeste.

No monte Galileu, cinco centenas de corações ainda palpitavam. Arrebatados de júbilo e embriagados de amor por Yeshua, choravam de alegria, como que voejando ao espaço nas asas da felicidade, quais pássaros que em voos suaves deslizavam suavemente pelas ondas brandas do mar da esperança.

Ele finalmente ascendera à Casa do Pai Celestial, deixando a Mensagem orientadora e estimuladora plantada no coração dos que foram chamados para a alegria de servir.

Depois, as cenas enfocaram a Casa do Caminho, em Jerusalém; a dedicação dos apóstolos; as falas eloquentes de Estêvão; as perseguições e a conversão de Saul de Tarshishi; várias cenas de viagens do cireneu de Tarso; a fundação dos núcleos cristãos; a pequena casa na Colina do Rouxinol, em Éfeso; a solicitude de Maria de Nazareth, a Mãe das Mães, orientando os amigos de Yeshua que vinham à sua procura; a presença de Miriam de Migdal junto a ela, e após, as cenas do retorno de Maria de Nazareth, nos braços de seu amado filho Yeshua ben Josepho.

A seguir, a cena mostrou a reunião feita por Inácio de Antioquia, em Antioquia da Síria, com todos os representantes dos núcleos cristãos, suas pregações e viagens; a tarefa de Policarpo de Esmirna, as viagens a Roma, os diálogos pelo caminho; o martírio de inúmeros cristãos, que foram sacrificados nos circos romanos dos horrores e a plenos pulmões cantavam hosanas ao Cristo Yeshua.

As cenas se sucediam rapidamente. Vários episódios de imperadores romanos; as reuniões importantes na Cidade da Fé; os encontros e reuniões de leais servidores do Cristo.

Em meio às cenas que se desenvolviam, foram mostradas as perseguições impostas pelos judeus e romanos, o martírio físico de muitos dos quais, inclusive, ali se achavam no ambiente.

Ao final, a cena congelou com um diálogo entre Irineu de Lyon e seu diákono auxiliar Ápio, que se pôde ouvir plenamente, no ambiente:

— *Amigo Ápio, recebi a Mensagem de Yeshua de Nazareth, tal como me transferiu o estimado amigo Policarpo de Esmirna, e para honrá-la, confesso-te que não devemos, de modo algum, desprezar o valor da tradição dos primeiros cristãos, desde os apóstolos escolhidos pelo Mestre, dos Setenta e dos Quinhentos da Galileia, como também, passando pela maravilhosa tarefa de Saul de Tarshishi, pelo estoicismo e grandeza do enorme esforço praticado por Inácio de Antioquia e pela prudência e firmeza do meu amigo Policarpo. Todos eles são possuidores de uma fé inquebrantável em Yahweh e em Yeshua, sentimento que foi e continua sendo a regra de conduta de suas vidas, com certeza ainda mais na Pátria Verdadeira. Quando lembro deles, lembro do salmo vinte e seis da Lei Antiga, na qual o Rei de Israel, Davi, disse: "A quem posso eu temer, sendo o Senhor minha luz e minha salvação?".*

Com a mais absoluta certeza, amigo Ápio, a fé não deve jamais ser objeto de comércio ou de troca, e sim ser a força abstrata que se torna concreta no coração do cristão, a lhe incutir vigor espiritual permanente, esperança, otimismo e paz.

Não podemos perder de vista que há a necessidade de se ensinar que nos núcleos cristãos deve estar em primeiro lugar a presença da verdadeira Doutrina do Mestre, eis que, desse modo, também assim nela estará o Espírito de Yahweh.

As cenas foram congeladas retratando esse diálogo para a plateia. Os envolvidos nas cenas, que ali se achavam, tinham lágrimas nos olhos e sentiam no fundo de suas almas que haviam valido a pena, e muito, todos os sacrifícios feitos por amor a Yeshua e sua maravilhosa doutrina. Um sentimento de completude invadia suas almas e uma vibração de uníssona expectativa preenchia o auditório.

As luzes e as cenas da enorme tela foram desligadas e a luz ambiente de raríssima beleza tornou-se mais clara. Todos sentiam um clima de inolvidável alegria e paz. Após mais alguns instantes, o governador Acádio levantou-se e novamente falou aos presentes:

— *Amados irmão! nossas almas estão sob o enlevo do Amor de Yeshua. Tivemos mais uma demonstração de quão belo é servi-lo e ao nosso Pai Celestial Yahweh. É certo que pela dimensão da Grandeza do Criador, Ele teria plena condição de criar tudo perfeito, sem necessidades evolutivas, mas, convenhamos, seria uma criação onde não haveria vontades ou desejos e não teríamos condições de aferir o valor e o mérito das coisas e a própria capacidade de conduzirmos nossas vidas para o bem comum.*

A Inteligência do Supremo Senhor de nossas vidas houve por bem crear-nos, liberando nossas almas para a grande viagem progressiva na conquista do conhecimento de todas as coisas, a fim de um dia atingirmos os patamares que nos aproximarão d'Ele. Para esse fim, não devemos nunca esquecer o que Yeshua disse: "O Reino de Yahweh está dentro de vós".

É, pois, na busca desse reino que todos estabelecemos nossas carreiras de lutas, de aprendizados, de conquistas que nos promovem à condição de leais servidores do Pai Celestial.

Desse modo, penso que o segredo da vida está em nos reconhecermos como filhos de Yahweh, contudo, ainda na condição de filhos pródigos que receberam seu quinhão, porém não souberam multiplicá-lo. Entretanto, mesmo assim, o Senhor se alegrou com nosso retorno, e hoje nos remunera com as moedas do Seu amor incondicional.

Depois do que todos assistimos e ouvimos, embora os ingentes esforços dos irmãos, o progresso do Cristianismo na Terra tem sido pequeno, o que nos oferta a necessidade de mais trabalho, maior vigor, maior disposição para a luta, porque a grande maioria das almas, na Terra e no Mundo espiritual próximo à mesma, ainda não conhece o Mestre e Sua Mensagem.

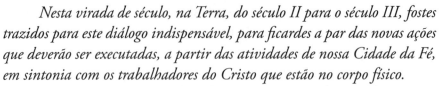

Nesta virada de século, na Terra, do século II para o século III, fostes trazidos para este diálogo indispensável, para ficardes a par das novas ações que deverão ser executadas, a partir das atividades de nossa Cidade da Fé, em sintonia com os trabalhadores do Cristo que estão no corpo físico.

Diante disto, em nome de Yeshua, estou autorizado a vos dizer que as tarefas que doravante serão desenvolvidas e precisam ser levadas a efeito nos núcleos cristãos, com o objetivo de fortalecer a divulgação e disseminação do Evangelho do Nosso Messias, foram estabelecidas pelo Mestre, em três novas frentes de trabalho.

A primeira frente se constitui na inspiração e auxílio constante aos líderes do Cristianismo que estão na vilegiatura do corpo, para que possam melhor organizar a estrutura e funcionamento dos núcleos cristãos hoje existentes, sem se apartarem dos verdadeiros ensinamentos de Yeshua, com o objetivo de orientações e conselhos dos mais sábios e também pela via de um maior intercâmbio entre os trabalhadores dos planos físico e celestiais superiores, por cuja via serão enviados os alertas necessários ao combate contra a ação daqueles que se imiscuem nos núcleos cristãos criando interpretações próprias e/ou interesseiras, que têm destoado do vero ensinamento, e igualmente contra a maléfica ação dos Espíritos que circulam pelas vias das moradas dos infelizes, descrentes e agrupados em furnas de revolta e contrariedades, que se transformaram em inimigos do Cristo e da fé em Yahweh, para o que estabeleceram planos de indução mental negativa constantes aos governantes da Terra e igualmente a frequentadores e trabalhadores dos núcleos cristãos, buscando encontrar uma brecha mental pela qual possam incuti-los à intriga, à divisão, ao açulamento da vaidade, do orgulho e do egoísmo, visando com isso enfraquecer os núcleos cristãos e fazer desaparecer a Sublime Mensagem da Galileia da face da Terra.

Nessa primeira ação, caríssimos e queridos irmãos e irmãs, está configurada a necessidade de um extraordinário esforço por parte de todos nós, além do que já tem sido objeto de aplicação desde o retorno do Mestre às Moradas Celestes, para o permanente combate às inteligências que espalharam e continuam espalhando maldosamente ideias no sentido de que

as palavras e ações de Yeshua consistem de evocações ao descumprimento sistemático das Leis de Israel e do próprio Yahweh, desde a mais remota antiguidade.

Além disto tudo, buscam incessantemente impregnar nas mentes humanas, o desejo egoístico do poder pelo poder, dos sentimentos de vaidade e do desejo de cumulação de riquezas materiais, para satisfação dos prazeres mais imediatos, sem preocupar-se com o futuro e com o depois da morte dos sentidos físicos.

Desse modo, também por estas ações desequilibradas, a herança do mundo antigo, com poucas exceções, não conseguiu recepcionar a Mensagem Iluminada e o Sublime Recado do Pai Celestial a esses seus filhos rebeldes, que sequer cogitaram ou cogitam de analisar com cuidado e equidade, não somente a figura, mas a Mensagem do Mestre e, mais ainda, aqueles que puderam presencialmente ouvir seus ensinamentos, na realidade, na sua quase totalidade, não escutaram, não somente porque não tinham ouvidos de ouvir, mas principalmente porque, ouvindo se negaram a reconhecer que suas palavras são de origem divina.

Estes são aqueles que, dado o tempo, já retornaram às moradas, no caso infelizes, e acumpliciados com os que vivem no corpo físico, inspiram mentes em desalinho a irem frontalmente contra os Sublimes Ensinamentos de Yeshua, muitos dos quais, infelizmente, chegam a perfilar nos núcleos cristãos com o objetivo de, encontrando eco nas mentes desavisadas que buscam a Mensagem, mas que, sem forças de resistência moral, acabaram e acabam por sucumbir, abandonando a Boa-nova e o Amigo Divino.

É claro que o Messias poderia ter reagido ao arbítrio ocorrido em face de sua crucificação, entretanto, em benefício das criaturas humanas, houve por bem transferir às mesmas as valiosas lições da renúncia, da tolerância, da compreensão e, em ato final, do perdão. Inegavelmente, sua morte significou a redenção da própria Humanidade ainda combalida na insanidade e defeitos já citados.

Temos acompanhado, aqui da Cidade da Fé, pelos registros que possuímos, que os povos, na sua infância espiritual, na Terra, acabaram por manifestar sua incapacidade de entendimento e compreensão do Criador, e as criaturas, como bárbaros também do espírito, espalharam terror e morte, como as hostes de Gengis Khan, de Qin Shi Huang, de Herodes, o Grande, de Iságoras, de Átila, de Nero, de Calígula e de Basílio II. Esses foram guerreiros do corpo, líderes sanguinários e arbitrários que não conseguiram fazer de suas gentes pessoas melhores e cumularam imensos débitos diante da Lei Divina, e, não satisfeitos, porque a morte física não muda as criaturas como se fosse a noite mudando para o dia, organizaram-se nas moradas inferiores, em hordas insanas, e pretendem continuar as lutas do poder egoístico, do orgulho, da vaidade, da ambição e da soberba.

Esses grupamentos se transformaram em redutos de semeadura da maldade, e pior, erigiram-se em inimigos figadais do próprio Criador, voltando-se contra Ele e igualmente contra o Filho e Enviado Yeshua de Nazareth, a ponto de se acharem mais poderosos do que o Mestre Galileu, estabelecendo permanente confronto com o Cristo, muitas vezes se julgando vitoriosos, porque suas sugestões encontram eco nas imperfeições humanas e em razão disto se arvoram como donos da Terra, abominando a Mensagem do Enviado do Senhor.

Como o maior argumento da Mensagem Cristã se estriba no exemplo do amor fraterno do Messias e nas Leis do Criador, e por perceberem que esses ensinamentos não somente ficaram profundamente fixados na Terra, mas que a cada passo se tornam inamovíveis, estabeleceram novos planos e metas, visando banir da Terra o Cristianismo, nestes tempos de seu início, para o que têm aplicado e aplicarão os maiores esforços possíveis objetivando que haja, o quanto mais, o adensamento de um véu que seja definitivo, por sobre a Mensagem pura, simples e alcandorada, declamada e cantada nos caminhos da Palestina.

Nesse esforço malévolo, as perseguições aos seguidores de Yeshua, que não sofreram trégua desde a volta do Cordeiro Divino à Casa de Nosso Pai, segundo os planos que essas almas infelizes têm estabelecido, deverá se acentuar mais ainda.

A esse propósito, deveis sempre buscar, pela oração, estar em constante comunicação com Yahweh e com o Mestre Sublime, envidando, juntos,

os maiores esforços possíveis, para impedir que os inimigos do Cristo estendam este véu do esquecimento nas consciências humanas.

Por essa razão, os planos de trabalho que ora discutimos devem ser incorporados por todos os servidores do Mestre, incentivados à vigilância permanente de pensamentos e ações e à constante prática da oração, para que, mesmo sob o peso de opressões e lutas ingentes, estejam firmes no contínuo trabalho de pregação do Evangelho do Cristo, para que ele seja a fonte onde as criaturas sofridas venham se dessedentar.

A segunda ação, amados irmãos, traduz-se numa necessária, urgente e premente revisão que os trabalhadores dos núcleos cristãos na Terra terão que fazer, sobre o que tem sido ensinado nos núcleos, para se aferir se está de fato de acordo com o que o Mestre realmente ensinou, verificando se houve alterações indevidas, adulterações, modificações indesejadas, pois não é desconhecido que desde a partida do Mestre de retorno às Moradas Celestes, têm surgido, no meio cristão, doutrinas estranhas e doutrinadores interessados na promoção pessoal, tão somente, criaturas essas que já foram combatidas desde os primórdios do Cristianismo na Terra, pelo extraordinário defensor e trabalhador do Cristo, nosso amado irmão Paulo de Tarso, aqui presente, e não somente o amigo do Cristo citado, mas servidores leais, como nossos irmãos Inácio de Antioquia, Policarpo, Timóteo, João, Pedro, Bartolomeu, Irineu, Tito, Barnabé, Silas, Lucas, Mateus e tantos outros, cujas presenças abrilhantam nossa reunião, sem esquecermos que neste momento há servidores leias ao Cristo que ora estão alistados nas fileiras do corpo e sobre os quais os instrumentos divinos se fazem presentes nestes dias de lutas.

A terceira ação, irmãos, relaciona-se com a necessidade da mais clara e melhor divulgação do Cristianismo dentro do coração do Império Romano, ainda poderoso, e dada ainda sua extensão, será preciso afundar em todo ele a âncora cristã, a fim de que o Cristianismo encontre na nação o escudo de resistência para não sucumbir, e embora isto possa parecer um estranho paradoxo, na realidade demonstra o projeto infalível do Cristo em fazer tremular no Panteão e na bandeira de Roma, logo mais, o símbolo da Cruz.

Alcançar este objetivo não será fácil, porque o Cristo revela que o Espírito assolador, ou o perseguidor-mor já está na Terra e fará manchar ainda mais as arenas dos circos romanos com o sangue dos justos, pois, como já dito, há almas em equívoco que, aborrecidas com a não suficiente eliminação dos corpos físicos dos cristãos, infelicitam-se cada vez mais e aumentam suas contrariedades, ao constatarem que o Yeshua Vivo, amoroso e pacificador ressurgiu do calvário ainda mais forte e sempre atuante.

Para essa ação terceira, os planos de trabalho têm sido traçados em nossa Cidade da Fé, em parceria com a cidade espiritual de Nova Roma, cuja fundação foi determinada pelo Cristo, a qual tem recebido significativo contingente de Espíritos dos romanos que foram probos e justos na Terra, e que lá recebem valorosas lições do Cristo, objetivando o retorno à Terra para que, no devido tempo, passem a defender, em Roma, o Messias Amado.

Além disto, há também um trabalho de intercâmbio que tem sido feito com governantes de Roma, nas províncias do império, que se constitui na indução mental permanente a cônsules, procônsules e generais romanos, oficiais menores e soldados, despertando neles o interesse de conhecer a Mensagem Maravilhosa do Cristo.

Essas, amados irmãos, são as três principais ações que já estão desencadeadas, e cabe a nós e a vós trabalharmos nelas com o afinco e a firmeza necessários.

Ainda uma vez mais vos alertamos para não esperardes facilidades. Não deveis entristecer-vos quando nas lutas virdes os vaidosos sendo honrados e exaltados, ao passo que vós sereis desprezados ou humilhados. Nesses momentos, erguei vossas súplicas a Yeshua e a Yahweh e encontrareis refúgio. Com certeza, não vos entristecerá o desprezo humano na Terra.

Enquanto dispostos à luta pelo Cristo, nada representará serdes abandonados pelas criaturas vis e interesseiras. Nada abalará vossa paz interior, se nesse interior a porta estiver aberta ao Messias, por isso, recorrei sempre à oração, à verdade viva permanente, e não vos entristecereis em razão da dor e do sofrimento. Compreendei que se assim ocorrer, isto será necessário ao buril de vosso Espírito, pois é mesmo em missão de servir que o servidor fiel será reconhecido.

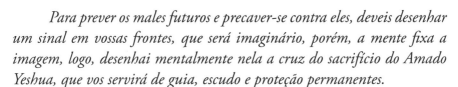

Para prever os males futuros e precaver-se contra eles, deveis desenhar um sinal em vossas frontes, que será imaginário, porém, a mente fixa a imagem, logo, desenhai mentalmente nela a cruz do sacrifício do Amado Yeshua, que vos servirá de guia, escudo e proteção permanentes.

Trabalha, escreve, lê, canta, geme, chora, cala, ora e sofre varonilmente toda adversidade, eis que nossa vida imortal é digna dessas e de outras pelejas. Com certeza virá a paz definitiva, num dia que só o Senhor sabe, e não haverá mais nem dia nem noite, mas a luz perpétua, a claridade infinita, a paz firme e o seguro repouso nas lides, porque a morte será destruída, e livres, podereis gozar da deliciosa alegria de sempre servir ao Cristo e ao Pai, em clima de suprema felicidade!

O governador silenciou. A sutil vibração de amor era como que uma nuvem que se espalhava em todo o auditório e tocava a todos. As luzes cambiantes e belas se acentuaram e a música de fundo, que parecia sair de inúmeros alaúdes, ao ser ouvida pelos presentes lhes infundia vigor, euforia e encanto.

Convidado pelo governador a orar por todos, no encerramento da importante reunião, Paulo de Tarso, surpreendendo os presentes, repetiu sublime oração que tinha feito aos Coríntios, quando de sua última estada na Terra:

Senhor e Mestre Yeshua,

Ainda que eu falasse as línguas dos homens e dos anjos, e não tivesse amor, seria como o metal que soa ou como o címbalo que retine! E ainda que eu tivesse o dom de profecia e conhecesse todos os mistérios e toda a Ciência, e ainda que tivesse toda fé, de maneira tal que transportasse os montes, e não tivesse amor, nada seria!

Ainda que eu distribuísse todos os meus bens para sustento dos pobres e ainda que entregasse meu corpo para ser queimado e não tivesse amor, nada disso me aproveitaria!

O amor é sofredor, é benigno; o amor não é invejoso; o amor não se vangloria, não se ensoberbece, não se porta inconvenientemente, não busca os seus próprios interesses, não se irrita, não suspeita mal; não se regozija com a injustiça, mas se regozija com a verdade; tudo sofre, tudo crê, tudo espera, tudo suporta!

O amor jamais acaba, mas havendo profecias, serão aniquiladas; havendo línguas, cessarão; havendo ciência, desaparecerá; porque em parte conhecemos e em parte profetizamos, mas quando vier o que é perfeito, então o que é em parte será aniquilado!

Quando eu era menino, pensava como menino, mas logo que cheguei a ser homem, acabei com as coisas de menino, porque agora vemos como espelho, em enigma, mas então veremos face a face; agora conheço em parte, mas então conhecerei plenamente, como também sou plenamente conhecido! Agora, pois, permanecem a fé, a esperança, o amor, estes três; mas o maior destes é o amor. O amor jamais passará!

A seguir, o governador deu a reunião por encerrada. Todos passaram a se abraçar e trocar confidências e lembranças, e logo mais, os que estavam nas fronteiras do corpo físico foram encaminhados de retorno a suas lutas cotidianas.

CAPÍTULO XVII

REUNIÕES INSTRUTIVAS NO NÚCLEO CRISTÃO DE ALEXANDRIA – A MARAVILHOSA NARRATIVA DE MIRIAM DE MIGDAL – REVELAÇÕES ESPIRITUAIS CONCERNENTES AO SEPULTAMENTO DO CORPO FÍSICO DE YESHUA DE NAZARETH – A CONVERSÃO DA BAILARINA DA PÁRTIA AO CRISTIANISMO

As tarefas no núcleo cristão de Alexandria cada vez mais aumentavam em intensidade. O epískopo Demétrio dirigia o núcleo com mão firme e muito embora sua aparência física se apresentasse como severa, na realidade, as pessoas que tinham a oportunidade de conhecê-lo mais de perto podiam constatar que ele era portador de um coração amoroso e carregado de ternura. Não admitia tergiversações e muito menos erros sobre as interpretações dos Evangelhos ou que de alguma forma destoassem da verdade. Exaltava sempre o lídimo e verdadeiro ensinamento do *Maravilhoso Homem da Galileia*. Era assim que ele gostava de se referir a Yeshua.

Demétrio tivera uma infância dura. Filho de pai grego e mãe romana, desde muito cedo seu pai teve insucesso no pequeno negócio de cereais que explorava, tendo sido obrigado a trabalhar como empregado em um armazém de alimentos, no porto de Alexandria, de modo que aquilo que ganhava mal dava para o sustento da família. Desde muito cedo ele viu-se obrigado a trabalhar para auxiliar no sustento da casa onde vivia com sua mãe, pai e quatro irmãos.

Quando completou 16 anos, exatamente no dia de seu aniversário foi que entrou pela vez primeira no núcleo cristão de Alexandria, que na época era dirigido pelo epískopo Tales. Foi muito bem recebido, como se já fosse um frequentador antigo. Isto o marcou profundamente. Ante sua imensa dedicação na frequência e aprendizado relativamente à Mensagem de Yeshua, em pouco tempo foi ordenado diákono.

Dividia as atividades com o emprego que possuía, pois precisava continuar ajudando a mãe e os irmãos, porquanto seu pai houvera falecido quando ele tinha 15 anos, em um acidente no armazém de alimentos onde trabalhava. Dois anos depois, sua mãe faleceu de uma doença estranha que lhe causava hemoptises repetidas. Seus quatro irmãos, todos homens, buscaram lutar pela própria independência. Dois eram mais velhos e dois mais novos. Todos tinham cidadania italiana. Os dois mais velhos se alistaram no exército de Roma, um na condição de legionário, Hector, e o outro, Damon, já houvera sido promovido a decurião. Os mais novos, Júlio e Alexis, trabalhavam na condição de marinheiros, nas galés.

Todos seus irmãos cultuavam as divindades da Grécia, sendo que Demétrio foi o único que se tornou cristão. Após a morte de sua mãe, passou a dedicar-se inteiramente ao núcleo. Depois de algum tempo, como vivia só, foi convidado pelo epískopo Tales a residir nas dependências do núcleo.

Antes de frequentar o núcleo cristão, Demétrio já acreditava no íntimo que a morte não era o fim de tudo, e com os estudos sobre a Boa-nova, passou a acreditar na ressurreição, embora admitisse que seus pais ressurgiriam em suas almas e não no corpo físico.

Passados 14 anos desde que chegara ao núcleo cristão, com o falecimento de seu mestre Tales, por consenso de todos os membros, assumiu a condição de epískopo. Agora, contando com quase 40 anos, era muito respeitado pela comunidade cristã de todos os núcleos do

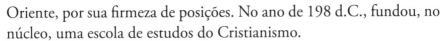

Oriente, por sua firmeza de posições. No ano de 198 d.C., fundou, no núcleo, uma escola de estudos do Cristianismo.

Demétrio tinha particular predileção pelos ensinamentos do filósofo Sócrates. Embora não possuísse talento para interpretar os ensinamentos de Yeshua em público, possuía o admirável talento de falar línguas estranhas. Ali no núcleo cristão de Alexandria, no dia da semana que antecedia ao *shabat* dos judeus, ele reunia os seus diákonos e com eles ficava, como ele se referia, à disposição dos discípulos de Yeshua que viviam nas Moradas Celestes, para deles receber orientações ou mesmo advertências encaminhadas aos trabalhadores do núcleo.

Reunidos, certa noite, houve a leitura de trecho dos escritos do Apóstolo Lucas, que assim foi traduzido:

> Depois disto, o Senhor designou outros setenta e os enviou, de dois em dois, para que o precedessem em cada cidade e lugar onde Ele estava para ir.
>
> E lhes fez a seguinte advertência: A seara é grande, mas os trabalhadores são poucos. Rogai, pois, ao Senhor da Seara que mande trabalhadores para a sua vinha. Ide! Eis que eu vos envio como cordeiros para o meio de lobos. Não leveis bolsa, nem alforje, nem sandálias e a ninguém saudeis pelo caminho.
>
> Ao entrardes numa casa, dizei antes de tudo: Paz seja nesta casa! Se houver ali um filho da paz, repousará sobre ele a vossa paz; se não houver, ela voltará sobre vós. Permanecei na mesma casa, comendo e bebendo do que eles tiverem, porque digno é o trabalhador do seu salário. Não andeis a mudar de casa em casa.
>
> Quando entrardes em uma cidade e ali vos receberem, comei do que vos for oferecido. Curai os enfermos que nela houver e anunciai-lhes: A vós outros está próximo o reino de Yahweh.
>
> Quando, porém, entrardes numa cidade e não vos receberem, saí pelas ruas e clamai: Até o pó da vossa cidade que se nos pegou aos pés, sacudimos contra vós outros. Não obstante, sabeis que está próximo o reino de Yahweh. Digo-vos que naquele dia, haverá me-

nos rigor para Sodoma do que para aquela cidade (Lucas, 10:1 a 12).

Após a leitura, feita em clima de silêncio, com todos sentados em bancos com encosto, em uma mesa redonda, à luz de lamparina a pavio com óleo de oliveira, Demétrio pediu que o diákono Clemente orasse por todos. Este iniciou a orar:

Recebei, oh! sublime Yeshua, nossos votos e desejos de vos louvar infinitamente e imensamente vos bendizer, como requer a vossa Infalível Grandeza. Reunidos nesta casa, que é um pouso de paz e alento, sob vossos ensinamentos, louvamos-vos e agradecemos por vosso coração amoroso e justo e ousamos pedir-vos que nos orienteis os passos hoje e sempre e nos envolvais em vossa paz. Assim seja!

Após breve silêncio, Demétrio, modificando as expressões faciais e com os olhos fechados, iniciou a falar, com acentuada modificação na voz:

— *Amados filhos de Yahweh!*

Na Terra, muito embora seja oficina santa de aprendizado, ainda a alma tem se transviado quando trata mais de servir aos sentidos do corpo físico, e desse modo ela se desvia do verdadeiro sentido da vida, que é o de aprender a servir e amar pelo Espírito. Entretanto, quando já consegue olhar para o interior de sua própria essência, pode perceber o traço de divindade de que é portadora, e que é um Espírito imortal, despertando em si a chama da sabedoria.

Deveis atentar para a verdade que enquanto nossa alma estiver mergulhada na corrupção dos sentidos e se encher de desejos malsãos, apetites desregrados, tolices e quimeras, impossível se torna comungar diretamente com Yeshua. Contudo, lutando para ser liberta das atitudes insanas e mundanas, conhecerá melhor a essência das coisas que a cercam e poderá então caminhar segura na direção do Reino de Yahweh.

Com essa finalidade, amados irmãos, precisamos fazer o bem sempre e amar todas as criaturas, pois, se teimamos em buscar somente a satisfação de nossas vontades, sem distinguir as necessidades dos outros,

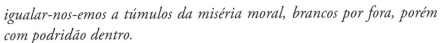

igualar-nos-emos a túmulos da miséria moral, brancos por fora, porém com podridão dentro.

Não devemos, em hipótese alguma, retribuir a injustiça com outra injustiça, nem fazer mal a quem quer que seja, mesmo que nos tenha causado danos e decepções dolorosas. Poucos, entretanto, são os que admitem esta visão como princípio de vida, sendo que aquelas criaturas que assim não entenderem, nada mais farão do que votarem entre si mútuo desprezo, semeando dores e sofrimento.

É, pois, pelos frutos que se conhece a árvore, de vez que toda ação será qualificada pelo que produz. É certo que somente podemos qualificá-la de boa quando nossa atitude dê origem ao bem. Desse modo, viver conforme nos orientou o Cordeiro Divino é o imperativo para que possamos ser virtuosos na Terra e, por conseguinte, nas moradas da Casa do Pai Celestial. Desejando-lhes paz e alegrias com o Cristo Yeshua, abraça-vos, um amigo de todos.

Breve silêncio se fez, em que lentamente Demétrio foi abrindo os olhos. Todos os diákonos estavam em clima de paz e tranquilidade.

A seguir, passaram a comentar com Demétrio o acontecido e o teor da mensagem ditada por seu intermédio. Ao final, o epískopo disse ao diákono Clemente:

— Meu amigo Clemente, de fato, é inegável que todo o ensinamento do Mestre Yeshua veio, a meu ver, para modificar a paisagem da Terra, e com esse objetivo, ela é dirigida a todos. Infelizmente, e isto é uma triste verdade, ainda são poucos os que percebem que a prática dos seus ensinamentos é o meio mais seguro para que se libertem de seus vícios e paixões desregradas. É preciso não somente perseverar nos seus ensinamentos, mas principalmente agir, transformando nossas vidas numa prática constante e permanente do bem comum, único caminho para chegar a Yeshua, e, por seu intermédio, a Yahweh.

Após sentida prece feita pelo diákono Onélio e depois de sorverem delicioso chá de amora, retiraram-se para seus aposentos, a fim do repouso necessário.

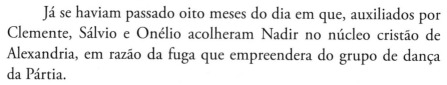

Já se haviam passado oito meses do dia em que, auxiliados por Clemente, Sálvio e Onélio acolheram Nadir no núcleo cristão de Alexandria, em razão da fuga que empreendera do grupo de dança da Pártia.

Ela era extremamente agradecida aos três diákonos, que se transformaram em seus melhores amigos, assim como era agradecida ao epískopo Demétrio e à irmã Deodora. Esta se transformara numa espécie de segunda mãe para ela.

Embora os temores de ser descoberta no núcleo cristão, nesse tempo, nada de grave ou anormal aconteceu nesse sentido. De fato, as buscas por ela, através do grupo de dança, estenderam-se de forma infrutífera, a ponto de o chefe do grupo de dança conjecturar que ela tinha se evadido da cidade, e como não tinha recursos, deveria ter se embrenhado pela estrada e com certeza já deveria ter morrido, ou pelas mãos de salteadores ou nas garras de algum animal feroz.

A realidade é que todos no núcleo haviam tomado as cautelas necessárias. Fizeram com que ela cortasse o cabelo, usasse sempre um lenço a prendê-los na testa e alteraram o seu nome, passando a chamá-la de Camilla.

A jovem, agora atendendo por outro nome, tornara-se uma excelente auxiliar de Deodora, na limpeza, arrumação e conservação do núcleo cristão, não se furtando de assistir a todas as atividades evangélicas, principalmente à noite, quando ainda mais se disfarçava, colocando um véu sobre a cabeça, caindo aos lados do rosto.

Teve sua curiosidade e atenção despertadas para as pregações feitas no núcleo, sobre a grandeza da Mensagem de Yeshua, sua iluminação, sua tarefa e até mesmo sua prisão e morte. Adorava quando liam seus ensinamentos e os comentários feitos pelo diákono Clemente.

Certa feita, foi convidada pelo epískopo para participar de uma reunião interna do núcleo, que tradicionalmente era fechada e da qual participavam Demétrio e os diákonos, além de Deodora, tão somente. Era uma reunião reservada na qual lhe foi permitido participar pela primeira vez. A reunião foi aberta com uma sentida prece feita por Demétrio:

— *Mestre Amado Yeshua de Nazareth, aqui estamos, nesta noite, ao acalanto das vibrações de vosso amor e extremada bondade, para servirmos de intérpretes das vossas orientações, se julgardes possível. Auxiliai a todos nós, os que ainda estamos na marcha do aprendizado, a fim de que tenhamos forças e condições para libertar nossas almas de equívocos e mazelas inúteis. Seja a vossa vontade percebida por todos nós, através da presença benfazeja de vossos enviados. Rogamos vossas bênçãos, uma vez mais. Assim seja!*

A seguir, pediu que todos os presentes ficassem em silêncio, concentrados em oração e com os olhos semicerrados. Alguns instantes após, desta feita, o diákono Clemente, com sintomática alteração de voz, a assemelhar-se com a voz de uma mulher, extremamente agradável e suave, começou a falar:

Meus irmãos em Cristo Yeshua, saúdo-vos em nome d'Ele, que é a Verdade e a Vida e em nome de nosso Pai Celestial Yahweh, desejando a todos, paz.

Aqui estou, neste núcleo de amor e aprendizado, por concessão divina, e gostaria, nesta ocasião, o que me foi permitido, de vos relatar alguns fatos que envolveram a morte e ressurreição de nosso Alcandorado Mestre.

Aquele foi, reconhecidamente, o dia mais doloroso de minha vida. A angústia de estar junto à sublime Mãe Maria de Nazareth, quase aos pés da cruz do sacrifício maior que um homem poderia fazer pela Humanidade inteira, traduzia uma espécie de dor que me invadia por inteiro o corpo e a alma, de uma intensidade inenarrável.

Ali, a uma pequena distância, já quase sem ter lágrimas mais para chorar, eu olhava fixamente para o amado Mestre, dependurado no madeiro infame, o corpo ensanguentado. Ao olhar novamente para os seus braços, punhos e pés pregados, por cujas perfurações ainda escorriam filetes de sangue já um tanto enegrecido, refleti por alguns instantes num pensamento que me adveio repentinamente e disse para comigo mesma: não, não haverá mais futuro sadio nesta Terra de desterro. Ninguém virá ou será igual a Ele. Com certeza a dor campeará por toda parte.

Olhei novamente para a sua face, que vertia o sangue dos espinhos da ignomínia e maldade humanas e disse em voz alta:

— Oh! Amado Raboni! tende piedade de todos os homens; intercedei junto a Yahweh por todos nós; perdoai-nos a imensa ignorância de nossas almas!

Nas lágrimas que me haviam voltado com a volúpia amarga do adeus, lembrava de fatos passados, dos ensinamentos, das curas, das demonstrações de afeto e carinho que Ele tinha para com todos. De repente, não pude olvidar um fato marcante para mim, relativo às maldades, maledicências, insultos; do riso mordaz e falso daqueles que haviam insinuado e maldosamente espalhado que eu era uma espécie de amasiada do meu Mestre.

Senti, por quase três anos, em meu íntimo, as agruras provocadas pelas labaredas do sarcasmo vazio, dos olhares malévolos daqueles que, pretextando retidão e que até diziam segui-lo, impunham nos outros o dever de uma correção que absolutamente não exerciam em si próprios, porquanto claramente não viviam a Mensagem nem a exemplificavam.

Ali mesmo, naquele momento de inenarrável sofrimento, lembrava de um dia em que eu estava demasiadamente triste. Estávamos hospedados na casa em que Ele, a Sublime Mãe e os apóstolos gostavam de estar, em Betânia, onde residiam nossos amigos Lázaro, Marta e Maria, quando o Messias Amado, olhando-me — Ele estava rodeado pelos apóstolos e eu estava mais longe um pouco —, perguntou-me, de inopino:

— Boa Miriam, noto-te triste além da conta. Podes dizer-nos o motivo dessas nuvens que embaçam a visão de tua alma?

Como se Ele precisasse que disséssemos o que Ele já sabia com antecedência.

Ao ouvir o divino questionamento, eu me desmontei. Como tudo era uma perfeita magia para mim! Como Ele conseguia ler o pensamento das pessoas? Como Ele sabia das avalanches internas de cada alma? E o seu olhar? Ah! era simplesmente devastador! Desnudava por completo a alma e o pensamento de quem o sentia pousar sobre si.

Diante da pergunta, notei que todos os apóstolos me olharam com atenção, o mesmo se dando com os anfitriões e com a Sublime Mãe. Buscando forças para falar, porque de fato sentia minha alma invadida pela dor e presa da tristeza, então, procurando as asas da coragem, respondi:

— Oh! amado Raboni! de fato, sinto que a angústia me tem sido a indesejada companhia nos últimos tempos, e dentro do meu ser uma batalha se estabelece. Parece mesmo que há duas forças interiores, no meu espírito, que se digladiam, traduzidas em vozes que meus ouvidos d'alma escutam internamente.

Uma me diz:

— Olá, amiga, não dês ouvidos ao mal! Não dês forças à maledicência humana! Deixa que falem de ti o que quiserem! Consulta tua consciência e ela te responderá, acalmando teus temores, que são desnecessários! Nada deves a ninguém! Segue o exemplo do Mestre, o que Ele vive e encaminha para a Humanidade!

Já a outra voz me diz:

— O quê? Como ousam espalhar inverdades sobre minha pessoa? Somente por meu passado, acham que eu quero me deitar com todos os homens? Por que querem me incriminar do que não devo? Por que insinuam que eu conceda favores a meu Mestre Amado? Não deixarei isto assim! Tenho que reagir! Colocar as pessoas nos seus devidos lugares! Desmascará-las!

Enfim, Raboni, nessa dúvida, sinto aos poucos consumir-me em tristeza e às vezes presa de irritação. Sei que sabeis que espalham maledicências a meu e vosso respeito, e isso tem me corroído a alma e me deixa prostrada ante tanta maldade. Confesso, Mestre, que tem momentos em que não sei o que fazer e sofro, pois dói e me parece esmagar o coração, tanta injustiça.

Ainda, naqueles momentos sob a cruz, que pareciam uma eternidade, eu lembrava de toda a resposta e orientação que me ofertastes, naquela ocasião, em Betânia. Fitastes-me com o mesmo olhar como da primeira vez que vos vi, eis que nessa primeira vez me dissestes:

— Miriam, Miriam, tens muitos que te desejam, mas não te amam. Eu, porém, não te desejo, mas te amo de todo o meu coração!

A seguir veio-me na acústica da alma a resposta e o divino conselho:

— Miriam! Miriam! Muita vez o que desejamos das pessoas nem sempre elas nos ofertarão. Eu tenho dito, e disto tu tens conhecimento, que não vim a este mundo para os sãos da alma, mas sim para os doentes dela! Conviver com os doentes, Miriam, reclama virtudes que somente poderão ser adquiridas pelas criaturas sob as experiências e o tempo, exercitando conquistar virtudes como a renúncia, a compreensão, a indulgência, pelo exercício perene do perdão e da fraternidade.

De onde Eu vim, Miriam, o amor é definitiva conquista e alimento permanente do Espírito. Esse é o amor que tenho procurado espalhar para compreensão e aprendizado, que sei muito difícil, e que apenas ínfima parcela dele poderá ser absorvida pela Humanidade, em razão da condição individual de cada um, pois os que estão na Terra, absolutamente todos, estão na estrada da evolução, para que, um dia, possam se aproximar das sublimes Moradas Celestes, a caminho de penetrar na Casa de Meu Pai. Mas, essa parcela do Amor Divino, ainda que pequena, já é o suficiente para que se nos faça compreender, por um pouco, as imperfeições uns dos outros.

Crê, Miriam! E tu já sabes que não és nem serás, nesta Terra que está progredindo na direção de Yahweh, a única que terá a alma maculada pelas injustiças que ora te fazem e poderão no futuro continuar a fazer e te trazer novos desconfortos d'alma.

Há, ainda, na Terra, e tu, como nossos irmãos que aqui estão, sabes, muito mais maldade do que benemerência. Entretanto, Miriam, eu vim para modificar esse estado de coisas. Há, e sabes também, aquelas criaturas que ainda não acordaram para as verdades espirituais e, em razão disto, nenhuma importância dão a seu próximo. Vivem a vida como se fossem únicos passageiros dela; refestelam-se na ambição desmedida, no orgulho e no egoísmo. Essas pessoas, Miriam, não são tão nocivas, eis que já se constituem em espécie de terreno fértil no qual se deve lançar a boa semente, principalmente do exemplo pessoal, que, ao brotar, produza-lhes o alimento e que lhes auxilie a encontrar a cura das paixões desenfreadas, dos males da alma. Muitas delas ainda não tiveram acesso às verdades a que tu já tiveste.

Entretanto, boa Miriam, mais grave ainda são as atitudes daquelas outras criaturas que a despeito dos defeitos gerais que todos possuem no estágio em que vivem na Terra, no corpo físico, e ao redor dela, no corpo espiritual, já puderam de alguma maneira ouvir os ensinamentos de nosso Pai Celestial e acabam por se colocar em posição superior aos demais, sem de fato viver essa Sublime Mensagem de renovação.

São aqueles que cantam de dia e falam de noite; recitam salmos e profecias, declamando orientações que não seguem; dão conselhos do que não cumprem, acabando por se traduzirem em verdadeiros verdugos da verdade; verdugos da fé. Assacam mentiras; imputam falsidades; espalham falsos moralismos; espalham aleivosias e cizânias entre seus próximos; julgam-se superiores em conteúdo moral, sem o possuir; matam reputações e investem contra os sonhos de muitos, presas que são da torpe inveja; vestem-se com o manto da pureza que não possuem e trazem a mente e as mãos apodrecidas no monturo criado pelos mentirosos, por isso, Miriam, referi-me a esses como iguais a sepulturas brancas e caiadas por fora, mas cheias de podridão por dentro!

Mas, dirás, como, como dos lábios de quem vós chamais Mestre saem essas coisas?

Ora, Miriam! Antecipo-me a esse tipo de pensamento que somente pode brotar das mentes que devem à Lei de Meu e Vosso Pai, porque o Sublime Criador jamais permitiu que possa chegar até Ele alguém que traz o coração e a mente viciados na falsidade; que diz o que não sabe; que espalha como verdade o que não é; que investe contra a moral alheia, sem conhecimento e conteúdo, colocando-se como vestal da verdade que nem sequer conhece.

Ah! mas também dirás que o Mestre está condenando esse tipo de pessoa. Não veio Ele para os doentes? Sim, sim, à primeira impressão, tal maneira de pensar até pode, de forma precipitada, fazer algum sentido, contudo, não resiste ao fato cristalino de que nem todos os que dizem Senhor! Senhor! entrarão no Reino dos Céus, mas somente aqueles que fizeram, fazem e fizerem a vontade de Meu Pai.

Será preciso sempre que algo ou alguém os alerte; que alguém lhes oferte o bom remédio que sempre é amargo; que lhes diga a verdade; que lhes oferte luz para auxiliá-los a se afastarem das trevas interiores que os maculam.

É pela lei, diante da lei, sob a lei, e em razão da Lei Divina que tudo se preenche com lógica e razão. Os que colidem com ela, Miriam, terão que sofrer as sanções dispostas por ela, porque ninguém chegará à Casa do Pai sem que devolva até o último iota, e que não fez por onde adquirir a túnica nupcial, disto já vos alertei.

Significa, boa Miriam, isto que te digo, que a alma tem um único, intransferível e impostergável compromisso, que é estar bem com a sua consciência e crescer para Yahweh. É a ela que ela terá que sempre consultar e responder. Então, boa menina, indaga teu interior, tua consciência. A resposta sempre será automática e atemporal, e se ela responder com a correção dos teus atos, terás a paz do bem-viver, e nada, nada, absolutamente nada te marcará com o sofrimento.

Todos temos, Miriam, um passado, mas ele nada mais é do que a ponte para o futuro. Em razão disto, os que lutam pela transformação moral de suas almas são aqueles que estão na prática do sublime esforço de sair da estrada de lodo, pedras, buracos, calhaus e espinhos, e sob os passos, mesmo que lentos, buscam lograr fazer a travessia da ponte que os levará, um dia, com certeza, por uma estrada relvada e macia, a atingir, logo mais, as cercanias da Casa de Yahweh, para, apertando o passo, mais adiante, nela penetrar. Por isso, Miriam, a cabeça está acima do corpo e nessa posição olha o horizonte do futuro, e se assim perseverares, por certo poderás, quando as lutas se apresentem dolorosas, descansá-la por um pouco, escorando-a nas paredes da esperança!

Se aqueles que te invejam e assacam inverdades contra ti cruzarem o teu caminho, olha-os com parcimônia, compreensão, indulgência e tolerância, com o olhar do entendimento e, se preciso, com o olhar da piedade, lembrando de ter sempre um pensamento para que Yahweh os ajude a um dia crescerem também na direção da luz que ora já divisas e que haverá de

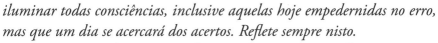

iluminar todas consciências, inclusive aquelas hoje empedernidas no erro, mas que um dia se acercará dos acertos. Reflete sempre nisto.

O Mestre calou-se. Atmosfera simplesmente maravilhosa visitava a todos naquela casa de amor e fraternidade.

Num átimo, voltei da viagem que fizera pelo pensamento e novamente à realidade que me desferia os duros golpes da dor. Aproximava-se o escurecer. Yeshua já houvera dado o último suspiro. Juntamente com a Sublime Mãe, ao lado da amiga Joana, esposa do intendente romano Cusa; de Maria, a mãe de Tiago, o menor, e de Josepho, de Salomé, irmã de Jesus, casada com Zebedeu e mãe de Tiago, o maior e de João, Maria, a mãe de Tiago, o menor, casada com Alfeu, irmão do pai de nosso amado Yeshua, e a boa Suzana de Tiberíades, aguardávamos, um tanto aflitos, a resposta que o governador da Judeia, Pôncio Pilatos, daria a José de Arimateia e Nicodemos, os quais se haviam prontificado e solicitaram audiência com o mesmo, para que obtivessem autorização para descer o corpo de nosso Amado Mestre da cruz e dar a Ele digno sepultamento.

Enquanto aguardávamos, hoje posso vos reprisar, sobre o diálogo que aconteceu no Palácio de Pilatos, ao lado da Torre Antônia, conforme nos foi narrado depois pelos próprios José de Arimateia e Nicodemos, e que foi muito intrigante e mais ou menos assim se traduziu:

Eles foram levados à presença do governador romano da Judeia, eis que já haviam conversado com o tribuno e centurião Clavius Lisius, que era o quiliarca da guarnição romana de Jerusalém e imediato do governador e manifestado o objetivo da entrevista. Este pediu que aguardassem na ampla sala que dava entrada para a Sala de Audiência do governador romano.

José de Arimateia e Nicodemos traziam o semblante em expectativa, porém, uma serenidade até certo ponto inexplicável lhes invadia a alma, sem que definissem o motivo, e aquela sensação se traduzia na certeza de que Pôncio Pilatos haveria de ceder ao pedido que fariam.

Já tinham passado por um desconforto, eis que, quando entraram no Palácio de Pilatos, na escadaria da entrada, haviam se avistado com Anás e Caifás, que juntamente com um outro conselheiro do Sinédrio saíam de uma entrevista com o governador. A troca de olhares foi estarrecedora e abstratamente acusatória por parte do Sumo Sacerdote e seu sogro. José de Arimateia e Nicodemos, entretanto, fizeram questão de cumprimentá-los, fazendo reverência gestual com a cabeça.

Enquanto admiravam o fausto e a riqueza do ambiente, foram surpreendidos pelo tribuno, que com gesto com as mãos, acenou para que entrassem na referida sala. Ao entrarem, perceberam o olhar fulminante do governador Pôncio Pilatos posar sobre eles.

Pilatos era um romano de alta estatura física, acima da média, magro e esguio. Tinha entradas nos lobos temporais, e as disfarçava puxando o cabelo para a frente; os olhos grandes e castanhos despejavam astúcia; os braços e mãos finos e bem brancos acusavam pouca exposição ao sol. Os traços do rosto eram delicados, embora firmes. Possuía uma pequena cicatriz do lado esquerdo do rosto, próxima ao ouvido, o que se dizia fruto de um ferimento adquirido nos treinamentos com espada, e, curiosamente, embora houvesse um pequeno trono, Pilatos havia se voltado para eles, eis que estava de costas olhando por grande janela que dava para dentro do pátio do templo judeu.

Clavius Lisius havia anunciado os visitantes. Pôncio Pilatos, que trazia as mãos cruzadas para trás, olhando-os agora, continuava imóvel. Foram alguns instantes nervosos. De repente, o governador caminhou na direção deles. José de Arimateia e Nicodemos se assustaram um pouco.

Longe da fisionomia que já conheciam e que antes traduzia autoconfiança, ali estava diante deles um homem totalmente diferente, irreconhecível até. O semblante estava por demais carregado; os olhos demonstravam olheiras roxas e profundas e seu rosto traduzia uma palidez total. Seu olhar misturava angústia e temor.

Ficou mais um tempo imóvel, olhando para eles, sem nada falar. Ninguém ousava interromper. De repente disse:

— Mais judeus! Por Júpiter e Apolo! Mais judeus! O que terei de fazer para ter paz, neste dia terrível? O que essa raça quer aqui novamente? Já não rapinastes a alma desse homem que parece continuar a incomodar-vos? Pareceis abutres sobre a cova do morto. Como ousais vir me importunar? Ainda

há pouco outros judeus saíram daqui, eis que me pediram o corpo desse pobre homem. Será que também viestes pedir o mesmo? Se for isto, já vos adianto: Não percais vosso tempo e não me importuneis.

José de Arimateia, que tinha o dom de ver as almas além do corpo — poucos sabiam disto; somente um irmão e a serviçal que lhe atendia a residência —, olhou fixamente para o governador, percebeu que em volta de sua cabeça, como que uma nuvem escura parecia envolvê-la e percebeu também naquele momento dois Espíritos se aproximarem do governador e com movimentos com as mãos, dispersaram e eliminaram aquelas nuvens escuras e o induzirem a caminhar e sentar-se no trono de onde atendia os consulentes. Imediatamente, ao lado do governador, dois outros Espíritos trouxeram a mãe de Pilatos, que já havia falecido há muitos anos e que, sob autorização, acariciava os cabelos do filho, altamente sensibilizada. Pilatos sentiu as boas energias que lhe eram depositadas e repentinamente olhou para os visitantes e acenando, pediu que se aproximassem e lhes falou:

— Pensando bem! dizei-me, acho que me precipitei. A que vindes? Conheço-vos, e sei que fazeis parte do Sinédrio. O que pretendeis? Não demoreis em falar, eis que não estou muito disposto hoje.

José de Arimateia deu um passo à frente e olhando fixamente nos olhos do governador e ao mesmo tempo lhe endereçando pensamentos de compaixão, respondeu:

— Nobre e augusto governador romano da Judeia, saudamos-vos e vos agradecemos por ter-nos recebido neste dia muito difícil para vós e muito triste para nós. O que viemos aqui fazer nada tem a ver com o Sinédrio ou nossa função lá, e sim com o pedido de uma pequena comunidade de seguidores do Carpinteiro crucificado, seus amigos, sua mãe, seus irmãos e primos e nós, que embora conselheiros do Sinédrio, admiramo-lo e respeitamos. Diante disto, viemos até aqui para apelar pela bondade que sabemos existir em vosso coração e vos pedir autorização para que possamos receber o corpo do nosso Mestre Yeshua de Nazareth e dar a Ele justo repouso em túmulo que possuo e cedi de bom grado para esse fim. Tememos que aqueles de nossa raça que o mataram venham a lhe mutilar totalmente corpo, o que ofenderia sobremaneira nossas próprias leis.

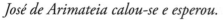

José de Arimateia calou-se e esperou.
Pilatos ouviu o pedido e demonstrando certa surpresa, respondeu:
— *Veja como eu estava certo! Como entender esses judeus? Por Apolo! Desisto! Competem por um corpo morto, quais aves de rapina. Há pouco, vosso chefe e mais alguns dos vossos saíram daqui, eis que me fizeram o mesmo estranho pedido. Confesso que ia liberar o que queriam, entretanto, não sei por que, senti indignação com o que me falaram. Ousaram me dizer que temem que esse judeu carpinteiro retorne do mundo dos mortos para o mundo dos vivos e que Ele poderia ressuscitar o próprio corpo. Ora, ora, tenha paciência! Ao que parece, esse Yeshua é um feiticeiro da Caldeia, que faz desaparecer e aparecer. Depois, agiram de maneira dúbia. Perguntei se eles acreditavam nessa hipótese. Sabe o que responderam?*
Pilatos sorriu nervosamente.
— *Responderam que não acreditam nisso, mas que os seus seguidores sim e que eles serão capazes de sumir com o corpo e espalhar que Ele ressuscitou, e assim o transformariam num mártir; que isto seria péssimo para os judeus e para os romanos. Quanta ardileza, não acham? Ora, se não acreditam, por que correram aqui para o palácio para fazer esse pedido que julgo impróprio, sem dúvida. Como já falei, agem quais aves de rapina.*
Pôncio Pilatos tossiu nervosamente. José de Arimateia e Nicodemos continuaram calados, porém em oração mental. Então o governador continuou:
— *Não basta o que me proporcionastes hoje? Confesso que não sei como, mas sinto-me angustiado e triste desde o meu veredicto em razão desse homem.*
Olhando novamente para José de Arimateia e Nicodemos — pois que, enquanto falava, olhava para o chão —, Pilatos disse:
— *Também não sei por que estou dizendo isto a vocês. Talvez seja um desabafo que preciso fazer.*
O governador respirou fundo e continuou falando:
— *Bem que minha Cláudia me disse: 'Não te envolvas no caso desse justo, porque muito sofri, hoje, em sonhos, por causa d'Ele'.*
Fez novo silêncio e a seguir continuou:

— Eu vos digo que até simpatizei com o galileu. Nada vi nele que demonstrasse qualquer culpa, e muito menos que Ele tivesse condições de causar algum temor, algum perigo. Antes, chocou-me a serenidade com que enfrentou o julgamento. Vós sabeis que eu tentei demover vossos pares daquele ato, e ante a pressão, ofertei que decidissem entre ele e um salteador. Imaginava que não o condenariam, mas quê! Para minha surpresa, preferiram um embusteiro e ladrão a um homem justo. Não dá mesmo para entender vossa gente!

Pilatos silenciou. José de Arimateia foi tentado a falar, quando um dos Espíritos que havia se aproximado do governador e que José via, fez um gesto com a mão na boca pedindo silêncio. O governador continuou:

— Na realidade, quero que saibais que vossos líderes que saíram daqui são passageiros da arrogância, eis que ameaçam-me denunciar ao imperador em Roma. São verdadeiros lobos em pele de ovelhas.

Pilatos riu nervosamente e acrescentou:

— Não sei onde ouvi isto. Parece que alguém falou essa frase na minha mente.

Fez curto silêncio e continuou:

— Mas de uma coisa eu tenho certeza. Fostes vós, os judeus, que o matastes, e não Roma.

Pilatos levantou-se do trono, foi até a grande janela, ficou algum tempo a olhar para fora e a seguir retornou. Sentou-se novamente no trono e disse:

— Continuo não entendendo como vós, que servis aos que o condenaram e mataram, fazeis fila nas portas de Roma para pedir o corpo do infeliz galileu. Solicitei aos que vos antecederam um certo tempo para analisar o pedido e nem bem eles saíram, vós chegastes. Dizei-me, por que eu tenho que liberar o corpo para vós?

A um sinal positivo de um dos Espíritos que estavam próximos a Pilatos, José de Arimateia, de imediato, respondeu:

— Nobre governador, nós não achamos nada e temos o maior respeito por vossa autoridade, entretanto, o que pretendemos é realizar um funeral digno e em sepultura familiar, nada mais.

— E quanto aos boatos de que ele ressuscitará — retrucou Pôncio Pilatos, o que me dizeis?

— Nobre governador — respondeu José de Arimateia —, é preciso entender o que Ele nos dizia. Em certa ocasião Ele nos disse: "É chegada a hora em que tudo vai se consumar. Eu vou para a casa do Meu Pai e vosso Pai". Logo, Ele não ficará por aqui.

A resposta deixou o governador da Judeia confuso, porém, olhando fixamente para José, falou:

— Não vejo que exista alguma razão para duvidar de vossa honestidade, mas eu não posso simplesmente liberar o corpo sem a certeza e que esse Yeshua esteja morto.

A seguir, olhando para um dos imediatos que ficava na porta, à entrada da sala, disse:

— Tarquinius, vá chamar Clavius.

O legionário saiu, apressado, enquanto José de Arimateia e Nicodemos foram surpreendidos pelo convite do governador, que pediu que se sentassem. O governador novamente lhes voltou as costas e foi para grande janela do aposento, continuando a contemplar as ruas e o bulício vespertino. Em pouco tempo, o centurião Clavius entrou na sala e dirigindo-se a Pilatos, o saudou:

— Ave, Roma! Ave, César! Ave, nobre governador! Mandastes chamar-me e aqui estou para atender-vos.

Pilatos olhando-o, disse:

— Clavius, dize-me, por acaso já te certificaste se o Nazareno que foi crucificado está mesmo morto?

O quiliarca respondeu:

— Sim, e sempre terei certeza de que ele...

Antes que terminasse a frase, Pilatos atalhou:

— O que estás querendo dizer-me? Apenas diga, ele está ou não, morto?

— Está, nobre governador — respondeu o comandante das tropas romanas de Jerusalém —, mas sempre terei certeza de que ele é uma pessoa *boa e sem mácula, e, como dizem seus seguidores, é o verdadeiro filho do Deus de tudo e de todas as nações.*

Ao ouvir o complemento feito pelo quiliarca, Pilatos sentiu suas vistas se turvarem um pouco e uma sensação de mal-estar lhe assomou repentinamente. Quase cambaleou. Emudeceu por instantes e o silêncio na sala de audiências do governador da Judeia foi intenso e pesado.

José de Arimateia olhou para o centurião Clavius e pareceu-lhe ver, pelo pequeno brilho nos seus olhos, que ele deixava escorrer algumas lágrimas.

Como que se recuperando do que lhe perpassou pela alma, que sentia confrangida e fazendo enorme esforço para demonstrar naturalidade, Pilatos olhou novamente para José de Arimateia e disse:

— Sei de vossa condição de Conselheiro dos judeus, e de vós — disse, olhando para Nicodemos —, como senador do Sinédrio. Nas vezes em que nos relacionamos a negócios, observei e tive a certeza de que sois homens honrados, em cujas pessoas Roma pode confiar. Já quanto ao vosso chefe, Caifás, a mim se me afigura como um homem falso, uma verdadeira ave de mau agouro, e o mesmo penso do seu sogro Anás. Não gostei nem um pouco da maneira grosseira e até autoritária com que há pouco aqui estiveram e me pediram o corpo do galileu. Reprovo a atitude deles, de uma ousadia enorme, querendo intimidar Roma, numa verdadeira inversão de papéis. Ora, isto significa, para mim, um despropósito e até uma afronta.

Novamente calou-se, andou pela sala, pensativo, foi novamente até a janela, voltou e olhando diretamente para José de Arimateia disse:

— Vou atender ao vosso pedido e estou liberando o corpo do homem para vós. Peço que o sepultamento se consume sem maiores alardes e que o façais o mais rápido possível.

Olhou para Clavius Lisius e falou-lhe:

— Para certificar-me que tudo ocorra a contento, determino que tu acompanhes todos os procedimentos, até o final do sepultamento. Ouviste a minha decisão: vai e acompanha o sepultamento. Afasta qualquer multidão que surgir. Se preciso, requisita mais homens além do que pretendes levar, e tão logo sepultado o corpo, lacrarás o túmulo por completo, com meu

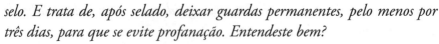

selo. E trata de, após selado, deixar guardas permanentes, pelo menos por três dias, para que se evite profanação. Entendeste bem?

— Sim, sim, nobre governador — respondeu Clavius Lisius —, farei tudo como ordenas. Retirar-me-ei com os visitantes e acompanharei os mesmos até o local e final da crucificação.

Ante o olhar de Pilatos, que ainda estava fixo sobre José de Arimateia, este disse:

— Nobre governador, deixo aqui a minha gratidão e especialmente dos familiares de Yeshua de Nazareth, pelo gesto humanitário que praticais. Está certo que em nossas preces pediremos a Yahweh, nosso Deus, e mesmo a Yeshua, que vos abençoe e aos vossos entes queridos, por vossa bondade para conosco, recompensando-vos pela grandeza de vossa concessão.

José de Arimateia, enquanto agradecia, viu claramente que o governador romano da Judeia, autoridade máxima de Roma para o Oriente, chorava furtivamente. Por certo era um choro de profundo arrependimento que inundava aquela alma dos ventos da incerteza ante a covardia de que fora portador.

Então, sem querer ser descortês, empertigou-se na direção do governador, e o mesmo fez Nicodemos, que até ali nada falara, mas somente observara, e olhando os dois para Clavius, acenaram com a cabeça e sob concordância se retirarem do local, deixando Pôncio Pilatos em seus devaneios.

No caminho, Clavius requisitou quatro legionários e foram todos para o Gólgota.

Lá chegando, Maria de Nazareth, que se mostrava um pouco aflita, foi na direção de José de Arimateia, indagando-lhe:

— Então, nobre José! conseguiste a autorização do governador para que possamos enterrá-lo?

— Sim, sim, querida mãe — respondeu José —, conseguimos, e o centurião e soldados que nos acompanham, apenas observarão tudo.

A sublime mãe olhou-o com a gratidão das grandes almas, falando-lhe:

— Oh! nobre José de Arimateia, meu Filho e nosso Pai Yahweh haverão de recompensar-te por atitude tão nobre e grandiosa.

— Então, vamos — disse José —, precisamos descê-lo da cruz.

Auxiliados por dois legionários que a pedido de Clavius haviam levado uma escada, e pelo jovem João, despregaram os pulsos e pés de Yeshua, e João, que era jovem e forte, colocou o corpo do seu amado Mestre sobre os ombros e, auxiliado pelos legionários, foi descendo até o chão. Lá, ajudados por José de Arimateia e Nicodemos, deitaram suavemente o corpo do Mestre sobre lençol aromatizado com essências que Joana, a mulher do intendente de Herodes, Cusa, havia buscado.

Antes de cobrir inteiramente o corpo e a face de Yeshua, ficaram um tempo olhando para seu rosto. Um dos legionários já havia cortado e removido a coroa de espinhos que estava sobre a cabeça do Sublime Rabi e a Mãe Maria, juntamente com Joana e Suzana suavemente limparam o sangue de seu rosto, com essências, e o mesmo fizeram com os ferimentos na cabeça. Tudo isto fizeram sob lágrimas, sem nada falar.

Havia no momento uma suave brisa, um pouco fria. Os que ali estavam acompanhavam a cena, mudos, quando ocorreu um fenômeno inesperado, pois, quando deixado o corpo inerte sobre o lençol, a fisionomia do Cristo era de sofrimento, porém, após a limpeza facial de parte do seu corpo, todos notaram, inclusive o centurião Clavius, que tudo observava a regular distância, que a fisionomia de Yeshua mudara por completo, e agora traduzia semblante sereno e trazia um leve sorriso nos lábios.

A imagem impactou a todos. Foi quando, antes de fechar o lençol, Maria de Nazareth, que estava ajoelhada ao lado do corpo, como os demais, depositou demorado beijo na testa fria de Yeshua. Quando ela levantou o rosto e seu próprio corpo, todos viram, espantados, que dos dois olhos fechados do Mestre escorreram dois filetes de lágrimas, como a transparecer que Ele estava vivo! A cena era por demais comovedora e todos choraram, inclusive o quiliarca de Jerusalém. Maria de Nazareth sentia como que despedaçar a alma, e entre lágrimas, olhando para o céu, disse:

— Oh! Pai Amado! Criador de todas as coisas, como nos ensinou meu filho, num dia que já vai longe, destes-me a imensa alegria de doar-me a presença, em meu ventre, da luz do mundo, do que jamais, em *momento algum duvidei, e quero dizer-vos, embora saibais, mas porque preciso, que sim, que o amei, ah! como o amei e como o amo.*

Ele foi e sei que continuará sendo meu abrigo nas noites indormidas! meu consolo nos dias de angústia! meu caminho nas incertezas das encruzilhadas do mundo! meu amparo nas sofreguidões da existência! meu sorriso de ternura e afeto! minha luz! minha vida!

Hoje, vós decidistes, por vossas Soberanas Leis, retirá-lo de minha e nossa presença física, e sinto que o alazão da saudade já galopa acelerado nos passos do vento, na direção do meu coração que se espreme entre a dor e a certeza de que vós já estais com Ele. Nós, os que aqui ficamos, embora eu saiba, temporariamente, como Ele nos ensinou, tudo faremos para honrá-lo e dignificá-lo a cada instante, hora e dia, e o imenso amor que Ele nos dedicou e que sei continuará dedicando, será o nosso fanal diário para resistir sempre, até que um dia possamos abraçá-lo em clima de definitiva união.

Aguardamos, oh! Senhor da vida, que Ele a nós retorne, como prometeu, e haveremos, ainda por um pouco, de ouvir novamente sua voz canora de Amor Incondicional, de Paz, de construções, de advertências e de alegrias. Concedei-nos, oh! Sublime Yahweh, forças para que sigamos a estrada de nossas vidas, apesar da distância dele, mas com Ele. Abençoai-o e a nós, hoje e sempre. Assim seja!

Enquanto Maria de Nazareth orava, afagando o rosto do Filho Amado, entre lágrimas, eu, Joana, Suzana, João, José de Arimateia, Nicodemos e os demais amigos e amigas ali presentes, não tínhamos como represar tantas lágrimas que brotavam de nossas almas.

Logo após, o silêncio caiu pesado naquele monte do sacrifício e sob a batuta desse silêncio, o corpo do Mestre foi todo enrolado no lençol e em carroça cedida pela Intendência Romana nos dirigimos para o campo de sepultamentos e para a gruta adrede preparada para o depósito do corpo.

Lá chegando, sob a supervisão do centurião Clavius Lisius, o corpo de Yeshua foi colocado na vala interna. Maria de Nazareth já não mais chorava, o mesmo se dando com todos. A Sublime Mãe ajoelhou-se e derramou sobre o lençol os últimos resquícios da essência.

A seguir, em silêncio total, todos saímos do sepulcro. O quiliarca Clavius, com a ajuda de mais dez legionários que mandara chamar e que esperavam fora, fez rolar enorme e pesadíssima pedra sobre a entrada do sepulcro e a amarrou com correntes em ganchos pesadamente fincados na pedra em dois pontos superiores e dois inferiores e sobre o meio da pedra, derreteu, com um archote, a cera de abelha avermelhada, com o selo da governança e o símbolo da águia romana. Após, quando nossa caravana se afastava, ouvimo-lo chamar dois legionários e dar-lhes a ordem:

— Vós ficareis aqui de guarda por três dias. Mandarei alimento e outros para rendê-los no descanso. Protegei o local a todo custo. Se precisardes de ajuda, um de vós vá buscar.

Após estes fatos dolorosos, meus irmãos, é certo que as autoridades do Sinédrio judeu em Jerusalém temiam que o Mestre ressuscitasse, como Ele próprio pregara.

Em comissão, foram até o governador romano da Judeia, Pôncio Pilatos, cobrando a razão pela qual ele não lhes liberou o corpo e pediram que Roma aumentasse a guarda e vigilância o tempo todo na sepultura, o que foi feito.

Eu fui ao sepulcro no dia seguinte, e fiquei ali em frente quase a manhã inteira, olhando para aquela grande pedra, naquela pequena gruta, onde estava o corpo do meu Senhor. À tarde, retornei e fiquei mais um tempo. A angústia pressionava meu peito e as lágrimas brincavam nos meus olhos a todo instante, entretanto, silêncio, apenas silêncio. Nada ocorreu.

Na noite do shabat eu não consegui conciliar o sono. A voz melodiosa e maravilhosa do meu Mestre ecoava sempre na minha mente. Sentia-me completamente órfã e ficava pensando o que seria de mim agora. Será que ficaremos juntos, os que o seguimos? Será que nossa amada mãe vai cuidar-me?

Como não dormira, resolvi ir novamente ao sepulcro pela madrugada. Ainda estava meio escuro e ao lá chegar deparei-me com o sepulcro aberto e a grande pedra que fora colocada na entrada, atirada no chão, à direita. Espantada e com o coração acelerado, entrei na sepultura e a vi vazia e o que vi me colocou muda e estática. Duas almas belas, cuja beleza somente encontrei no meu Yeshua e na Sublime Mãe, estavam sentadas à borda do local onde havíamos colocado o corpo do Mestre. Consegui a muito custo sair do espanto, e ante o sorriso delas, indaguei-lhes:

— Oh! quem sois? Quem levou o corpo do Mestre, fostes vós?

Somente após a pergunta é que me dei conta de que das visitantes emanava uma luz prata, por todo o contorno de seus corpos, pelas mãos, rosto, cabeça, tudo. Elas continuaram a sorrir e olhar-me. Percebi em seus olhares intensa alegria e ao mesmo tempo compaixão. Apenas continuaram a sorrir, nada disseram, e como que por encanto despareceram da minha frente.

Ainda mais espantada do que entrara, saí da sepultura, aflita. No meu pensamento imaginei estar delirando e vendo coisas. Voltei a chorar, quando reparei em um jardineiro, que parecia ser o cuidador do lugar. Ele, ao me olhar, perguntou:

— Mulher, por que choras? A quem buscas?

Eu nem raciocinei direito ante a pergunta e respondi sem olhar fixamente para o jardineiro:

— Senhor, se foste tu que levaste o corpo do meu Mestre, dize-me onde o puseste.

Então, o jardineiro, chegando mais próximo disse:

— Miriam! Miriam! ah! por Yahweh!

Aquela voz... aquela voz! Jamais a esqueceria, pois dominava o íntimo de minha alma. Então olhei-o e reconheci o meu amado Yeshua. Caí de joelhos:

— Raboni! Raboni! estás vivo?

Nada Ele falou, apenas continuava a me olhar e a sorrir, eis que ali, em pé, na minha frente, bem diante dos meus olhos, estava Ele, radiante. Pude ver claramente os contornos belos e maravilhosos da sua face e notei a mesma espécie de luz brilhante que vi nas duas almas dentro do túmulo e que envolvia seu corpo por inteiro. Aquilo mais ainda me impressionou. Num ato instantâneo, quis abraçá-lo, ao que, recuando um pouco, levantou suas mãos. A túnica branca escorregou pelos braços e

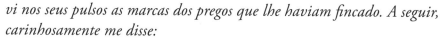

vi nos seus pulsos as marcas dos pregos que lhe haviam fincado. A seguir, carinhosamente me disse:

— Não, nobre e querida Miriam, não me detenhas nem me toques, porque ainda não subi para meu Pai. Vá e dize a todos que eu subo para meu Pai e vosso Pai, meu Deus e vosso Deus. Que aqui estou para dar testemunho dos meus ensinamentos e da grandeza de Yahweh; para demonstrar que a morte não existe como é anunciada. Antes, ela é a porta de retorno do Espírito imortal às Moradas Celestiais. Vá, antes, e dá conta à Sublime Mãe, aos irmãos de apostolado e aos demais. Dize-lhes que o Filho de Yahweh venceu a morte e ressuscitou para a glória da Vida eterna! Não temas. Dize a eles para irem para a Galileia. Lá me verão e estarei com todos.

Ao dizer isto, o Mestre Amado continuava a sorrir, e como que induzida pelo pensamento e vontade d'Ele, mesmo não querendo me afastar, tive o ímpeto de correr ao encontro dos demais, o que fiz entre lágrimas de alegria.

Ao chegar onde estavam todos, por primeiro vi Simão bar Jonas e João e lhes narrei o que ocorrera e que o Mestre havia ressuscitado, que conversara com Ele e que Ele disse que dava cumprimento a sua profecia e pedia para que se acalmassem e o esperassem na Galileia.

Olharam-me desconfiados e vi nos olhos deles que não acreditavam. A seguir, Tomé se aproximou e falou-me:

— A ti Miriam, ele apareceria por primeiro? Por que não a sua Mãe?

Eu estava imensamente feliz e não dei importância ao que falaram. A seguir, corri e abracei a Mãe querida, que tudo ouvira e que chorava e sorria ao mesmo tempo. Então ela disse:

— Miriam, minha filha, eu creio que o viste.

Choramos, as duas, de alegria. Os amigos, ante a notícia, embora desconfiados, apressaram-se a ir ao sepulcro e lá chegando o encontraram vazio. Eles então acreditaram.

Amados irmãos, isto tudo vos digo nesta noite, e o faço com a permissão do Amado Mestre, para que possais sempre renovar vossa fé na continuidade da vida, que é perene e imortal, e para concitar-vos à contínua prática do bem, e também para que vos sirva de alento e estímulo permanente, semeando o amor em todas as direções, em nome d'Ele, e com certeza podereis constatar que sempre valerá a pena amar a Deus sobre todas as coisas e ao próximo, como Ele nos ensinou.

Deixo-vos o meu abraço e meu desejo de que Ele vos abençoe, sempre!
Vossa amiga e irmã, Miriam de Migdal.

Aquela foi uma noite mágica. Após a manifestação de Miriam de Migdal, através de Clemente, outras passagens do Cristo foram relembradas pelo epískopo Demétrio, até o encerramento da reunião.

Ao cabo de mais três meses, Nadir, agora conhecida como Camilla, apaixonou-se completamente pelo Messias. Além do que já havia presenciado e ouvido, despertou-lhe especial predileção, certa noite, em atividade pública, quando foi lido um texto das anotações do Apóstolo João, que escreveu:

No princípio era o Verbo, e o Verbo estava com Yahweh, e o Verbo era com Yahweh. E o verbo se fez carne e habitou entre nós, cheio de graça e de verdade, e vimos sua glória, glória como o Unigênito do Pai. A luz resplandeceu nas trevas e as trevas não prevaleceram contra ela.

Na condição de aprendiz, Camilla encontrou, na Mensagem Cristã, resposta para a compreensão dos males que a tinham afligido até ali, e passou a nutrir a esperança de ter encontrado uma razão sólida para viver, despontando no seu íntimo a certeza de que jamais estaria só, pois já tinha arrumado em seu coração um lugar cativo para Yeshua. Cogitava que se entregaria de corpo e alma ao Cristianismo. Já não tinha mais ninguém que velasse por ela, a não ser os amigos do núcleo, e ali se sentia como em sua própria casa.

CAPÍTULO XVIII

ROMA E O NÚCLEO CRISTÃO DE JERUSALÉM – A VISITA DE TERTULLIANUS

O ano 202 d.C. se iniciara. Roma ressentia-se dos percalços havidos em face dos imperadores que deslustraram a sua tradição de conquistas, e muito embora a Nação tivesse submetido vários povos à dominação política e econômica, a realidade é que o senso de governança, absorvido da cultura grega e aprimorado sob uma forte legislação que surgia, traduzia-se numa certa implementação de progresso e de organização do Estado Romano, conquanto prosseguisse sua marcha dominadora.

Agora, sob domínio do Imperador Claudius Septimus Severus, que contava com o auxílio de seus filhos, o império enfrentava várias insurreições de povos que buscavam o grito de liberdade, como a Germânia, a Britânia, as Gálias, a Dória, a Nórica e principalmente o norte da África. Nesse compasso de tempo, o Oriente, em grande parte, ainda continuava sob seus domínios, e a cidade de Aélia Capitolina, para os romanos, ou a Jerusalém dos profetas, para os judeus, também continuava sob o tacão da governança romana.

Em Jerusalém, embora a destruição do templo judeu, que já se havia dado há cento e trinta e oito anos, a principal sinagoga havia retomado o cetro das discussões religiosas da Judeia.

Já, por seu passo, o Cristianismo continuava a crescer em número de adeptos. Os seguidores do Homem do Caminho tinham aumentado de maneira acentuada e já se podia calcular que principalmente nas terras da Palestina e em grande parte da Ásia Menor, em torno de vinte por cento da população havia se convertido ao Cristianismo, o que, de certa forma, fez recrudescer a animosidade dos judeus tradicionais, com relação aos cristãos.

A Jerusalém dos profetas percebia, de maneira clara, através de seus líderes, que Yeshua de Nazareth, embora morto pelos antepassados judeus, com a chancela de Roma, na realidade não tinha morrido, razão pela qual a força do seu legado, acrescida da crença na ressurreição do corpo físico, era motivo de intensas discussões, mesmo no interior das sinagogas, pois a Mensagem de Yeshua estava viva e continuava abalando as estruturas da crença judia.

Desde os tempos idos da queda do templo em Jerusalém, no ano de 70 d.C., e do arrasamento quase total da cidade, que era o centro máximo do judaísmo, os judeus se espalharam por grande base continental, numa espécie de revivescência da diáspora havida quando da dominação pela Babilônia e pelo Egito.

Por essa natureza migratória e em razão de um tino comercial próprio da raça, em toda as províncias dominadas por Roma constituíram comunidades, facilitados pelo Senado Romano, que já nos idos dos anos 50 d.C. havia deliberado, por uma alteração na legislação do Império, que concedia aos filhos e filhas dos povos dominados, que estes, ao nascerem, obtivessem automaticamente a cidadania romana. Isto não importava em exigência, e sim numa espécie de tolerância. Roma não exigia dos judeus que fizessem homenagens e ofertas aos deuses de Roma, pois os governantes e imperadores romanos respeitavam o tino econômico e comercial dos judeus e compreendiam com facilidade que isto sempre rendia ao império excelente retorno financeiro, através dos pesados impostos que impingiam às transações comerciais feitas pelos judeus. Já a mesma tolerância com os cristãos, nesse sentido, não havia, eis que Roma, sabendo da perene antipatia dos judeus pelos seguidores

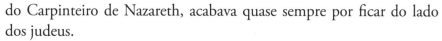

do Carpinteiro de Nazareth, acabava quase sempre por ficar do lado dos judeus.

Entretanto, o fato claro e insofismável é que a força do Cristianismo continuava crescente e os seguidores do Cristo encontravam, no exemplo do Mestre, coragem para enfrentar as agruras e intempéries da vida e vontade de servir aos menos favorecidos, aos doentes do corpo e da alma.

Os núcleos cristãos, tanto do Oriente quanto do Ocidente, embora as divergências que haviam surgido, há tempos, aqui ou acolá, inclusive internamente, tinham contínuo aumento de frequência, e crescia o movimento de divulgação da Mensagem de Yeshua, promovendo, os seus líderes e seguidores mais fiéis, pelo exemplo pessoal, atos de benemerência e auxílio geral aos mais necessitados. Esta era a marca viva, sempre, e que traduzia a presença marcante da Doutrina de Yeshua de Nazareth sobre a Terra.

Naquele ano, o núcleo cristão de Jerusalém, muito embora a troca de nome da cidade promovida por Roma, era dirigido pelo epískopo Eliaquim. Na sua descendência, ele era bisneto de Cefas, que fora amigo dos Apóstolos João e Tiago e depois de Saulo de Tarso. Era uma alma boníssima. Espírito de elevada envergadura, que retornara à Terra sob os auspícios da Cidade da Fé, para estabelecer, em Jerusalém, não somente um renovado trabalho de crescimento do Cristianismo naquele núcleo, na cidade e na região, mas também de firme manutenção da pureza da Mensagem, sem alardes. Deveria manter o núcleo cristão de Jerusalém sob o mesmo estilo de sua fundação e dos fundadores.

Ao assumir a condição de epískopo do núcleo, reuniu seus diákonos e estabeleceu que o trabalho de divulgação do Cristianismo, doravante, dar-se-ia principalmente no campo da manutenção dos primitivos postulados cristãos, sob o imperativo das orientações que Paulo de Tarso havia dado aos colossenses, quando os advertira da seguinte forma:

Amados irmãos em Yeshua! Da parte daquele que me convocou para o trabalho de edificação da nova era, concito-vos a terdes cuidados para que ninguém vos venha enredar com suas filosofias e vãs sutilezas, conforme a tradição dos homens e os rudimentos do mundo, e não segundo o Cristo, porquanto n'Ele, o Sublime Pastor de Almas, habitou, corporalmente, toda a plenitude da Divindade. N'Ele deveis estar aperfeiçoados. Ele é a cabeça de todo principado e potestade.

Nele também fostes circuncidados, não por intermédio das mãos, mas pelo despojamento do corpo de carne, que é a verdadeira circuncisão do Cristo. Tendo sido sepultados juntamente com Ele, igualmente fostes ressuscitados mediante a fé no poder de Yahweh, que o fez ressurgir de entre os mortos.

E a vós outros que estáveis mortos pelas vossas transgressões e pela incircuncisão de vossa carne, deu-vos vida juntamente com Ele, perdoando todos os nossos delitos; tendo cancelado todo o escrito de dívida que era contra nós e que constava de ordenanças, o qual nos era prejudicial. Removeu-o inteiramente, encravando-o na cruz.

Despojando os principados e as potestades, publicamente os expôs ao desprezo, triunfando deles na cruz. Segui-o, pois, sob quaisquer atos e circunstâncias, e testemunhai em favor de sua Sublime Mensagem, que é vida e vida em abundância.

Tendo ouvido excelentes referências sobre Tertullianus, que já era em meio dos núcleos cristãos conhecido como Tertullianus de Cartago, Eliaquim encaminhou ao mesmo, através do núcleo cristão daquela cidade, um convite para que viesse visitar o núcleo de Jerusalém, com a finalidade de dialogar sobre a situação vigente do Cristianismo, naqueles tempos, convite este recebido com alegria por Tertullianus, que ficou de comparecer ao núcleo e avisaria da viagem com antecedência.

Eliaquim era auxiliado por três diákonos valorosos e dedicados, os irmãos Benjamim, Esaú e Omazias. A postura do núcleo de Jerusalém com relação às decisões do núcleo central de Roma adotadas pelo então epískopo-geral Zeferino, era de serena discordância. Em várias reuniões que fazia com seus diákonos, os assuntos e deliberações de Roma eram alvo de conversação. Não eram aceitos, contudo, não eram objeto de crítica deliberada sem fundamento, que divide e separa.

No início de fevereiro do ano 203 d.C., num cair de tarde, quando já se haviam iniciado as tarefas da noite, um grupo de três pessoas entraram nas dependências do salão do núcleo cristão de Jerusalém, que já estava com meia lotação. Traziam túnicas cinzas amareladas pelo tempo e vestiam-se à moda cristã. Um deles aparentava em torno de 40 anos ou um pouco mais, de estatura alta, o rosto cavado, os cabelos um pouco encaracolados, penteados para trás e barba rala. Possuía dois olhos bem grandes, castanhos e o nariz bem proporcional e um pouco afilado. O semblante era leve e sereno e irradiava pronta simpatia. Os outros dois eram mais jovens, um deles de estatura baixa e físico avantajado, cabelos repartidos ao meio, o rosto redondo, também simpático, e o outro de estatura mediana, magro, embora aparentasse serenidade, seu rosto era grave.

Acomodaram-se nos bancos da frente e aguardaram o início dos trabalhos. Em pouco tempo o salão ficou repleto. Os diákonos locais e o epískopo Eliaquim entraram ao mesmo tempo e tomaram seus lugares à mesa das atividades. Após os cumprimentos a todos, o epískopo pediu ao diákono Benjamim para orar por todos. Este fez sentida oração, evocando a proteção de Yahweh e Yeshua.

A seguir, o diákono Omazias fez a leitura de um dos pergaminhos que estavam sobre a mesa:

Anotações do Apóstolo João:

Tendo Yeshua falado estas coisas, levantou os olhos ao céu e disse: "Pai, é chegada a hora; glorificai vosso Filho, para que o Filho vos glorifique, assim como lhe conferistes autoridade sobre toda carne, a fim de que Ele conceda a vida eterna a todos os que lhe destes.

E a vida eterna é esta: que vos conheçam a vós, o único Deus verdadeiro, e a Yeshua, o Cristo, a quem enviastes. Glorifiquei-vos na Terra, consumando a obra que me confiastes para fazer, e agora, glorificai-me, ó Pai, convosco mesmo, com a glória que Eu tive junto a vós, antes que houvesse o mundo. Manifestei vosso nome aos homens que me destes no mundo. Eram vossos, e vós os confiaste a mim, e eles têm guardado vossa palavra. Agora eles reconhecem que todas as coisas que me tendes dado provêm de vós.

Eu lhes tenho transmitido as palavras que me destes, e eles as receberam, e verdadeiramente conheceram que vós me enviastes. É por eles que Eu rogo; não rogo pelo mundo, mas por aqueles que me destes, porque são vossos; ora, todas as minhas coisas são vossas, e vossas coisas são minhas, e nisso Eu sou glorificado.

Já não estou no mundo, mas eles continuam no mundo, ao passo que Eu vou para junto de vós. Pai Amado, guardai em vosso nome aqueles que me destes, para que eles sejam um, assim como nós. Eu lhes tenho dado a vossa palavra, e o mundo os odiou, porque eles não são do mundo, como também eu não sou.

Não peço que os tireis do mundo, e sim que os guardeis do mal. Eles não são do mundo, como também eu não sou. Assim como me enviastes ao mundo, eu também os enviei ao mundo. Santificai-os na verdade; vossa palavra é a verdade. Não rogo somente por estes, mas também por aqueles que vierem a crer em mim, por intermédio da vossa palavra.

Como não pode o ramo produzir fruto de si mesmo se não permanecer na videira, assim nem vós o podeis dar se não permanecerdes em mim. Eu sou a videira, vós os ramos. Quem permanece em mim, e eu nele, esse dá muito fruto, porque sem mim nada podeis fazer.

Se alguém não permanecer em mim, será jogado fora, à semelhança de ramo, e secará e o apanham, lançam no fogo e queimam. Se permanecerdes em mim e as minhas palavras permanecerem em vós, pedireis o que quiserdes, e vos será dado.

Se guardardes os meus mandamentos, permanecereis no meu amor, assim como também Eu tenho guardado os mandamentos do meu e vosso Pai e no seu amor permaneço.

Tenho dito estas coisas para que o meu gozo esteja em vós, e o vosso gozo seja completo. O meu mandamento é este: que vos ameis uns aos outros, assim como Eu vos amei. Ninguém tem maior amor do que este: de dar a alguém a própria vida em favor de seus irmãos.

Vós sois meus amigos, se fazeis o que vos mando. Já não vos chamo servos, porque o servo não sabe o que faz o seu senhor, mas tenho vos chamado amigos, porque tudo quanto ouvi de Meu Pai vos tenho dado a conhecer.

Não fostes vós que me escolhestes a mim; pelo contrário, eu vos escolhi a vós outros e vos designei para que vades e deis frutos, e o vosso fruto permaneça, a fim de que tudo quanto pedirdes ao Pai em meu nome, Ele vos conceda.

Isto vos mando: que vos ameis uns aos outros.

Se o mundo vos odeia, sabei que primeiro do que a vós outros, me odiou a mim. Se fôsseis do mundo, o mundo amaria o que era seu; mas, porque não sois do mundo, antes eu vos escolhi do mundo, por isso é que o mundo vos odeia. Lembrai-vos das palavras que Eu vos disse: Não é o servo maior do que o seu senhor. Se me perseguirem a mim, também perseguirão a vós outros; se guardarem a minha palavra, também guardarão a vossa.

Tudo isto, porém, vos farão por causa do meu nome, porquanto não conhecem aquele que me enviou. Se Eu não viesse nem lhes houvesse falado, pecado não teriam, mas agora, não têm desculpa do seu pecado.

Quem me odeia, odeia também a Meu Pai. Se eu não tivesse feito entre eles tais obras, quais nenhum outro fez, pecado não teriam, mas agora, não somente têm eles visto, mas também odiado, tanto a mim como a Meu Pai. Isto, porém, é para que se cumpra a palavra escrita na sua lei.

Concluída a leitura, o diákono sentou-se. Então o epískopo levantou-se para iniciar a comentar sobre o texto lido. Antes, porém, cumprimentou a todos os presentes, e olhando na direção dos três visitantes que trajavam túnicas à moda cristã, e como nunca os tinha visto, disse:

— Saudamos também, em nome de Yeshua de Nazareth, os nossos três irmãos que se sentam juntos, aqui na frente, à direita, desejando que se sintam bem na Casa do Mestre de Nazareth.

Ao assim dizer, olhou para os três, que responderam afirmativamente com sorrisos e aceno breve com a cabeça.

O epískopo Eliaquim então continuou:

Meus irmãos, na lição lida esta noite, que está anotada pelo Apóstolo João, inegavelmente, nosso amado Rabi, em primeiro lugar, assim pensamos, procurou adaptar suas palavras à crença geral que já era conhecida e praticada, a respeito do Senhor da Vida, Yahweh, e teve a preocupação de jamais desdizer qualquer vaticínio da nação de Israel, isto desde os tempos do patriarca Abraão.

Quando indagado relativamente à tradição do seu povo, sempre respondia que o Pai Celestial ama a todos os seus filhos, indistintamente, portanto, ama a toda a Humanidade. Deixou claro que a Vida eterna que todos almejamos é atributo das criaturas, e que faz parte de sua própria constituição ou criação, manifestando que veio para a Terra para trazer a libertação do pensamento humano, para que ele não fique mais preso a sistemas e interesses dos humanos. Nesses ensinamentos valiosos, não há dúvida que Yeshua já tinha conhecimento pleno do que lhe aconteceria; que teria de testemunhar na Terra a presença da coragem, da resignação, da firmeza de propósitos, da humildade, da paciência, do entendimento e do perdão. Sabedor de seu retorno às Moradas Celestes, na sua lucidez angelical, pediu ao Pai por todos os seus apóstolos amados e por seus discípulos, o olhar de misericórdia, e rogou por todos eles. Pediu ao Senhor da Vida que não os retirasse do mundo e que os resguardasse do mal.

Em plena visão do futuro, pediu ao Pai por todas as criaturas que viessem a crer na sua iluminada Mensagem, eis que, com certeza, elas estariam, por si, divididas das demais e passariam até a ser odiadas.

Não prometeu o mar da felicidade, antes prometeu a luta não somente contra as imperfeições, mas a favor do Cristianismo, de Pedro, de Mateus, de João, de Marcos, de Lucas, de Paulo, sublimes trabalhadores da verdade cristã que chegaram na Terra, alertando que se algum não permanecer n'Ele, não poderá ser equiparado à árvore que dá bons frutos. Concitou a permanecermos sob o agasalho da sua mensagem, pois assim poderíamos fazer o que quiséssemos, desde que edificante no bem.

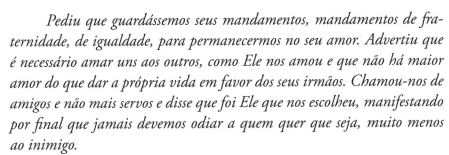

Pediu que guardássemos seus mandamentos, mandamentos de fraternidade, de igualdade, para permanecermos no seu amor. Advertiu que é necessário amar uns aos outros, como Ele nos amou e que não há maior amor do que dar a própria vida em favor dos seus irmãos. Chamou-nos de amigos e não mais servos e disse que foi Ele que nos escolheu, manifestando por final que jamais devemos odiar a quem quer que seja, muito menos ao inimigo.

O epískopo terminou o comentário e sentou-se, então o diákono Omazias agradeceu a presença de todos e deu a reunião da noite por encerrada. Todos iam se retirando em silêncio. Após quase todos saírem, o grupo dos três cristãos se dirigiu ao epískopo e diákonos. O mais alto saudou-os:

— Olá, prezados irmãos em Cristo! Permitam-nos a apresentação. Eu sou o irmão Tertullianus. Atualmente auxilio o epískopo da cidade de Cartago, na África, em estudos e divulgação da Mensagem de Yeshua. O irmão Cipriano e estes dois que viajam comigo, Zaki e Barack são os diákonos do núcleo. Desculpai-nos por chegarmos já no início das atividades. Aqui estamos para atender a gentil convite do epískopo Eliaquim.

Ao dizer isto, olhou para o próprio Eliaquim, arrematando:

— É um enorme prazer conhecer-vos. Viajamos já por mais de três meses para chegarmos até vossa cidade, e para nós é uma honra estarmos aqui.

Os cumprimentos foram expansivos e alegres. Eliaquim não conseguia esconder a satisfação de receber a esperada visita de Tertullianus, cuja fama já vazara as fronteiras africanas, eis que este já era reconhecido no mundo cristão da época, como um erudito e profundo conhecedor da Doutrina Cristã.

Eliaquim apresentou formalmente os diákonos Benjamim e Omazias e disse:

— Meus amados irmãos, nosso núcleo se enche de alegria com vossas visitas. Confesso que termos o irmão Tertullianus entre nós é uma dádiva que agradecemos a Yeshua. Penso que deveis estar muito cansados, então vinde, vamos para as dependências de moradia do núcleo. Serão nossos hóspedes pelo tempo que desejarem.

— Meu nobre irmão Eliaquim — respondeu Tertullianus —, além do prazer em conhecer-vos, a alegria é nossa, e de fato estamos bem cansados mesmo.

A seguir, atenderam ao convite do epískopo. O epískopo Eliaquim disse:

— Meus irmãos, nosso auxiliar Levi os levará para seus aposentos. Sempre temos dois aposentos preparados para visitas. Penso que o irmão Tertullianus pode repousar em um e os dois irmãos diákonos em outro, pode ser assim? — indagou.

— Claro, nobre irmão — respondeu Tertullianus. — Para o cristão, basta ter um lugar para repousar e já estará bom. Lembremos que o Mestre não tinha sequer uma pedra para repousar a cabeça.

Eliaquim informou que em breve serviriam o repasto noturno e que mandaria chamá-los. As providências de acomodação foram tomadas.

CAPÍTULO XIX

VISITA DE TERTULLIANUS E ELIAQUIM À CIDADE DA FÉ – LEMBRANÇAS E REVELAÇÕES

Após todos terem feito o repasto noturno em clima de estreitamento dos laços de amizade, as conversações foram excelentes. Eliaquim não cabia em si de contentamento por receber no núcleo o irmão Tertullianus de Cartago. Esperava recebê-lo, pois havia escrito ao mesmo o convidando para estar com eles no núcleo cristão, contudo, imaginava que isto demoraria ainda vários meses. Manifestou a sua impressão a Tertullianus, que lhe disse:

— Nobre irmão Eliaquim, confesso que nem eu saberia explicar as circunstâncias que me levaram a atender prontamente a vosso convite. Ao receber vossa carta pedindo a nossa presença em vosso núcleo, já de pronto debati com nosso epískopo Cipriano e os irmãos diákonos do núcleo de Cartago e uma força interna, até agora para mim indefinida, impulsionou-me a apressar a vinda para cá, de modo que, passados três meses, aqui estamos, em nome de Yeshua de Nazareth. Vi com alegria o excelente trabalho que foi realizado há pouco e me entusiasmei com a quantidade de pessoas que estavam no salão, atentas a tudo.

O tempo restante da noite foi reservado aos comentários sobre a situação do Cristianismo em Jerusalém e na região. A conclusão foi que infelizmente as agressões dos judeus e de Roma, contra o

Cristianismo, eram contínuas, visando sempre fazer perecer a Mensagem Cristã.

Após mais algumas conversações, Eliaquim disse:

— Nobres irmãos, cogito novamente que estais muito cansados. Peço ao nosso diákono Omazias para orar por todos nós.

Após prece feita com sentida emoção, todos se retiraram para suas dependências de repouso.

Tertullianus estava mesmo muito cansado. Após prece feita com endereçamento ao Mestre, rapidamente adormeceu. Tão logo o fez, viu-se em pé, ao lado do leito, olhou para o seu corpo, que ressonava, e sorriu, até porque esse fato já era de seu conhecimento e domínio, desde quando iniciara seus estudos sobre o Cristianismo. Após, voltou-se para a porta do aposento, ocasião em que viu o epískopo Eliaquim e um jovem de extraordinária beleza, que lhe sorriam. Dirigiu-se até eles, ao que o epískopo Eliaquim lhe disse:

— Nobre irmão, vimos buscá-lo. Deixa-me apresentar-te nosso amigo Estêvão. Ele tem sido sempre o dileto amigo e protetor de nosso núcleo cristão, onde iniciou as tarefas da boa divulgação da Mensagem de nosso Messias.

Estêvão se aproximou e sorrindo disse a Tertullianus:

— Meu amigo, é uma imensa alegria estar aqui e ter vindo buscar-vos, a pedido de nosso governador Acádio, da Cidade da Fé, que é uma das moradas celestiais de Yahweh e que chamamos de cidade espiritual, onde estão centralizadas as ações alusivas à boa divulgação da Mensagem de Yeshua, e, por conseguinte, de cuidados e manutenção do Cristianismo na Terra.

Já nos conhecemos, contudo, em razão de vossa nova existência terrena, tivestes a mente um pouco turbada pelo que chamamos de esquecimento do passado. Entendereis, a breve tempo, que tal se traduz em ação necessária para sempre caminharmos na direção do futuro.

Tertullianus teve mesmo a impressão de já ter conhecido o jovem Estêvão, mas, de fato, uma ponta de esquecimento lhe invadia o ser. Apenas sorriu e assentiu:

— Nobres irmãos, estou a vosso inteiro dispor e pronto a obedecer a vossas recomendações.

— Caro amigo — retrucou Estêvão —, nós é que ficamos felizes. Então vamos. Recomendo cerrar os olhos.

Em breve, a pequena caravana chegou à Cidade da Fé e encaminhou-se para o prédio da Administração Central, onde foram recebidos pela secretária do governador, Eleodora, que após os cumprimentos de praxe os encaminhou para a sala de trabalho do governador Acádio. Após passarem por três portas, à direita de onde entraram, pararam em frente a duas portas em curva, na parte superior.

Eleodora pediu que esperassem um pouco. Deu leve batida e abriu, entrando no recinto. Mais alguns instantes, e para surpresa de todos, o próprio governador, acompanhado de Eleodora, surgiu à porta.

Primeiro, cumprimentou Estêvão, com reconhecido abraço, e após, dirigiu-se a Eliaquim e Tertullianus, cumprimentando-os, ao tempo que dizia:

— Olá, nobres e amados irmãos em Yeshua! É para nós uma grande alegria receber-vos. Sede bem-vindos à Casa de Yeshua.

A seguir os convidou:

— Por favor, vamos entrar.

Quando já estavam próximos à sua mesa de trabalho, indicou aos visitantes confortáveis bancos. Todos se sentaram. Acomodados, o governador retomou o diálogo:

— Irmãos, pedi ao amigo e irmão Estêvão que fosse buscar-vos para que pudéssemos estabelecer uma conversação muito importante, que se relaciona com o quadro atual da divulgação dos ensinamentos do Cristo Yeshua na Terra. Vós bem sabeis que já se passaram cento e sessenta e sete anos do retorno do Mestre às moradas celestiais. Neste tempo todo, as lutas para que os seus ensinamentos não sofressem deturpações e o ataque do esquecimento foram grandiosas. Nossa cidade tem sido o posto avançado de comando para que o Evangelho continue sendo implantado sem maiores obstáculos.

Neste tempo em que a nação romana ainda domina grande parte da Terra conhecida, embora pareça um paradoxo, ante as perseguições dos romanos, isto tem sido um facilitador para que a doutrina do Messias se locomova por todos os domínios de Roma e daí para além de suas fronteiras, apesar dos desmandos de vários imperadores.

Se por um lado as perseguições, como citei, ainda ocorrem, por outro, as facilidades de viagens e deslocações pelo império têm sido utilizadas pelos cristãos pregadores e seguidores do Mestre, facilidades que não poderiam talvez encontrar de outra forma.

Feitas essas considerações, que julgamos importantes a fim de facilitar o intercâmbio entre os dois planos da existência, no sentido de criar pontos de sustentação firmes para a continuada divulgação da verdade revelada pelo Mestre, foi sob a orientação direta d'Ele que criamos a Cidade Espiritual de Nova Roma, para onde são direcionados, após a morte física, os Espíritos de cidadãos romanos de todas as castas que porventura já tenham em si o germe da crença no Cristianismo ou que possuam excelente caráter, pelas boas obras que praticaram ou deixaram na Terra, para que nela haja uma preparação, sob a tutela dos ensinamentos de Yeshua, permitindo-se então o cumprimento de parte do planejamento, que se traduz na possibilidade dessas almas voltarem ao palco da Terra, seja nas fileiras de Roma ou fora dela, e despertando, no momento oportuno, passem a auxiliar na expansão da Mensagem do Nazareno em todas as fronteiras terrenas possíveis.

Voltando-se para Tertullianus, o governador disse:

— Nobre irmão, apesar de não terdes sido romano, em vossas anteriores existências corporais, queremos revelar-vos que já fostes, em outras etapas de vossas vidas anteriores no corpo físico, ativo trabalhador de Yahweh.

Ao assim dizer, o governador levantou-se e dirigiu-se a um enorme armário que possuía na sua sala e verificando imensas fileiras de pergaminhos enrolados, retirou um, retornando ao seu lugar. A seguir, passou a desenrolá-lo e olhando na direção de Tertullianus, disse:

— Meu irmão, todos nós somos Espíritos criados pelo Senhor da Vida, com destinação inteligente, para um dia chegarmos próximos ao Criador, possibilitando-nos as conquistas que podemos e devemos fazer, do conhecimento do que muitos chamam de segredos da Criação, o que possibilita sabermos de onde viemos, quando surgimos, para onde estamos caminhando atualmente e até para onde caminharemos no futuro.

Para esse fim, nobre Tertullianus, as vidas sucessivas, na Terra, verificam-se, para o Espírito, em inúmeros corpos físicos. Atentemos com profundidade ao que disse o Profeta Ezequiel:

E disse a mim: filho do homem, estes ossos são toda a casa de Israel. Eis que dizem: Os nossos ossos estão secos e está perdida a nossa esperança. Por isso, profetiza e dize-lhes: Assim diz Adonai, o Senhor Deus: Eis que eu abrirei vossas sepulturas e vos farei sair delas, ó povo meu, e vos reconduzirei à terra de Israel. Sabereis que eu sou Yahveh quando eu abrir os vossos túmulos e vos elevar de vossas sepulturas, ó povo meu. E porei sobre vós o meu espírito e revivereis e vos reporei sobre a vossa terra. E eles saberão que eu sou Yahveh. Disse isto e fiz o oráculo de Yahveh.

Nesta atual existência na Terra, tivestes a oportunidade de conhecer a tradição e história da nação de Israel, pela qual vos encantastes e apesar de não ser nesta vossa vida terrena descendente de judeus, registramos, aqui nas anotações, que vos interessastes pelos estudos relativos ao que os israelitas chamam de escola de Hillel e escola de Shammai. Em sendo assim, porque é uma verdade, estais aqui nesta Cidade da Fé, e como bem sentis e vedes, estais conosco em espírito, no instante em que vosso corpo físico atual repousa na Terra.

Vejo em vosso semblante uma certa surpresa com o que relatamos até aqui. Queremos dizer-vos que na condição de Espírito, já estagiastes um bom tempo aqui em nossa cidade, e tendo em vista vosso alto grau de conhecimento da trajetória da nação de Israel, desde os tempos dos hebreus como dos judeus, e que estão registrados em vossa memória espiritual, fostes escolhido pelo Mestre, que nos enviou deliberação para que retornásseis à Terra, e em razão de vossa larga experiência espiritual, no momento certo, deveríeis ser chamado a defender a causa do Mestre, que hoje é denominada Cristianismo. Defendestes, em outras vidas vossas, do passado, a Mensagem de Yahweh, de quem fostes um verdadeiro divulgador. Assim me permito ler um pouco de uma vossa trajetória anterior, pela Terra. Pode ser?

Tertullianus, que tudo ouvia com o mais profundo silêncio e atenção, parecendo mesmo querer se situar pela memória, no tempo passado, respondeu:

— Sim, nobre governador. Apreciaria muito em saber ou lembrar. Podeis prosseguir.

Acádio sorriu e começou a ler o pergaminho na parte em que parara:

— *Eram dias de inúmeras mudanças em Israel. Vários reis da nação haviam se sucedido, desde o primeiro rei, Saul, que foi ungido como rei pelo profeta Samuel. Este, ao fazê-lo, tomou de um vaso de azeite e derramou sobre a cabeça de Saul, beijou sua face e exclamou: Não te ungi, porventura, o senhor por príncipe sobre a tua herança, o povo de Israel? E disse aos filhos de Israel: "Fiz subir, ó Israel, do Egito e livrei-vos das mãos dos egípcios e das mãos de todos os reinos que vos oprimiam".*

Então disse Samuel a todo o povo: *Vedes a quem o senhor escolheu, pois em todo povo não há nenhum semelhante a ele.* Então todo o povo exclamou: *Viva o Rei!*

De Saul a nação gerou vários reis, entretanto, houve a escravidão do povo na Babilônia, quando a nação perdeu sua identidade e o povo sofreu novamente as agruras do destino que mais uma vez dobrou o orgulho da nação, sentimento injustificável. Nesse período, Tertullianus, vivestes na Terra, no seio dessa Nação, e estavas ativo e defendendo a casa de Israel, quando atuastes como um enviado do Senhor, como um profeta, por volta dos anos 450 a.C. Vivestes na condição do Profeta Malaquias e profetizastes o fim do cativeiro do povo na Babilônia e a reconstrução do Templo de Jerusalém.

Era o tempo em que Israel era governado por Neemias. Nessa época acontecia um verdadeiro desrespeito às coisas santas e os sacerdotes do povo negligenciavam em seus ofícios, fazendo o povo desviar-se da rota, por falta da verdadeira palavra de Yahweh.

A lei já havia sido quase que esquecida, tanto pelos homens e mulheres do povo quanto pelos sacerdotes, que ofereciam atos impuros e se casavam com mulheres de religião estrangeira, ferindo a tradição. Não havia mais zelo pelas coisas de Yahweh, negligenciando-se inclusive as ofertas. Na condição de adorador de Yahweh, surgistes no meio do povo, como um combatente ao comodismo e à indiferença para com as coisas do Criador e estabelecestes a necessidade de reavaliar o relacionamento da criatura com o Pai Celestial. Então, escrevestes sobre o pecado de Israel e o julgamento do Senhor sobre os ímpios e sobre as bem-aventuranças que viriam sobre aqueles que se arrependessem. Com esse fim, pronunciastes a sentença ditada por Yahweh contra a nação que se achava desviada do caminho, e que se acha aqui registrado:

Eu vos tenho amado, diz o Senhor: Mas vós dizeis: Em que nos tendes amado? Não foi Esaú irmão de Jacó? Disse o Senhor: todavia, amei a Jacó, porém aborreci Esaú; e fiz dos seus montes uma desolação e dei a sua herança aos chacais do deserto. Se Edom diz: Fomos destruídos, porém tornaremos a edificar as ruínas. Embora Edom afirme: Fomos esmagados, mas reconstruiremos as ruínas.

Então diz o Senhor dos Exércitos: Eles edificarão, mas eu destruirei; e Edom será chamado Terra de Perversidade e povo contra quem o Senhor está irado para sempre. Os vossos olhos o verão, vocês verão isso com ossos próprios olhos e vos direi: Grande é o Senhor também fora dos limites de Israel, além de suas fronteiras e sobre o território de Israel.

O filho honra o pai, e o servo ao seu senhor; se eu sou pai, onde está a minha honra? E se eu sou o Senhor, onde está o respeito comigo? Onde está o temor que me devem? Diz o Senhor dos Exércitos a vós outros, ó sacerdotes que desprezais o meu nome. E vós dizeis: Em que desprezamos o teu nome? Ofereceis sobre o meu altar um pão imundo e trazeis comida impura ao meu altar e ainda perguntais em que te havemos profanado? De que maneira te desonramos? Nisto que pensais: A mesa do Senhor é desprezível.

Quando trazeis animal cego para sacrificardes, não é isso mau? E quando o trazeis coxo ou enfermo, não é isso mau? Ora, apresento-os ao teu governador. Tenta oferecê-lo de presente ao governador. Acaso terá ele agrado de ti e te será favorável?

Ora, como está no Levítico, os animais sacrificados devem ser sem defeito. Agora, pois, suplicai o favor de Yahweh, que nos conceda a sua graça, mas com tais ofertas nas vossas mãos, aceitará ele a vossa pessoa? Diz o Senhor dos Exércitos: Tomara houvesse entre vós quem fechasse as portas do templo, para que não acendêsseis debalde o fogo do meu altar. Eu não tenho prazer em vós, diz o Senhor dos Exércitos, nem aceitarei da vossa mão a oferta. Mas desde o nascente do Sol até o poente, do Oriente ao Ocidente, é grande entre as nações o meu nome, e em todo lugar é queimado incenso em meu nome e trazidas ofertas puras, porque o meu nome é grande entre as nações, diz o Senhor dos Exércitos.

O governador Acádio fez uma pausa. O silêncio era total. Tertullianus parecia se ausentar do local, como se vestisse naquele momento sua indumentária do passado. O governador, que continuava desenrolando o pergaminho, continuou a ler:

Agora, ó sacerdotes, para vós outros é este mandamento. Se não ouvirdes e se não vos propuserdes em vosso coração dar honra ao meu nome, diz o Senhor dos Exércitos, enviarei sobre vós a maldição e amaldiçoarei vossas bênçãos. Já as tenho amaldiçoado, porque vós não propondes isso com o coração. Mas vos tendes desviado do caminho, e, por vossa instrução, tendes feito tropeçar a muitos. Violastes a aliança de Levi, diz o Senhor dos Exércitos. Por isso, também eu vos fiz desprezíveis e indignos diante de todo o povo, visto que não guardastes os meus caminhos, mas vos mostrastes parciais ao não aplicardes a lei.

O governador fez nova pausa. Tertullianus estava impactado com a leitura. A seguir, o governador disse:

— Fostes um dos escolhidos, outrora, para anunciar a vinda do Messias, e o fizestes bem, quando profetizastes da seguinte forma:

Eis que eu envio o meu mensageiro, que preparará o caminho diante de mim; de repente, virá ao seu templo o Senhor, a quem vós buscais, e o

Em torno do Cristo

anjo da Aliança, a quem vós desejais; eis que ele vem, diz o Senhor dos Exércitos.

Pois que vem o dia e arde como fornalha, todos os soberbos e todos os que cometem perversidade serão como o restolho. Todos os arrogantes e todos os malfeitores serão como palha; o dia que vem os abrasará, ateará fogo neles, diz o Senhor dos Exércitos, de sorte que não lhes deixará nem raiz nem ramo.

Mas quem poderá suportar o dia da sua vinda? Quem poderá subsistir quando ele aparecer? Porque ele é como o fogo do ourives e como o sabão dos lavandeiros. Assentar-se-á como fundidor e purificador de prata, e purificará os filhos de Levi e os refinará como ouro e como prata, até que tragam ao Senhor justas ofertas.

O governador fez nova pausa, depois disse:

Naquele tempo também orientastes a dar ao Senhor as dádivas que dele recebemos:

Trazei vosso dízimo à casa do tesouro, para que haja mantimento na minha casa, e depois fazei prova de mim, diz o Senhor dos Exércitos, se eu não vos abrir as janelas do céu e não derramar sobre vós, bênçãos sem medida.

Após nova pausa, continuou:

— Nobre irmão, deixastes em vossa vinda à Terra como Malaquias, um grande legado para a posteridade, e presentemente, o Senhor da Vida vos chama novamente, para que desempenheis decisiva atuação na defesa firme e resoluta da pureza e continuidade da divulgação da Nova Mensagem Iluminadora e Renovadora da Terra. É assim que Yeshua de Nazareth se serve dos trabalhadores, dos servidores fiéis à sua doutrina de amor e luz, que revelou para a Terra o Pai Soberano, Justo e Bom. Estes trechos de uma de vossas existências na chamada Terra Prometida demarcaram a grandeza, a coragem e o estoicismo com que, no seio da nação de Israel, levantastes a voz e desfraldastes a bandeira futura do Sublime Cordeiro Divino sobre a Terra.

A seguir — continuou o governador —, muitos anos depois, retornastes ao palco da Terra e fostes juiz no Sanhedrim, membro efetivo da Gerousia de Israel, amado e respeitado por vossa gente e inclusive por seguidores do Cordeiro Divino, que já se achava sobre a Terra, quando vivestes como Gamaliel ben Rabban e fostes amigo de Saul de Tarshishi. Nessa condição, servistes com fidelidade absoluta a Yahweh e também a Yeshua de Nazareth, de quem, até o final dessa existência, fostes fiel servidor.

Hoje, após o transcurso das engrenagens do tempo que tudo vê, suporta e avança, retornastes mais uma vez ao palco da Terra, agora na indumentária de Tertullianus, e eis que, diante de vossos conhecimentos do que já chamam na Terra de Lei Antiga e do zelo pela Mensagem da Boa-nova, queremos dizer-vos que Yeshua de Nazareth espera que cumprais com o compromisso que assumistes antes deste vosso último retorno à Terra, no corpo físico, do que aqui que temos anotado:

Mestre de Amor, sou profundamente agradecido pela confiança em aceitardes minha oferta de serviço e meus esforços na defesa dos postulados de vossa Mensagem Sublime, que espalhastes na Terra a mando de vosso e nosso Pai Celestial. Envidarei todos os esforços para que a Boa-nova continue açambarcando a Terra. Combaterei com todas as forças de minha alma os que visarem deturpá-la com orientações estranhas e desprovidas de lógica e bom senso.

Tudo farei para que vossa sublime presença na Terra jamais seja utilizada como um sistema de dominação, e auxiliarei a quantos minhas forças puderem, na solidificação dos núcleos cristãos divulgadores da vossa palavra e de vosso rastro de luz. Ajudai-me oh! Sublime Mestre, para que eu não sucumba às tentações. Abençoai-me, hoje e sempre! Assim seja!

O governador calou-se. Tertullianus, agora altamente emocionado, chorava. Enquanto o governador lia as partes da anotação, ele viajava no tempo e em espírito penetrava naquelas épocas dos difíceis embates pelas verdades do Criador. Sentia um misto de saudade e de alegria. Localizara na sua memória espiritual, todas essas etapas ali desfiladas na leitura e, de repente, uma imagem veio-lhe à mente, e era atual, a imagem da sua amada Verônica.

Consciente das possibilidades da continuação da vida e do acesso que tinha em espírito ao plano da verdadeira Vida espiritual, pensou: Onde será que ela andará? Será que terei possibilidade de vê-la, de conversar com ela? O governador captou a divagação mental de Tertullianus e lhe disse:

— Meu amigo, não vos aflijais quanto ao que cogitais. Verônica está muito bem. Aliás, ela está radicada em outra cidade espiritual, que se chama *Cidade do Amor,* que é dirigida pessoalmente pela Mãe Santíssima, Maria de Nazareth, e a breve tempo podereis estar com ela, mas estou autorizado a dizer-vos que ela estará sempre velando por vós e vos envia ósculo de amor eterno, que vos encaminha pelas asas da saudade.

Tertullianus, ao ouvir a manifestação do governador, chorou novamente, fazendo vibrar as cordas mais íntimas do coração.

Mais refeito de tudo o que ouvira e sentira, Tertullianus, agora controlando os sentimentos, disse:

— Nobre governador Acádio, não tenho palavras para expressar a minha gratidão, a alegria e a paz que ora sinto invadir minha alma. Eu sempre anelei defender Yahweh a todo custo e procurei fazê-lo sob o peso dos testemunhos que se fizeram necessários para que eu nunca me engrandecesse em nada. O mesmo agora empenho na direção do Mestre e Senhor Yeshua, eis que estou para servir, custe o que custar.

O governador então asseverou:

— Nobre irmão Tertullianus, o Mestre necessita que façais amplo trabalho de afirmação da tradição e pureza da Mensagem Cristã, que deve viger entre os seus seguidores e da correção que se deve ter em face de eventuais desvios dos seus verdadeiros ensinamentos. Agora, por momentos, nossas conversações ficam por aqui. Vos agradeço a presença.

Estêvão, fiel servidor de Yahweh e de Yeshua vos será doravante a tarefa, o apoio e a ponte para que prossigais em vosso trabalho.

Encerrada a conversação e após os abraços naturais, Tertullianus, na companhia de Estêvão, retornou ao corpo físico, no simplório quarto do núcleo cristão de Jerusalém.

CAPÍTULO XX

RECORDAÇÕES E DIÁLOGOS DE TERTULLIANUS NO NÚCLEO CRISTÃO DE JERUSALÉM

O dia amanhecera um pouco frio, contudo, ensolarado. O núcleo cristão ficava na cidade baixa, no mesmo local em que Simão bar Jonas, Tiago e Barnabé, juntamente com os demais apóstolos, tinham fundado a Casa do Caminho, bem na saída que levava à estrada que liga Jerusalém a Jope. Apenas tinha sido ampliado com outra construção, na qual se atendia com alimentos e roupas, os necessitados que sempre apareciam por lá ou que eram trazidos pelos trabalhadores.

A caridade continuava a ser a marca viva dos seguidores do Mestre. Socorrer a dor alheia, o abandono, a fome, as dores da alma, eram os objetivos claros do núcleo e isto sempre continuava a incomodar os judeus tradicionais, que não viam com bons olhos o atendimento que era feito e já por vários e vários anos tinham espalhado um despropositado ditado em que diziam ser o Cristianismo uma crença de miseráveis.

A seu passo, as autoridades romanas, que ainda comandavam o território de Israel, sempre insufladas pelos judeus, também não faziam gestos de apoio às ações dos cristãos, mas numa medida estratégica, disfarçadamente, já começavam a aceitar o serviço de auxílio prestado por estes aos necessitados, porque isso acabava por trazer menos problemas econômicos para Roma.

Após serem convidados para o repasto matutino, em breve tempo, Tertullianus e seus amigos diákonos compareceram ao local das refeições. Eliaquim e os demais diákonos já os esperavam. Após todos acomodados se deu início a ampla conversação. O epískopo Eliaquim indagou a Tertullianus:

— Nobre irmão, vejo pelas características físicas que possuís que deveis ter nascido em Cartago mesmo, logo, és africano? Assim indago em razão de vossa tez clara.

— Sim, sou filho de Cartago — respondeu Tertullianus. — Meu pai, embora africano, detinha cidadania romana e serviu nos exércitos de Roma, chegando à patente de centurião. Por influência de meu pai, morei na cidade de Roma quando jovem e lá pude estudar retórica e a legislação romana, como também a filosofia da Grécia. Também dei meus primeiros passos para me tornar professor. Versei-me no latim e na língua grega. Casei-me já com mais de 30 anos, com aquela que é até hoje a rainha das minhas lembranças, Verônica. Entretanto, ela faleceu ainda muito jovem. À época, eu não tinha nada definido quanto a crença, embora no último dia, à beira da morte, no seu leito de dor, ela me disse que havia se convertido ao Cristianismo e me pedia que eu fosse até o núcleo cristão de Cartago e que lá eu haveria de entender o motivo de sua escolha. Hoje, depois de tantas e tantas lutas, veja só onde me encontro!

Os diákonos acompanhavam a narrativa de Tertullianus com vivo interesse. Eliaquim, retomando a palavra, aduziu:

— Nobre amigo, vejo que o irmão deixou os outros afazeres para se dedicar ao estudo, conhecimento e divulgação da Mensagem do Mestre de Nazareth. Nestes tempos, temos consciência que muitos núcleos cristãos estão divididos, a grande maioria deles por questões de somenos importância e, mais grave, têm enfrentado crises de interpretação que podem levar a Mensagem Cristã, se não a desaparecer, a sofrer incontáveis anos de atraso. Penso que isto, de alguma forma, temos que evitar. O que nos diz a respeito?

Tertullianus respirou fundo e aduziu:

— Primeiro vos digo que me apaixonei pelo homem Yeshua, no que de mais divino possa ter esse sentimento. Extraí do legado extraordinário e maravilhoso que Ele deixou para a Humanidade, a certeza de que Ele é o Filho Dileto e Amado que Yahweh enviou para a Terra. Positivamente, não houve, não há e penso que mesmo no futuro não haverá alguém que possua a grandeza d'alma que Ele possui e que tenha enobrecido a vida, a Criação e o Criador, como Ele enobreceu. Sua vida foi um hino puramente de amor e de luz perenes. Ele se ofereceu voluntariamente a Yahweh por todos os pecados da Humanidade. Com as mãos estendidas na cruz e o corpo nu, ofereceu-se em sacrifício. Dizem que ao expirar, naquela tarde fatídica, no Gólgota, uma das coisas que Ele disse à Humanidade foi: *"Ofereço-me, oh! Pai, em sacrifício para que os homens possam se reconciliar convosco".*

Assim, o Senhor e Mestre de todos nós retornou às altas Moradas Celestiais e continua à frente do árduo trabalho de renovação moral da Humanidade terrena. Penso que Ele comanda enorme equipe de almas que se perfilaram e assumiram tarefas, dedicando-se não somente na continuidade do progresso de suas almas, mas principalmente no auxílio mútuo, para que o Reino de Yahweh seja, um dia, que não haverá de estar muito longe, implantado definitivamente em toda a Terra.

Porém, se olharmos para trás, mesmo no meio Cristão poderemos constatar que esse trabalho não tem sido fácil, eis que dentre aqueles em quem Yeshua depositou confiança, infelizmente, alguns enveredaram e têm enveredado pelos caminhos tortuosos das interpretações equivocadas, relativamente à sua maravilhosa e simples mensagem de renovação de toda a Humanidade. O inolvidável arauto do Senhor, Paulo de Tarso, disto havia adquirido perfeito entendimento, e tomei conhecimento de uma passagem que se deu com ele e que me permito narrar aos irmãos, eis que se refere a uma noite inesquecível, na casa de Lídia, a comerciante de púrpuras, na cidade de Filipos.

Após ter recebido a bela notícia de que os novos adeptos daquela cidade estavam fundando um núcleo cristão ali naquela casa, portanto, mais um oásis da verdade, em homenagem a Yeshua de Nazareth, com os olhos inundados pelas lágrimas, havia, juntamente com o amigo Silas, recém-liberto da prisão, pela manhã, ocasião em que ambos traziam o corpo todo machucado, inchado pelos socos e pontapés dos seus agressores, os braços e a face macerados pela ignomínia dos fracos e após respirar, contendo as dores do corpo, disse aos novos cristãos, na pequena sala da casa:

— Meus irmãos, quero vos dizer que nosso amigo João confidenciou-me estar escrevendo sobre nosso Amado Mestre. Confidenciou-me, também, sobre várias anotações que pretende dar ao conhecimento do povo, um dia, para o que ele espera receber um sinal. Disse-me que certa feita, próximo ao templo, em Jerusalém, o Mestre, falando a um grupo considerável de pessoas que o cercavam, ouviu de um levita a seguinte indagação:

— Galileu, com vossas doces palavras e dizendo-se o Filho enviado de Yahweh, o que já é uma heresia à Lei, onde pensas levar essas criaturas que te cercam, e que inadvertidamente te seguem? Dizei-nos, oh! Divino Mestre.

Olhando o levita com olhar de condescendência e compaixão, olhou também para os demais que o cercavam e respondeu:

— Ouve-me. Eu sou o Filho de Yahweh, por Ele enviado, para trazer a verdade à Terra, e tudo o que falo é Ele que me diz para falar. Tudo o que vivo, é por Ele que me concito a viver. E se quereis saber qual o caminho que aqueles que ouvirem a minha palavra e dela se compenetrarem devem seguir, Eu vos afirmo que quem me segue não anda em trevas.

Ao mencionar essas lembranças, na casa de Lídia, as lágrimas do grande cireneu aumentaram de intensidade e entrecortada pela forte emoção, sua voz saía tremida. Então, prosseguiu:

Essas palavras do nosso amado Raboni nos exortam para que imitemos a sua vida, isto se verdadeiramente quisermos ser iluminados e nos vermos livres de toda cegueira da alma e do coração. Precisamos meditar sobre a vida do Mestre, e veremos que seus ensinamentos excedem todos os demais ensinamentos que a Terra já recebeu. Ocorre, irmãos, que muitos, apesar de já terem ouvido amiúde a sua Mensagem libertadora, nenhum fervor exprimem, porque ainda não se entregaram em espírito ao Cristo. Quem desejar saborear e compreender toda a plenitude das palavras do Mestre, deve-se esforçar para conformar com Ele toda a sua própria existência. Não são as palavras sublimes que fazem o homem virtuoso, é a vida virtuosa que o torna agradável a Yeshua e a Yahweh.

Ainda, naquele momento maravilhoso, o cireneu continuou:

— *Lembro-vos, nesta noite de glória e gratidão, que deveis esforçar-vos para sempre sentirdes compulsão pelo amor do Cristo. Não vos apegueis no trabalho de divulgar as verdades do Mestre apenas com estribilhos filosóficos, mas procurai servir ao próximo sem esperar retribuição alguma. Afastai-vos da vaidade. Lembrai-vos que na Lei Antiga, no Eclesiastes, o profeta já nos ensinou: "Vaidade das vaidades, tudo é vaidade".*

O que não é vaidade é amar a Yahweh e a Ele servir e pelas palavras de Yeshua, aprendermos que a suprema sabedoria consiste em renunciarmos ao mundo e tender ao Reino dos Céus. Vaidade é ajuntar riquezas perecíveis e nelas depositar toda a confiança. Vaidade é também ambicionar honras mundanas e posição de destaque. Vaidade é seguir os apetites da carne e desejar aquilo pelo que, depois, poderás ser severamente castigado. Vaidade é desejar longa vida e não cuidar para que ela seja boa. Vaidade é preocupar-se somente com a vida presente e não prever o que virá depois.

Ainda também vos alerto ao que mais diz o Eclesiastes: "Os olhos não se fartam de ver, nem os ouvidos de ouvir". Concito que deveis procurar a todo custo desviar o coração das coisas mundanas, para que ele atinja as invisíveis. Lutai o bom combate da verdade que o Mestre desfraldou, como bandeira do amor incondicional de Yahweh sobre a Terra. Buscai servir sempre, sem esperar retribuição, e se porventura o açoite da incompreensão visitar-vos, como vento derribador, que as colunas da união de todos resistam em pé, eis que, fincadas no chão do amor inquebrantável do Mestre Yeshua, serão os alicerces inabaláveis da fé e da verdade.

Ensinai aos que chegarem, pela fé e pelo exemplo. Buscai nos escritos de Mateus Levi a utilidade dos ensinamentos e não a sutileza da linguagem, eis que Yahweh nos fala de todas as maneiras. Precisamos ter ouvidos de ouvir!

Na ocasião, amigos, o cireneu quietou-se e pôs-se a chorar. As lágrimas brincavam em sua retina. O momento traduzia uma magia inenarrável no ambiente. Silas e Timóteo, que o acompanhavam, e o amigo Lucas, que reencontrara em Trôade e que também o acompanhara a Filipos, oravam, vencidos pelas lágrimas do puro sentimento do amor.

Foi quando Paulo viu, no centro da pequena sala, a majestosa figura do Inesquecível Mestre Yeshua, que não sorria, mas traduzia no belíssimo semblante, a gravidade natural daqueles que, por muito amarem, preocupam-se com seus irmãos. Paulo deu-se conta de que era a segunda vez que via a figura do amado Mestre, já lá se haviam passado 18 anos daquele dia inesquecível, no portal de Damasco. Entre lágrimas, que lhe serviam como bálsamo renovador, ouviu pela segunda vez, na Terra, a voz encantadora do Mestre:

— *Meu amigo! Por que choras? Confundes o teu pensamento com a cortina da lembrança que macula tua alma, nesta noite de glórias ao Pai?*

Paulo se surpreendeu, porque, quando tinha acabado de orientar os amigos de Filipos, as lembranças daquele terrível dia da lapidação do bom Estêvão lhe haviam assomado à alma, de repente. Essa lembrança sempre o perseguia, como um lobo prestes a saltar sobre ele e devorá-lo. Nesses momentos de emoção, essa lembrança sempre precedia a chegada das lágrimas, carregadas pelo *alazão* do arrependimento.

Sentindo o meigo, amoroso e terno olhar do Mestre sobre si, sentiu um misto de vergonha e arrependimento e mentalmente disse: *Mas, Mestre Amado, como esquecer? O que devo fazer para enfrentar os leões da minha alma que ensaiam sempre saltar sobre mim? Aquele a quem feri, sob a insânia da vaidade, perdoar-me-á um dia? Tu me perdoarás? O que devo, afinal, fazer? Porventura ainda mereço tua confiança?*

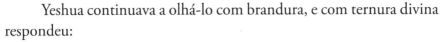

Yeshua continuava a olhá-lo com brandura, e com ternura divina respondeu:

— *Paulo, Paulo, um dia, Eu já te falei: Não recalcitres contra os teus aguilhões! Insensato é quem põe a sua esperança nos homens ou nas criaturas da Terra. Não te diminuas. Os que transitam na Terra ainda não atingiram a perfeição, e tu, embora o grave erro, possuis valores e créditos junto a Yahweh. Por muito te amar, Yahweh te concedeu a chance de recuperação, já nesta vida, se assim quiseres e aceitares. Estêvão já te perdoou, há muito tempo, porque te compreendeu o equívoco e sabe que tens um coração bom e valoroso e que és temente a Yahweh. Tenho intercedido junto ao Pai Celestial por ti. Tua convocação para trabalhar na Vinha do Senhor reveste meu coração com as fibras da esperança de ver que os ensinamentos que deixei, a pedido do meu e vosso Pai, não desaparecerão da Terra. Sob o beneplácito e concordância de Yahweh, fiz-te guardião da minha Mensagem, para cuja tarefa, Estêvão se apresentou par auxiliar-te, rogando a mim e ao Pai Celestial, estar sempre contigo.*

Era demais para Paulo. Ouvir aquilo fez com que as lágrimas subissem novamente para as comportas dos olhos, desta vez, em aluvião. Yeshua, porém, prosseguiu:

— *Meu amigo! Segue sempre adiante nos propósitos de bem espalhar a minha Mensagem. Não confies à saciedade em ti mesmo. Põe tua confiança em Yahweh. Faze a tua parte e o que mais puderes, e Yahweh te ajudará. Não confies em tua ciência, nem na sagacidade de qualquer homem. Confia na graça do Pai, que ajuda os humildes e abate os presunçosos. Não te orgulhes de tuas habilidades ou talentos, para que não desagrades a Yahweh, de quem procede todo o bem natural que tiveres. Não te coloques melhor que os outros, para não seres considerado pior e não desagradares a Yahweh. Não te ensoberbeças pelas boas obras, e se em ti houver algum bem, pensa que ainda melhores são os outros, para que assim te conserves em humildade.*

Agora é chegado o momento de secares tuas lágrimas. Se sentires vontade de chorar novamente, chora pelos que sofrem, pois são também filhos de nosso Pai Celestial, e não mais por ti. Os que precisam se levantar e lutar não têm tempo para lamentar! Lembra-te que Estêvão estará sempre contigo e Eu sempre atenderei ao teu chamado, pelas mãos que auxiliares; pelos socorros que emprestares; pelos abraços que deres aos desvalidos; pela voz que ecoares em meu nome e em nome de Nosso Pai; pelos sentimentos nobres que expressares, e lembra-te, sempre: Abre teu coração a quem de ti precisar e trata a tua vida como um sábio temente a Yahweh. Estarei sempre contigo! Segue sempre para o alvo! E o alvo é Yahweh. Que Ele te abençoe, hoje e sempre!

Ainda sob os filetes das lágrimas e o silêncio que Paulo fizera repentinamente, imperavam naquela humilde casa os rastros do Amor do Cristo.

Após a bela narrativa, Tertullianus continuou:

— A partir daquela memorável noite na casa de Lídia, o cireneu de Tarso agigantou-se. Reconfortado pela presença do Mestre, que via pela segunda vez, decidira, com firmeza de pensamento, que não mais choraria pelo seu passado, nem olharia mais para trás, embora sabendo, é claro, que não conseguiria esquecer aquele trágico momento da lapidação de Estêvão.

Reanimado e reconfortado em espírito, haveria de seguir sempre para a frente, cogitando, naquele momento, na casa da nova amiga, que mesmo que as lutas que adviriam, com certeza ainda maiores, em razão da tarefa de divulgação dos ensinamentos do Mestre Amado, trouxessem-lhe mais dores e incompreensões, jamais recuaria do sublime dever de preservá-los e de espalhá-los, e haveria de isto fazer nas regiões mais distantes que pudesse alcançar, mesmo que, para atingir esses objetivos, tivesse que doar a própria vida.

Ao concluir a narrativa, Tertullianus ouvia os soluços que brotavam dos amigos que o ouviam, principalmente do epískopo Eliaquim.

CAPÍTULO XXI

LEMBRANÇAS DA BAILARINA DA PÁRTIA – REVELAÇÕES

Já haviam transcorrido dois anos, desde que Nadir, que utilizava como disfarce o nome de Camilla, fora recebida e protegida no núcleo cristão de Alexandria. Foi exatamente nesse dia que Nadir despertou em seu pequeno quarto e teve um susto. Não conseguia acreditar no que seus olhos viam. Acreditou estar sonhando, a princípio, mas percebeu, pelos movimentos de suas mãos, que de fato estava acordada, porque, no centro do pequeno quarto de dormir, estava em pé, a olhá-la, com um sorriso nos lábios, aquele que fora o primeiro amor da sua vida, na Pártia.

Apesar disto, ainda por mais alguns instantes, não conseguia acreditar naquela visão, que também imaginou fosse uma alucinação de sua mente, provocada pela saudade do ente querido. Instintivamente esfregou os olhos, mas ele continuava ali, a sorrir. Parecia que até estava se divertindo um pouco com a reação de Nadir. Então, Melquior disse:

— Doce Nadir, não te assustes. Sou eu mesmo. Não te espantes imaginando que abri a porta e entrei neste cômodo. Não, não é isso o que ocorre. Aqui estou em espírito ou alma, se preferires, para teu entendimento. Isto significa, minha inesquecível amada, que efetivamente eu já morri no corpo físico, mas a morte, contrariamente ao que as pessoas de certa forma entendem, não é o fim de tudo, pois a alma não morre, e disto eu tive a grata surpresa quando por ela fui surpreendido.

Percebendo o olhar de Nadir, que rapidamente entristeceu, Melquior continuou:

— Não, minha querida, não te entristeças. A vida, na Terra, surpreendeu-nos com nossa separação. Depois que tu desapareceste do palácio real, a vida para mim perdeu o brilho, o sentido existencial. Procurei-te por muito tempo. Caminhei por estradas que pareciam sem fim, sem lograr êxito. Meu coração a cada dia parecia ir murchando, como uma flor que após a sua vivacidade vai perdendo o viço e a energia da vida. A um certo tempo, chegavam-me notícias vagas de que tu tinhas sido raptada; outras pessoas, demonstrando a maldade de que eram portadoras, diziam-me para esquecer-te, pois tu terias fugido com outro homem.

Ah! doce Nadir, quantas lágrimas, que pareciam sem fim, derramei. Elas eram a minha companhia constante. Cheguei mesmo a pensar tirar minha própria vida, pelo meu descoroçoamento. Busquei respostas em nossos deuses pártios, porém, eram deuses de pedra, imaginários, imóveis, frios, e que continuam petrificados. Passei a andar sem rumo certo, e tudo, absolutamente tudo perdeu o significado.

Certo dia de dores ingentes da alma, continuadas, um amigo que há muito tempo não via espantou-se com meu estado físico. Eu emagrecera muito e trazia o semblante macerado; vivo estado de prostração que me assomara ao corpo. Instado por ele, revelei o meu drama.

Após ouvir-me, penalizado, confidenciou-me que estava frequentando uma pequena casa, na saída da cidade, na direção do Egito, onde um grupo de pessoas se reunia duas noites por semana para ler e estudar quatro pergaminhos de anotações relativas à passagem, pela Terra, de um judeu que se chamava Yeshua ben Josepho e também ouviu um pregador que ensinava essa nova crença, por eles chamada de Cristianismo.

Aceitei de bom grado o amável convite que me fez, de acompanhá-lo, e na primeira noite em que lá fui, foi muito difícil controlar minhas emoções, pois o pregador cristão, que se chamava Celestino, ao abrir um dos pergaminhos sobre pequena mesa, começou a ler em voz alta:

Bem-aventurados os que choram, pois que serão consolados. Bem-aventurados os famintos e os sequiosos de justiça, porque serão saciados. Bem-aventurados os que sofrem perseguições pela justiça, pois que é deles o Reino dos Céus. Bem-aventurados vós, que sois pobres, porque vosso é o Reino dos Céus. Bem-aventurados vós, que agora tendes fome, porque sereis saciados. Ditosos sois vós que agora chorais, porque rireis.

Ah! querida Nadir, não podes aquilatar o que se passou em meu coração. Tua presença se avivara com aquela leitura e parecendo abraçar-me a ti, chorei! Ah! como chorei! Contudo, dessa feita, embora as lágrimas tivessem o gosto amargo da saudade, experimentei também um leve gosto doce da consolação. Senti naquela leitura a tua presença ao meu lado e ao mesmo tempo a presença de um jovem que eu não conhecia, mas que me falou aos ouvidos da alma:

— *Nobre Melquior, vejo-te em lágrimas de mudo desespero que te atinge a alma e leio teus pensamentos desencontrados, que te provocam o desejo de te evadires da vida. Quero dizer-te, irmão e amigo, que nada acontece sem a permissão de Yahweh. Tu, na condição de filho de Artabono, que é irmão do rei da Pártia, Vologases IV, assumiste importante função no exército da Pártia e relegaste a mesma em razão do sofrimento que te impingiste. Além disto, pessoas que te amam, e uma delas se chama Sischa, pedem que te alerte para que não cometas o erro de fugir da existência; de que, se consumares tal ato, tu te arrependerás amargamente, porque a morte, como tu entendes, não existe, pois a alma sobrevive ao corpo de carne.*

Após aquelas orientações, as visões que tive e o que ouvi, lutei com todas as forças de minha alma para enfrentar a tua ausência definitiva e dediquei-me ao exército e às campanhas militares.

Estávamos sendo atacados pelo exército romano, sob o comando do Imperador Septimius Severus, cujas tropas eram lideradas por um grande general chamado Lucius Virius Lupus, que continuavam avançando sobre nossa nação, nossa terra, nossa gente. Nossos exércitos se cruzaram numa batalha sangrenta, nos limites de nossas fronteiras, pois Roma pretendia anexar as regiões banhadas pelos rios Tigre e Eufrates, avançando seus domínios orientais.

Essa batalha foi travada na cidade de Ctesifonte, onde os romanos nos derrotaram, invadindo nosso território. Nessa batalha fiquei gravemente ferido e nosso rei fugiu para outras regiões. O ferimento atravessou-me, por golpe de espada, a região próxima ao meu coração e após ficar febril e debilitado por sessenta dias, no sexagésimo primeiro dia, meu corpo não resistiu e acabei perecendo. Tudo para mim silenciou. Foi como se um sono profundo de meses ou anos houvesse me tomado. De vez em quando parecia acordar, ouvir vozes e as vezes chamarem meu nome, contudo, certo momento ouvi uma voz que jamais esquecerei e que se traduzia na voz de minha inesquecível mamãe. Abri os olhos, e ela, que já havia morrido, cuja morte causou-me profundo desgosto, estava ali, em pé, à minha frente e sorridente. Ante minha surpresa, ela disse:

— Meu querido e amado filho! Estou imensamente feliz por estar contigo, em recebê-lo nesta morada de Yahweh, que é imensa. Não, não te assustes por ver-me. Ocorre que a morte de nosso corpo não é o fim de tudo. A vida continua, porque nossa alma é que dá vida e movimento ao corpo. Logo, tudo o que vês e sentes é real. Alegra-te, filho! O Senhor da Vida nos permitiu este reencontro. Vim para ajudar-te, para que possas compreender a beleza da Vida imortal e te reintegres a ela. Aqui estás, numa das moradas do Supremo Criador de tudo, na Terra e nos Céus, a quem os judeus chamam Yahweh.

Após manifestar a ela a enorme surpresa de que fui tomado, ela me apresentou um jovem, que somente naquele momento notei que estava ao lado dela. Ao olhá-lo, o reconheci de pronto. Era o jovem que já aparecera em meus sonhos por mais de uma vez. Este, por sua vez, apresentou-se:

— Olá, meu amigo, que bom receber-te em nossa morada. Eu me chamo Estêvão. Pereceste em combate e disto já lá se vão dois anos, e entre dores, agora despertaste para as revelações que colhes. Terás tempo para refletires, e quando já estiveres recuperado e mais forte, poderás visitar a mulher que ora amas, como uma prova de construção do amor universal e sofrendo a necessária reparação da tua conduta do passado.

Melquior fez uma pausa um pouco demorada, esperando a reação de Nadir, ante tantas notícias e revelações. Nadir estava perplexa, não somente pela visão do ser amado, mas com tudo o que ele lhe dizia. É certo que estava confusa, porém, seu tirocínio lhe dizia para confiar e ter serenidade para melhor compreender tudo o que efetivamente se passava no seu pequeno quarto de dormir. Após refletir um pouco mais, acabou por manifestar-se, em voz alta:

— Ah! então é verdade o que se ensina nesta casa, que a morte efetivamente não existe! Oh! é mesmo impressionante! Entristeço-me e sempre me senti triste e infeliz por tua ausência física, amado Melquior. Eu sempre anelei fugir de meus raptores, retornar à Pártia e reencontrar-te. Agora vejo que isto me será impossível. Tanto pedi aos nossos deuses, mas de nada adiantou, porque nada me responderam e agora que logrei recuperar-me, livre, nesta casa que chamam de cristã, tenho aqui essa revelação. Oh! que sina a minha! Separei-me de quem mais amei, para reencontrá-lo e não poder conviver com ele mais.

Nadir começou a chorar, no que foi interrompida por Melquior, que lhe disse:

— Querida Nadir, não chores. Embora não possamos estar juntos fisicamente, a verdade é que não nos separaremos em espírito ou alma e sempre estarei por perto. Agora, segue tua vida. És jovem, muito bonita por fora, mas a tua principal beleza é a interior, o que muito me cativou.

Neste instante, doce Nadir, o jovem de quem te falei comparece aqui e pede que te diga o seguinte: *Cumpre, Nadir, caminhar para frente com renovação de ânimo. Deves, por amor a Yahweh, de quem já tens tido lições neste núcleo onde resides, aceitar o destino, com boa vontade. Os sofrimentos, a ansiedade, as injúrias, as afrontas, o desprezo, as doenças, tudo isto te fará progredir em virtudes. Não esqueças que quem serve ao bem, sempre terá consolações espirituais. Suporta, pois, tudo, com paciência. Não desanimes nem recues e a felicidade abarcará a tua vida.*

Nadir, ainda entre lágrimas, após ouvir o que seu amado lhe dissera, viu que ele parecia estar desaparecendo do pequeno quarto, sempre sorrindo para ela. Buscou secar as lágrimas e como já tinha aprendido a orar, com os amigos Clemente, Onélio e Sálvio, balbuciou uma sentida oração:

Senhor e Mestre Yeshua! Quem me dera encontrar-vos para vos abrir este meu coração sofrido, como minha alma deseja. Embora na casa de amigos da alma, um sentimento de vazio, após saber da morte do amado Melquior, invade-me a alma. Claro que saber que a vida continua fora deste corpo me consola, entretanto, não preenche meu vazio do amor que se evadiu do meu alcance. Entrego minha alma a vós. Fazei de mim o que pretenderdes. Sede o Senhor da minha vida e abençoai-me! Assim seja.

CAPÍTULO XXII

A CONVERSÃO DO GENERAL LUCIUS VIRIUS LUPUS AO CRISTIANISMO

Como uma planta regada todos os dias, o amor de Lucius Virius Lupus e da jovem Júlia crescia a cada momento, em intensidade. O procônsul e general, acostumado às batalhas, em cujos campos muitas vezes havia visto a morte dele se aproximar, tornara-se um tanto frio ante as dificuldades, eis que não foram poucas as vezes em que soldados, companheiros de lutas, haviam morrido em seus braços. Nessas horas, seu pensamento bordejava as áreas da incompreensão. Não entendia muito das coisas políticas de Roma. A sede de domínio, para ele, trazia muito desconforto, embora admitisse que sua nação era mesmo poderosa.

Sempre imaginou servir a uma Roma que fosse justa, mesmo tendo submetido outros povos. Entendia que a nação, em razão de sua força militar, deveria auxiliar no desenvolvimento dos povos conquistados e não simplesmente submetê-los a um regime de escravidão. De vez em quando lembrava de seu avô, que, quando ele ingressara no exército romano, ainda não tinha retornado aos Campos Elísios e sempre tinha com ele, colóquios que caminhavam no campo da orientação segura.

Lembrava que, certa feita, seu avô lhe dissera:

— Querido neto, tu sabes que o meu ideal, em toda minha vida, foi servir a Roma. Servi sob o comando do grande Imperador Marcus Aurelius. Com ele aprendi que também há dignidade nas guerras, nos campos de luta. Que os legionários que se embrenhavam e se embrenham nas batalhas são bens preciosos da nação e que não devem ser tratados como simples e meros instrumentos para que o imperador cumule terras, riquezas e poder. Compreendi que, além da dignidade, deve haver honra e camaradagem, respeito e reconhecimento. Admirava as estratégias do imperador e seus generais, em todos os ataques. Eles buscavam cercar os flancos e atacavam pelo meio da tropa, meio mais decisivo a obter-se vitória com o menor número de mortes possível.

Uma noite em que estávamos acampados nos campos gelados da Germânia, reunimo-nos, os oficiais, na tenda do imperador, que naquela campanha estava presente, combatendo junto com seus soldados. Já fazia seis meses que estávamos longe de casa. Aquela noite prenunciava a manhã de um grande ataque que havíamos de desferir sobre as tropas inimigas. Então, à beira do fogo crepitante que nos aquecia um pouco o corpo, o Imperador Marcus Aurelius nos disse:

— Nobres oficiais e leais soldados de Roma, quero dizer-vos que, como vosso imperador, recebi um legado, o de fazer Roma continuar forte e desenvolvida. Na história dos que me antecederam, há glórias, mas também há insucessos e páginas dolorosas, escritas com o sangue de muitos justos, infelizmente. Eu creio em nossos deuses, entretanto, sinto que muitas vezes nossa crença tateia na escuridão, pois não imagino que deuses devam mandar matar por matar. Não é esse o meu feitio, nem desejo isto a vós, entretanto, já aprendi que onde há guerras haverá louros e dores, riqueza e miséria, abastança para uns e fome para outros. Essa certeza, amigos, muitas vezes intentam me abater o ânimo, entretanto, a missão de Roma é esta: crescer, dominar e melhor cuidar de sua própria gente. Enquanto isto não ocorre, cumpre-me caminhar com ânimo varonil por entre todos os obstáculos e arredar com mão poderosa os empecilhos.

O que se conseguiu até aqui custou-nos copiosas lágrimas e grandes lutas. Embora nos aclamemos como gloriosos, a verdade é que temos caminhado amontoando inimigos, que os fazemos a mancheias e que nos espreitam e nos cercam à direita e à esquerda; armam-se contra nós por todos os lados, a ensejar que talvez não fiquemos muito tempo sem que a nação seja ferida e nosso orgulho dobrado.

Até lá, senhores, lutemos por uma Roma melhor, lutemos por nós, tomemos mais cuidado para não nos transformarmos em feras ao invés de homens. É certo que queremos a felicidade e muitas vezes pensamos achá-la, contudo, leais soldados de Roma, tende a certeza de que não, não a acharemos nos campos de lutas de extermínio, de sangue e de dor, a acharemos, muitas vezes, onde menos esperamos: no olhar terno de nossos pais; no olhar meigo de nossas mulheres; no olhar inocente de nossos filhos; no olhar seguro de um grande amigo; no olhar sorridente da Natureza que nos recolhe à noite, muitas vezes sob o brilho intenso da Lua e das estrelas e carinhosamente nos entrega manhãs maravilhosas iluminadas pelo astro que nos mantém a vida. Quantas vezes olhei e acabei por encontrar, mesmo que por momentos, a felicidade, onde menos esperava!

Aquelas palavras do imperador, caro neto, que era para nós já conhecido como um filósofo, à imagem dos que existiram nas terras da Grécia, enchia-nos de estímulo, vigor e coragem. Sempre procurei nele me espelhar para ser justo na guerra e condescendente com a dor alheia. Segue, amado neto, sempre, essas orientações e, quando as dificuldades se aproximarem de ti, lembra-te deste teu velho avô e mantém tua coragem, com força, correção e dignidade e haverás de encontrar a felicidade, mesmo nos momentos difíceis que enfrentares.

Nessas cogitações da alma, Virius Lupus percebia, no seu interior, que a presença de Júlia em sua vida fora um presente dos deuses e percebeu também que essa crença nas potestades romanas começava a sofrer dúvidas ante as visitas que começara a fazer, mais acentuadamente, ao núcleo cristão. A realidade é que sua vida se modificava pouco a pouco. Antes era uma vida de compromissos e dedicação integral a Roma, em que havia relegado suas vontades pessoais a segundo plano. Agora, passava a preocupar-se com o futuro, pois no futuro via-se casado e tendo filhos com Júlia, que positivamente se transformara no grande amor de sua vida. Por seu lado, a jovem Júlia também se enamorara profundamente de Virius Lupus e não conseguia entender por que, na sua insignificância, assim pensava, havia despertado no coração da alta autoridade romana, o interesse por ela.

Júlia tinha plena convicção na sua crença cristã. Adorava os ensinamentos do Mestre Yeshua, bem como as interpretações feitas sobre os textos. Com seu jeito doce e terno, foi aos poucos falando a Virius Lupus, sempre um tanto mais sobre Yeshua de Nazareth. Um dia, daqueles maravilhosos, onde a ternura invadia o idílio do casal de namorados, Virius Lupus lhe disse:

— Amada Júlia, poderias falar-me como Yeshua de Nazareth suportou tanta dor com sua crucificação, já que me dizes que ele ensinou que a morte elimina somente o corpo físico e que a alma continua vivendo? Se assim é, qual teria sido então a utilidade em se deixar imolar pelos homens?

Júlia refletiu na pergunta e buscando reprisar o que aprendera, respondeu:

— Oh! meu querido, alegra meu coração ver o interesse que Yeshua de Nazareth desperta, aos poucos, em teu coração. De fato, à primeira vista as criaturas que têm acesso ao conhecimento da vida do Mestre, ao menos por um pouco, ficam sem conseguir compreender como pode ter existido na Terra alma desse porte, dessa grandeza.

A verdade, meu amor, é que o Mestre se ofereceu voluntariamente ao Pai Celestial, a quem chamamos de Yahweh, para ser seu enviado até nós. Ele veio para dizer às criaturas humanas que Yahweh é o Deus de todas as gentes e nações, o Supremo Criador de tudo, e, nesse desiderato, trazer as sublimes orientações sobre os objetivos da vida, encaminhadas por seu intermédio, pela Divindade Maior.

Na singeleza e na humildade, após ter ensinado à Humanidade que o bem e o amor são instrumentos valiosos para a criatura crescer e evoluir para ser uma pessoa melhor, ofereceu-se em holocausto pelos erros e dureza dos corações humanos. Como servo, deixou-se sacrificar, construindo o maior exemplo de fé e dedicação à causa de Yahweh, para que, agindo na direção desse exemplo, o homem pudesse transformar-se, a cada dia, para melhor, procurando entender que o amor supera a multidão dos equívocos e cada um de nós é parte importante de toda a Criação.

É certo que ao assim agir, o Mestre acabou por permitir que as pessoas fizessem o confronto entre seus ensinamentos e a vida despótica de muitos, mesmo entre os da sua gente, que, a pretexto de servir a Yahweh e cumprir suas leis, ensinam aos outros normas de conduta e instruções, sem, contudo, jamais modificarem suas próprias ações e vidas, que continuaram a ser adornadas com os laços do orgulho, do egoísmo, da vaidade e de ambições sem limites.

Sabia Ele, pois, que a Mensagem de que era portador significaria a presença na Terra de luz e vida sadia, sabedoria e prudência, amor e paz, e assim haveria de abalar as estruturas já envelhecidas das crenças das primeiras horas do mundo, que já se apresentavam vazias das virtudes da compreensão, do entendimento, da tolerância e do amor.

Certa feita, meu querido, Ele disse: "O Reino de Deus está dentro de vós", logo, deu-nos o caminho para irmos ao encontro dele.

Júlia fez uma pausa e como ao falar fixava suavemente o olhar sobre o general, percebeu que ele deixava escorrer algumas lágrimas. Uma onda de ternura lhe invadiu a alma, então aproximou-se de Virius Lupus, o abraçou e depositou, com suavidade, um apaixonado beijo em sua testa.

O general, o homem duro, acostumado com as batalhas duras, de caráter decidido, não muito afeto às manifestações de fé nas deidades romanas, sentia que suas estruturas íntimas acusavam a presença de uma mudança interior que ainda não sabia definir. Sentia que o velho homem, acostumado às lutas muitas vezes sangrentas, pouco a pouco ia desaparecendo e cedendo lugar a um sentimento de paz interior que jamais imaginara existir. Vibrações de euforia controlada e que lhe faziam muito bem, assinalavam-lhe que se Júlia passara a seguir esse Nazareno, Ele deveria ser mesmo muito especial, logo, tornar-se-ia, com certeza, especial para ele também.

A realidade é que aos poucos se operava uma mudança na alma do general. Seu coração recebia excelente carga de sentimentos nobres e não estranhou quando, em confidência, disse a Júlia:

— Meu amor! Sinto que mesmo sem me aprofundar na vida desse teu Mestre, já começo a amá-lo. Não o conhecia antes de conhecer-te, mas percebo que Ele, de mansinho, começa a penetrar em minha vida.

Na manhã seguinte àquele diálogo com Júlia sobre Yeshua de Nazareth, o dia amanheceu nublado, muito embora quente, precedendo a estação das chuvas que haveriam de vir ressaltar o verde das campinas, dos campos e relevos da Britânia.

Iniciava-se o mês de março. Virius Lupus houvera decidido, na noite anterior, que falaria com o pai de Júlia e pediria a mão de sua filha em casamento. Refletia que seu pai e sua mãe, que ainda gozavam de boa saúde e que residiam na cidade de Roma, já lhe haviam sugerido que a idade para arranjar um consórcio já ia avançada. Não foi nem uma e nem duas vezes que tentaram escolher, entre as patrícias romanas, principalmente, uma esposa para o filho, contudo, este nunca mostrara atração pelas jovens de Roma, que, aliás, Virius reputava como frias e interesseiras. Mas agora não. Júlia preenchera totalmente seu coração, com seu jeito carinhoso, sua ternura, sua graça ao andar, sua beleza exterior, porém, ficara ainda mais magnetizado pela beleza interior da jovem.

Havia se preparado para no final da tarde ir até a residência de Júlia, objetivando concluir seu intento. Estava na sua sala de trabalho, na Intendência Romana, quando o centurião Aulus bateu à porta, abriu-a levemente, pediu e obteve permissão para entrar.

Trazia consigo um pergaminho que deixava transparecer o selo do império e o estendeu ao procônsul, dizendo:

— Salve, Roma! Salve, nobre procônsul! Trago notícias que foram enviadas pelo nosso Imperador Claudius Septimius Severus e que foram entregues por um destacamento de legionários, os quais estão hospedados em nossa Intendência e aguardarão vossa resposta, para levá-la até Roma. Conforme confidenciou-me o centurião Alcidius, que comanda o destacamento, estão em marcha há quatro meses.

Virius Lupus pegando o pergaminho, eis que se achava sentado, desenrolou-o sobre sua mesa de trabalho e começou a ler:

Salve, Roma! Salve, nobre general e procônsul Lucius Virius Lupus. O grande César Augustus Claudius Septimius Severus, Imperador dos Romanos, ordena que vós deveis, o mais breve possível, se apresentar na capital do Império, até o final do mês entrante, a fim de receber diretamente, ordens de César Augustus, as quais se traduzem na missão que será pessoalmente por ele confiada.

Deveis apresentar-vos ao imperador para assumir o comando das tropas romanas que serão deslocadas para a Pártia, mais precisamente a Legio Apolinaris e a Legio X Fretensis.

Dado e passado na cidade de Roma. Assinado: Lucius Septimus Severus Augustus, Imperador de Roma.

Virius Lupus, após ler a ordem imperial, ficou petrificado e sem reação. Os seus pensamentos, em aluvião, corriam por sua mente. Pegou-se indagando: Como foi isto acontecer, logo agora que havia encontrado o amor de sua vida? Tinha planos de se casar com Júlia, ter filhos, ter enfim um destino final nas suas andanças por Roma e pelas províncias conquistadas. Tencionava ficar ali naquela cidade, terminar sua carreira na governança do consulado, sem precisar mais se deslocar para outra cidade qualquer. O que mais queria era ficar ao lado de Júlia, o amor que não mais que de repente preenchia seus dias de solidão. Imaginava os filhos que deveriam ter.

O centurião Aulus continuava em pé, aguardando ordens de Virius Lupus. Foi somente depois de viajar pelo pensamento que o general voltou à realidade.

Aulus havia percebido que ao ler a mensagem imperial, o procônsul empalidecera, contudo, não ousou perguntar do que se tratava e após o breve silêncio, disse:

— Nobre procônsul, peço licença para me retirar.

Virius Lupus concordou com um gesto, sem nada falar.

Após a saída do centurião, Virius Lupus levantou-se e se dirigiu a uma das janelas que ficava no andar superior. Olhou para a paisagem que se descortinava. O dia estava magnífico, crestado pelo sol que vinha aquecer e prenunciava a chegada da primavera. O céu estava nimbado de azul. Pássaros, os mais variados, faziam seus voos em círculos graciosos, enchendo o espaço de vida e alegria, com seus trinados. Como a Intendência ficava nas cercanias da cidade, de sua janela dava para divisar os campos distantes com mata verde que alternava com campinas do mesmo tom.

Embora o belíssimo quadro da natureza em volta, Virius Lupus foi tomado de uma profunda tristeza, de uma sensação estranha. Ele que nunca recusou qualquer missão que o império lhe propusera; que era destemido; que não tinha medo de morrer, agora se sentia com o coração oprimido.

Por um momento pensou em orar para as divindades de Roma, porém sempre tinha um pensamento de que esses deuses não escutavam o lamento dos sofredores. Quantas vezes, nos campos de batalha, com a armadura suja pelo sangue de inimigos e de comandados seus que morriam em suas mãos pela glória de Roma, fizera esses apelos e nunca obtivera uma resposta qualquer que acalmasse o seu coração.

Foi então que se lembrou de Yeshua de Nazareth, o filho do Deus Yahweh, que segundo sua amada, Júlia, possuía grandes poderes. Então, meio sem jeito, começou a orar:

Oh! Yeshua de Nazareth, a quem chamam de Mestre, venho dizer-te que não te conheço bem, entretanto, a pessoa que mais amo nesta vida me falou de ti, do teu poder, da tua majestosa presença. Logo, dobro-me na tua direção para dizer-te do que deves bem saber, da minha dedicação e lutas por esta nação. Sempre doei o melhor do que sou ou possuo para a grandeza desta pátria, que sempre almejei fosse justa, servidora e altaneira na justiça.

Pelo que me narrou a boa Júlia, a justiça do teu e nosso Pai é inigualável. Carrego comigo as marcas de quantas batalhas travei. Muitas vezes, nos campos de lutas, de lama, encharcado pelas dores, pelas lágrimas que vertiam sobre as feridas do corpo e da alma, anelei sobreviver. Vi a morte de perto. Ela circundou-me por diversas vezes. Quantos companheiros de lutas deram o último suspiro em meus braços, ocasiões em que nossas lágrimas se misturavam com o sangue dos ferimentos e com os aguilhões das dores!

Sempre me tive por destemido. Muitas vezes desprezei a vida e a peito nu golpeei a espada e ceifei vidas que não me pertenciam, nem a Roma. Porém, assim agi pelo ideal de uma nação.

Hoje, porém, Sublime Enviado, após o tempo do refazimento, eis-me aqui, como um novo cristão que já não mais pretende a glória passageira dos homens. O tempo passou, oh! Mestre, e revejo minha caminhada um tanto inútil para alcançar os postos da vaidade e orgulho humanos. Agora, com os olhos da sabedoria da alma, busco entender tua doce presença e mensagem, que me tem sido recitada pela pessoa que é a paixão que tomou as rédeas da minha existência.

Nestes tempos em que meus pensamentos fizeram por desvestir-me da túnica da glória passageira foi que encontrei uma nova estrada, um novo caminho e uma nova razão para minha vida, e Tu, Digníssima Divindade, com certeza já sabes disto. Amo a jovem Júlia, com as fibras mais sutis da minha alma e coração. Anelo desposá-la, dando adeus aos meus dias de solidão, e quando a felicidade, que me custou alcançar, bate à porta da minha existência, eis agora novo golpe do destino, eis que o Imperador de Roma me convoca para novas batalhas, ensejando apartar-me do mergulho que iniciava a fazer no rio da felicidade.

Ajuda-me, oh! Yeshua de Nazareth, a afastar de mim esse cálice de tristeza e amargura e dize-me, no íntimo de minha alma, o que devo fazer? Obedeço a Roma ou obedeço aos meus instintos?

Lágrimas sentidas escorriam-lhe pela face. Calou-se e ficou por um bom tempo olhando a paisagem como quem olha para tudo e nada vê. Após mais um tempo de cogitação interior, o pensamento do dever e da lealdade a Roma foi superior. Amava Júlia, e muito, contudo, toda a sua carreira de soldado de Roma sempre fora o alvo de sua melhor dedicação. Não foi à toa que foi o mais novo dos generais romanos.

Embora a dor da separação, que já sentia arder em seu peito, pois não poderia levar Júlia consigo, depositava, agora, em Yeshua de Nazareth, a confiança de que cumpriria as ordens do imperador e tão breve quando possível retornaria para os braços de Júlia.

Assim fez. À tarde, rumou para seu compromisso na casa da amada. Lá, disse ao pai da jovem de sua intenção em desposar a filha, mas que, em razão de nova missão que lhe fora outorgada pelo Imperador de Roma, teria que ir a Roma e depois para a campanha militar na distante Pártia, entretanto, confiava que em breve retornaria para consumar o compromisso que deixava firmado.

Após obter a permissão do pai de Júlia, os dias que se seguiram, até a sua partida, foram de intensos idílios entre os noivos, sob promessas de amor eterno.

Enfim, chegou o dia da partida. Tudo estava preparado. Virius Lupus acompanharia o destacamento imperial, no rumo da capital do império.

Na noite anterior, Júlia disse a seu amado:

— Oh! meu amor, assim como me ofereci voluntariamente a meu Pai Celestial e ao Mestre Yeshua, que estendeu suas mãos na cruz, também me ofereço a ti, com a pureza do meu coração. Que outra coisa quero de ti senão que te entregues a mim, sem reservas? O que de ti superficialmente me deres, não tem valor, porque quero somente os teus dons. Assim como sem mim não te bastariam todas as coisas, assim também sem ti nada me bastará, por isto me ofereço a ti e entrego-me a ti, por amor a Yahweh e a tua oblação me será aceita. Como eu ofereço a meu Pai a minha alma, a ti darei o meu corpo e o meu sangue em alimento para ser todo teu, e tu serás todo meu. Porém, se estás apegado a ti mesmo e não te entregares espontaneamente à minha vontade, não é inteira a oferenda, nem será perfeita a união entre nós.

Naquela noite, Virius Lupus e Júlia consumaram a união da alma com a união do corpo, em clima de límpido e puro amor. Depois, Virius Lupus partiu, no rumo de Roma.

CAP. XXIII

A VIAGEM DO GENERAL LUCIUS VIRIUS LUPUS A ROMA – RECORDAÇÕES INESPERADAS

Após chegar em Roma, Virius Lupus foi recebido diretamente pelo Imperador Septimius Severus. Conduzido à sala do trono, não se fez esperar e saudou o imperador:

— Salve, Roma! Salve, César Augustus! Apresento-me à vossa disposição.

Severus era um homem de estatura mediana, magro, o rosto afilado. Trazia na face, como que permanente, um sorriso mecânico, que mais parecia estar espreitando a presa do que propriamente sorrindo. Seu olhar era duro. Deixava transparecer também um certo ar de enfado com as coisas e com as pessoas.

Enquanto falava com seu interlocutor, virava constantemente a cabeça para os dois lados, como a espreitar alguém ou alguma coisa que sempre parecia incomodá-lo. Esse gesto, que era permanente no imperador, já rendera alguns comentários na corte, sobre sua sanidade mental.

Como que a estudar detidamente o general e procônsul, Septimius Severus redarguiu:

— Salve, Roma! Salve, ilustre general! Folgo em ver-te apresentar-se. Bem sabes que nutro admiração por tua pessoa e tua forma de comandar os soldados de Roma e que és muito bem recomendado nesta corte.

Sabes também que conheci teu avô. Eu era muito jovem e combati ao lado dele, pela honra de Roma.

Foi por tuas qualidades e não por benesses que te nomeei procônsul de Roma na Britânia. Agora, nobre general Lupus, Roma precisa de teus préstimos noutra fronteira. Dada a magna importância da missão, escolhi-te para comandar nosso exército para a luta na distante Pártia. Pretendemos estabelecer um ponto de avanço no Oriente Asiático, criando, a partir desse ponto, um corredor que nos permita, logo mais, chegarmos à Ásia Central.

Iniciamos nosso objetivo, porém, nossas tropas, ao chegarem na fronteira do território da Pártia, apesar dos esforços de nossos comandantes, que tentaram fazê-los nossos aliados, acabaram por falhar na tarefa, e tendo em vista um ataque não ordenado por mim, feito contra eles, acabaram por rechaçar nossa investida e tornaram-se nossos inimigos declarados.

Diante do ocorrido, não nos resta alternativa senão a de buscarmos desbaratar o exército deles e subjugá-los a Roma e depois seguir adiante, em direção à Ásia Central. Há muitos e muitos anos, Alexandre da Macedônia tentou a mesma coisa, e embora tenha dominado os partos, foi contido ao invadir a Ásia Central, de maneira que sabemos que a luta será muito dura.

Nosso plano inicial prevê que dentro em breve te locomovas na direção da Pártia, no comando da *X Legio Fretensis* e da *Legio Apolinaris* e estabeleças acampamento na fronteira. Lá nos aguarda. Entre três e quatro meses depois de tua partida, sairei daqui em teu encalço, no comando de mais duas *legios*, de modo que deves aguardar minha chegada. Estabelece-te com as tropas na fronteira, criando uma ponte para nossa invasão futura. Compreendes?

Virius Lupus, que tudo ouvira com atenção, respondeu:

— Sim, sim, nobre imperador, compreendi, entretanto, poderia perguntar-vos quem são os generais que comandam as duas legiões citadas e que estão designadas para a missão inicial, que doravante terão que servir sob meu comando?

O imperador, demonstrando certo enfado, o que lhe era natural, respondeu:

— Quando da partida, saberás. Por agora, ordeno que te dirijas a Óstia, onde as *Legios* que irás comandar estão estacionadas, e lá aguardes as minhas ordens para a partida.

Dizendo isto, o imperador acrescentou:

— Estás dispensado.

Virius Lupus fez o gesto tradicional, levantando o braço direito com a mão espalmada para baixo, dizendo:

— Ave, Roma! Ave, César Augustus!

A seguir, deu meia volta e retirou-se da sala imperial.

Quando começou a descer a ampla escadaria do luxuoso palácio, ao passar sob esplendoroso pórtico ancorado em duas grossas colunas de mármore branco e aureolado, na parte de cima, em ouro, viu que sobre a trava do pórtico, também em mármore branco, havia duas enormes águias esculpidas, com asas abertas, que transpareciam querer alçar voo no rumo dos que chegavam ou saíam do palácio.

Havia descido dez lances da escadaria, quando sentiu um forte arrepio e sentiu-se como se estivesse saindo do próprio corpo. A seguir, viu à sua frente um campo de batalha. Ouvia o tinido das espadas brandidas ao alto, cujas lâminas batiam-se contra os escudos. Ouvia os gritos de destemor e também os de dor. Viu também que sua amada Júlia participava, em meio à luta, e que, virando-se para ele, estendeu-lhe as duas mãos. Notou que ela não sorria, ao contrário, chorava. Aquela imagem o colocou em aflição. Ato contínuo, a visão sumiu. De repente, voltou à realidade e olhando para os lances inferiores da escadaria, notou que pessoas iam e vinham. Algumas, ao cruzar com ele, saudavam-no com reverência. Virius Lupus voltou à realidade daquele pequeno repto. Esfregou os olhos, terminou de descer e encontrou no sopé da escadaria o centurião Aulus, que o aguardava, na companhia de mais três legionários. O general, cumprimentando-os, foi logo dizendo:

— Nobre Aulus, vamos para Óstia. Enquanto cavalgarmos, pelo caminho o colocarei a par da tarefa que recebi diretamente do imperador.

O destacamento militar que acompanhara o general desde a Britânia era composto por cinquenta legionários, meia centúria. Dentre eles, Aulus convocara um decurião, a quem muito admirava e por quem tinha alta estima. Tratava-se de Decius Manius Quintinus, que era legionário de linhagem do exército romano. Seu pai, que havia falecido em combate, fora um dos centuriões que lutaram muito tempo nas fileiras da *Legio X Fretensis,* e que se chamara Livius Decius Quintinus, o qual, além de ter sido um excelente oficial, era muito respeitado. Todos os que serviam a seu lado gostavam muito dele, de suas qualidades e de sua dedicação a Roma. Alguns mais próximos sabiam que ele professava a crença cristã, crença que transferira para o filho único, de modo que o decurião Decius, além de ser um oficial prestativo, trazia consigo os fundamentos da crença cristã e procurava auxiliar a todas as pessoas que dele se aproximassem, o que lhe granjeava o respeito de todos, principalmente dos soldados e igualmente de seus superiores, que admiravam sua presteza e educação, dedicação e coragem. De maneira consciente, Aulus pedira ao decurião que escolhesse, na tropa, os legionários que deveriam acompanhar o general a Roma. Decius escolheu aqueles que reputava como os melhores, sendo que dos 50 legionários, trinta e cinco eram jovens legionários cristãos.

Acampados nas tendas que havia em profusão, no porto de Óstia, deveriam iniciar ali o contato com as duas legiões que já estavam estacionadas e que serviriam, doravante, sob as ordens do general Lucius Virius Lupus. Sob as suas ordens, deveriam se reunir para estabelecerem o planejamento da longa viagem para o Oriente, no rumo do continente asiático.

Com a permissão do centurião Aulus, o decurião, dia sim, dia não, à noite, reunia, numa tenda, os legionários cristãos, ocasião em que liam os pergaminhos que continham as anotações de Lucas, sobre a trajetória de Yeshua ben Josepho sobre a Terra. De quando em quando, o centurião era convidado e comparecia.

Em meio aos legionários cristãos, havia um chamado Caius Vedius Simpronius, que era portador de alta sensibilidade e por quem, inúmeras vezes, a pátria dos espíritos, assim chamava Decius, comunicava-se, trazendo mensagens de orientação, conforto e encorajamento à tropa. Numa noite em que estavam reunidos em uma das tendas para leitura de pergaminhos com textos cristãos, que eram de propriedade do legionário Vedius e da qual o centurião Aulus participava, Decius pediu ao próprio centurião que este desenrolasse o pergaminho, parasse em qualquer parte e fizesse a leitura. O centurião fez o que lhe fora pedido e a certa altura das anotações, parou e iniciou a ler, em voz alta:

— *Então, um dos doutores da Lei, disse a Yeshua: Mestre, dizendo estas coisas, também nos ofendes a nós outros.*

Mas Ele respondeu: Ai de vós também intérpretes da Lei! porque sobrecarregais os homens com fardos superiores às suas forças, mas vós nem com um dos dedos os tocais.

Ai de vós! porque edificais os túmulos dos profetas que vossos pais assassinaram. Assim, sois testemunhas e aprovais com cumplicidade as obras de vossos pais, porque eles mataram os profetas, e vós lhes edificais os túmulos. Por isso, também disse a sabedoria de Yahweh: Enviar-lhes-ei profetas e apóstolos, e a alguns deles matarão e a outros perseguirão, para que desta geração se peçam contas do sangue dos profetas derramado desde a fundação do mundo; desde o sangue de Abel até o de Zacarias, que foi assassinado entre o altar e a casa de Yahweh.

Sim, eu vos afirmo, contas serão pedidas a esta geração.

Ai de vós, intérpretes da Lei! porque tomastes a chave da ciência, contudo, vós não entrastes e impedistes os que estavam entrando.

Terminada a leitura, Decius fez uma oração:

Amado Yeshua, Tu, que desceste do Céu e sob o comando de Yahweh tomaste para ti as dores e as misérias humanas, sem nada reclamar, ensinando-nos a paciência e a suportar com resignação os revezes da vida, estende tuas mãos poderosas sobre nossas cabeças, fazendo-nos sentir as energias que nos balsamizam a alma, a fim de continuarmos fiéis ao teu legado de amor e paz. Assim seja.

Após, indicando com as mãos que todos deveriam aguardar em silêncio a manifestação do legionário Vedius, fizeram-se mágicos instantes na tenda. Após breve tempo em que Vedius Simpronius estava com os olhos fechados, com significativa alteração na sua voz, iniciou a dizer:

— *Amados irmãos em Yeshua. Saudamos-vos em nome daquele que é a palmatória do mundo. Muita paz os homens poderiam gozar, se não quisessem ocupar-se com as coisas alheias, que não pertencem aos seus cuidados. Diante destas coisas, como cultivará a paz aquele que se intromete nos negócios alheios e que raras vezes mal se recolhe interiormente?*

Os profetas antigos não foram contemplativos, eis que procuraram modificar suas condutas para melhor e até mortificar-se inteiramente em todos os desejos terrenos, e assim puderam, nos seus corações e mentes, unir-se a Yahweh, despreocupando-se das próprias paixões.

Vencedores de si mesmos, golpearam com o machado até a raiz as suas imperfeições, a fim de que, livres das paixões mundanas, mesmo vítimas das perseguições e opróbrios, pudessem singrar os mares da felicidade dos justos e triunfantes e alcançassem a paz interior, livres das tentações.

Deveis, pois, cada qual, estar sempre alerta sobre as tentações que porventura vos assaltem a mente e vigiar e orar para que não vos surpreenda o mal, que não dorme e, como alertou o Apóstolo Simão bar Jonas, "rodeia-vos como leão que ruge, à procura de quem devorar".

Ninguém na Terra há tão perfeito que de quando em quando não tenha tentação, eis que ainda não estamos delas totalmente isentos. As tentações, porém, ainda que leves ou graves, de certa forma servem para que o homem se esforce por conseguir resistir-lhes, o que lhe proporcionará humildade, experiência e pureza.

Todos os profetas passaram por tentações e tribulações, e o mesmo se deu com os apóstolos e se dá com os discípulos sinceros de Yeshua. Contudo, os que as venceram não se perderam na ladainha das tentações malsãs, antes buscaram vencê-las com o auxílio da vigilância e das boas ações, elevando dessa forma os seus sentimentos, eis que a causa das tentações é a inconstância e a falta de confiança em Yahweh.

Ignoramos muitas vezes o que valemos e as tentações fazem-nos ver o que somos. Todavia, devemos vigiar, principalmente no princípio da tentação, porque mais fácil será vencer o inimigo quando não o deixamos penetrar nossa alma, enfrentando-o logo que bate no limiar de nossos pensamentos. Por isso, não devemos jamais perder a confiança, antes pedir a Yahweh e a Yeshua com ardoroso fervor, que se dignem ajudar-nos na tribulação.

Yahweh quer que nos sujeitemos a Ele e que nos elevemos acima dos homens, inflamados no seu amor.

A paz seja convosco! Deixo-vos meu abraço.

O irmão vosso: Apolônio Aureus Arquisius.

Vedius Simpronius silenciou. Depois, abrindo os olhos, sorriu levemente. Suas feições, que se haviam claramente alterado, voltaram ao normal. Um clima de paz invadiu a tenda militar e os presentes experimentavam verdadeiro conforto espiritual. A lição da noite fora profunda e havia sido transmitida aos presentes por um Espírito que ao final se identificara com um nome romano.

Na outra dimensão da vida, o Espírito que se identificara através de Vedius fazia-se acompanhar do administrador de uma cidade espiritual chamada *Nova Roma,* Lucius Verus Aquillinus, e também da companhia de Estêvão, considerado o primeiro arauto do Cristianismo na Terra.

O objetivo da presença desses Espíritos naquele momento e naquela tenda, a par das orientações que visavam fortalecer a fé cristã, era também o de auxiliar não somente o centurião Aulus, mas principalmente o general Lucius Virius Lupus, a quem a mensagem da noite iria por certo ser transmitida. Terminado o encontro, o decurião Decius iniciou a prece de agradecimento:

Amado Yahweh! em vós depositamos nossas esperanças a fim de nos reanimarmos para que possamos enfrentar os gigantes negros de nossa alma, que são o orgulho, o egoísmo, a vaidade, a inveja, o ciúme, a cobiça e a soberba, que, como ervas daninhas, têm logrado brotar em nosso coração. Muitas vezes, oh! Sublime Criador, sentimo-nos cansados da luta, o peito oprimido, o coração machucado, o gosto do licor amargo da angústia impregnando nosso corpo e alma, tornando-nos presas do desânimo e da desesperança.

Entretanto, bem já sabemos, Pai Celeste, que tudo isto representa os graves desafios do passado infeliz, em que semeamos a maledicência; agimos sob a manifestação do orgulho e do egoísmo; desprezamos a confiança e aniquilamos esperanças.

Hoje, pelo imperativo de vossa lei, temos que repor o equilíbrio que quebramos. Auxiliai-nos, pois, a encontrarmos em nosso interior as energias de que precisamos, para não esmorecermos nem desistirmos da luta na edificação do homem de bem em nós mesmos. Abençoai-nos, hoje e sempre!

Após a prece, Decius encerrou a pequena reunião.

CAP. XXIV

PREPARAÇÃO PARA A VIAGEM A PÁRTIA – NOVAS REVELAÇÕES

Após trinta dias de preparação, numa manhã do início de julho, as duas legiões romanas, a *Legio X Fretensis* e a *Legio Apolinaris,* sob o comando-geral do general Lucius Virius Lupus, embarcavam em uma frota de 150 navios romanos, no porto de Óstia.

No navio de comando, na segunda noite em que já estavam em alto mar, o general Lucius Virius Lupus foi acometido de um forte desconforto estomacal, o qual creditou à alimentação, geralmente peixes e aves que recebiam o tratamento à base de muito sal para serem conservados, entretanto, somente ele, de toda a tripulação e demais oficiais e soldados do navio é que ficou adoentado.

O centurião Aulus, que acompanhava a situação do comandante, que piorava a olhos vistos, percebeu que a palidez tomara conta de seu semblante e que o general demonstrava os primeiros sinais da fraqueza que visitava seu corpo. Ante sua preocupação, Aulus foi conversar com o decurião Decius e com o legionário Caius Vedius Simpronius, os quais Aulus habilmente tinha dado um jeito de embarcar no navio do general, pois sabia que auxiliavam a muitos colegas no exército de Roma. Ao estar com eles, falou-lhes das suas preocupações com a saúde do comandante, para que eles, de alguma forma, pudessem auxiliar no que fosse necessário.

Ao final do terceiro dia o general estava bem depauperado e começou a ter vômitos e calafrios de modo que se internou em sua cabine, separado dos demais. Somente queria ficar deitado. Certa noite, sentiu que suas forças se esvaíam aos poucos, e mal e mal conseguia abrir os olhos. Um torpor intenso assomou-lhe o corpo e ele de repente desmaiou. Ao desmaiar, viu-se saindo de seu corpo, um fenômeno ou acontecimento que o assustou muito. Confuso, quis novamente voltar para o corpo, porém, uma mão segurou suavemente seu braço. Voltou-se e viu um jovem de rara beleza, corpo atlético de gladiador e um sorriso encantador. O jovem, olhando-o com certa ternura, lhe disse:

— Olá, nobre general Lucius Virius Lupus, não, não te assustes. Vê que ali na cama está teu corpo físico, mas podes olhar-te e ver que tens outro corpo.

Ao olhar-se, o general entrou ainda em maior confusão, porém, o jovem continuou:

— Esse corpo que olhas agora é o que podemos chamar de verdadeiro, sendo o corpo físico uma espécie de segundo corpo, que tem a finalidade de viveres na Terra, que podemos chamar como mundo das formas físicas. Para poderes compreender melhor, quando a criatura tem a morte desse segundo corpo, que vive na Terra, ela apenas se desvencilha dele e passa a viver no mundo das formas da alma ou formas espirituais, que é a verdadeira pátria. Penso que já ouviste falar de civilizações que ensinavam e ensinam que a nossa alma é imortal, não?

O jovem aquietou-se, esperando a reação de Virius Lupus. O general, embora ainda bastante confuso, conseguiu ouvir e entender quase tudo o que fora dito e refletia, sem nada responder. O jovem continuou:

— Se o irmão concordar, gostaria de pedir para que confiasse em mim e me acompanhasses, sem medo, pois fui incumbido de levar-te a um local onde te aguardam.

Virius Lupus olhou novamente para seu corpo, que parecia inerte na cama e novamente para si. Não sabia o que responder, contudo, o jovem repetiu:

— Peço que confies em mim. Teu corpo físico ficará sob os cuidados de amigos que por ora ainda não vês. Breve te trarei de volta. Concordas com o que estou te propondo?

Virius Lupus ainda se achava atônito, porém, sentindo calma, firmeza e ternura na voz do jovem, concordou com um gesto afirmativo com a cabeça. Este, então, aproximando-se, disse-lhe:

— Peço que me abraces pela cintura e feches os olhos. Confia, nada de ruim te acontecerá. Estarás bem.

Virius Lupus concordou, embora reticente. Após enlaçar o jovem pela cintura, fechou os olhos e sentiu-se flutuar e uma leve aragem fustigava seu rosto. Após algum tempo, que o general não conseguiu precisar, acabaram por chegar a um lugar, foi o que percebeu, pois sentiu que seus pés tocavam o chão.

Virius Lupus, instado pelo jovem, abriu os olhos e ao fazê-lo teve uma enorme surpresa, eis que se via numa rua bem larga, cujo piso era de cor cinza. Olhou ao redor e viu inúmeras construções ao estilo grego, jônico e romano. Olhando mais além, percebeu que estava numa cidade grandiosa e belíssima. Estava impressionado com o que via: as construções, os grandes edifícios com escadarias em mármore branco e que possuíam colunas bem altas, em pares. Viu que em quase todas as construções havia no portal de entrada, incrustada no pórtico superior, também em mármore, a representação de uma grande águia romana. Olhou para as ruas que se entrecruzavam. Eram largas e ladeadas por extensos jardins, de um verde que ele nunca tinha visto, intercaladas com pequenas plantas que traziam flores de cores variadas, cores muitas delas que não conhecia. Os jardins bem aparados, uma relva quase inteiramente rasteira, mas profusa. O quadro era realmente belíssimo.

O Jovem condutor, percebendo a estupefação de Virius Lupus, aguardou que este lhe dissesse ou perguntasse algo, o que não tardou para acontecer, pois o general disse:

— Nobre jovem, que quadro maravilhoso os meus olhos veem! Aqui se parece muito com a cidade de Roma, entretanto, é muito, muito mais belo. Estamos em algum reino ou em algum império? Há aqui um rei ou um imperador? Alguém governa esta belíssima cidade? Ah! aliás, não vos perguntei nem me dissestes vosso nome. Poderias me dizer quem sois?

O jovem respondeu, sorrindo:

— Primeiro, nobre general, respondo à vossa última indagação. Chamo-me Estêvão e por momento isto vos basta. Em segundo lugar, aqui não se trata de nenhum império nos moldes da Terra, porque é uma extensão do que chamam os cristãos lá na Terra, de uma das moradas da Casa de Yahweh. Esta cidade é o que denominamos cidade espiritual, e que está ligada a outra cidade espiritual que chamamos Cidade da Fé. As duas cidades estão sob o comando único de um governador que se chama Acádio, que por sua vez as administra sob o comando-geral de quem chamamos de Yeshua de Nazareth.

Virius Lupus, ao ouvir a referência sobre Yeshua, lembrou-se imediatamente do núcleo cristão na Britânia e exclamou:

— Ah! então é verdade! Esse Yeshua existe mesmo, e que belíssima cidade Ele comanda! Ele deve ser mesmo muito importante. Dizei-me, poderei me apresentar a Ele?

Estêvão achou graça na fala do general, sorriu e respondeu:

— Quem sabe um dia podereis fazê-lo. Por enquanto isto não será possível.

Com um certo ar de decepção, Virius Lupus indagou:

— E esta cidade tem nome?

— Sim, tem. Chama-se *Nova Roma* — respondeu Estêvão. — Aqui vimos para que possais conversar com o administrador dela. Iremos até onde ele está. Por favor, segui-me agora sem outras perguntas, pode ser?

Virius Lupus concordou com gestual e ambos se dirigiram ao grande edifício mais à frente. Ao chegarem no edifício, que para surpresa de Virius Lupus era muito comprido e possuía mais duas edificações acima da edificação do térreo, começaram a subir as escadarias. Eram dez lances, eis que ficava mais elevado, acima do nível da rua, e que, pela sua imponência, parecia ser o da sede do governo da cidade.

Pensativo, o general notou que as pessoas com as quais haviam cruzado no trajeto, todas apresentavam-se em trajes típicos romanos, com túnicas brancas, trazendo à cintura um cinto azul. Após vencerem o último degrau, entraram sob uma grande porta em arco, onde foram recebidos por bela jovem, de estatura mediana, que vindo ao encontro deles, sorriu e disse:

— Salve, querido irmão Estêvão! Salve, irmão Lucius Virius Lupus! Sede bem-vindos.

Virius Lupus ficou extremamente surpreso ao ver que a jovem sabia seu nome. Olhando para o general, a jovem continuou:

— O irmão Estêvão já é nosso conhecido há muitos e muitos anos e é amigo de todos nós. Nosso instrutor também, e sempre agradecemos a Yeshua de Nazareth pela honra de privarmos da amizade e da companhia dele, entretanto, a vós, irmão Virius, apresento-me: eu sou Emília e fui destacada por nosso administrador para receber-vos e vos acompanhar, junto com nosso irmão Estêvão, até nossa irmã que é auxiliar direta dele. Ela vos levará até ele.

A seguir, com o mesmo sorriso cativante, disse:

— Vamos, por favor. Acompanhai-me. O amigo Estêvão sabe o caminho de cor, eis que frequenta a nossa cidade, como já disse, há muitos anos.

Se embrenharam por um corredor ladeado por grandes vasos de flores variadas, espalhados nas laterais. O corredor tinha paredes de mármore multicolor. Logo chegaram a ampla sala onde havia outras pessoas que ficavam atrás de um balcão, com mesas e cadeiras, que trabalhavam na escrita e arrumação de rolos de pergaminhos.

Ao entrarem na sala, uma jovem de beleza singular, magra, os cabelos castanhos, o rosto afilado e perfeito, os olhos de cor cinza, aparentando ter entrado na madureza, levantou-se e com um rolo de pergaminho nas mãos, dirigiu-se aos visitantes.

Estêvão foi o primeiro a cumprimentá-la, dizendo:

— Olá amiga e irmã Belinda, como tens passado? Renovo minha alegria em rever-te.

Antes que ela dirigisse a palavra ao grupo, continuou:

— Estamos acompanhando nossa irmã Emília, e este que está conosco é o general romano Lucius Virius Lupus, que ainda se acha em vigília na Terra.

— Olá, nobre irmão Estêvão e nobre irmã Emília! — respondeu Belinda. — Olá, nobre irmão Virius! Estou destacada para acompanhar-vos até a sala da administração.

A seguir, demonstrando enorme simpatia, disse:

— Vamos, vamos, por gentileza, acompanhai-me.

Todos pegaram outro corredor, mais à direita da sala, e logo estavam diante de uma grande porta, também em arco, com duas abas. Belinda deu duas batidas leves na porta e aguardou. Logo a porta se abriu e apresentou-se um homem alto, com os cabelos pretos um pouco encaracolados, o rosto afilado, dois olhos grandes e castanhos. Demonstrava madureza nas feições, porém, não apresentava rugas no rosto. Os dentes eram bem formados e alvos. Ao ver o grupo, sorriu, com um sorriso que cativava de pronto e falou:

— Olá, quanta honra e alegria receber o nobre amigo e irmão Estêvão, nosso mensageiro maior da Cidade da Fé.

Depois, olhando para os demais, disse:

— A alegria é igual, e externo também enorme satisfação em receber tão ilustre general romano, o nobre Lucius Virius Lupus.

Ante o ar de espanto do general, o interlocutor continuou:

— Apresento-me: chamo-me Lucinius Verus Aquilinus e sou o administrador nomeado pelo governador da Cidade da Fé, nosso irmão Acádio, para dirigir, com o valioso e indispensável auxílio de vários irmãos e irmãs, esta cidade, que o irmão general já sabe chamar-se *Cidade Espiritual de Nova Roma*.

O administrador trajava uma túnica branca com cinto azul e sandálias em treliça. A seguir, acenou para todos entrarem. Virius Lupus, que estava emudecido, somente ouvia e via sem nada falar. Estava por demais impressionado com tudo. Examinava cada detalhe por onde passava e prestava atenção em cada fala, cada diálogo. Para ele, tudo era um deslumbramento, e imaginou que estava dormindo e sonhando.

Todos entraram na sala. Em frente à mesa de trabalho do administrador havia várias cadeiras confortáveis, com encosto e braços, das quais Virius Lupus jamais vira igual. Todos acomodados, Lucinius percebeu que o general olhava fixamente para sua mesa de trabalho e demonstrava espanto, eis que na mesa do administrador havia uma gravura em formato nunca antes visto ou suspeitado por Virius Lupus, na qual aparecia o administrador numa espécie de corpo em miniatura, com trajes de gala de general dos exércitos de Roma. Lucinius apressou-se a dizer para o visitante:

— Vejo, nobre general, que vos impressionais com este quadro pequeno. Trata-se de um cometimento que não existe na Terra, e o que vedes é mesmo de uma anotação em forma pequena de minha pessoa, e, como podeis ver, fui, quando vivi na Terra, na última etapa que por lá andei, também como vós, um general dos exércitos de Roma.

Como general, servi sob a liderança do Imperador Trajano. Embora não tivesse sido um período de glórias de Roma, procurei ser sempre fiel à nação, contudo, jamais endossei os desvios éticos dos poderosos de Roma e muito menos a sanha perseguidora do império, estabelecida contra cristãos. Naquele tempo, tive meus primeiros contatos com os ensinamentos de Yeshua de Nazareth, através de um cristão que se tornou um grande amigo do meu coração, chamado Inácio de Antioquia.

Com ele aprendi a não só conhecer, como a amar Yeshua. Tudo o que aprendi e que vivi serviu-me de maneira extraordinária aqui onde ora vivemos e que se trata, não sei se já lhe falaram isto, da verdadeira pátria de todas as criaturas criadas pelo Deus Único, denominado Yahweh, já há muito tempo conhecido da civilização judia. Esta pátria é o local para onde retornam as criaturas que viveram na Terra e que após a morte física continuam a viver em espírito ou alma, se quiseres, para vosso entendimento, significando dizer que a morte física é apenas uma passagem, uma estação de retorno à Pátria Espiritual.

Virius Lupus ainda imaginava estar sonhando. Ao ouvir aquela revelação, sentiu um certo desconforto, o que foi percebido por Estêvão, que rapidamente intercedeu:

— Oh! sim, nobre irmão Lucinius, esta é uma verdade ainda não muito conhecida na Terra. A maioria das civilizações e nações ainda pensa ou entende que a morte finaliza tudo ou remete a alma para destinos fatais, o que nem de longe corresponde à verdade, porém, aqueles que têm a oportunidade de conhecer essa verdade, podem, a princípio, não a entender ou sentir um certo desconforto, porém, é um sentimento que será passageiro, eis que a criatura vai tendo a oportunidade de diversas revelações que vão permitindo a ela, lentamente, conhecer a verdade da Criação. Em razão disto, nobre Virius Lupus, não vos surpreendais em demasia e procurai acalmar vosso coração.

O administrador Lucinius entendeu a rápida intervenção de Estêvão e percebeu que fora muito direto na sua conversação. Então, retomando a conversa, disse:

— Nobre irmão Virius Lupus, peço desculpas se o que vos falei abalou repentinamente. Imaginei que já tínheis a total noção da imortalidade.

O general, que até aquele momento nada falara, mas tudo ouvia e tudo via, quebrou o silêncio e disse:

— Nobre general Lucinius, acho que posso chamar-vos assim, não é?

— Sim, sim, podeis ficar à vontade quanto a isto — respondeu o administrador.

— Agradeço-vos — prosseguiu Virius Lupus — e acrescento que de fato, para mim, tudo é uma novidade fantástica. Pelo que fui informado e pelo que senti e vi, neste momento, meu corpo físico repousa na Terra e eu me encontro vivo e atuante aqui nesta cidade, que embora se assemelhe a Roma, é muito, mas muito mais bela, o que me comove, e ainda trazido por pessoas que nunca vi ou encontrei e que à primeira vista se traduzem em amigos e irmãos meus, pelo que me encontro, então, se não estou errado, em alma, a conversar com outras almas que informam ter vivido na Terra e que lá já morreram no corpo, como vós, que narrastes lá ter sido também um general dos exércitos de Roma, como eu sou, e que ora administra esta cidade, que chamam de Nova Roma.

Tudo isto, amigos e amigas, representa-me um mundo novo, entretanto, penso, por que estou aqui? Podeis dizer-me?

Virius Lupus calou-se. O administrador Lucinius pediu à jovem Belinda:

— Por favor, podes entregar-me o pergaminho que trazes contigo?

Belinda sorriu e estendendo a mão entregou o pergaminho ao administrador. Este começou a abri-lo e disse:

— Nobre irmão Lucius Virius Lupus, indago se consentis que eu leia estas anotações, que versam sobre vós, neste instante.

— Embora eu sequer cogite o que seja — respondeu Virius Lupus —, podeis sim fazer a leitura.

Então o administrador começou a ler em voz alta:

— Anotações importantes sobre Lucius Virius Lupus, que atualmente se acha mergulhado na vida física na Terra e que no momento serve, como romano, na condição de general, e que foi também nomeado pelo atual imperador dos romanos como procônsul da província romana da Britânia.

Fez pequena pausa e continuou:

— Do que tivemos acesso da trajetória da vossa alma, nobre Virius Lupus, queremos dizer que aqui estão anotadas algumas outras vidas que já tivestes na Terra, em etapas passadas e em outros corpos físicos, das quais destacamos algumas.

De acordo com este pergaminho, que nos foi enviado pelo governador da Cidade da Fé, o irmão Acádio, aqui há anotações de algumas delas:

Do ano 370 a.C. até o ano 321 a.C., vivestes na Terra na condição de general macedônio, servindo ao Imperador Alexandre da Macedônia, que foi conhecido como O Grande. Nesse tempo, chamastes-vos Eumenes de Cardia. Fostes um dos sucessores do Imperador

Alexandre, e na ocasião governastes o Reino da Armênia. Éreis, na ocasião, um grande mediador na divisão do Grande Império formado por Alexandre e ficastes como governador único da Capadócia, da Paflagônia, nas encostas do Mar Euxino.

Na ocasião, a outra parte do império ficou dividida entre outros dois generais de Alexandre: Crátero e Antípatro. Estes se uniram para atacar-vos, entretanto, fostes vencedor da batalha. Após, organizastes o Reino da Armênia, onde morrestes tempos depois, vitimado por uma peste que assolou a região.

Depois, novamente retornastes ao corpo físico, como Sexto Júlio César. Chegando ao cargo de general, novamente, tendo sido nomeado pretor em 94 a.C. e cônsul em 91 a.C., conseguistes uma vitória militar, provavelmente sobre paeligni. Falecestes no corpo, no mesmo ano de 94 a.C., enquanto fazíeis cerco militar à cidade de Ásculo Piceno. Nessa vida, éreis irmão do general Caius Júlio César, que foi o pai do grande Imperador Caius Júlio César, que tinha o mesmo nome do pai.

Depois, renascestes sob o nome de Lucius Flavius Silva. Desde muito cedo, teu pendor militar te levou a alistar-se novamente no exército romano. Tivestes rápida ascensão, no exército, devido ao vosso espírito de solicitude e de liderança. Com 25 anos de idade apenas, fostes nomeado *Legatus Legionis* e aos 32 anos, fostes nomeado governador romano da Judeia, um dos mais jovens generais, governador e cônsul de Roma. Durante o primeiro governo judaico, ainda jovem, em razão de vosso excelente gênio militar, fostes colocado no comando de uma das maiores e mais antigas legiões militares de Roma, a *Legio X Fretensis*. Em 73 d.C., por ordem do então Imperador Tito Flávio Sabino Vespasiano, dirigistes pessoalmente o cerco e a conquista da fortaleza de Massada.

No ano de 81 d.C., chegastes ao posto de cônsul ordinário, servindo a Sabino Vespasiano e depois a seu filho Tito Flávio Sabino Augustus. Após a morte do Imperador Tito Flávio Sabino Augustus, acabastes por ser uma das vítimas do furor implantado pelo irmão de Augustus, o Imperador Tito Flávio Sabino Domiciano.

Como Lucius Flavius Silva, servistes a Roma com extrema lealdade, honra e glória, e na condição de governador da Judeia, tivestes condição de saber e conhecer fatos sobre a presença na Terra, do judeu chamado de Yeshua ben Josepho ou Yeshua de Nazareth. Tivestes acesso aos ensinamentos d'Ele e vos encantastes com as revelações e as verdades que Ele ensinou e viveu.

Na intimidade da Intendência Romana em que vivias, em Jerusalém, tinhas como auxiliar um legionário chamado Florencius Lucianus Petronius, que era centurião na *Legio X Fretensis*, e que se tornara cristão. Esse vosso auxiliar iniciou-vos no conhecimento da Mensagem de Yeshua, a partir do que vos apaixonastes pelas verdades ensinadas pelo Mestre Galileu e prometestes intimamente servi-lo o quanto possível e vossas forças permitissem. Acompanhastes com profunda tristeza, no ano de 81 d.C., as terríveis perseguições que o Imperador Tito Flávio Sabino Domiciano implantou em Roma contra os cristãos.

Dessa ocasião, temos aqui anotado um acontecimento heroico de vossa parte, em que atuastes na defesa do cristão Anacleto, que conhecestes em Jerusalém.

Conforme aqui relatado, o Imperador Domiciano havia encaminhado para a Judeia um pretor de nome Didimius Salviano, eis que, a mando do imperador, ele tinha a tarefa de fazer ampla pesquisa sobre vossas relações com os judeus do Sinédrio, para saber o motivo da queda que vinha ocorrendo nas contribuições com os impostos para Roma e também, de maneira disfarçada, verificar se tínheis relacionamento secreto com os seguidores daquele a quem passaram a denominar como o Cristo Yeshua, que, segundo Roma, fora banido por sua própria gente, mas que deixara muitos seguidores, os quais não se misturavam com os judeus, embora sendo, eles mesmos, na sua maioria, judeus. Também não se misturavam com os romanos, antes até os evitando, tendo chegado aos ouvidos do imperador que eles apregoavam ser, esse Yeshua, o novo Rei dos judeus.

Apregoavam também que, por alguma espécie de sortilégio, essa pessoa não havia morrido, ou, mesmo tendo morrido crucificado, havia ressuscitado do reino dos mortos, e que nessa condição era imortal e estava reunindo um exército de seguidores para tomar o poder dos judeus e dos romanos e dessa forma estabeleceriam na Terra um novo reino.

O pretor Didimius fez várias anotações, que encaminhou ao imperador, nas quais deu conta de vossa defesa quando da prisão de um cristão chamado Anacleto, que se recusara a render homenagens ao imperador. Na ocasião, evitastes processá-lo, determinando sua soltura. Informou da existência da crença na ressurreição do judeu Yeshua, pois Ele já havia, a seu passo, ressuscitado várias pessoas do leito da morte, inclusive crianças, sendo a ação mais famosa praticada na cidade de Betânia, quando trouxe da morte para a vida um judeu chamado Lázaro.

Recomendava que Roma tivesse cautela e que ficasse alerta quanto a esses fatos. Que não se sabia do paradeiro desse Yeshua ressuscitado. Que os seus seguidores, talvez para disfarçar, alardeavam que Ele se fora, que subira aos Céus e que não mais voltaria. Que seus principais seguidores possuíam um templo de adoração já fundado há muitos anos, que foi edificado na saída da cidade de Jerusalém, a caminho da cidade de Jope.

Dizia ainda o pretor, na carta enviada ao imperador, que o líder desse grupo se chamava Anacleto, que muito embora também sendo judeu, não se relacionava bem com o Sinédrio. Que certa feita, disfarçado, foi até esse templo e lá ouviu referências sobre a fundação de um reino diferente, que seria superior a todos os reinos da Terra, inclusive Roma. Que apurando a fundo, descobriu, na ocasião, que vós, na condição de governador nomeado por Roma, desobedecendo as ordens imperiais, mantínheis contatos secretos com os líderes cristãos, e que isto significava alta traição a Roma, razão pela qual, além de comunicar ao imperador todas essas coisas, ainda lhe sugeria que tomasse providências quanto a serdes chamado a Roma para explicações.

O administrador Lucinius fez uma pausa no relato e olhou para Virius Lupus. Este continuava quieto, mas profundamente interessado na narrativa. Lucinius continuou:

— Por ordem do imperador Domiciano, fostes chamado a Roma, e o pretor Didimius assumiu vosso lugar temporariamente. Chegastes a Roma quase três meses depois, porém ficastes às ordens do imperador, no porto de Óstia, nas dependências militares, aguardando a convocação por Domiciano, para a entrevista com ele.

Certo dia em que estáveis na tenda principal dos oficiais generais, estivestes em um grupo do qual eu, na condição de general romano, como vos falei, encontrava-me na Terra e me preparava para navegar até a cidade de Éfeso, no comando de duas legiões, e naquela noite presenciastes, do que não vos lembrais, pelo entrave do corpo físico, de um diálogo muito interessante que ocorreu com o general comandante supremo de todas as tropas romanas, Tito Juliano.

Na ocasião, eu tinha reencontrado em Roma um amigo cristão que eu conhecera no deserto, em uma das viagens da tropa, como vos disse há pouco, e que se chamava Inácio de Antioquia. Esse amigo cristão se encontrava em grandes dificuldades, pois fora preso e condenado por Roma e colocado ao sacrifício, atirado às feras, com um grupo de cristãos, no Coliseu, para agradar o imperador e os romanos cruéis, que tinham prazer em ver o espetáculo sangrento de uma Roma que nunca foi a minha pátria, e sim a pátria dos ignóbeis, ociosos, impulsivos, mesquinhos e inescrupulosos oficiais e imperadores que mancharam o Panteão Romano com a prática da covardia moral.

Pois bem, esse amigo, de maneira inacreditável, foi poupado pelas feras, que sequer se aproximaram dele, e como a sentença romana falhara, foi posto em liberdade, porém, estava ali em Roma, sem qualquer recurso, sem qualquer conhecido, quando o encontrei em uma estalagem e inteirando-me do seu drama, ofereci a ele guarida e a possibilidade de que viajasse comigo para Éfeso.

Pois bem, nesse dia, em que nos achávamos sentados na mesma mesa de refeições, e já tínheis vos apresentado a mim, embora eu já conhecesse o que se dizia em torno do vosso nome, como sendo um dos mais jovens generais que se fez em Roma e sobre as vossas qualidades de estrategista militar, a ponto de o Imperador Tito Flávio

Sabino Vespasiano ter-vos colocado no comando da mais famosa legião romana, a *X Fretensis*. Já ouvira muitos relatos de vossos feitos e conhecer-vos ali, naquela ocasião, foi-me uma honra.

Lucinius fez nova pausa, como a meditar no passado e a seguir continuou:

— Aqui estão anotados nossos diálogos, que passarei a ler como se desenvolveram, naquele dia, com o calor das emoções daquele momento:

— *Ave, nobre general Lucius Flavius Silva! Honra-me conhecer-vos. Já vos conhecia por vossos feitos militares e por vosso comando da Legio X Fretensis. O império tem se orgulhado de vossos feitos. Estais de passagem por Roma?*

O general Lucius Flavius Silva, olhando para o general Lucinius Vero Aquilinius respondeu:

— *Ave, general Lucinius! meu ajudante de ordens aqui presente, Marcelus, já me falou sobre vós e que vosso excelente caráter vos precede. Aprecio e me sinto honrado também, em conhecer-vos. Estou sim de passagem por Roma. Assim espero. Na realidade, fui convocado pelo Imperador Domiciano para me entrevistar com ele. Confesso que ainda não sei a que título, porém, não tenho bom pressentimento, eis que ele nomeou um pretor para Jerusalém, de nome Didimius Salviano.*

Desde que esse pretor lá chegou, percebi uma certa mudança no relacionamento que mantinha inicialmente comigo, e tempos depois recebi essa convocação. Confesso, colega general, que não faço a menor ideia do motivo do chamado, porém, tenho pressentimento que alguma coisa grave possa estar ocorrendo, entretanto, nada temo e estou esperando as ordens para apresentar-me.

— *Nobre colega, não há de ser nada grave* — respondeu Lucinius.

A seguir, indicando uma pessoa que não era militar e que estava junto a ele, disse:

— *Quero apresentar-vos este amigo, que se chama Inácio de Antioquia. Assim é conhecido porque vive naquela cidade. Apesar de poucos contatos que tive com ele, é-me um irmão querido, embora sendo cristão, o que não é muito tolerado por Roma.*

Inácio, então, estendendo a mão, apertou a mão do general Lucius Flavius Silva, dizendo:

— Nobre general, tendes aqui um amigo a vosso dispor.

Todos se achavam em pé, então Lucinius propôs sentarem-se para esperarem a refeição ser servida.

Inácio, que havia ouvido o diálogo entre os dois generais, havia visto com os olhos do corpo físico, que ao lado do general Lucius Flavius Silva, um Espírito com uma carantonha muito feia parecia querer abraçar o general e percebeu que aquele Espírito mentalmente despejava sobre ele energias escuras, e que ele sentia a injunção e se enchia de desânimo e tristeza. Inácio recebeu a intuição que deveria agir, buscando auxiliar o general. Assim, para surpresa dos dois generais, disse, de inopino:

— Nobre general Lucius Flavius, penso que se o general Lucinius me der cobertura e ficar em pé entre mim e o senhor, poderá esconder-me um pouco dos demais, na tenda, para o que preciso fazer.

E, olhando fixamente para Lucius Flavius, falou:

— Necessito que fiqueis sentado, enquanto vou me aproximar e impor as mãos sobre vossa cabeça. Não vos assusteis, nem vos preocupeis, apenas pretendo fazer com que energias boas penetrem vosso pensamento. Pode ser?

Sem que se ouvisse a resposta, o general Lucinius, que confiava plenamente em Inácio, levantou-se e deu cobertura. A seguir, Inácio aproximou-se e impôs as mãos sobre a cabeça do general Lucius Flavius e orou.

Inácio percebeu quando a influência da alma doentia sobre o general cessou. De suas mãos saía um calor acentuado que alcançava toda a cabeça do general. Mais alguns instantes e Inácio viu quando o Espírito se evadiu, antes olhando com desprezo para ele. Concluída a tarefa, Inácio sentou-se, no que foi seguido pelo general Lucinius.

O general Lucio Flávio Silva, durante a imposição das mãos feita por Inácio, sentiu que uma energia forte lhe penetrava pelo centro da cabeça e um sentimento de reconforto, de paz e de certa euforia lhe invadiu a alma. Não se conteve e disse, sorrindo:

— *Por Apolo! o que é isto? Que sensação maravilhosa experimento. Confesso que nunca me senti tão bem!*

E, olhando para Inácio, indagou:

O que fizestes? És por acaso algum feiticeiro ou mágico?

Inácio sorriu levemente e respondeu:

— *Não, general, nada disto, não sou feiticeiro ou mágico, apenas sou cristão, seguidor e servidor de Yeshua de Nazareth. Ele foi quem permitiu, neste instante, que experimentásseis a ação do Seu Amor e ternura pela Humanidade inteira e por vós, e vós, como eu, somos irmãos d'Ele, pois Ele nos ensinou claramente que há um Único Deus, Criador de todas as coisas, e que a esse Deus podemos dar vários nomes: Ozires ou Apolo, ou Yahweh, como os judeus o chamam. Yeshua, nobre general, é o Filho Dileto desse Deus, e veio à Terra para nos ensinar a nos conhecermos, a conhecermos o Criador e Suas Leis e sabermos qual o destino que espera a todos nós, desde que cumpramos as suas Soberanas Leis, no rumo de encontrar a felicidade que todos almejamos.*

O general Lucio Flávio Silva estava por demais impressionado, como também o general Lucinius, e a seguir falou:

— Nobre amigo Inácio, assim já o considero, falai-me mais sobre Yeshua, a quem veneram. Já o conheci pelo nome e pelo que falavam dele, de maneira superficial, em Jerusalém.

Inácio sorriu e falou:

— *Nobre general, será para mim uma indizível alegria, contudo, não poderei narrar todos os ângulos da sua majestosa presença, mas o que me for possível, em breve tempo vos narrarei, relativamente a vários dos seus ensinamentos. Começaria dizendo que as palavras e ensinamentos que se ouviram da sua boca excedem em inteligência e bondade tudo o que já se disse e ouviu na Terra a respeito da vida e também da morte. Sua Mensagem é única e fez despertar na criatura humana a certeza de que*

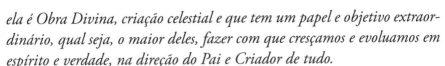

ela é Obra Divina, criação celestial e que tem um papel e objetivo extraordinário, qual seja, o maior deles, fazer com que cresçamos e evoluamos em espírito e verdade, na direção do Pai e Criador de tudo.

Quem quiser compreender e viver a plenitude das suas palavras, precisa se esforçar para conformar com Ele a sua própria existência. Ele sempre amou, ensinou, viveu e foi a presença viva de Yahweh na Terra. Deixou dito, de maneira clara, que quem o seguir não andará mais em trevas e que a suprema sabedoria para a criatura humana é buscar conquistar o Reino dos Céus através da prática permanente do bem. Ensinou que não devemos dar crédito a qualquer palavra, nem obedecer a todo impulso, mas pesar todas as coisas com prudência e vagar, para não agir com precipitação, eis que nossas ações devem possuir os dons da virtude, porque a vida virtuosa é que torna a criatura sábia, eis que, quanto mais for o homem humilde e submisso à Vontade de Yahweh, tanto maior será a sua sabedoria e agirá com serenidade em toda as suas ações.

Ensinou-nos o Mestre que não devemos cuidar das obrigações alheias, descuidando-nos das próprias. Que como o ferro metido no fogo perde a ferrugem e se transforma, faz-se incandescente, assim será o homem que se entregar inteiramente à obediência das Leis do Criador, pois ficará livre da tristeza e se transformará num novo homem.

Certa feita, disse aos seus apóstolos, aqueles que o seguiam mais de perto: "A glória do homem virtuoso é o testemunho da consciência tranquila". Conserva a tua consciência pura e sempre poderás ter alegrias que superarão as dificuldades, eis que uma consciência equilibrada oferece resistência às adversidades. Desse modo, não te dês por satisfeito senão quando tiverdes feito algum bem.

O Profeta Isaías, um dia já disse: "Os maus nunca têm verdadeira alegria, nem sentem paz interior, pois, para os ímpios não há paz, diz o Senhor".

Inácio calou-se. O general Lucius Flavius estava simplesmente impressionado com tanta sabedoria nesses conceitos que reputava como maravilhosos. Como estava sentindo-se muito melhor, tudo o

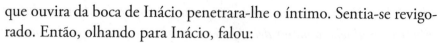

que ouvira da boca de Inácio penetrara-lhe o íntimo. Sentia-se revigorado. Então, olhando para Inácio, falou:

— *Nobre senhor, confesso que vossa pronta intervenção me tirou um peso de minha mente e afastou de mim um sentimento nefando de tristeza e apreensão, que teimava em me envolver de forma negativa e que desapareceu. Agradeço a vossa pronta intervenção, e também confesso que não saberei como recompensar-vos.*

Inácio sorriu e olhando para o general, respondeu:

— Nobre general, não necessito de recompensa alguma. O que fiz nada mais foi para minha pessoa do que o cumprimento de um dever de solidariedade, eis que o Mestre Yeshua nos ensinou que todos os que estão transitando pela Terra somos irmãos, filhos do mesmo Pai Celestial, portanto, devemo-nos mútuo auxílio.

A cena a seguir foi comovedora, eis que o general romano, trajando a armadura própria, despojando-se da própria pompa e importância do cargo, foi na direção de Inácio e lhe deu espontâneo e reconhecido abraço.

O administrador da cidade de Nova Roma fez uma pausa na leitura e viu que o general Lucius Virius Lupus chorava. Com certeza o seu pensamento tinha podido viajar nas asas da recordação, eis que se havia visto naquela tenda militar, naquele dia de inesquecível saudade. Lucinius Verus Aquilinus continuou a leitura dizendo:

Após terdes conquistado a fortaleza de Massada para o império, fostes premiado com a fixação no cargo de governador romano da Judeia, onde éreis muito respeitado por vossos atos de correção e de bondade.

Granjeastes, inclusive, o respeito dos judeus. Entretanto, as urdiduras palacianas, a inveja que sempre entroniza a falsidade, a calúnia e a injúria brotaram no coração do pretor que foi enviado para vos auxiliar, e este, engendrando falsidade, enviou carta ao imperador denunciando-vos de desvio de recursos da coleta de impostos, o que absolutamente nunca houve, e este seria o martírio que deveríeis enfrentar, na Terra, para que tivésseis a oportunidade de testemunhar Yeshua de Nazareth.

Na época, inclusive, fostes retirado do corpo físico e tivestes a oportunidade de ser conduzido à Cidade da Fé, onde o governador conseguiu que compreendêsseis que não estaríeis só no testemunho que haveria de vir. Fruto dessa comoção, alguns dias após, fostes conduzido diante do Imperador Tito Flávio Sabino Domiciano, de cujo diálogo temos também o registro, que agora reproduziremos fielmente:

Conduzido à sala do imperador, o general Lucius Flavius Silva entrou com porte altivo. Nada temia, pois nada havia feito que contrariasse as leis de Roma. O imperador, que já tinha alcançado mais de 40 anos, era alto, magro, o nariz fino e um pouco avantajado. Dois olhos normais, castanhos, mas felinos. Avisado por um soldado ajudante de ordens que estava próximo ao trono e ao qual ele se dirigiu e sentou-se, olhou para o general, que permanecia em pé, e disse:

— Salve, Roma! Salve, general Lucius Flavius Silva.

— Salve, Roma! Salve, oh César! — respondeu o general. — Coloco-me em prontidão para servir-vos e a Roma.

O Imperador Domiciano não pôde deixar de observar a firmeza do cumprimento do general e gostou quando ele disse que se colocava em prontidão para servir a Roma e ao imperador. Então prosseguiu:

— Nobre general, informo a razão de vossa estada entre nós, aqui na corte. Temos aqui uma acusação formal feita pelo pretor romano Didimius Salviano, que destacamos para Jerusalém, com a missão de ir nos posicionando quanto às ações de Roma na cidade, o que é um procedimento comum no império.

Segundo o relato oficial que me foi encaminhado pelo referido pretor, tendes misturado vossas propriedades particulares com os impostos devidos a Roma; tendes desviado considerável quantia, quando da remessa dos recursos à Capital do Império, e ficais com certa quantia para enriquecer vosso patrimônio pessoal. O que tendes a nos dizer sobre esta denúncia?

O general sentiu o sangue como que efervescer no seu íntimo e estava vermelho por inteiro. Se tinha uma coisa que não admitia, era que duvidassem da sua honradez e do seu caráter. Buscando controlar-se, demorou um pouco para responder, e utilizando-se da calma dos justos, olhou diretamente nos olhos do imperador e a seguir disse em voz alta:

— *Nobre imperador dos romanos, esta é uma nação forjada nas lutas, não somente pela sobrevivência, mas sobretudo pelo ideal de conquistas. Entretanto, a história do nosso povo, até aqui, demonstrou que nem todas foram conquistas lídimas e justas, porque algumas vezes visaram tão somente à escravização daqueles que eram considerados inimigos, e a conquista de suas riquezas para encher as burras da nação e para satisfazer o ego de imperadores que se despojaram do que efetivamente não tinham, que é o traje da justiça e da verdade.*

Nas voltas do caminho de sua existência, Roma já foi grandiosa e altaneira e, nas dobras do tempo, erigiu-se na figura de gigantes como Caio Júlio César, como Caio Júlio César Otaviano, como Cláudio, como Antonino Pio, como Marco Aurélio, como Tito Flávio Sabino Vespasiano, vosso pai, e como vosso irmão Tito Flávio Sabino Vespasiano Augustus.

Quando se referiu ao irmão de Domiciano, o general sentiu sobre si o olhar gélido e de desprezo do imperador, mas continuou:

Nos últimos tempos, a nação tem-se ressentido daqueles que lhe mordem as entranhas e que, como outros, têm acendido a fogueira do arrasamento e da morte vil e vã, apenas para demonstrar poder, que sempre será efêmero, pois nada dura o tempo todo.

Cavalguei por Roma, desde a Península Itálica até as províncias da Britânia; guerreei na Germânia, na Dórica, na Nórica, na Dalmácia e na Palestina. Vi, com tristeza, os postes dos sacrifícios humanos na Judeia, e nada, absolutamente nada encontrei, que justificasse a morte pela morte e o tratamento frio e desumano dedicado aos vencidos. Doei a minha juventude por Roma e anelei sempre servir à Águia Altaneira a todo custo. Procurei nunca me afastar do sentimento de justiça, de lealdade, de frater-

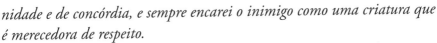

nidade e de concórdia, e sempre encarei o inimigo como uma criatura que é merecedora de respeito.

Nesse diapasão, conheci chefes de exércitos inimigos que demonstraram um senso de correção que infelizmente não encontro nos corredores dos palácios de Roma, e isto me envergonha, traz-me um sentimento de asco, de aversão por ver tanta maldade disfarçada de servilismo.

Não, nobre imperador dos romanos, não tenho o que vos falar a respeito. Nada tenho para dizer sobre essa acusação, que além de falsa é imoral.

Meu passado fala por mim, e se quiserdes mesmo saber quem sou, visitai a casa de um dos legionários que serviu sob meu comando e indagai a ele. Não, absolutamente não falo por eufemismo nem por vaidade qualquer. Falo por minha consciência, que sempre me ditou que maior, mas muito maior do que Roma é o meu mundo íntimo, pois nele não sou e jamais serei prisioneiro, e por isso, nobre imperador, voo livre para onde quero e nada me impede de viver os sadios sentimentos de lealdade para com a pátria, de justiça para com meus irmãos e inclusive para com os que Roma escraviza.

Se porventura desejardes uma explicação melhor do que a que vos oferto, infelizmente não posso dar, e se para satisfazer à solidez de vossos comandos eu tenha que lhe entregar o meu dom mais precioso, que é a minha vida, o entrego, com a certeza de que não me chafurdarei no lamaçal da intriga, e haverei, logo mais, livre, de alçar voo na direção do infinito dos Campos Elísios, onde espero encontrar-me com os romanos justos, bons e de caráter ilibado.

O general calou-se. A sala do trono, que tinha umas 30 pessoas, colhia um silêncio sepulcral. O imperador achava-se desconcertado. Entretanto, Domiciano tinha um gênio impetuoso. Rapidamente se recuperou da surpresa que as palavras do general lhe causaram e, fixando seu olhar ferino no oficial romano, disse:

— Ora, vejam só! Terei eu, como César, a máxima autoridade romana, que ir falar com algum legionário que comandastes para saber o que devo fazer em face da denúncia feita contra vós? Além de

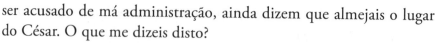

ser acusado de má administração, ainda dizem que almejais o lugar do César. O que me dizeis disto?

Lucius Flavius Silva refletiu por instantes sobre a nova acusação descabida e percebeu que o inimigo do bem não fica um instante sem o vezo da maldade. Ele estuda e pratica todas as artimanhas contra quem pretende ferir ou derrubar. Semeia a discórdia, suscita inimigos, vomita fogo e espalha o rastilho da morte. Então, disse ao imperador:

— *Nobre César, gostaria que as palavras fossem sufocadas na garganta dos guardas da lei, porém, isso não acontecerá. Pressinto que farão muito mal, contudo o farão a si mesmos. A história se repete. Aprendi com o valoroso Tito Augustus, vosso irmão, a quem Roma sempre reverencia, eis que certa feita ele me disse:*

— *Os que pervertem as leis de Roma fazem mal a si mesmos. Se as dificuldades não se dissolverem pelo que é certo, pelo que promove e engrandece a criatura, deverás sempre lutar para cortar a cabeça da hidra do erro. Se lograres êxito, farás tremer a terra e o inferno, mas o mundo ficará assegurado e todos os que são bons hão de exultar.*

O imperador estava quase entrando em colapso de raiva, eis que a referência a seu irmão o deixava furioso e ardia na sua consciência, pois era voz corrente no império que Domiciano teria eliminado seu irmão para usurpar-lhe o trono.

O general Lucius Flavius Silva tossiu levemente e continuou:

— *E tu, Roma de bênçãos e de heróis! quem foi que te afundou na desolação? Não, não digas que foram teus inimigos, e sim teus amigos. Não ouves que os teus filhos pedem pão, fé e justiça e não encontram quem os queira repartir com eles? O que haverá de se fazer? Surrarei seus homens e dispersarei o rebanho.*

Mas sobre o teu rebanho e teus detratores, pesará a mão da justiça. A carestia, a peste e a guerra farão tuas mães chorarem pelo sangue de teus filhos e dos maridos mortos em terra inimiga. E de ti, oh! Roma, o que será no futuro? O que restará? Roma soberba! Roma ingrata! Tu chegaste a tal ponto que já não buscas outra coisa, nem te admiras do teu povo; não vês no teu soberano senão o luto, a pompa e a frieza, esquecendo que tua glória esmaga teus filhos. Estás caindo, inerte e espoliada, embora ainda com tua palavra escrava faças tremer o mundo.

Todos estavam estupefatos. O imperador parecia hebetado. O general prosseguiu:

— Roma! Roma! eu haverei de partir, porém, sinto que voltarei para ti! Sacudirei tuas terras e os que nela habitam e levarei a destruição até teus muros. Apenas tu ainda não abriste os olhos? Dia virá em que tuas defesas serão abatidas e o reino do terror chafurdará nas tuas entranhas e virá a desolação. Ai de ti! Haverá prevaricação entre os sábios e os ignorantes. Teu sangue e o sangue de teus filhos lavarão as manchas que tu produziste nos povos que dominaste e que escravizaste. E virão a guerra, a fome e os flagelos, com o que será espancada a tua soberba. Teus palácios se tornarão lixo das praças e das estradas.

Lucius Flavius Silva calou-se. Chorava convulsivamente.

Domiciano estava impactado, porém, a vileza e a sordidez, que eram duas companhias permanentes do seu caráter, fizeram-no restabelecer-se e, aos gritos, disse:

— Pretor Bertus, aproxima-te com o livro de assentada do julgamento e anota: Eu, Tito Flávio Sabino Domiciano, legítimo César, decreto que o general Lucius Flavius Silva ofendeu Roma e o imperador; atacou as instituições da República Romana; cometeu ofensa e perjúrio e roubou a Pátria. Diante disto, decreto a sua prisão e determino que o mesmo deve morrer na arena do sacrifício, daqui a dois dias.

Depois, olhando para os soldados que ali estavam, disse:

— Agora, retirai esse lixo da minha sala.

Os auxiliares, o pretor presente e a guarda imperial trataram de cumprir as ordens do imperador, e um dos maiores generais de Roma foi vilmente acorrentado e jogado numa cela imunda.

O administrador romano interrompeu a narrativa. Lucius Virius Lupus estava profundamente introspectivo. Na verdade, por indução de Espíritos amigos, ele penetrara nas ocorrências e imagens de seu passado. Nessa visão, mergulhou de novo nas brumas do tempo e viu-se caminhando acorrentado pelas pernas e braços. Viu o teatro macabro, que estava lotado. Gritos ecoavam. Ele, porém, surpreendentemente, estava tranquilo. Ouviu quando um legionário se aproximou e disse, chorando:

— Nobre general, meu comandante, sou Narcisus, lembrais? Servimos juntos nas batalhas, nos campos da Doria. Quereis minha vida por ti? Eu a dou agora!

— Não, nobre Narcisus — respondeu o general. — Roma precisa de ti. Eu caminho para a glória!

Outro mais se aproximou, também em prantos, dizendo:

— Meu comandante, sou Assencius. Servimos nos campos da Germânia e da Britânia, lembrais? Dizei-me, posso reagir por vós?

Lucius Flavius Silva sorriu e disse:

— Como me lembro! Contudo, reagi, nobre legionário, mas reagi por Roma. Lutai. Convocai os irmãos de ideal e não deixeis que o mal amordace a nação. Conclamai que vossos amigos e irmãos lutem, lutem por liberdade! Ela um dia há de vir!

Chegaram ao centro da arena. Atado a um poste pelos braços e pernas, ouvia o rugido das feras no subterrâneo, que logo mais com certeza se jogariam sobre ele. Silêncio sepulcral. O pretor aproximou-se e disse em voz alta:

— Lucius Flavius Silva, podereis gozar da misericórdia do imperador se disserdes que tudo não passou de um equívoco e que sois leal aos deuses de Roma. Dizei, e ele vos perdoará. O que me dizeis?

O grande general, perpassando o olhar por toda a arena onde se achavam os adoradores do terror, depositou-o no pretor e falou:

— *Ignorais que esta é a espada de dois gumes. De um lado abate aqueles a quem considera inimigos e do outro rompe a ira do Deus dos homens? Essas duas coisas haverão de vir sobre ti, oh! Roma! Inexoravelmente, uma após a outra. Acontecerá o terrível furacão! A iniquidade está consumada; o pecado terá fim e antes que transcorram duas luas cheias do mês de flores, um arco-íris aparecerá sobre ti e o grande ministro verá a esposa do teu rei sob andrajos! Nada tenho do que me arrepender. Lutei e luto por ti, oh! pátria amada, e agora morro por ti e tenho certeza de que minha alma se libertará e voarei livre nos Campos Elísios, onde encontrarei a paz que tu não me podes dar!*

O general calou-se. As lágrimas eram abundantes. A um sinal, os alçapões foram abertos e dois leões famintos arremessaram-se contra ele e o despedaçaram. A turba regurgitava e se refestelava no sangue do justo.

Lucius Flavius Silva acordou. Pela janela do pequeno cômodo em que estava, viu a réstia de sol que penetrava no aposento. Quando levantou os olhos na direção da porta que se abrira, viu que um general romano, em traje de gala do exército, e um centurião, dele se aproximaram e o saudaram:

— Olá, ilustre e nobre general Lucius Flavius Silva, sede bem-vindo a *Nova Roma.*

Nesse instante da narrativa, Lucius Virius Lupus teve um choque. Saiu daquele repto e reconheceu o general Lucinius Verus Aquilinus e compreendeu ter lembrado de sua anterior estada na Terra. Embora apreensivo, sorriu... um sorriso que traduzia apreensão e paradoxalmente, alívio. Então ouviu a voz de Lucinius:

— Estais bem, general?

— Oh! sim, nobre administrador. Embora extremamente surpreso, estou bem!

Lucinius então disse:

— Amigo, tivestes a oportunidade concedida pelo Amor de Yeshua de Nazareth de rever alguns quadros de vossas últimas estadas na Terra e da última, logo anterior a esta em que agora estagiais, quando envergastes a indumentária do general Lucius Flavius Silva, o que denota para vós a conquista da destreza na arte dos combates e das guerras. É certo que também pudestes ver o epílogo daquela vossa existência no corpo físico e também ter a consciência de que a Roma dos teus, que também era a dos meus sonhos, ainda não logrou o êxito para o qual foi destinada por Yahweh, o único Deus de todas as gentes e povos.

Infelizmente, muitos Espíritos que foram premiados com a possibilidade de exercer o poder, no império, falharam clamorosamente e se perderam pelos dédalos da vilania, portadores que foram de atitudes ignóbeis e despropositadas. Vítimas do orgulho pleno e dos exacerbados egoísmo e vaidade, voltaram as costas à verdade e ao progresso e além de terem sido ingratos com muitos dos que auxiliaram a engrandecer Roma, acabaram por tratá-los como folhas secas que assoladas pelo vento são jogadas a esmo, sem que sirvam para coisa alguma.

Entretanto, nobre general, ninguém há que fique imune à aplicação das Leis de Yahweh, e sempre, dia vem, nas voragens do tempo, em que as criaturas deverão prestar contas da sua administração, pois é da Lei Divina.

No entanto, nobre amigo, estas coisas não acontecem para mero diletantismo, eis que já, em vossa última vida na Terra, tivestes contato com a doutrina do Mestre Yeshua de Nazareth, tanto que vos afeiçoastes a Ele e defendestes muitas vezes vários cristãos de Jerusalém, evitando que fossem presos e massacrados nos circos da iniquidade. Com isto, despertastes a simpatia dos amigos do Cristo, que intercedem sempre por vós, daí uma das razões de terdes tido novamente contato com a Mensagem de Yeshua em vossa atual existência física.

Lucinius fez uma boa pausa. A seguir, continuou:

— E hoje estais aqui conosco, desdobrado de vosso atual corpo físico, a fim de serdes esclarecido quanto a todos esses pontos, para sempre conservardes, quando na vigília do corpo físico, a importância e a consideração que o Cristianismo detém, colocando-vos, quanto possível, no papel de verdadeiro guardião dos seus postulados.

Por enquanto, nobre Lucius Virius Lupus, estas são as verdades e lembranças que foi possível acessardes. Voltareis a vosso corpo físico, no qual conservareis vivas recordações. Segui adiante em vosso dever de bem cumprir com vossas obrigações. Nunca desanimeis por nada. Dia virá em que recebereis o chamado direto de Yeshua.

Após o riquíssimo diálogo e atenção que lhe foi prestada pelo administrador Lucinius, Estêvão levantou-se, dizendo:

— Nobre general Lucius Virius Lupus, é chegada a hora de retornarmos. Agradeçamos ao nosso administrador Lucinius e às amigas Belinda e Emília, eis que temos que partir.

Virius Lupus agradeceu o carinho de todos, em especial do administrador Lucinius.

Após os abraços de despedidas, foram encaminhados gentilmente à saída. Uma vez fora do edifício, o general novamente se embriagou com a magnífica visão da cidade, que o tinha encantado sobremaneira. Mais alguns instantes e Estêvão, aproximando-se, segurou-o pelo braço, dizendo:

— Vamos, meu amigo! Se quiserdes, podes fechar os olhos.

Virius Lupus obedeceu e a breve tempo retornaram ao local onde o corpo físico do general ressonava. O general ficou novamente confuso por perceber que o centurião Aulus, juntamente com o decurião Decius e o legionário Vidius Simplicius estavam ao redor do seu corpo e que Vedius impunha as mãos sobre sua cabeça. Estêvão, percebendo a confusão no amigo, lhe disse:

— Nobre general, nada temais e fechai os olhos.

A seguir, tocou na sua testa com a mão direita, e Virius Lupus sentiu como que puxado para o corpo físico. Ato contínuo, Estêvão também fez o mesmo sobre a cabeça de Vidius, transferindo-lhe energias refazedoras, que através do legionário se espargiam por todo o corpo do general. Mais alguns instantes, e Estêvão, orando ao Mestre, agradeceu a oportunidade do serviço e retirou-se.

Após impor as mãos sobre a cabeça do general, Vidius pronunciou sentida oração.

Oh! Mestre Yeshua, refúgio de nossas esperanças, pedimos-vos, neste momento, que possais fazer chegar ao irmão que se encontra debilitado do corpo físico, as energias saudáveis e refazedoras e as vossas bênçãos. Senhor, na singeleza de nossos corações, com fé sincera e firme, cremos piamente que estais aqui, no socorro a vosso irmão. Auxiliai-o para que lhe seja restabelecida a saúde da alma e do corpo, para louvar a glória do vosso nome e do nome de Yahweh. Assim seja!

Mais alguns instantes, eis que estavam sentados na cabine do general, esperando sua reação. Viram quando este se movimentou no leito, abriu os olhos e ficou espantado em ver os três ali como que vigiando o seu sono. Sentou-se lentamente na cama. Sentia-se bem e olhando para os demais, falou:

— O que fazeis aqui? Porventura vos chamei?

Foi Aulus que se apressou a responder:

— Nobre general, acompanhamos um pouco vosso quadro de debilidade física. Não estáveis bem e viestes para vossa cabine, deitastes-vos um pouco e como vim a vosso aposento e vos encontrei mais debilitado ainda, assustei-me, tendo ido chamar nossos nobres Decius e Vidius. Após retornarmos a vosso aposento, vimos-vos gemer, pronunciar palavras desconexas, agitar-se. Então resolvi pedir ao legionário que vos impusesse as mãos sobre a cabeça e orasse a Yeshua em vosso benefício. Ele acabou de terminar a oração e vimos que acordáveis lentamente. Esperamos que estejais melhor.

O general refletia nas palavras de Aulus e imediatamente lhe assomou à lembrança o momento em que saíra do corpo físico e a seguir encontrara-se com um jovem de rara beleza, contudo, não quis concentrar-se mais e falou:

— Sim, nobre Aulus, eu não me sentia bem e internei-me na minha cabine para repousar um pouco, para ver se melhorava. Agradeço vossos cuidados para comigo e posso afirmar-vos que estou me sentindo muito bem.

Um pouco surpresos, os amigos então pediram permissão para se retirarem, o que foi concedido, e tão logo saíram, o general Lucius Virius Lupus refletiu um pouco mais nas recordações que assomavam a sua mente e a seguir aduziu para consigo mesmo:

— Acho que sonhei. E que sonho bom!

CAPÍTULO XXV

CONVERSAÇÕES ENTRE TERTULLIANUS E ELIAQUIM – PLANEJAMENTO PARA A VIAGEM A ROMA

No segundo dia em que Tertullianus e seus amigos Zaki e Barach encontravam-se hospedados no núcleo cristão de Jerusalém, a conversação, como sempre, girou em torno da nova fé, acrescida de comentários sobre a filosofia dos gregos.

Tertullianus, buscando opinar ante uma manifestação do epískopo Eliaquim, sobre a possibilidade de existir semelhança entre o Cristianismo e a Filosofia da Grécia, disse:

— Meus amigos e irmãos, entendo que fazer relação entre a fé cristã e a filosofia grega exigirá cuidados, eis que na Filosofia, em razão de alguns pensadores antigos, poder-se-á encontrar alguns que evidenciam a existência e a necessidade da fé, e outros que entendem ser o pensamento a origem de tudo. Há alguns cujo entendimento leva as criaturas a pensarem que a fé e a razão filosófica se opõem. Há outros sobre cujas ideias se pode reconhecer que manifestaram ensinamentos que vêm ao encontro da Doutrina de Yeshua, como a filosofia de Sócrates e a do Estoicismo, por exemplo.

Para mim, a regra da fé constitui-se como lei e os núcleos cristãos são os guardiões da fé e da revelação trazida pelo Mestre relativamente à Bondade e à Justiça de Yahweh. Eu não sou ordenado na fé cristã, sou o que se pode chamar de um estudioso e catequista. Penso que a boa interpretação dos ensinamentos do Mestre Nazareno auxilia as criaturas a ter uma conduta reta e a se tornarem exemplos sadios de fiéis seguidores que buscam praticar o bem vivido e ensinado por Yeshua.

A respeito da necessidade de dedicação à vivência do Cristianismo, ao olharmos para os anos que se passaram poderemos colecionar inúmeros heróis, conhecidos e anônimos, que penetrando nas vias do Cristianismo, tudo deram de si para viver a lúcida Mensagem, candidatando-se naturalmente à sanha inconsequente e perseguidora dos judeus e de Roma. Muitos, desde os apóstolos, já sabemos, foram objeto de perseguição e morte nas arenas dos suplícios romanos.

Em face destas ponderações que faço, no ano de 197 d.C. fiz vários escritos e manifestações que tornei públicos com o nome de *Apologeticus*, nos quais fiz o que entendi ser necessário, portanto, firme defesa do Cristianismo, endereçando críticas ao Império Romano, associando essas declarações com contrapontos da legislação de Roma.

Destaquei, nesses escritos, a ética que nós cristãos possuímos, pois sempre fomos leais cidadãos do império. Questionei, ao final, o imperador dos romanos, dizendo claramente a ele sobre as prisões desnecessárias e sobre os julgamentos apressados e insanos que Roma fazia contra os seguidores da Mensagem de Yeshua de Nazareth. Especialmente nesse ângulo, ousei dizer ao imperador e às autoridades romanas sobre as suas sentenças, o que agora vos repriso:

A sentença que sempre tendes expedido tem sido verdadeiramente confusa. Negai-vos a buscá-los e prendê-los como a inocentes e mandais castigá--los como culpados. Tendes misericórdia e sois severos; dissimulais e castigais. Como evitais então censurar-vos a vós mesmos? Se condenais, por que não investigais? E se não investigais, por que não absolveis? Ora, somente os cristãos têm sido proibidos de dizer algo em sua defesa? Se considerais que somos os mais malévolos dos homens, por que nos tratais tão diferentemente de nossos companheiros, pois se é verdade que somos criminosos, por que não temos o mesmo direito de resposta e de discussão? Ora, os criminosos ficam ansiosos para se esconderem. Eles mesmos evitam aparecer em público, e ficam tremendo quando são caçados. Por que nos tratais como criminosos se não nos evadimos nem nos escondemos?

A mais grave questão se traduz no fato de que Roma e também os judeus têm lançado mão, contra os cristãos, de processos desajustados e sem provas, e são condenados sob acusações vãs. Nos acusam de assassinato, incestos e canibalismo, contudo, jamais dissestes quantas crianças foram mortas por nós; quantos incestos cometemos; quantos canibalismos. Quem testemunhou os crimes de que nos acusam?

Quanto a isto, irmãos, não obtivemos do império, até agora, nenhuma resposta. Temos ofertado, de parte do nosso núcleo cristão de Cartago, a combatividade prática na defesa dos postulados do Mestre Yeshua, entretanto, essa combatividade, não tenho notícias de que seja adotada pelo núcleo cristão Central de Roma.

Há mesmo, da parte do epískopo-geral Zeferino, uma espécie de silêncio e até de disfarçada concordância com o pensamento dos perseguidores. Confesso que, além disto, meus irmãos, há outra situação que entendo também grave, pois se tem notícia que o epískopo-geral de Roma decidiu que o núcleo cristão de lá tem o poder de conceder a remissão dos pecados a todas as criaturas que confessarem arrependimento; a remissão dos erros das criaturas diante do descumprimento da lei de Yahweh, e que isto se dá quando do batismo do cristão.

Que esse batismo, que perdoa todos os erros, pode ser feito em qualquer idade. Logo, um adulto, mesmo que tenha pecados sérios como o adultério, a apostasia, ou tenha cometido crimes contra a honra e contra a vida, ao batizar-se remiria seus pecados e se tornaria uma criatura merecedora do Reino de Yahweh. Ora, nobre Eliaquim e amigos, isto para mim é inconcebível e se traduz no que posso chamar de verdadeiro comportamento herético. Não há isto na nova fé que nos foi trazida pelo Mestre Galileu, porque seu ensinamento é lógico e racional e deixa claro que o Pai Celestial não concede privilégios a seus filhos.

Tertullianus fez uma pausa. Eliaquim e os diákonos Benjamim, Esaú e Omazias e os companheiros de viagem de Tertullianus, Zaki e Barach estavam impressionados ante tantos conceitos que entendiam maravilhosos, na defesa do Cristianismo.

A seguir, Tertullianus continuou:

— Desse modo, nobre Eliaquim e amigos, pretendo ir a Roma para dialogar com o epískopo-geral, e vós sois meus convidados para acompanhar-me, o que achais?

Fez propositada pausa e aguardou. Eliaquim não tardou em responder, demonstrando euforia:

— Nobre irmão Tertullianus, vossos conceitos nos encantam e quanto a vossa sugestão, com certeza apreciaríamos acompanhar-vos nessa empreitada, que penso, não será fácil e estamos à disposição para discutir as providências que devemos tomar quanto à época da partida, e qual a pretensão de nossa discussão com o epískopo-geral Zeferino. Porém, antes devo reunir o Conselho de nosso núcleo para discutirmos o convite.

Após a pausa de Eliaquim, Tertullianus prosseguiu:

— Sim, aguardaremos a reunião, mas ainda prossigo, caros irmãos de Jerusalém, em meus estudos sobre a extraordinária Mensagem que nos foi legada. Pude mergulhar num mundo que é muito pouco ou quase nada conhecido. Muito embora o Cristianismo tenha crescido nestes quase cento e oitenta anos da presença magistral do Cordeiro Divino na Terra, nas minhas reflexões, penso que a expansão do Cristianismo não tem atingido a forma esperada.

Meu objetivo, a partir do momento em que me deparei com o conhecimento da Boa-nova, conduzido que fui a ela, de certa forma, por minha inesquecível esposa Verônica, é de tentar auxiliar para que a sedimentação dessa Sublime Mensagem se dê de maneira mais acentuada. Acredito, porque tenho observado isto nos próprios ensinamentos de Yeshua, que nossa vida é uma etapa, apenas uma etapa da grande vida do Espírito, que é imortal, como a Humanidade inclusive já aprendeu na escola dos egípcios. A essa conclusão cheguei de modo simples, quando lendo, relendo, estudando, analisando e reflexionando sobre o que Yeshua disse quanto a seu ensinamento relativo ao Consolador Prometido. Eis o que encontrei nos escritos do Apóstolo João. O Mestre assim se referiu:

— *Não se turbe o vosso coração; credes em Yahweh, crede também em mim. Na casa de Meu Pai há muitas moradas, e se assim não fora, Eu vô-lo teria dito, pois vou preparar-vos o lugar. E quando eu for e vos preparar o lugar, voltarei e vos receberei para mim mesmo, para que onde eu estiver estejais vós também. E vós sabeis o caminho para onde eu vou.*

Disse-lhe Tomé:

— *Senhor, não sabemos para onde ides; como saber o caminho?*

Respondeu-lhe Yeshua:

— *Eu sou o caminho, a verdade e a vida; ninguém vem ao Pai senão por mim. Se vós me tivésseis conhecido, conheceríeis também Meu Pai. Desde agora o conheceis.*

Replicou-lhe Filipe:

— *Senhor, mostra-nos o Pai, e isso nos basta.*

Disse-lhe Yeshua:

— *Filipe, há tanto tempo estou convosco, e não me tendes conhecido? Quem vê a mim, vê o Pai. Como dizeis: Mostrai-nos o Pai? Não credes que eu estou no Pai e o Pai está em mim? As palavras que vos digo, não as digo por mim mesmo, mas o Pai, que permanece em mim, faz as suas obras. Crede-me que Eu estou no Pai e o Pai em mim; crede ao menos por causa das mesmas obras!*

Em verdade, em verdade vos digo que aquele que crê em mim fará também as obras que Eu faço e outras maiores fará, porque Eu vou para junto do Pai. E tudo quando pedirdes em meu nome, Ele fará, a fim de que o Pai seja glorificado no Filho. Se lhe pedirdes alguma coisa em meu nome, Ele o fará.

Se me amais, guardai os meus mandamentos e Eu rogarei ao Pai e Ele vos enviará outro consolador, a fim de que esteja sempre convosco, o Espírito da Verdade, que o mundo não pode receber, porque não o vê nem o conhece; vós o conhecereis porque ele habitará convosco e estará em vós.

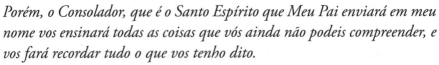

Porém, o Consolador, que é o Santo Espírito que Meu Pai enviará em meu nome vos ensinará todas as coisas que vós ainda não podeis compreender, e vos fará recordar tudo o que vos tenho dito.

Logo, irmãos, ao afirmar aos seus apóstolos que Ele iria até seu Pai e nosso Pai e que pediria a Ele, e Ele enviaria um outro Consolador, é muito certo que esse denominado Consolador ou Paracleto virá para a Terra, portanto, como ainda não veio em todo esse tempo após sua partida, haverá de vir, no futuro, com certeza.

Interessante notar, ainda, que nesse ensinamento Ele acrescentou aos apóstolos que o ouviam, o seguinte:

Esse consolador vos fará lembrar de tudo o que Eu tenho dito e vos revelará outras coisas que vós ainda não podeis compreender.

Ora, caros irmãos, o Mestre estava falando aos apóstolos, aos aparentados dos apóstolos e aos que eram seus discípulos, e se disse isto a eles, como de fato assim o fez, é preciso reflexionar também que todas aquelas pessoas que o estavam ouvindo serão também as pessoas que no futuro receberão esse Consolador, pois é isto que Ele claramente disse.

Logo, irmãos, essas pessoas a que me referi já morreram, no corpo, como nós também haveremos de morrer, mas todos haveremos de retornar ao palco da vida física na Terra, para ver consumada a profecia crística.

Para o meu entendimento, é inegável que o Cristo estava também falando da reencarnação; da consciência plena, na tradição da Índia, desde os tempos mais antigos. Logicamente que ante certa celeuma da nação judia sobre esta questão, Ele preferiu falar por parábola, obrigando as pessoas a penetrarem no âmago desses ensinamentos, eis que acentuou: *"Vós ainda não poderíeis compreender"*.

Mesmo em alguns dos nossos núcleos cristãos tem havido divergências nesse ponto, mais quanto à forma do que quanto ao fundo, e tive notícias que no núcleo Central de Roma, o epískopo-geral Zeferino tem ofertado campo a essas divergências.

O que penso é uma ação que desfigura os ensinamentos do Mestre, e as comunidades cristãs, principalmente as do Ocidente, correm o risco dessa desfiguração, e ao fazê-lo, creio firmemente que atrai para a Boa-nova intromissões de coisas que não são dela, o que não auxiliará na sua divulgação, antes representará uma espécie de freio ou mesmo atraso na sua expansão. Esta é uma questão que reputo como gravíssima.

Outra questão, não menos grave, é a composição trinitária que o núcleo cristão de Roma vem apregoando, relativamente às definições sobre Yahweh, Yeshua e a chamada santificação, palavra essa criada há tempos pelo núcleo cristão de Roma, definindo que o Mestre é o Espírito a que chamam Santo. Tive oportunidade de também me debruçar com vagar nos ensinamentos de Yeshua sobre essa questão e um dia tive o desconforto de receber notícias de alguns núcleos cristãos e de alguns outros intérpretes do pensamento crístico, no sentido de que eu tenho apregoado que há um Pai Celestial, Yahweh, o Filho d'Ele, Yeshua, e que esse Filho é o Espírito Santo, que se funde com o Pai. Efetivamente, nunca falei ou disse essas coisas. Dizem mais, com certeza para confundir, que eu também estaria pregando que o Pai Celestial, Yahweh, Yeshua e esse Espírito Santo são somente uma pessoa. Não, não, absolutamente, nada disto falei, ao contrário, confundiram talvez de propósito uma interpretação pessoal que tenho, eis que, ao estudar com cuidado as referências que Yeshua faz sobre Yahweh e as que Ele fez sobre si próprio, é inegável a ligação direta dos dois, porém, interpreto que Yeshua é portador do que poderíamos chamar duas naturezas. Vejamos que Ele nasceu de mulher e homem e verdadeiramente, portanto, foi humano como nós, e de outro lado, ele possuía a natureza divina, como o Enviado, como o Messias, como Filho, que poderíamos dizer, dileto do Criador Yahweh.

Tenho notícias, irmãos, que essas alusões feitas a meu respeito, de forma totalmente equivocada, já chegaram ao núcleo cristão Central de Roma, sendo que o epískopo-geral tem utilizado essa definição, que não é minha, em meu nome, como se de fato eu a tivesse criado, o que nunca foi de minha lavra.

Eu interpreto que a concepção de Yeshua, quando concebido por Maria de Nazareth, que era virgem, uma vez que de fato havia se casado com José nessa condição, foi de natureza humana, logo, Yeshua é verdadeiramente homem, nascido de pai humano e de mulher, fisicamente gerado, e possuiu a natureza humana, mas também possuía, e continua a possuir, em alto grau, a natureza divina, eis que é o Enviado por Yahweh.

Tertullianus calou-se. Todos estavam em profunda reflexão sobre o que tinham ouvido e que entendiam se revestir de uma grande lógica e sensatez.

Na continuação do diálogo, Tertullianus disse a Eliaquim:

— Já que demonstrastes entusiasmo com minha proposição de irmos até Roma, penso que deveríamos engrossar nossa representação.

Como sabeis, embora eu seja um assíduo frequentador e estudioso do núcleo cristão de Cartago, não sou epískopo, apenas ouso falar e escrever sobre os ensinamentos de Yeshua e sobre as interpretações alusivas aos mesmos. Desse modo, nobre Eliaquim, imagino que poderíamos ir a Alexandria e lá no núcleo cristão convidar o irmão Clemente, que tem posições firmes e ideias notáveis sobre a Mensagem maravilhosa do Cristo Yeshua, cujas posições conheço.

Tive notícias também que há lá um jovem cristão, no núcleo, que tem agradado aos cristãos com suas ações em defesa da Boa-nova e que se chama Orígenes Adamâncio. Eu ainda não o conheço, mas com o amigo Clemente tive dois contatos ótimos, ocasiões em que conversamos bastante.

Tenho particular predileção pelas ideias do amigo Clemente, principalmente quando ele se manifesta sobre as virtudes da criatura na infância; sobre as questões do casamento; sobre a responsabilidade no uso das moedas da riqueza, da chamada salvação dos ricos. Comungo com ele que o Cristianismo não condena a riqueza e que os ensinamentos do Mestre alertam para uso indevido dela, quando se malversam os bens terrenos, que os que assim procedem esquecem o verdadeiro sentido da existência, que não é ter coisas, e sim ser uma pessoa ou criatura de bem. Igualmente concordo com ele quando diz que uma educação sem severas correções, desde a infância, é equivocada.

Tertullianus fez outra breve pausa e após, modificando o rumo da conversação, indagou a Eliaquim:

— Então, nobre irmão, vamos planejar nossa viagem a Jerusalém?

— Quanto tempo o irmão estima para a viagem de ida e de retorno? — indagou Eliaquim.

— Creio que entre nossa viagem até Alexandria e após até Roma e o retorno, respondeu Tertuliano — deveremos levar em torno de um ano, talvez um pouco menos ou um pouco mais. Esse tempo é uma estimativa.

— Novamente vos pergunto se estais disposto a realizar esta viagem.

Eliaquim, antes de responder, passou a mão sobre os cabelos, que já estavam grisalhos e um pouco desalinhados, elevou o olhar para cima, como se estivesse a reverenciar o Criador, dizendo:

— Irmão Tertullianus, como vos adiantei, amanhã pela manhã reunirei o conselho de nosso núcleo cristão e logo após a reunião vos darei uma resposta definitiva a vosso prazeroso convite. Se dependesse somente de minha pessoa, com certeza já sairíamos de viagem amanhã mesmo, porém temos que analisar a continuidade de nossas tarefas internas e nossos compromissos com os fiéis e com a divulgação da Mensagem de Yeshua.

Após breve pausa, como se aproximava o momento do repouso noturno, Eliaquim convidou todos a acompanhá-lo mentalmente na oração, que iniciou a fazer:

— *Mestre Inesquecível Yeshua!*

Ao acalanto das energias e vibrações que sentimos neste instante, oferecemos nossa disposição de serviço permanente e nosso desejo de levar Vossa Santa Mensagem a todas as criaturas. Auxiliai-nos com o vigor da disposição, para que sejamos cada vez mais operosos na Vinha do Senhor.

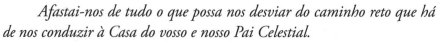

Afastai-nos de tudo o que possa nos desviar do caminho reto que há de nos conduzir à Casa do vosso e nosso Pai Celestial.

Que nunca esqueçamos do exercício da caridade que tão prodigamente exemplificastes e nos ensinastes.

Eis-nos diante de Vós, e embora nada ou muito pouco possamos doar, oferecemo-nos em sacrifício a fim de que sempre resplandeça a luz do Vosso Evangelho, para iluminar as consciências travadas nos equívocos do orgulho, do egoísmo e da ambição desmedida. Permiti-nos absorvermos de vosso Amor Infinito pela Humanidade, o entusiasmo e a renovação de nossa fé.

Abençoai-nos, uma vez mais. Assim seja!

Após a prece proferida por Eliaquim, todos se abraçaram e se retiraram para os aposentos de dormir, adredemente preparados.

Sem que naquela ocasião fossem percebidos, estavam na sala o governador da Cidade da Fé, Acádio, que juntamente com Paulo de Tarso, Inácio de Antioquia, Policarpo de Esmirna e Irineu de Lugdunum acompanharam o colóquio entre os seguidores do Cristo Yeshua, e também oravam ao Pai Celestial e ao próprio Yeshua, pedindo bênçãos para aquela pequena assembleia de trabalhadores e para a empreitada traçada na reunião.

CAP. XXVI

IMPORTANTE REUNIÃO NA CIDADE DA FÉ – PROVIDÊNCIAS

A noite já ia alta, quando Estêvão, na companhia do amigo Joel, apresentaram-se no núcleo cristão de Jerusalém, no momento em que Tertullianus e Eliaquim deixavam seus corpos físicos pelo sono. Para Eliaquim e igualmente para Tertullianus, as incursões fora do corpo físico já não se constituíam em novidade e também assim, os encontros com Estêvão, que acabou por apresentar-lhes, desta feita, o amigo Joel, dizendo-lhes:

— Amados irmãos, este é nosso amigo e irmão Joel. É um fiel trabalhador da Causa do Cristo e valioso auxiliar na Cidade da Fé. Ele me acompanha para que possamos levar-vos até lá, a pedido de nosso governador Acádio.

Joel lhes sorriu sem nada falar. Estêvão a seguir disse:

— Vamos! Não percamos tempo.

A pequena caravana de quatro Espíritos cingiu o espaço e a breve tempo chegaram à Cidade da Fé, bem em frente ao prédio da Administração Central. Tertullianus e Eliaquim ficaram simplesmente extasiados com a beleza do local. Admiraram o enorme prédio, em estilo que era uma mistura da tradição jônica e grega. Alegres, subiram os lances de escadas do prédio. O espaço de entrada era amplo. Foram recebidos pela auxiliar direta do governador, a simpática e sempre sorridente Eleodora, que os saudou dizendo:

— Olá, nobres irmãos Estêvão e Joel, é sempre renovada alegria receber-vos novamente.

E olhando para os demais, emendou:

— Assim como também nos alegramos em receber os irmãos Tertullianus e Eliaquim, que já conhecemos pelo nome.

Os visitantes, que continuavam deslumbrados com o local, estavam agora mais surpresos com o cumprimento, sorriram timidamente e responderam cada um a seu passo:

— A alegria é nossa.

Eleodora aprumou-se para entrar num grande corredor mais à frente, sinalizando para que todos a acompanhassem, dizendo:

— Por favor, o nosso governador logo estará com os irmãos.

Em breve entraram numa ampla sala cujas portas de acesso estavam abertas. Era a sala de trabalho do governador.

— Por favor, acomodai-vos — disse Eleodora —, o governador já está para chegar. Ele foi atender a um breve chamado.

A sala era retangular e numa lateral tinha uma enorme biblioteca com incontáveis pergaminhos empilhados. No centro da sala, uma mesa rodeada com 20 cadeiras, com espaldar em curva, ao estilo romano. A mesa do governador era ampla, com quatro gavetas de cada lado, também com cadeira igual. Mais a um canto havia duas espécies de cama, contudo com braços laterais, para apoio, que representavam ser confortáveis, porque havia almofadas estendidas na mesma, para o assento.

Tertullianus e Eliaquim estavam ainda na contemplação do ambiente, quando entrou na sala o governador Acádio. Ao fazê-lo, fechou a porta.

Tertullianus e Eliaquim ficaram impressionados com a figura do governador. Acádio demonstrava madureza, os cabelos brancos, um pouco longos, os olhos azuis. De seus cabelos, do contorno de seu rosto, das mãos e de todo o corpo se expelia um campo que expandia suavemente uma luz prateada. Em seu rosto não havia rugas, o que impressionou os visitantes.

O governador, com largo sorriso de satisfação, abraçou primeiro Estêvão e Joel e a seguir Tertullianus e Eliaquim, que corresponderam ao abraço, depois disse:

— Meus irmãos, por favor, acomodem-se.

Após todos sentados, olhando para os visitantes continuou:

— Nobres irmãos Tertullianus e Eliaquim, ao tempo que vos saúdo, também saúdo nossos Estêvão e Joel, que já são da casa.

O governador ia continuar sua fala, quando a porta se abriu e por ela entraram venerandos Espíritos que estavam lotados na Cidade da Fé, trabalhando no contínuo projeto de permanente ampliação da instalação do Evangelho de Yeshua de Nazareth sobre a Terra.

À frente vinham os apóstolos Simão bar Jonas e João, ladeados por Tiago, Natanael e Zebedeu. Mais atrás, o apóstolo da gentilidade Paulo de Tarso, ladeado por Lucas, João Marcos, Inácio de Antioquia e Policarpo de Esmirna. Um pouco mais atrás vinham Silas, Timóteo, Tito de Creta e Irineu de Lugdunum. Todos foram saudados com deferências pelo governador e apresentados a Tertullianus e Eliaquim. Estes ficaram maravilhados. Jamais imaginaram aquele encontro.

A seguir, um a um foram convidados a se acomodarem nas cadeiras, o que prontamente fizeram. O clima espiritual era simplesmente extraordinário. Tertullianus e Eliaquim continuavam deslumbrados. Após todos acomodados, o governador Acádio continuou:

Meus amados irmãos!

Estamos reunidos hoje, para mais algumas decisões relativamente ao projeto contínuo de divulgação dos ensinamentos de nosso Mestre Yeshua na Terra, ensinamentos que bem sabemos, recebeu diretamente de Yahweh, nosso Pai Celestial.

É fato que já estamos em nossa cidade há mais de quinhentos anos, tempo dedicado ao projeto de preparação que já ocorria nas Moradas Celestes Superiores, também há mais ou menos quinhentos anos, relati-

vamente às providências que permitissem auxílio direto na encarnação do Mestre Yeshua na Terra.

Desde a presença de Yeshua encarnado sobre a paisagem terrena, continuamos aqui permanentemente, trabalhando como auxiliares para que a Mensagem Luminosa transmitida por Ele prossiga no sentido de ser conhecida por toda a Humanidade terrena.

Desde a sua encarnação, adredemente supervisionada pelos Obreiros Espirituais, que são anjos ligados diretamente ao Senhor da Vida, e que estão em contato direto com o Criador, o Mestre tem administrado o nosso mundo e os Espíritos do Senhor estão sob o seu comando permanente.

Muitas lutas intensas foram travadas nesse tempo, antes da vinda d'Ele, e continuam sendo travadas depois d'Ele ter andado pelas vias da natureza humana terrena.

Inegável que o Mestre desceu à Terra no tempo predito pelos profetas antigos, para trazer a Verdade de toda a Criação, e deixou claro que para as criaturas serem felizes, na Terra, deveriam cumprir as Leis de Yahweh, declarando, ainda, que será feliz aquele a quem a própria verdade ensina, não por meio de figuras ou palavras, que passam, mas tal como verdadeiramente devem ser, ou seja, por meio de ações de caridade e benevolência para com o próximo, ocasiões em que manifesta o amor pelo Criador.

Diante desta verdade, as especulações sobre as questões da Divindade, de cuja ignorância os homens se apartarão somente com o tempo, devem servir para fazer com que pensemos e reflitamos sobre a maravilhosa Criação de Nosso Pai Celestial, o Princípio de Tudo, e, por vias de consequência, busquemos compreender o seu Desejo Criativo Divino, eis que anotou o nosso amado João, aqui presente, que "Yahweh é o Princípio", o que significa dizer que somente Ele é Eterno.

Muitos têm sido e ainda serão os anos de lutas para que um átimo de seu Incomensurável Amor abrase toda a Terra. Os combates têm-se estabelecido no confronto entre o que o Mestre ensinou e viveu e os que ainda não o aceitaram e se aborreceram com a Boa-nova. Dentre eles, há aqueles que se asfixiam com o poder e as riquezas mal administrados, homens sem fé, tiranos que escravizam, e aqueles outros que se tornam presunçosos da

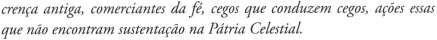

crença antiga, comerciantes da fé, cegos que conduzem cegos, ações essas que não encontram sustentação na Pátria Celestial.

Nos dois séculos que se findaram, após a majestosa presença de Yeshua de Nazareth pelas vias da Humanidade, para que o Amor do Pai Celestial venha prevalecer sobre toda as coisas, estamos apenas no início e devemos sempre nos empenhar com o maior vigor possível, para que um dia, embalados na verdade que liberta, no Amor que constrói e edifica, possamos dizer que a Terra já estará apta e pronta para testemunhar a grandeza do Amor Divino e se transformar num oásis de benemerência para seus habitantes.

Muitos têm sido os irmãos que nestes quase dois séculos da presença da majestosa Mensagem do Mestre doaram o melhor de si para que o Cristianismo resplandecesse cada vez mais, ofertando às criaturas consolo, iluminação e esclarecimento. Entretanto, irmãos, o tempo da semeadura é contínuo!

Depois da presença do Mestre pelas vias impérvias de natureza humana, a Terra vive expectativas quanto ao seu futuro. Ainda prevalece no Ocidente o domínio romano, o que também se configura em parte do Oriente, notadamente na Palestina, na Judeia, a impor a continuada sanha econômica e a escravização dos povos.

Em vez da grandiosa tarefa que Yahweh destinou para ela, que é a organização das nações, e após isto *dar-lhes sua independência, Roma tem falido severamente na nobre tarefa, pelo orgulho e egoísmo, pela alegada prevalência da raça e em razão das ambições desmedidas de vários ou quase a totalidade de seus imperadores, que malversaram o livre-arbítrio e esqueceram dos sublimes propósitos de servir.*

O quadro espalhado atualmente por Roma, apesar de alguns avanços no campo do direito dos homens no tocante à experimentação da justiça, alerta-nos para a continuidade das dores, não somente para que aqueles que já aderiram às fileiras do Cristo Yeshua e buscam viver pela verdade e por amor, mas também para aqueles que, conquistados, são *tratados como escravos perenes.*

Em razão disto, o cristão terá sempre a sua fidelidade ao Mestre testada, a fim de que, superando os eventuais obstáculos, sirva de exemplo para os que testemunharem os seus sacrifícios a favor da fixação da Sublime Mensagem de Renovação que Ele trouxe à Terra, com a finalidade de que ela não pereça e que dê frutos a cem, a sessenta ou a trinta por um.

Fidelidade! caros e nobres irmãos, esta é a palavra-chave do momento, é um sentimento de virtude que envolve o testemunho da fé verdadeira, na sua máxima intensidade possível, propiciando a quem é fiel ao Cristo, ostentar o galardão da fé, forjado sob as bases da resistência, da coragem e da doação, se preciso for, até da própria vida física, para que as criaturas possam ouvir o hino maravilhoso da Boa-nova em todos os cantos da Terra.

O século que se iniciou será um século em que essa fidelidade prosseguirá sendo experimentada e talvez de maneira mais exigente. As potências divinas alertam que está prestes a chegar para a Terra o Espírito assolador, aquele que vai tentar minar totalmente o último liame de resistência daqueles que dizem amar a Yeshua e que ousam servir no seu exército, fiéis ao Filho e ao Pai, buscando amar sempre, sobre todas as circunstâncias, sem esperar retribuições quaisquer.

Fostes chamados a esta reunião, irmãos Tertullianus e Eliaquim, para que saibais que Yeshua manifestou satisfação em vosso plano, unidos ao irmão Clemente de Alexandria, de irem a Roma para dialogar com o atual epískopo-geral dos Cristãos, com a meta de proceder uma aliança definitiva entre os núcleos cristãos do Oriente e do Ocidente, o que, se exitoso, permitirá a criação de uma base única e forte, que servirá de sustentáculo para a união de propósitos, na direção de uma unidade de pensamentos e serviços em favor da divulgação do Cristianismo e na sua defesa permanente.

Muito embora o contentamento do Mestre com essas deliberações, somos compelidos a alertar-vos para as dificuldades que com certeza encontrareis pelo caminho e que visarão desestimular-vos ou descoroçoar-vos, entretanto, prossegui sempre para a frente, sem temor, porque a simplicidade dos objetivos está na boa intenção, e a pureza de intenção está em vossos afetos.

Irmão Tertullianus, deveis seguir adiante com vossos escritos em favor do Cristianismo. Os Espíritos do Senhor e os amigos que aqui ora vivem, e muitos deles se fazem presentes, acompanham-vos e inspiram, desvelando cuidados e intercedendo por vós junto ao Pai Celestial.

Amados irmãos, cuidai para que nada vos desvie do caminho do bem. Transformai a amargura em preces e as dificuldades em provas de paciência. Transformai as contrariedades em forças para o fortalecimento da vossa fé. Erguei vossas orações aos Céus e tudo o que não puderdes compreender, encomendai, confiantes, a Yahweh, eis que Ele e seu filho Yeshua nos amam em caráter de sublime totalidade.

Agora que estamos chegando ao término de nossa reunião, vou revelar que no momento em que necessitardes de nossos préstimos e auxílio, basta que penseis em nós, vossos irmãos, que estamos também trabalhando em favor do Cristo e sempre presentes para servir-vos, em nome de Yahweh.

Muita paz, nobres amigos e irmãos!

Finda a reunião, com sentida prece proferida pelo Apóstolo João, todos abraçaram-se. O apóstolo da gentilidade, Paulo de Tarso, fez questão de se dirigir a Tertullianus, em particular, dizendo:

— Irmão Tertullianus, estimo muito o trabalho maravilhoso que tendes feito, na interpretação da mensagem luminosa de nosso Rabi da Galileia.

Ainda acompanhamos, deste núcleo de Yahweh, a desnecessária continuidade das discussões estéreis sobre a circuncisão dos cristãos, que de vez em quando são novamente introduzidas nos núcleos da Nova Fé. Esse tipo de raciocínio é um falso entendimento de uma necessidade que não existe, porém, isto continua produzido separações entre os judeus que começam a frequentar em número maior os núcleos cristãos e aqueles próprios Cristãos que são oriundos da gentilidade, porque ainda enraizados numa tradição que não se coaduna com a necessidade. Ainda não se deram conta de que as palavras de Yeshua aboliram essas ordenanças e diferenças antigas, alertando que para o novo homem, criado da mesma forma, sem diferenças e já não chamado de estrangeiro, mas de irmão e concidadão, nada disto a Divindade exige.

Para que o Cristianismo cresça cada vez mais, é preciso, caro amigo, que as criaturas que se cotejam nas suas fileiras sejam dignas da vocação cristã e que exercitem a humildade e a mansidão, a tolerância entre todos, estabelecendo vínculo permanente com a paz.

Os novos cristãos, na sua maioria, já aprenderam que há um corpo e um espírito; que há um só Senhor, uma só fé, um só Deus, Yahweh, Pai de todos, o qual está acima de todos, age por meio de todos e está em todos.

A cada um de nós foram concedidos os dons do Santo Espírito, por isto, Tertullianus, é chegado o momento de anunciar às criaturas que precisamos testificar nosso empenho no combate ao orgulho e ao egoísmo, à vaidade e à soberba; que seja deixado de lado o velho homem e seja cultivado por ações benéficas o novo homem.

Portanto, caro irmão, fostes escolhido como um dos que devem tomar a armadura de Yahweh, para que permaneçais inabalável, firme, cingindo-vos com a verdade e revestido com a couraça da justiça.

Ao retornardes a vossas lidas terrenas, não tergiverseis. Tomai o capacete da salvação e a espada do Espírito, que é a palavra de nosso Yahweh, dita a Yeshua.

Agora falo a todos os amigos que aqui estão, disse Paulo, olhando para os demais visitantes. Procurai viver, acima de tudo, de modo digno, no testemunho do Evangelho do Mestre, para que sejais firmes em um só Espírito, como em uma só alma, lutando todos os dias, sem temores e mergulhados na nova fé, a fim de que não sejais intimidados por vossos adversários, pois o que é para eles prova evidente de perdição, é para nós outros a salvação. É pelos caminhos de Yeshua que chegaremos à Casa de Yahweh.

A vós e a nós, e também a muitos que virão pelo caminho, foi concedida e será concedida a honra de servirmos ao Cristo, mesmo que haja padecimentos, eis que o Mestre amoroso e bom padeceu sem que n'Ele se encontrasse qualquer desaire com as Leis do Criador. Crer no Cristo, pois, é adonar-se do escudo da fé e do capacete da esperança, equipados e prontos para combater no seu exército cuja bandeira de prumo é o Amor.

Nada façais por egoísmo; derrubai as paredes do vosso orgulho; não adoteis partidarismo de crendices que queiram se imiscuir no bojo da

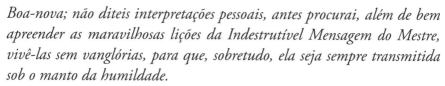

Boa-nova; não diteis interpretações pessoais, antes procurai, além de bem apreender as maravilhosas lições da Indestrutível Mensagem do Mestre, vivê-las sem vanglórias, para que, sobretudo, ela seja sempre transmitida sob o manto da humildade.

Considerai o próximo como a criatura que cruza o vosso caminho para que junto a vós se estabeleça o entendimento, a compreensão, a tolerância, a indulgência e o perdão, porquanto é preciso crer no Cristo, compreender o Cristo, amar o Cristo e viver o Cristo, com toda a intensidade".

Paulo, olhando para eles com ternura, calou-se.

Tertullianus enxugara as lágrimas várias vezes enquanto o grande cireneu de Tarso falava. No seu coração brotava, ainda com mais vigor, a certeza de que tudo faria para mais contribuir com a Mensagem Cristã. Percebeu que deveria, dali por diante, lutar com todas as forças de sua alma contra os desequilíbrios e algumas impurezas que ainda carregava consigo. Após meditar um pouco em tudo o que ouvira, olhou para Paulo e disse:

— Amigo Paulo, espero que me permitais assim chamar-vos!

Paulo assentiu positivamente, com a cabeça, e então Tertullianus continuou:

— Ouvir-vos sobre estas magnas questões, para minha pessoa, representa uma dádiva nunca antes suspeitada e sequer esperada, mas que o destino coloca à minha frente, e penso que não representa acaso.

Nunca anelei, nesta minha existência terrena, por facilidades, antes, sempre procurei dedicar-me com afinco àquilo em que sempre acreditei, após ter tido a oportunidade de conhecer os ensinamentos do Inolvidável Mestre Yeshua, no que fui compelido por minha inesquecível esposa Verônica.

Passei então a compreender a sublimidade da Mensagem, cujo objetivo é o de transformar a Humanidade terrena para melhor. Convicto das assertivas e da grandeza da Boa-nova, além de a cada dia buscar melhor conhecê-la, fui me conscientizando de que a sua divulgação deve ser feita por todos aqueles que direta ou indiretamente foram beneficiados por esses ensinamentos.

Então, no núcleo cristão de Cartago, busquei me aprofundar no entendimento da Mensagem e fui percebendo, com o tempo, até com uma certa decepção, que embora os núcleos cristãos vários que já visitei continuem a colecionar, cada vez mais, novos adeptos, nem todos são efetivamente fiéis aos propósitos do Cristo, ou, antes, até criaram interpretações pessoais ao gosto individual; criaram também sistemas que antes de unir as criaturas passaram a divergir das verdades do Seu Evangelho, sob o peso de interpretações errôneas e desprendidas do bom senso.

Tenho visto, nobre cireneu, evidenciarem-se alguns movimentos que em nada contribuem com as necessidades da boa divulgação e têm provocado fendas no vero Cristianismo, trazendo desnorteamento da sã Mensagem, com sistemas criados sobre coisas que Yeshua não falou.

Ao ouvir-vos, amigo do coração, minha alma se revestiu de um vigor nunca antes experimentado, razão pela qual, um pensamento me invade, o de dar minha vida, se preciso, para que a pureza dos ensinamentos do Mestre não seja conspurcada nem seja presa de interesses que pretendam maculá-la. Podeis contar comigo, sempre. Envio especial pedido a Yeshua, para que Ele autorize o sublime amigo de Tarso para que me inspire e guie meus pensamentos e passos pelas veredas da verdade.

Tertullianus calou-se. Paulo estava comovido. Os demais, que tinham parado os seus movimentos para ouvirem o valoroso diálogo, dentre eles o Governador Acádio, também estavam emocionados.

O governador quebrou o repentino silêncio que se fizera e aduziu:

— *Amados irmãos, com absoluta certeza, Yeshua se alegra com vossas conversações e haverá de autorizar que nosso Paulo vos inspire, irmão Tertullianus. Auguro que ao retornardes ao palco terreno, não haja esquecimento dos compromissos aqui assumidos,* e peço *que Yeshua e Yahweh vos abençoe, sempre.*

A seguir, deu permissão para que Estêvão e Joel acompanhassem Tertullianus e Eliaquim de retorno ao núcleo cristão de Jerusalém.

O dia amanheceu frio. Naquela época do ano, aragens cruzavam o deserto trazendo as correntes de vento que vinham dos altiplanos da Ásia Menor e no seu caminho varriam as areias desérticas, carregando também as baixas temperaturas.

Quando Tertullianus acordou, no pequeno quarto em que repousava, no núcleo cristão de Jerusalém, trouxe no pensamento a pequena viagem que fizera, e que representava muito mais do que um sonho, disto tinha certeza.

Lembrou-se de ter estado numa cidade que já conhecia e do belo jovem que o levara até lá. Lembrou-se que o amigo Eliaquim também estava junto. Sentiu uma forte vibração. Sentou-se na cama e orou profundamente a Yeshua, hábito que já adquirira e do qual não mais se separava:

Amado Yeshua de Nazareth, bendigo o momento em que pude me aproximar de Vós. Nunca havia suspeitado de vossa magnífica presença na Terra. Ao conhecer-vos e a vossa Sublime Mensagem, pude compreender a existência do Deus Único, nosso Pai, como Vós mo apresentastes. Vós sois o Sublime Cantor de Yahweh, em cujo canto encontrei as respostas que ainda não lograra obter, principalmente sobre a existência e o destino de cada criatura humana que transita pela Terra.

Diante da nova vida que se apossou do meu ser, rogo-vos, permiti-me aconchegar-me cada vez mais ao agasalho de vosso Divino Amor, para que minha fé se fortaleça cada dia mais, no rumo da fé inabalável. Bem já sei que depositais confiança naqueles que chamastes para servir em vosso ministério. Que eu possa retribuí-la através dos cuidados na divulgação do vosso Sublime Evangelho da Renovação.

Auxiliai-me, oh! Divino Amigo, para que todos os dias nunca me falte o ânimo para lutar contra minhas fraquezas, na direção de renovar-me em espírito e verdade.

Rogo vossas bênçãos, hoje e sempre!

A seguir levantou-se, dirigiu-se à janela do pequeno quarto, pela qual já penetravam réstias da luz do sol. Abriu-a e embora o ar frio, respirou profundamente, eis que suas vistas se depararam com um pequeno, mas bem cuidado jardim, com árvores várias e floridas, porquanto se iniciava a primavera em Jerusalém. Fixou os braços no espaldar da janela e ficou um tempo na contemplação do belíssimo quadro que a Natureza ofertava. Olhou para o céu azul, que não apresentava nenhuma nuvem.

Mais além, na linha do horizonte, a fumaça escapava pelo teto do casario, na cidade baixa, dando conta do movimento da vida estuante. Reparou num pequeno cortejo de pássaros, também pequenos, que se sentavam nos ramos das árvores e exibiam seus corpos com uma plumagem azul e a cabeça amarela. Eram lindos, como lindos eram seus trinados, cantando a poesia de Yeshua.

De repente, seu olhar direcionou-se para um ponto indefinido e pareceu ver ao longe a imagem de sua amada e inesquecível Verônica, que lhe sorria e lhe estendia os braços. Sentiu no íntimo a vontade de correr até ela, porém, o esvoaçar de um pássaro que sem medo pousou no espaldar da janela, ao lado de seu braço, e que passou a olhá-lo com interesse, quebrou o encanto daquelas lembranças.

Olhou para o pássaro, sorriu e disse:

— Olá, amiguinho, seja bem-vindo. Queres conversar comigo?

A avezinha pareceu entender, porque mesmo estando ali próxima, fez um belo trinado e após olhou novamente para Tertullianus, bateu asas e voou na direção do infinito.

O pensamento novamente o trouxe até a esposa amada Verônica, que estava ali, a seu lado, em espírito, olhando-o com ternura e carinho e colocara suavemente a mão em seus ombros.

Nesse momento, Tertullianus sentiu seu perfume e lágrimas abundantes rolaram *in continenti*. Os ares da saudade lhe invadiam a alma, e apenas exclamou:

— Verônica, minha doce Verônica! Sinto que estás perto, ao meu lado. Permiti-me, oh! Yahweh, que um dia possamos estar juntos para sempre, sob o estigma do amor eterno que nos une pelas vidas afora. Abençoai-a sempre, e que ela possa sentir a vibração do meu amor e da minha saudade!

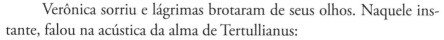

Verônica sorriu e lágrimas brotaram de seus olhos. Naquele instante, falou na acústica da alma de Tertullianus:

— Meu Amor, sempre estarei a teu lado!

Endereçando um pensamento de gratidão ao Pai Celestial, pelo benefício de poder visitar seu amado, como que por encanto, evadiu-se do ambiente.

Duas pancadas na porta tiraram Tertullianus de seus devaneios e lembranças. Apressou-se em ir na direção da mesma e abriu-a. Deparou-se com o sorriso franco de Eliaquim, que era de uma simpatia a toda prova. Então, este lhe disse:

— Irmão Tertullianus, como estais? Dormistes bem? Acaso sonhastes que estivemos juntos?

Tertullianus sorriu e assentiu afirmativamente com a cabeça. Eliaquim replicou:

— Vamos, meu amigo, nossos irmãos nos esperam para o repasto matinal. Vinde, e lá conversaremos mais.

Num ímpeto, Tertullianus abraçou o amigo e respondeu:

— Vamos, não percamos mais tempo.

Em breve chegaram à sala de refeições.

Os diákonos sorriram à chegada dos dois. Acomodados, uma trabalhadora do núcleo apressou-se em servir a todos, o que fez com esmero e atenção.

Após prece feita pelo diákono Barach, todos puseram-se a cear. Logo a conversação animou-se em torno da viagem que Tertullianus faria até Roma.

CAPÍTULO XXVII

A CAMPANHA MILITAR NA PÁRTIA – REVELAÇÕES ESPIRITUAIS – A SAUDADE DE JÚLIA

Na imensidão do acampamento da enorme tropa romana, na fronteira norte da Pártia, as luzes das lamparinas compunham uma imagem silenciosa e bucólica.

O vozerio nas tendas dos soldados cortava o ar. Em cada ponto do acampamento, patrulhas de sentinelas se revezavam para não dormir. Estavam sempre em alerta ao menor movimento.

No meio do acampamento estava a tenda do general Lucius Virius Lupus. Este conversava com seu ajudante de ordens, o centurião Amadeus Cornelius, sob a luz das lamparinas penduradas na tenda.

De repente fez-se ouvir por todo o acampamento um forte assovio, e a seguir um toque curto de trombeta. Logo, vários soldados correram a despertar os demais, gritando palavras de ordem:

— Lanças e escudos. Aprontai-vos. Em prontidão!

Como que num passe de mágica, os dois mil homens da Legio X Ferrata estavam prontos e armados. De repente, uma grande bola de fogo veio assoviando pelo ar e abateu-se sobre o acampamento, bem próximo à tenda central, onde ficava o general. Ao bater no chão, a bola de fogo esparramava um líquido negro e incandescente que ao respingar em alguns soldados provocava queimaduras, e estes se contorciam em gritos de dor. De repente, mais uma e mais outra bola de fogo foi arremessada, iniciando um pequeno incêndio nas tendas.

O centurião Amadeus, que saíra correndo para inteirar-se do que acontecia, retornou ao general dizendo:

— Nobre general, os partos estão atacando-nos com aríetes, despejando-nos bolas incandescentes.

Virius Lupus, que era um excelente estrategista militar, já previra tal possibilidade e disse ao centurião:

— Manda o trombeteiro dar três toques curtos, seguidos de um longo.

Ao ouvirem a senha, os soldados rapidamente abandonaram as tendas e se embrenharam à direita, na vegetação que circundava o acampamento, onde haviam aberto grandes valas, mergulhando nelas, de modo que a regular distância ficavam assistindo as novas bolas de fogo que continuavam a ser arremessadas, queimando quase todas as tendas.

Todos estavam agachados e em silêncio. Dava a impressão, à distância, que o acampamento já estava derribado. Novo silêncio se fez. Algum tempo depois, intensa gritaria se ouviu e os soldados adversários invadiram o acampamento, entrando nas tendas que ainda estavam de pé.

Entretanto, o espanto e a surpresa de verem o acampamento vazio foi grande, e quando os soldados da Legio X Ferrata, qual enxame de abelhas zangadas, caíram sobre os soldados partos, o barulho das lanças e dos escudos, os gritos de incentivo, de luta e de dor varreram o acampamento.

A batalha durou cerca de quatro horas. Ao final, mil soldados partos jaziam mortos, sendo que os romanos tiveram oitenta mortos apenas, isto sem contar os feridos de cada lado.

O chefe do exército parta, Al Almad Youssef, foi preso e amarrado com cordas para ser interrogado por Virius Lupus. O general, que nunca se acovardara em sua vida, trazia a armadura, o rosto e os cabelos sujos de sangue dos inimigos de Roma.

As luzes das lamparinas foram restabelecidas no acampamento. Gemidos de dor ecoavam pelo campo funesto, expelidos pelos feridos. Os soldados enfermeiros e os quatro médicos da Legião se desdobravam no socorro aos feridos. Já os feridos partos eram exterminados de vez. Eram as lutas do tempo. A lei do mais forte.

Ao amanhecer do dia é que se pôde ter a exata noção da carnificina.

Os soldados romanos feridos foram colocados numa única grande tenda. Além dos gemidos, o campo ainda exalava ares de morte. Virius Lupus mandou cavar enormes valas onde foram jogados os corpos inermes dos inimigos e ateou-lhes fogo, para evitar a proliferação de doenças. Já os mortos romanos foram sepultados em valas individuais, mediante cerimônias com oferendas aos deuses de Roma.

Os subcomandantes do Legio X Ferrata, rapidamente, até o meio do dia, tinham colocado tudo em ordem. O centurião Amadeus apresentou-se na tenda central, que fora restaurada, saudando o general:

— Ave, Roma! Ave, César! Ave, nobre procônsul Virius Lupus! O acampamento está em ordem, a tropa refeita. Tivemos 80 baixas e 200 feridos. Sugiro que permaneçamos mais um tempo por aqui, em razão dos feridos, para que eles se restabeleçam, contudo, aguardo vossas ordens.

Virius Lupus refletiu por instantes e a seguir falou:

— Nobre centurião, compreendo o que me dizeis. Ficaremos por aqui o tempo que for necessário para esse fim, contudo, ordeno que transfirais o acampamento por uma légua. Procurai um local em que um dos flancos da tropa fique protegido por uma elevação. Devemos, dentro de uns dois meses, receber reforço de duas outras legiões, comandadas pessoalmente pelo Imperador Septimius Severus. Ordenai aos oficiais que descansem bem a tropa, sem esquecer dos exercícios diários, e que componhais patrulhas mais reforçadas, a fim de cobrir todos os flancos, para que não sejamos surpreendidos pelo inimigo.

O centurião, fazendo a saudação de praxe, retirou-se da tenda para cumprir as ordens imediatamente.

Quarenta e seis dias haviam se passado do ataque feito pelos partos. Era uma noite de esplendoroso luar, que clareava todas as tendas do acampamento habilmente levantado no sopé de um pequeno monte, de modo que ao colocar uma patrulha sobre o monte, ela divisava todo o acampamento pela vanguarda e pela retaguarda, aumentando a segurança.

Virius Lupus achava-se só, em sua tenda, sentado sob a luz da lamparina. Olhava fixamente para o chão, porém, seu pensamento vagueava pelo tempo. Sentia, naquela noite, em especial, uma imensa saudade de Júlia, a jovem que despertara seu coração para o amor. Chacoalhou a cabeça levemente, perguntando em voz baixa:

Oh! Yahweh, Pai que aprendi a conhecer. Oh! Yeshua, Filho que me foi apresentado pela magnitude do amor, pergunto-vos: por que esta vida de lutas? Por que essas campanhas intermináveis? Onde Roma vai aportar? Qual será o seu futuro? Seus chãos vão permanecer? Seus homens crescerão para a verdade? Que estamos fazendo do nosso poder? Quanta morte! Quanta dor! Explicai-me, por favor, se isto é mesmo necessário. É justo matar? Como seremos julgados? Que fim nos espera?

As respostas não vinham. Sentia-se cansado da luta e dos esforços permanentes para manter a unidade e o vigor da tropa. Nessas cogitações, aconchegou-se nas almofadas da tenda, porque estava um pouco frio, cobriu-se com um cobertor de pele de cabra e *in continenti* adormeceu.

Nem bem havia adormecido, sentiu que estava levantando-se do leito, pois alguém o chamava pelo nome:

— Nobre general Lucius Virius Lupus, convido-vos a vir conosco. Vimos buscar-vos.

Virius Lupus olhou na direção da entrada da tenda e viu outro general romano, que estava em traje militar de gala, acompanhado de um centurião com os mesmos trajes engalanados. Ao mesmo tempo, sentiu uma força que parecia puxá-lo para trás. Ao olhar para sua retaguarda, viu seu próprio corpo deitado na cama, e então se assustou. Um misto de aflição e medo lhe invadiu a mente. A confusão era grande. Num átimo, pensou: Será que eu morri na batalha? Buscou apalpar-se, sentiu o seu toque e achou tudo muito estranho. Será que estava sonhando? Sim, aquilo tudo deveria ser um sonho.

Ainda não conseguira concatenar bem os pensamentos, quando o general visitante, que lia seus pensamentos, falou-lhe:

— Nobre amigo e irmão, não, não estais sonhando. Ali está, sim, vosso corpo físico, repousando. Não morrestes, não, eis que também estais aqui fora do vosso corpo, conversando conosco, isto porque o verdadeiro corpo é o corpo a que chamamos Alma ou Espírito. Olhai-nos e vede que somos iguais.

Muito embora ainda confuso, Virius Lupus disse:

— Mas como isto é possível?

— Sim — respondeu o general visitante —, isto não só é possível como é real. Lembrais da lição que recebestes da jovem Júlia, na Britânia? Lembrais que ela vos falou da imortalidade da alma?

Ao ouvir aquela manifestação, Virius Lupus ficou ainda mais impactado, pois além do que ouvia, o visitante ainda lhe falava de Júlia, que aliás era um segredo seu. Outra indagação lhe sobreveio: Como? Como ele poderia saber a respeito de Júlia e dos diálogos pessoais que tivera com ela? Ficou mais espantado ainda. Eram vários acontecimentos ao mesmo tempo. Refletiu por alguns momentos e acabou respondendo:

— Ah! é mesmo, ela sempre me falava disto. Então é verdade? Vós, que aqui estais, então já morrestes no corpo físico? E como sabeis sobre Júlia?

O visitante olhou Virius com profunda simpatia e calmamente respondeu:

— Sim, nobre irmão, já morri no corpo físico, mas como vedes, a alma não morre e aqui estou dialogando com vossa alma, que por enquanto está ligada a vosso corpo físico, por laços que ainda não podeis ver nem compreender. Quanto à jovem Júlia, nós, os que já retornamos às moradas da casa de Yahweh, de acordo com as possibilidades de nossa alma e permissão de Yahweh e de Yeshua, podemos ter acesso às informações do que ocorre com nossos irmãos que continuam na Terra. Não vos espanteis por isto, que é até muito natural. Um dia entendereis bem melhor.

O visitante fez uma pequena pausa, e após, continuou:

— Nobre irmão Virius Lupus, quem me acompanha é o nobre centurião e irmão Gabinius.

Somente quando o visitante fez referência ao outro Espírito visitante foi que Virius Lupus notou a sua presença. Então fez uma reverência ao mesmo, curvando a cabeça na sua direção.

Após, olhou novamente para o general visitante e indagou:

— Compreendo um pouco de tudo o que me está acontecendo, porém, as dúvidas me são companheiras, entretanto, afinal, quem éreis mesmo? Podeis dizer–me vosso nome?

— Chamo-me Lucinius Verus Aquillinus, general romano — respondeu o visitante —, contudo, trabalho em uma grande cidade que chamamos de cidade espiritual de Nova Roma.

— Nova Roma? — redarguiu Virius Lupus, surpreso.

— Sim, sim — respondeu o visitante —, e vimos a vosso lar para convidar-vos a nos acompanhardes em uma visita à referida cidade. Nada temais. Podeis acompanhar-nos?

Virius Lupus ficou em silêncio. Lucinius então disse:

— Olhai agora para trás novamente e vede que há duas almas amigas sentadas ao lado do leito onde repousa vosso corpo físico. Elas ficarão velando-o até que volteis de nossa visita. Agora vos convidamos a vir conosco. Ladearemos o amigo e pedimos que segure em nossos braços — disse o general visitante, completando: — Confiai em nós e em breve estaremos em nosso destino.

Virius Lupus obedeceu à sugestão e a pequena caravana locomoveu-se no espaço. Algum tempo depois chegaram à cidade mencionada.

Virius Lupus, que tinha a sensação de estar levitando, percebeu quando deixaram de se deslocar e abriu os olhos. O que suas vistas en-

xergaram o colocou em êxtase. Estava simplesmente abismado. Achava-
-se em frente a uma grande construção de dois pisos, com ampla escadaria feita num formato entre as construções jônicas e coríntias, sendo
que a escadaria possuía adornos romanos. As ruas eram largas, com um
piso acinzentado. Várias praças eram cobertas por ramagem bem verde
e bela, com árvores pequenas e floridas, na maioria com diferentes cores
e matizes.

A convite de Lucinius, subiram os lances da escada e chegaram
ao átrio da entrada. Duas portas grandes, em arco, feitas de uma madeira escura, traziam sobre a moldura superior do arco uma belíssima
águia romana, toda entalhada na madeira, com as asas abertas, que
dava a impressão de estar preparando o bote para voar sobre quem
ousasse entrar pelas portas.

A imagem chamou muito a atenção de Virius Lupus. Ele gostava
do símbolo do império. Sempre se anunciava que Roma era astuta e
altaneira e que não se conseguiria formar um império com a vastidão
conquistada por Roma, se não houvesse, por parte de seus governantes, o brilho da inteligência.

Virius Lupus, muito embora sabedor da tradição, luta e glória de
grandes imperadores, sentia no ar como que uma mudança na forma
como começara a melhor analisar o império, desprovido de paixões.

Passaram pelo pórtico e chegaram a uma sala ampla, onde viram
que duas pessoas caminhavam em sua direção.

Uma era uma jovem vestida a patrícia romana, de esfuziante beleza, os cabelos dourados e cacheados, olhos verdes e grandes, o rosto
muito bem formado, nariz belo, e adornando-se ao formoso conjunto,
o corpo esguio. Não era magra nem apresentava robustez. O sorriso era
perfeito. De uma expressão cativante, exalava simpatia.

A segunda pessoa era um jovem de estatura mediana, os cabelos
pretos, lisos, repartidos ao lado, o olhar firme, o rosto quase quadrado. Não chegava a ser belo, mas traduzia uma espécie de beleza que
não era muito comum. Ambos se aproximaram e a jovem foi quem
primeiro falou:

— Olá, nobre administrador e nobre irmão Gabinius.

E olhando para Virius Lupus, disse:

— Irmão Virius Lupus, sede bem-vindo. Sou vossa irmã Belinda, inteiramente a vosso dispor.

O jovem ao lado de Belinda nada disse, apenas sorriu.

A seguir, olhando para o administrador Lucinius, Belinda disse:

— Nobre administrador, o irmão que estava programado já se encontra em vosso gabinete.

— Vamos até lá, irmã Belinda — disse Lucinius. — Peço que nos acompanheis.

Depois de passar por dois corredores, chegaram a ampla porta que se encontrava entreaberta e entraram no gabinete de trabalho do administrador. Ao fazê-lo, perceberam que, sentado em um dos bancos confortáveis da sala, em frente à mesa de trabalho do administrador, havia um senador romano vestido a caráter, em traje de gala do Senado Romano.

Ele levantou-se, foi ao encontro de Lucinius Verus Aquillinus e o abraçou. Fez o mesmo com o centurião Gabinius a seguir fez um gesto de reverência na direção da jovem Belinda, saudando-a:

— Olá, querida amiga Belinda, aprecio rever-vos.

Depois, olhando para Virius Lupus, apenas o cumprimentou com um gesto com a cabeça, porém, nada falou. Foi o administrador da cidade que se apressou para a apresentação:

— Nobre general Lucius Virius Lupus, apresento-vos nosso amigo, o senador de Roma Apolônio Aureus Arquisius, que em sua última estada na Terra serviu a Roma, ao tempo dos imperadores Marco Aurélio e Commodus.

Ante a apresentação, o senador estendeu a mão ao general, que retribuiu o gesto apertando a mão do senador.

Lucinius convidou todos a sentarem-se. Todos acomodados, o administrador retomou a palavra:

— Estimado Virius Lupus, como podeis ver e sentir, e do que já tivestes rápida noção, estais numa cidade, nas Moradas Celestes, onde estão lotadas as almas de inúmeros romanos que viveram na Terra e que após a morte dos sentidos físicos para aqui foram trazidos, uma vez que nas suas condutas, enquanto transitaram pela Terra, foram pessoas probas, honestas, de caráter ilibado e que, independentemente de sua crença em vários deuses da nação, tiveram a oportunidade de ser escolhidas para aqui viverem e obterem os esclarecimentos sobre a imortalidade da alma e, por conseguinte, da continuidade da vida.

Junto com essas revelações, tiveram também a valorosa oportunidade de serem esclarecidas quanto à existência de um só soberano Deus e Criador de todas as coisas, e que vem a ser denominado como Yahweh, denominação dada pelos judeus para o personificar.

O fato é que esse Criador é que deu origem a todos os povos da Terra e que ao criar as almas, deu a elas o caráter de perenidade, portanto, somos imortais.

Para agir na Terra, essa alma necessita de um corpo físico, que terá um determinado período de existência, e quando cessa o hálito da vida nesse corpo físico, ele perece, ou morre, como dizemos, mas a alma que nele habitava, e que lhe dava vitalidade, que é a sede de sua consciência, desprende-se de seu corpo físico, como podemos referir, portanto, liberta-se do corpo. Como é imortal, guarda em si todo o conteúdo moral que possui e por um fator que denominamos como afinidade, no mundo das almas ou moradas de Deus, ela se ajunta com outras almas do mesmo padrão mental, para continuar sua vivência.

Dito isto, já tendes noção de que ainda estais ligado ao corpo físico, embora a alma, que não precisa do sono, liberta-se enquanto o corpo físico repousa, e ao libertar-se, por simpatia de gostos, tendências, reúne-se, no mundo das formas espirituais, com aquelas almas que também pensam e agem como ela. Em razão disto é que estais aqui, reunido com almas afins, numa cidade criada por aquele a quem os cristãos denominam Yeshua de Nazareth, sob os auspícios do Criador, Yahweh.

Dessa maneira, como já superficialmente explicado, daqui de nossa cidade, visamos influenciar o império para que ele se amolde na aceitação não só da presença de Yeshua de Nazareth, como possa conhecer e vir a praticar os seus ensinamentos, que Ele espalhou entre os homens, no curto espaço de três anos, quando então deixou um legado de justiça, amor e bondade, esclarecendo que a vida continua e que há muitas moradas na Casa de Yahweh.

Apesar de que tudo isto que vos falamos e da vossa impressão sobre tudo o que vedes e sentis, queremos dizer-vos que ante os acontecimentos da Terra, já de há muito tempo que a ainda poderosa nação romana, segundo nossos instrutores aqui nos revelaram, tinha, e ainda tem, de certa forma, o papel de revelar ao mundo a certeza da continuidade da vida, e, aliado a isto, encetar a organização dos povos conquistados e a seguir dar-lhes moldura própria de organização político-administrativa, incutindo-lhes a certeza da imortalidade da alma e a seguir organizando-os, concedendo-lhes a independência política.

Contudo, o que vimos até aqui? Apesar dos esforços ingentes de alguns imperadores que honraram a tarefa que lhes foi confiada por Yeshua, o que continuamos a ver é a presença marcante da beligerância, das expressões do orgulho racial, a prática do egoísmo acentuado, buscando transformar Roma na única senhora do mundo, o que efetivamente não ocorrerá.

Nesse diapasão, nosso trabalho é o de arregimentar os serviços de almas amigas da nacionalidade romana, para incutir em nosso povo um ideário novo, um entendimento novo e principalmente a aceitação de Yahweh e de Yeshua de Nazareth como seu Filho, que foi enviado à Terra para o despertamento de sua gente, de Roma e de todos os povos, relativamente à continuidade da vida e à necessidade da prática do bem, sempre; da conquista do conhecimento pela prática do sentimento do amor entre as criaturas, revelando que todos, independentemente de raça, cor, origem, somos irmãos, portanto filhos de Yahweh.

Este é o trabalho de nossos residentes em Nova Roma, e, por esta razão, fostes trazido para cá, com a finalidade de estabelecermos este diálogo indispensável e convidar-vos a cerrar fileiras conosco nessa difícil tarefa de mudar a face da Águia Romana, dando a ela a conformação do amor e não das guerras ou conquistas fratricidas. Em razão disto, contamos com a colaboração do irmão Apolônio que, embora ostente, em nosso encontro, o traje de gala de senador romano, para vosso conhecimento, é um irmão e trabalhador do Cristo Yeshua.

Para que possais compreender melhor tudo o que vos falei, passo a palavra ao ilustre irmão e senador romano Apolônio.

Apolônio ajeitou-se na cadeira e olhando compassivamente para o general Virius Lupus, disse:

Nobre irmão Virius Lupus, é em nome de Yeshua de Nazareth que me permito falar-vos. Procurarei traçar um paralelo entre o Cristo e Roma e, por conseguinte, o destino dos povos da Terra.

Dentro do estado de coisas vivenciado pelo Império, ao se analisar o tempo em que Yeshua de Nazareth esteve entre os homens, no acompanhamento de sua trajetória, palavras e exemplos, há que se destacar o fato claro de que o Mestre Galileu jamais manifestou repulsa direta a Roma, e se assim o fez, era porque tinha perfeito conhecimento da missão de nossa nação.

Não podemos olvidar o episódio em que um membro da casta dos fariseus, em Israel, certa feita lhe fez uma pergunta capciosa, que me permito reprisar:

— Mestre, sabemos que és verdadeiro e que ensinas o caminho para a Casa de Yahweh em toda a verdade, sem te preocupares com ninguém, porque não olhas para a aparência dos homens. Diz-nos, pois, o que te parece: É permitido ou não pagar imposto a César?

A reação de Yeshua — nobre Virius Lupus — é conhecida no tempo, pois percebendo a sutileza e malícia colocada na pergunta, respondeu:

— Por que me tentais, hipócritas? Mostrai-me a moeda com que se paga o imposto!

Apresentaram-lhe um denário. Então perguntou Yeshua:

— De quem é esta imagem e esta inscrição?

— De César — responderam-lhe.

Disse-lhes, então, Yeshua:

— Dai, pois, a César o que é de César, e a Yahweh o que é de Yahweh.

A resposta do Mestre, nobre general, por certo transcendeu o horizonte dos homens que ali estavam para o tentar, e logicamente está muito acima do "sim" ou do "não" que queriam ouvir. A pergunta era insidiosa, pois tinha a intenção de reduzir as atitudes e ensinamentos do Mestre Galileu a um compromisso meramente temporal e contrário à ordem das coisas daquele tempo.

Ao analisarmos o contexto em que foi feita, quase o obrigava a tomar uma atitude em favor de César e dos conquistadores que submetiam toda a Palestina, ou se acaso se indispusesse contra Roma, ser configurado como um reacionário ao poder temporal de Roma, com o que, com certeza, sofreria como consequência sua imediata prisão.

Perante essa provocação, Yeshua separou o Reino de Yahweh de um Estado dominador política e economicamente. De um lado, reconheceu uma soberania, que não era absoluta, pois não se pode escravizar a mente e o coração das pessoas infinitamente, e de outro lado, deixou claro que havia, como há, na Terra, coisas que não devem ser dadas a César, equiparado a um poder absolutamente passageiro, mas sim e sempre a Yahweh. Separou os assuntos muito bem, para que os homens vivessem na harmonia que o tempo poderia proporcionar.

Yeshua de Nazareth, nobre general, era visto pela nação que nós defendemos, e não exatamente por imperadores justos, honestos e sinceros, os quais, infelizmente, para o prejuízo e infelicidade de nossos patrícios, foram poucos, mas por aqueles que sempre se utilizaram do poder para a satisfação de seu egoísmo avassalador e que sob esses graves estigmas de suas personalidades trouxeram com eles as sombras terríveis da ganância, do despautério, da dor e do arrasamento, como sendo uma pessoa que viera para fazer uma revolução social e que manobrava os pobres, a classe social mais desprezada, e que, segundo seus próprios irmãos de raça, preparava uma revolução humanitária contra os próprios judeus e contra Roma.

Entretanto, nobre amigo, nada, absolutamente nada disto possuía qualquer fundo de verdade, pois a realidade é que o Mestre Nazareno, do alto de sua grandeza espiritual, adotou firme posição diante da realidade daquele tempo, eis que suas falas produziam na mente e no coração daqueles que o ouviam, uma verdadeira ebulição de ideias sensatas, o que permitia às criaturas encontrarem em suas palavras, não somente respostas para muitas das próprias dificuldades que viviam ou enfrentavam, mas, principalmente, ouvirem, nos refolhos mais íntimos de suas almas, um hino de esperança, indicando de forma concreta o caminho que pode levar a criatura ao encontro da paz e da felicidade que efetivamente é o encontro com o Reino do Amor do seu e nosso Pai Celestial.

Com essa finalidade, nobre general, distribuiu a bondade terna de seu coração e trouxe a solução para todas as dores humanas, ministrando o remédio infalível para encontrar a paz íntima, consubstanciada na prática diária do bem e do amor.

Curou os enfermos, os paralíticos do corpo e do espírito e sugeriu-nos esforços diários e permanentes na luta contra os gigantes adversários da alma, quais o orgulho e o egoísmo, ensinando a necessidade do perdão setenta vezes sete vezes. Operou o que chamaram de milagres, que mais não eram do que a manifestação das conquistas de sua própria alma, condição precípua de Filho de Yahweh, o Deus Único e Absoluto.

Falou ao povo sobre as bem-aventuranças, derramando sobre ele a confiança irrestrita do Pai Eterno no progresso das criaturas, e disse que isso ocorreria, mais dia menos dia; multiplicou pães, supriu as necessidades físicas do corpo, levedou o pão único e inextinguível, alimento permanente, que é o pão para a alma.

Logicamente, irmão Virius Lupus, aos olhos de seus irmãos de raça, que viviam sob o apego das tradições e anseios pela pompa e pelo poder, e que se consideravam uma raça superior às demais da Terra, despertou enormes controvérsias, principalmente quando, com esmerada justiça, denominou-se como Filho de Yahweh, o que para os judeus foi o cometimento do crime religioso de apostasia.

Aos olhos do império, como dos judeus, embora estes últimos o negassem, Ele era sim um líder, um líder natural, que se impunha ao natural, pelo alto grau de sua evolução espiritual.

A princípio, nobre general, tanto para seus irmãos de raça quanto para os romanos, a atuação do jovem nazareno não trazia grandes preocupações, contudo, aos poucos, em razão de suas sublimes orientações sobre a face amorosa do Pai Celestial, que a todos criou para progredirem em espírito ou alma, através do conhecimento da verdade; em razão dos ensinamentos que espalhava e da necessidade da prática do amor entre os filhos do Deus único, Yahweh; da necessidade de agirmos na direção do próximo, fazendo a ele o que gostaríamos que ele nos fizesse, tudo isto demonstrando a necessidade do cultivo de um sentimento de reflexão sobre todas as atitudes humanas equivocadas, por certo começou a dividir a sociedade judia, o que levou seus irmãos de raça a se indisporem contra Ele, e contando com o auxílio de romanos incautos, acabarem por prendê-lo e realizarem um julgamento apressado e abjeto, terminando, por um disfarce jurídico da época, por condená-lo à morte por crucificação, acobertado pela vil acusação de crimes que na realidade eram inexistentes.

Para nós, os romanos, general, o Reino dos Céus, denominado como Campos Elísios, era uma miragem distante, apenas uma miragem, sem a vibração terna da esperança de penetrarmos nele, após nossa morte. Entretanto, Yeshua de Nazareth trouxe uma Mensagem límpida e direta do Criador, estabelecendo que esse reino jamais será encontrado em formas exteriores, em conquistas de poder passageiro e mesmo nas celebrações pomposas, na posse de riquezas que concedem apenas o conforto material, portanto, em nenhum aparato exterior, mas poderá sim ser encontrado dentro do coração, da alma da criatura.

Isto, prezado Virius Lupus, soou com total incompreensão para a época. O governador romano da Judeia, Pôncio Pilatos, que embora vestido de muitas e enormes dúvidas quanto àquele homem; que chegou a dizer que Ele não tinha pecados, resolveu lavar as mãos e permitir a condenação do justo à morte por crucificação.

Este quadro da situação pouco ou quase nada mudou em todos estes anos, e o Mestre Galileu, que está na direção plena deste mundo, ainda é artifício da contrariedade, que se expressa na total incompreensão da Boa-nova por Ele trazida. Seus ensinamentos são compreendidos por muito

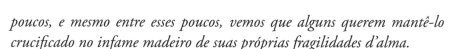

poucos, e mesmo entre esses poucos, vemos que alguns querem mantê-lo crucificado no infame madeiro de suas próprias fragilidades d'alma.

Nobre Virius, Yeshua, como profundo conhecedor da criatura humana e na condição de Espírito Puro, um Anjo do Senhor da Vida, portanto, deixou um legado inapagável e totalmente inesquecível que nem o tempo conseguirá demolir, seja o tempo de hoje como o tempo do futuro, deixando-nos, com esse fim, um sublime conselho:

— Amigos, não vos entristeçais por verdes os outros honrados e exaltados, ao passo que vós sereis desprezados e humilhados. Erguei a mim o vosso coração até o Céu e não vos entristeça o desprezo humano na Terra.

O senador calou-se. O silêncio que se fizera na sala do administrador era magnífico, porque tomados de altíssima vibração da alma, todos experimentavam sensação benéfica de leveza, júbilo e euforia em seus corações e mentes.

Após a belíssima manifestação do antigo senador de Roma, ainda com os olhos marejados, o administrador de Nova Roma, Lucinius Verus Aquilinus, retomando a palavra, disse:

— Em primeiro lugar, quero externar a minha admiração, respeito e gratidão ao amigo Apolônio. Sem dúvida, o que ele nos falou apenas reforça estarmos no caminho correto da nossa redenção espiritual, que se fará não somente no trabalho individual, mas nos esforços coletivos em procurarmos fazer com que todos possamos crescer em espírito e verdade, na direção da luz, e zelar pela expansão da divulgação da Mensagem do Cristo na Terra.

Nobre Virius Lupus, vossa presença entre nós é explicada em razão de termos um planejamento que envolve vossa disposição de mudança interior na direção do descobrimento e aceitação dos postulados ensinados por Yeshua de Nazareth, e nesse desiderato, vossa atuação como general e procônsul do Império Romano.

O planejamento feito em nossa cidade se resume no seguinte:

Fostes convocado pelo Imperador Romano Septimus Severus a guerrear no território da Pártia, onde vos encontrais atualmente, visan-

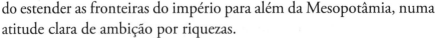

do estender as fronteiras do império para além da Mesopotâmia, numa atitude clara de ambição por riquezas.

Como vos dissemos há pouco, já vai longe o tempo em que a missão de Roma, prevista em nosso plano de existência no sentido de aglutinar os povos e dar-lhes organização política e econômica e a partir disso fornecer-lhes a independência, tem falhado. Desse modo, sugerimos que procureis cumprir com vossos compromissos sem excessos, levando em conta que todos somos irmãos em Yahweh.

Por essa forma, queremos ainda vos dizer que vosso encontro com a jovem Júlia não foi um simples acaso do destino, como acreditais, e sim a materialização do início do programa de trabalho em que estais engajado a favor da disseminação e divulgação dos ensinamentos do Mestre Galileu, planejamento este elaborado em nossa cidade.

Doravante, nobre general, deverás revestir vossas ações no império de um melhor conhecimento dos objetivos dispostos por Yeshua, que estão registrados nos escritos que vos foram presenteados pela jovem Júlia.

Cientificamo-vos, também, que em breve sereis convocado a decidir sobre grave questão. Até lá, prossegui nas lutas, defendendo os ideais de Roma, entretanto, sob o pálio da humanidade.

Recebereis acompanhamento diretamente daqui de nossa cidade. O irmão Gabinius está destacado a acompanhar-vos em vossa tarefa, inspirando o que for melhor para vós, e isto fará com a supervisão do amado irmão Estêvão, segundo orientação que nos foi dada pela Cidade da Fé.

A seguir, o administrador de Nova Roma indagou:

— Tendes alguma dúvida, irmão Lucius Virius Lupus? Conseguistes entender-nos?

Breve silêncio, que foi quebrado pelo general e procônsul, que disse:

— Nobre administrador desta belíssima cidade, ante o impacto de tantas revelações, é claro que minha mente é portadora de inúmeras interrogações, porém, sinto firmeza e ternura na vossa voz e me submeto ao programa que me foi apresentado, ao tempo em que continuarei com meus esforços no aprendizado do que chamais de Boa-nova.

Após o diálogo ocorrido, a pedido do administrador, o irmão Gabinius fez sentida prece e depois, na companhia de Estêvão, acompanhou o general até seus aposentos, na Terra. Em breve, o general internou-se em seu corpo físico, que ressonava.

CAPÍTULO XXVIII

A CARTA DE JÚLIA

O dia amanheceu radiante. O Astro-rei marcava sua presença trazendo as primeiras vagas da claridade. Virius Lupus acordou ainda sobre as almofadas em que dormiu, no acampamento de guerra, na fronteira com a Pártia. Lembrou vagamente do sonho que tivera. Na retina dos olhos espirituais se sobressaiu a figura de Estêvão. Cogitou mentalmente: será que sonhei com algum anjo daqueles que Júlia me disse existirem? Ao pensar em Júlia, sentiu que uma leve pontada em seu coração lhe alertava da presença da saudade.

Levantou-se vagarosamente e num instante seus pensamentos foram na direção do ocorrido no dia anterior, do primeiro choque com as tropas da Pártia que haviam atacado o acampamento com aríetes. Reviu na tela mental a batalha que se travara e lamentou profundamente as mortes havidas, bem como os ferimentos causados em vários soldados.

— Ah! a que nos levará tudo isto? — indagou em voz alta, no vazio.

Havia se arrumado na farda de combate e preparava-se para ir à refeição matinal, quando um de seus soldados entrou na sua tenda e o saldou:

— Ave, Roma! Ave, César! Ave, nobre general! Trago-vos missiva que vos foi endereçada.

O exército romano era muito organizado e tinha um correio do império, muito embora o tempo estimado para se entregar qualquer comunicação era em torno de quatro a seis meses.

Virius Lupus respondeu à saudação, pegou o pergaminho, despediu o soldado e a seguir sentou-se em um pequeno banco e desenrolando-o, seu coração acelerou, quando começou a ler:

Meu amor! hoje acordei um pouco mais conformada. Fazem já mais de dez meses que partiste e meu coração ainda está sensível em demasia, ante tua sentida ausência. Nestes momentos me pego pensando nos desígnios que envolvem o destino das criaturas, e embora acredite no meu Deus de Israel e no meu Mestre de Nazareth e saiba que tudo, absolutamente tudo está escrito nas Leis do Sublime Criador, não consigo imaginar as razões claras que levaram a nos conhecermos e em breve tempo nos separarmos. Quando te vi pela primeira vez, foi como se já te conhecesse há muito tempo. Essa impressão foi pouco a pouco se acentuando. Nos meus diálogos pelo pensamento e oração, com Yeshua, procurei pedir me fosse possível receber, de alguma forma, a dádiva de alguma revelação a respeito, para entender a razão de nosso encontro, que para mim significa um reencontro.

Certo dia em que estiveste em nossa casa, já pela quarta vez, após teres te retirado, procurei conversar com meu pai sobre minhas impressões e ele então me disse:

Filha, embora sendo romano, eu sou crente nas Leis de Yahweh e na crença desse povo de Israel, que tenho estudado e tenho aprendido que nossa alma é antiga e que vindo dos Céus, incursiona no corpo físico para as experiências do saber e da vivência, mas que a vida humana, portanto, no corpo físico, é finita, do que temos provas todos os dias, pelo processo da morte física; mas a vida da alma, propriamente, é infinita, portanto, é imortal. Nessa condição, a alma já viveu várias vidas ou existências no corpo físico e voltará sempre, no futuro, a viver em outros corpos físicos para a continuidade de sua caminhada na direção de seu aperfeiçoamento total. Essa maneira de compreender esse processo chama-se reencarnação, aliás, li também que um ex-rabino que se chamou Saul de Tarshishi, também conhecido como Paulo de Tarso, e que passou a defender as ideias do também judeu Yeshua ben Josepho, certa ocasião disse aos que o ouviram, na cidade de Corinto, na Grécia, o seguinte:

"É semeado um corpo natural, contudo, ressuscita um corpo espiritual. Ora, se há corpo natural, da mesma forma há também corpo espiritual". Por isto, filha querida, em mim também despertou a impressão de já ter conhecido ou convivido com o nobre general Virius Lupus; portanto, nutro o mesmo sentimento que nutres a respeito, o que leva ao entendimento que tu deves ter convivido com ele, em outra tua existência em vidas que já se passaram.

Esse diálogo com meu querido pai me avivou a memória da alma e nutro a certeza de que já vivemos juntos em alguma existência anterior. Desse modo, num dia em que a saudade de ti mais apertava o meu coração, orei profundamente a Yeshua e pedi a Ele que se possível me fosse revelado se minhas suspeitas estavam certas. Nesse dia, antes de recolher-me ao leito, orei novamente com a mesma intenção e após iniciar-me o sono, nem bem havia começado a dormir, quando me vi como que saindo do meu corpo. Olhei na direção da porta do aposento e então vi um jovem de rara beleza, corpo de gladiador, os olhos grandes, o rosto muito bem formado, os cabelos castanhos, assim um pouco encaracolados, um sorriso magnífico e um olhar de estrema ternura. Fiquei impactada ante a visão, ao que ele se aproximou olhando-me e sorriu. Senti-me segura e em paz, e antes que eu falasse alguma coisa, ele me disse: — Olá querida amiga e irmã Júlia, chamo-me Estêvão e aqui estou para, sob o beneplácito do Mestre Yeshua, que atendendo suas orações e pedidos, enviou-me para convidar-te para acompanhar-me a um lugar onde obterás as respostas que almejas. Preciso que venhas comigo. Nada temas. Tudo ficará bem e estarás bem.

Após ouvir o convite do jovem, meu amor, virei-me instantaneamente para trás e olhei para o leito, onde estava o meu corpo, que dormia tranquilo. Curiosamente, concentrei-me na respiração e fiquei mesmo estupefata. Como podia se dar aquilo? Era uma verdade ou era um sonho! Fui retirada de meu rápido devaneio ao ouvir o jovem dizer-me

— Nobre Júlia, não vos espanteis. Não é um sonho. O que vedes e sentis é real. Vossa alma ou vosso espírito é que dá vida ao corpo físico, *e estais, agora, fora dele, entretanto, continuais ligada ao corpo físico por laços que ainda não vedes nem podereis ver e compreender por agora, laços que promovem a manutenção da vida física enquanto estais fora do corpo, e nessa condição podeis, se quiserdes, excursionar pelas distâncias que imaginardes e vos for possível por parte das Leis da Vida, criadas por Yahweh.*

Após dizer-me isto, o jovem calou-se, e como nada pude falar ante aquela revelação extraordinária, ele continuou:

— Peço que me deis vossa mão.

Assim fiz, e ele segurou-me firme, porém com suavidade, e a seguir disse:

— Querida irmã, fechai os olhos e confiai. Deslocaremo-nos até o local a que devo levar-vos.

Em breve tempo, meu amado, que não sei precisar qual, me pareceu como se estivesse voando, pois que sentia leve brisa em meu rosto e cabelos. Então senti meus pés tocarem o chão, e a seguir ouvi-o falar:

— Nobre Júlia, podeis abrir os olhos.

Quando o fiz, fiquei deslumbrada e em êxtase. Diante dos meus olhos resplandecia uma cidade maravilhosa, tão bela como nunca tinha sequer imaginado existir. Era mesmo de uma beleza contagiante: construções pequenas e grandes, geralmente sustentadas por colunatas com traços gregos e romanos; ruas bem largas, lisas e na cor cinza. Divisei diversos templos com torres altas, circulares, com diversos anéis sobrepostos, na cor azul.

Havíamos chegado em frente uma grande construção, imponente, com ampla escadaria e um grande pórtico. Após o jovem aguardar o júbilo da minha contemplação passar, acenou-me sugerindo que subíssemos as escadas, o que fizemos quase que levitando.

Ao chegarmos ao pórtico, deparamo-nos com enorme porta em duas partes, sob um arco, e que se encontrava aberta. Penetramos por ela em uma ampla sala iluminada, pelo que me pareceu, por uma espécie de pequeníssima árvore de vidro presa ao teto, que ao movimentar-se criava, no chão e nas paredes, claridades pequenas e em várias cores.

Logo que chegamos, uma jovem bela, com um sorriso cativante, trajando uma túnica amarela com um cinto de couro azul à cintura, os ca-

belos castanhos, sobre a altura dos ombros, abundantes. Tinha um sorriso encantador, que mais ainda demarcava sua beleza. Dirigiu-se até nós e foi logo falando:

— Olá meu bom amigo e irmão Estêvão! sede novamente bem-vindo. Vejo que nos trazeis essa bela jovem para uma visita a nossa cidade.

Depois, dirigiu-se a mim, dizendo:

— Como ides, jovem senhora Júlia. É para nós uma imensa alegria receber-vos. Já tínhamos informações sobre vossa vinda.

Ela percebeu minha surpresa, contudo, após os cumprimentos, olhando-nos fixamente, falou:

— Por favor, acompanhai-me. Levar-vos-ei até nosso estimado administrador.

A um sinal, acompanhamo-la, saindo do amplo átrio onde divisei outras pessoas atrás de algumas mesas, sentadas em bancos com encosto, as quais nos acenavam a distância. Depois de passarmos por vários corredores, chegamos a uma porta dupla. A jovem, que tinha se identificado com o nome de Belinda, deu duas leves batidas na porta e a abriu, ao que ouvimos a voz do administrador, que disse:

— Olá, irmã Belinda, por favor, entrai.

A um sinal, apressamo-nos a entrar, e o administrador, que se achava sentado em um banco com encosto alto, atrás de uma grande mesa, apressou-se a levantar-se e vir em nossa direção, para nos receber, saudando primeiro Estêvão:

— Olá, bom, nobre e querido amigo Estêvão, vossa presença sempre renova as energias de nossa cidade. Sois sempre muito bem-vindo e esperado.

A seguir, abraçou-o fraternalmente, e depois, dirigindo-se a mim, disse:

— Nobre jovem Júlia, manifestamos nossa alegria em receber-vos em nossa cidade, que se chama Nova Roma.

Dirigindo-se a mim, deu-me terno abraço. Ao abraçar-me, senti uma forte energia percorrer minha alma, não como as energias do jovem Estêvão, que eram extraordinárias, mas eram também energias salutares *que renovaram as sensações de paz e de alegria que já sentia. A seguir, abraçou também sua auxiliar Belinda, convidando-nos a sentar em espécies de cadeiras com braços, em número de seis, que estavam no centro da sala, em frente de sua mesa de trabalho.*

Todos acomodados, o administrador se identificou, dizendo-me:

— Nobre Júlia, sou Lucinius Verus Aquilinus, cidadão romano que servi a Roma, desde soldado até o cargo de general, quando de minha última estada por lá, no corpo físico. Antes de morrer no corpo físico, vítima de um ferimento em batalha, tornei-me cristão, seguidor de Yeshua de Nazareth, o que logrei fazer pelo aprendizado de vida e de dignidade de um grande amigo cristão chamado Inácio de Antioquia.

Hoje, após já ter morrido no corpo há muitos anos, encontro-me aqui administrando esta cidade, por designação do governador de outra cidade que também chamamos de espiritual, que se denomina Cidade da Fé, que é dirigida por um governador chamado Acádio e à qual esta cidade está ligada.

Aqui em Nova Roma, nobre senhora, recebemos as criaturas que na Terra estiveram reencarnadas na condição de filhos e filhas de Roma e que demonstraram ser dignas, honestas, trabalhadoras, bondosas e prestimosas no auxílio a seus irmãos, bem como soldados dignos que muito embora caminhassem para os campos de batalha, defenderam um ideal e o fizeram sem abusos ou excessos, sob o cumprimento de ordens, detendo alto senso de justiça.

Nossa tarefa aqui é a de prepararmos as almas romanas que retornaram para a Pátria Celestial e que para aqui foram trazidas sob as condições que ora vos expliquei, e que, para uns, possam relembrar e para outros possam apreender as lições do Cristo Yeshua, a fim de que, ao retornarem para a Terra, possam engrossar as fileiras dos trabalhadores cristãos, mesmo na própria raça romana, a fim de fazerem desfraldar a bandeira do Cristianismo no seio do Império Romano.

Ao ouvir aquilo tudo, meu amado Virius, confesso ter ficado impressionada, e uma pergunta me fervilhava a mente, então a fiz:

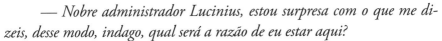

— *Nobre administrador Lucinius, estou surpresa com o que me dizeis, desse modo, indago, qual será a razão de eu estar aqui?*

O Administrador sorriu e respondeu

— *Nesta atual vida na Terra, sim, renascestes novamente como cidadã romana, embora sob a influência de vossa mãe, que era grega. Entretanto, queremos dizer-vos que em vossa existência anterior, também renascestes sob o domínio de Roma, na província da Hispânia, como filha de família de abastados comerciantes romanos. Frequentáveis as reuniões patrícias e éreis uma jovem cobiçada por muitos jovens. Chamáveis-vos Fulvia Martinius Sila. Numa ocasião em que o governador romano Caio Publius Crasso ofertou uma festa em seu pequeno palácio, vossa família foi convidada, e como éreis a mulher mais bonita da festa, fostes apresentada a um jovem general romano de nome Lucius Flavius Silva. Das duas partes foi amor à primeira vista. A atração foi tão forte e de tal monta que um ano depois estáveis casados.*

O casamento perdurou até o ano 87 d.C., quando o grande general, que obtivera uma das maiores simpatias do povo de Roma, por ciúmes e inveja da parte do imperador, foi vilmente assassinado por Tito Flávio Domiciano, sob a falsa acusação de desobediência a Roma.

Após essa revelação feita pelo administrador, meu amado Virius, nas noites seguintes, sempre sonhei contigo, e nos sonhos veio-me a revelação de que fizeste parte dessa minha anterior existência na Terra, do que não tenho nenhuma dúvida.

Mas, chega de falar sobre mim, e confesso-te que não tenho outro meio de preencher o vazio de tua presença e a saudade que sinto de ti, senão de concentrar-me em meditação, para ouvir no meu íntimo o som da tua voz carinhosa para comigo.

Todas as noites ao recolher-me para o repouso, oro a Yeshua de Nazareth e a Yahweh, pedindo que nos concedam a possibilidade de nos reencontrarmos o mais breve possível, para que possamos desfrutar da felicidade de continuarmos juntos!

Ah! meu amado, agora, por último, quero te dar excelente notícia, que imagino maravilhosa! Eis que talvez, quando receberes esta carta já tenhas logrado a condição de papai, pois carrego em meu ventre o fruto desejado do nosso amor, que julgo eterno!

Tenho conversado muito com esta alma que carrego comigo. Todas as noites acaricio o meu ventre e falo com ele ou ela, que penso ser um menino, mas se for menina, nada mudará, e falo de ti, da tua coragem, da tua correção, da tua saudade, do teu carinho para comigo e que ele ou ela é o coroamento de nosso amor!

Agora, querido Virius, somos duas almas passageiras da saudade, porém portadoras do tempo da alegria e da anunciação da plena felicidade. Estamos contando os dias para tua volta, e enquanto não vens, recomendamos-te a Yeshua, para que Ele te proteja, te guarde, para que possas em breve vir a nosso encontro.

Embora a felicidade que bate à nossa porta, preciso falar-te de momentos de tristeza. Papai foi acometido de um resfriado muito forte, ficou acamado por dois meses e não resistiu. Deixou esta vida para entrar na Vida imortal, não sem antes ter a alegria de saber que seria avô, embora e sabendo, no íntimo, que não conseguiria sobreviver para ver o teu retorno, pediu para te dizer que abençoa nossa união e o fruto de nosso amor e depois, depois de dizer isto, entregou sua alma a Yahweh. Muito sofri, entretanto, tu e nosso filho ou filha reanimaram-me a continuar perseverando e me trouxeram o consolo necessário.

Não te preocupes comigo. Estou bem. Papai deixou-me com a propriedade que temos e deixou-me haveres que me proporcionam tranquilidade. Antes de partir, abençoou-me e a ti, pedindo que te dissesse que ficou feliz em saber que nosso amor foi confirmado no fruto esperado. Ansiamos por tua breve volta. Recebe o nosso abraço e beijo desta que te ama em caráter de verdadeira abnegação, e que todas as noites vela e ora por ti. Beijos e abraços dos dois amores de tua vida! Júlia e filho(a).

Ao terminar a leitura, o general, experimentado em lutas e nas batalhas, chorava qual criança. A carta de Júlia trazia revelações que inevitavelmente conferiam com seus sonhos. Estava impactado pelas notícias, principalmente pela notícia do futuro filho ou filha. Parecia que na tenda militar em que se recolhia, exalava o perfume de Júlia.

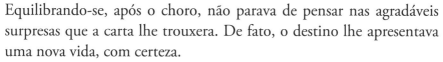

Equilibrando-se, após o choro, não parava de pensar nas agradáveis surpresas que a carta lhe trouxera. De fato, o destino lhe apresentava uma nova vida, com certeza.

Ali mesmo, na tenda do acampamento de guerra, prostrou-se de joelhos e em novas lágrimas orou a Yeshua:

Oh! amado Yeshua de Nazareth! neste momento em que a alegria, mas também a preocupação invadem minha alma, peço-vos abençoeis nossas almas, para que a grandeza de vossa bondade e misericórdia nos abençoe. Que a oração deste vosso servo, que se acha desterrado e distante, nas sombrias regiões das lutas, caminhando por estradas próximas à morte, possa ser ouvida por vós e pelo Pai Celestial, abençoando-me, à querida companheira e ao filho que está para chegar. Protegei e conservai nossas almas dos perigos e colocai-nos sob a assistência de vossa majestade e graça. Guiai-me, oh! Messias Amado! pelos caminhos da segurança e da paz que anelo um dia atingir. Derramai vossas bênçãos sobre a amada Júlia e assim também sobre o fruto do nosso amor. Que assim seja!

Virius Lupus terminou a prece já mais tranquilo ante a enorme emoção que sentia. Após, dirigiu-se à tenda das refeições.

CAPÍTULO XXIX

A INVASÃO DA PÁRTIA – LUCIUS VIRIUS LUPUS É FERIDO EM COMBATE – O RETORNO A ROMA

Embora estacionadas nas fronteiras da Pártia, as legiões comandadas pelo general Virius Lupus restabeleceram a ordem, eis que a derrota imposta aos pártios, em razão da pequena invasão ao acampamento, trouxera dias de calmaria, ante o receio dos partos em razão das legiões que vinham para a região, sob o comando do Imperador Severus.

O imperador sempre teve o desejo de ser considerado como um dos maiores imperadores de Roma. Cultivava esse sonho em seus devaneios. Antes de partir na direção da fronteira parta, Septimius Severus enviou despacho por mensageiros aos reis da Armênia e da Hotia e também da própria Pártia, convidando-os a somarem seus exércitos, portanto, não guerreassem entre si, para que pudessem juntos conquistar os territórios árabes e o Vale da Mesopotâmia.

O rei da Armênia acusou neutralidade. O rei da Hotia enviou um destacamento de arqueiros para apoiar a iniciativa. O rei da Pártia desconversou, o que irritou Septimius Severus, que planejou invadir a Pártia a qualquer custo.

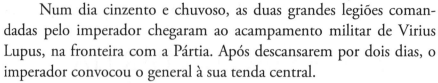

Num dia cinzento e chuvoso, as duas grandes legiões comandadas pelo imperador chegaram ao acampamento militar de Virius Lupus, na fronteira com a Pártia. Após descansarem por dois dias, o imperador convocou o general à sua tenda central.

Ao ingressar na tenda imperial, o general fez a tradicional saudação com o braço direito levantado e esticado à frente e com a palma da mão para baixo:

— Ave, Roma! Ave, nobre César Augusto!

O imperador levantou a mão direita e a seguir disse:

— Salve, nobre general Lucius Virius Lupus. Mandei chamar-vos para conversarmos sobre a estratégia de ação a fim de iniciarmos nossa invasão à Pártia e para que tenhamos o menor número de baixas possível.

Ao dizer isto, o imperador olhou firmemente para o general. Ao fazê-lo, percebeu que Virius Lupus estava com o semblante abatido, traduzindo preocupação. O imperador imaginou que o abatimento do general se traduzia no desgaste das viagens e da pequena batalha ali já travada, em razão de que já se havia iniciado ante os ataques noturnos com aríetes feitos pelos partos, de modo que nada perguntou a respeito. Virius Lupus então disse:

— Nobre César, estou às vossas ordens.

— General — retrucou o imperador —, penso que devíamos antes de penetrar no território da Pártia, atacar todas as regiões fronteiriças onde estão os outros inimigos. Dessa forma, atacaríamos os povos das regiões que fazem divisa com a Pártia e são seus aliados. Daí avançaríamos em dois flancos, além do terceiro, propriamente, que é a fronteira dentro da Pártia e tão somente depois nos reagruparíamos e traçaríamos os planos para a invasão total da Pártia. Concordas?

O general Virius Lupus era considerado um dos maiores estrategistas do exército romano. Suas opiniões eram muito respeitadas e disto o imperador tinha pleno conhecimento. Então respondeu:

— Nobre César! Acho vossa ideia plenamente interessante, porém, precisamos levar em conta que estamos num período de seca. Há dois rios que fazem fronteira com esses povos e destes com a Pártia, e esses rios, pelo que pude apurar, costumam secar nesta época, aliás, já estão quase secos, e ao avançarmos por eles, que é o caminho natural, poderemos ter problemas com os barcos que deveríamos utilizar para o deslocamento de nossa tropa.

O imperador, que tinha escutado pacientemente, retrucou:

— Nobre Virius, não tiro a vossa razão, contudo, penso que temos que contar com o fator surpresa, em razão disto é que não esperam um ataque pelos rios, mas temos que arriscar, não achas?

Embora o general estivesse com receio, a verdade é que se a Natureza ajudasse e houvesse chuvas, o plano do imperador teria condições de ser plenamente exitoso, então disse:

— Nobre César, então precisamos contar com a sorte. Se chover, o plano será ótimo.

Após tudo combinado, a invasão foi feita nesse período menos propício e inúmeros soldados tiveram que, em alguns trechos dos rios, carregar os barcos nas costas, entretanto, assim que iniciada a invasão, de forma inesperada, uma grande tempestade atingiu a região. As legiões romanas que em parte se deslocariam pelos barcos, assim o fizeram com tranquilidade, eis que houve um grande volume de água nos rios, o que lhes facilitou o objetivo, sobremaneira.

A invasão foi um sucesso, e as legiões de Roma conseguiram se dividir em três flancos para dar início à total invasão de Pártia. Os combates foram acirrados, com as legiões I e III, denominadas por Severus como párticas, de um lado, e a Legião Pártica II em outro flanco. A incursão foi exitosa e Roma garantia o domínio sobre toda a Pártia, e, por conseguinte, sua soberania no Oriente.

Além do êxito da campanha, a posse das riquezas dos vencidos enriqueceu mais o império. Apesar disto, na batalha final, que proporcionou a rendição dos partos, o general Lucius Virius Lupus foi ferido por uma lança inimiga, que lhe penetrou a virilha direita, fazendo uma perfuração e corte profundo.

Após o socorro, um dos médicos que acompanhavam as legiões, Fidio Abidius, após tratar os ferimentos do general, recomendou ao imperador, dado a gravidade do ferimento, que o general retornasse a Roma, pois o tratamento deveria levar de quatro a seis meses para a saúde do general melhorar.

O imperador, que estava satisfeito com a conquista e com a extensão do domínio de Roma por grande parte do Oriente, estava de certa forma agradecido ao general. Então foi vê-lo, eis que este estava acomodado no acampamento. Ao chegar na tenda onde Virius Lupus repousava, saudou-o:

— Ave, nobre general! Pelo que vejo, desta feita não conseguiste ficar ileso.

— Ave, nobre César! — respondeu Virius Lupus. — Sim, fui surpreendido por uma lança inimiga, que na verdade nem vi de onde veio. Mas consegui desviar-me a tempo de não ser abatido, porém, aqueles que estamos em combate, na realidade não sabemos se teremos outro amanhecer, entretanto, tenho certeza de que fui protegido.

— Sim, Apolo e Urbano te protegeram — atalhou o imperador.

Virius Lupus ia retrucar e falar do Deus dos judeus e de Yeshua, entretanto preferiu calar-se, sem assentir com a cabeça. O imperador, retomando a conversa, falou:

— Nobre general, há pouco fui procurado pelo médico Fídio, e este relatou-me a gravidade de vosso ferimento, de modo que estou despachando ordens para vossa substituição à frente das legiões que ficam estacionadas na Pártia, e assim que melhorardes um pouco de vossos ferimentos e que puderdes suportar a viagem, estou determinando que sejais levado a Roma, para tratamento definitivo, para pronta recuperação, e assim que estiverdes definitivamente curado, peço que vos apresenteis na corte.

CAPÍTULO XXX

A SAUDADE DE JÚLIA – ALUSÃO, PELO IMPERADOR, A NOVAS TAREFAS

Haviam transcorrido seis meses do retorno de Virius Lupus a Roma para tratar dos ferimentos. Esse tipo de ocorrência, que era um tanto comum, trazia aos soldados e aos oficiais romanos inúmeras contrariedades, em razão do desencontro que provocava em suas vidas.

Assim que recebeu a ordem de retornar a Roma, o general tratou de enviar carta a sua amada Júlia, não só para falar da saudade, como também para comunicar o acontecido, procurando tranquilizá-la e prometendo interceder junto ao imperador, assim que ele retornasse da Pártia, para que fosse autorizado a retornar a Leondinium, na província romana da Britânia, dizendo na sua carta da sua alegria em saber que o fruto do amor dos dois, pelo tempo em que havia recebido a comunicação, já teria nascido e de sua incontida vontade de vê-los, de pegar o filho ou a filha nos braços. Prometia, ao final, breve retorno, recomendando os dois a Yahweh e a Yeshua de Nazareth.

Virius Lupus, em razão da hierarquia, não podia simplesmente se ausentar de Roma por sua vontade, por essa razão, quatro meses se haviam passado de seu retorno à capital do Império, quando o Imperador Septimius Severus retornou.

O general já estava de volta à ativa e estava incorporado à *Legio Ferrata I*, que estava estacionada no porto de Óstia. Aguardava a oportunidade de obter a entrevista que havia pedido ao imperador.

Sentia angústia em seu peito, que a muito custo conseguia abrandar. A saudade de Júlia e a expectativa pela criança que com certeza já havia nascido, cada dia se tornava maior, entretanto, parecia-lhe, na intimidade, que havia um obstáculo que o impedia de voltar o mais breve possível para a província da Britânia, e isto o colocava em estado de tristeza permanente.

Enfim, ao cabo de quinze dias, o imperador o recebeu. Após os cumprimentos, o imperador disse-lhe:

— Nobre general, espero que estejais curado totalmente do ferimento. Fizemos consideráveis avanços com nossa conquista. Comunico-vos que enviei moção ao Senado determinando que recebais a *Comenda Superior do Mérito Militar de Roma*. Fui informado que estais integrado à Legio Ferrata I, logo, indago-vos, o que pretendeis?

— Nobre César! — respondeu Virius Lupus —, bem sei que nomeastes substituto meu na Britânia, para a função de procônsul, logo, sem que eu queira prejudicar a quem quer se seja, indago-vos da possibilidade de retornar à referida função.

O imperador, que estava sentado em seu trono, levantou-se e foi na direção de Virius Lupus. Colocou a mão em seu ombro e olhando-o firmemente respondeu:

— Nobre Lucius, sempre fostes leal a Roma e ao imperador, razão mais do que suficientes para merecerdes as melhores decisões do império, e não me furtaria em atender vosso pedido, entretanto, nobre Virius, Roma continua precisando muito de vós, por isto, meu desejo é conceder-vos uma licença de três meses, e que após vos apresenteis a mim, porque tenho novos planos para vós. Ide e fazei o que precisais fazer na Britânia, voltai e novamente vos apresentai na Corte.

Virius Lupus foi surpreendido com a fala do imperador, porém, não ousou contestá-lo, até porque o imperador o promoveria ao cargo de *Cônsul Affectus de Roma*, contudo, talvez em outras terras. Olhando para o imperador respondeu:

— Nobre César! agradeço-vos a confiança, e no prazo estabelecido retornarei diante de vós.

A seguir, fez a saudação de costume e retirou-se.

CAPÍTULO XXXI

O RETORNO A BRITÂNIA – A TRISTE NOTÍCIA DA MORTE DE JÚLIA E DO FILHO – A INTENSA DOR DE LUCIUS VIRIUS LUPUS

Entardecia, quando o general Virius Lupus cruzava a galope a fronteira e penetrava nos campos da Britânia, na companhia de um destacamento militar que lhe fazia proteção. Sentia seu coração bater descompassado dentro do peito. Parecia querer saltar para fora. Uma espécie de aflição lhe tomava os sentidos. Ansiava pela chegada à cidade, de onde partiria para Roma e depois para a Pártia.

Já haviam transcorrido quase dois anos desde que tivera que deixar o cargo de procônsul da Britânia e se separar daquela que lhe despertara os mais profundos sentimentos, a doce Júlia.

A cada passo da cavalgada, vinha desenhando em sua mente as expectativas de como seria o reencontro com sua amada. Recordava de tudo, desde o primeiro avistamento e contato com a jovem que embora romana era adepta do Cristianismo.

Recordava das prazerosas conversações, depois das juras de amor que trocavam. Ele, que não se interessara firmemente por qualquer outra mulher, ao ver Júlia pela vez primeira, sentiu o amor à primeira vista, e qual não foi a sua imensa alegria ao ver-se correspondido.

Era certo que a beleza física de Júlia o impressionara, como impressionava a quem a visse, entretanto, a maior beleza dela era a beleza que emanava do seu interior, do seu coração bondoso, de suas atitudes sempre sensatas, de uma simpatia que provinha da sua alma, o que fizera com que Virius Lupus se apaixonasse ainda mais.

Essas e outras eram as divagações do general durante a cavalgada de retorno pelas estradas poeirentas das províncias romanas. Durante a viagem, tinham que dormir ao relento, sempre buscando aqui e acolá os melhores lugares, os mais seguros possíveis para armarem suas tendas de repouso.

Chefiava a patrulha militar romana, que dava cobertura e proteção ao general, o jovem centurião Aulus Valerius, excelente oficial que já o acompanhara em outras viagens e outras batalhas. Era o homem de confiança do general. Os dois tinham ido juntos para Roma e de lá foram para a campanha militar na Pártia e foi o jovem centurião que socorreu o general quando este foi ferido na batalha, e foi o oficial encarregado pelo Imperador Septimius Severus de acompanhar Virius Lupus para tratamento em Roma e ficar à disposição dele, como seu imediato.

Na noite anterior à aproximação da cidade, acampados em pequena elevação e sob a proximidade de duas enormes árvores, após ter a sua ceia noturna servida na sua tenda, e ter feito o repasto, o general determinou a um dos legionários que faziam a guarda da tenda para chamar o centurião Aulus, no que foi prontamente atendido. Após algum tempo, o jovem centurião apresentou-se o saudando:

— Salve, Roma! Salve, nobre general! Apresento-me a vosso chamado e estou a vosso dispor.

— Meu jovem centurião Aulus — respondeu o general —, mandei chamar-vos para termos uma conversa informal. Nestes tempos em que estamos cavalgando juntos, pouco ou quase nada conversamos sobre as coisas pessoais, desse modo, como a noite está quente e aliado à tensão que me toma diante da próxima chegada ao nosso destino, gostaria que dialogássemos, entretanto, não como chefe e subalterno, e sim como amigos, pode ser?

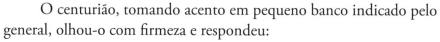

O centurião, tomando acento em pequeno banco indicado pelo general, olhou-o com firmeza e respondeu:

— Oh! nobre senhor, pode sim, estou às ordens.

A seguir, o general fez uma pergunta ao centurião, que o deixou curioso:

— Nobre centurião, o que pensas a respeito do exército romano e a respeito de Roma? Antes que respondais, quero tranquilizar-vos que esta conversa é reservada e jamais sairá do domínio de nós dois, e muito menos será usada para qualquer comprometimento, logo, ficai bem à vontade para responder o que manda vossa mente e vosso coração.

O jovem centurião ficou um tempo pensativo. Antes de responder às questões, elucubrava mentalmente qual seria o objetivo do general. Contudo, sentiu confiança no que ele falava, então respondeu:

— Nobre general, ouso responder-vos sem receio. Sobre o exército romano, o que penso é que me tem sido uma escola formadora de caráter e que tem incutido nos legionários e nos oficiais um senso apurado de organização, disciplina e de extremado respeito pela hierarquia dos superiores. Que ele tem sido, ao longo dos anos, o bastião de defesa do Império e da República, eis que ante os conflitos muitas vezes provocados por lideranças gananciosas, tem agido honrosamente, assegurando a lei e a ordem.

O centurião tomou fôlego, calou-se por um tempo e a seguir continuou:

— Quanto a Roma, conheço a história de nossa Pátria já de algum tempo. Sou estudioso dos fatos, e quanto à nação, tenho muitas contradições em razão do que nos foi legado até aqui.

Ante o olhar indagador de Virius Lupus, o centurião continuou:

— Nobre general, não, não se trata de uma reles e simples opinião, e sim de uma constatação maturada há tempos. Pelas narrativas anotadas e fatos sobre o passado de nossa nação, colhi mais dificuldades do que glórias. Explico: ao estender seus domínios com a conquista de outros territórios e dominar política e economicamente outros povos, Roma construiu um sistema de centralização das decisões na cabeça de um só homem.

O Senado e a criação da República até que contribuíram um pouco, mas não conseguiram mudar o patamar de corrupção, de domínio de poucos sobre os demais; de desprezo às realidades trazidas pelos povos dominados e, ao invés de ser uma mãe justa, acabou por ser uma prima despótica e muitas vezes cruel.

Em muitas ocasiões, adornou-se de uma classe de governantes indolentes, preguiçosos, orgulhosos, que sitiaram o poder de interesses vis e mergulharam na luxúria, com desprezo total à dignidade do homem e das massas. Gulosos, sempre foram atormentados por desejos insaciáveis de orgias; impudicos, revestidos do interesse de glória e poder, banharam-se no rio da soberba, nos afluentes da vaidade e nababescos, pisotearam o direito e o povo, acabando por empanar a luz mirífica da verdade.

Entretanto, nobre general, meus antepassados, muitos até, que serviram no fiel exército romano, sempre buscaram deixar um legado de honradez e correção, e ouvi, certa feita, de meu avô paterno, que chegou também ao cargo de centurião de Roma, e que serviu à corte imperial, ao tempo do Imperador Commodus, que aquela corte exalava enxofre e seus frequentadores se assemelhavam a cães raivosos e o vício deletério havia tomado conta dos dirigentes da nação, que se revestia da lama fétida da corrupção.

Hoje, nobre general, não vejo muita diferença. O imperador, apesar de algumas boas atitudes, tem em mente somente o objetivo de autopromover-se. É o que penso.

O centurião calou-se, temendo alguma resposta não muito amistosa da parte do general.

Virius Lupus, que tinha tudo ouvido com a máxima atenção, levantou-se e começou a caminhar pela tenda, sem nada falar.

De repente, parou bem à frente do centurião e curiosamente fez nova pergunta:

— Nobre centurião, acreditais nos deuses de Roma?

Novamente surpreso, o centurião refletiu por um pouco e a seguir aduziu:

— Outrora acreditei, hoje não acredito mais, e se quereis saber, confidencio-vos que já há mais ou menos quatro anos, sou cristão, seguidor de Yeshua de Nazareth, que foi sacrificado à morte em Jerusalém, sob o domínio e consentimento de nossa nação.

Ao perceber que fizera uma revelação pessoal, o centurião temeu pela ira do general e pela sua vida, então, aflito, aguardou.

Virius Lupus sorriu, o que desconcertou o centurião, e a seguir falou-lhe:

— Nobre centurião, nada temas quanto a vossa confissão. Eu também já descri totalmente nos deuses eleitos no nosso Panteão Romano, e já de algum tempo, meu jovem, sou também cristão e também seguidor de Yeshua de Nazareth.

Ante o impacto da revelação, o centurião sorriu. O general prosseguiu:

— Sim, meu jovem amigo, as palavras e ensinamentos de Yeshua de Nazareth são os mais belos códigos morais que pude conhecer e se nós, os romanos, as seguíssemos, Roma seria a mais bela nação da Terra, disto eu não tenho dúvidas.

As conversas, na tenda, entre o general e o centurião, cada vez mais estreitavam os laços de amizade que possuíam. Já ia alta a madrugada, quando foram ao merecido repouso.

No dia seguinte, retomaram a caminhada. Ao escurecer, penetravam na cidade de Leondinium. Quase em disparada, Virius Lupus dirigiu a montaria até a residência de Júlia, e em breve tempo chegou à casa.

Ao apear da montaria o general foi acometido de um mau presságio. Tudo na casa estava fechado. Imediatamente bateu à porta e esperou... nada... nada... nenhum ruído sequer. Por diversas vezes repetiu a ação... nenhuma resposta. Demonstrando a chegada da aflição, o general começou a entrar em desespero. Ia arrombar a porta quando um vizinho de nome Livius o chamou pelo nome:

— Nobre general Virius Lupus!

Virius voltou-se e viu um homem de baixa estatura que lhe era conhecido por ser vizinho de Júlia, que caminhava em sua direção, então o general aguardou. O vizinho chegou mais perto disse:

— Nobre general Virius Lupus, é uma honra retornardes a nossa cidade. Tínhamos vagas informações a vosso respeito.

Virius Lupus não quis ouvir o homem e perguntou com voz alta e severa:

— Nobre senhor, isto não importa, pois aqui estou. Dizei-me, podeis informar-me sobre o paradeiro da jovem Júlia? Sabeis se ela saiu de casa temporariamente apenas?

Ante a pergunta, o homem ficou mudo, abaixou a cabeça e nada falou.

Então o general avançou para ele, pegou nos seus ombros e disse, quase gritando:

— Por que não respondeis? Acaso sabeis se ela se mudou? Vamos, dizei!

Os soldados acompanhavam a cena ainda nas suas montarias, preocupados com a reação do general, ante a agressividade da voz.

O vizinho, com voz trêmula, respondeu:

— Não, nobre general, ela não se mudou, ela... ela... ela morreu!

Uma pancada em plena cabeça teria doído menos! Ao ouvir o vizinho, o general sentiu suas vistas turvarem-se, uma tontura tomou conta de sua cabeça e caiu ao chão, sem sentidos.

Aulus e os soldados mais do que depressa desceram das montarias e correram para socorrê-lo. O centurião Aulus, que liderava o destacamento militar, disse aos demais:

— Vamos, rápido, a Intendência Romana fica a dois estádios, vamos, vamos.

Em disparada, foram para a Intendência. Aulus levou o general apoiado em seu corpo, na montaria, e deu ordens para os soldados levarem junto o vizinho. Ao lá chegarem, Virius Lupus foi prontamente atendido pelo médico da Intendência, que foi chamado às pressas. Todos ali conheciam o general e gostavam muito dele. Havia se passado muito pouco tempo. O general foi posto numa cama, e ao deitarem-no, começou a se mexer e acordou do desmaio. Estava em plena confusão mental, porém, logo retornou à sanidade, ocasião em que lágrimas sentidas vertiam-lhe em profusão.

O vizinho estava sentado em um banco próximo à cama. Virius Lupus, olhando-o, apenas balbuciou:

— Podes... podeis dizer-me como foi e há quanto tempo? Podeis dizer-me se ela teve um filho ou uma filha? Podeis dizer-me o paradeiro da criança?

— Nobre general — respondeu Livius —, depois que vós partistes, a jovem Júlia pouco saía às ruas. Apenas ia com o pai ao núcleo cristão. Todos sabíamos, na cidade, que ela e vós estáveis ligados pelos laços do amor e vimos a tristeza dela quando de vossa partida. Eu sempre conversava com o pai dela e soube por ele que ela estava esperando um filho de vossa pessoa. Ocorreu que após uns três ou quatro meses de vossa partida, o pai dela, que era meu amigo, faleceu meio que de repente, o que a deixou muito triste.

Conversei com ela algumas poucas vezes. Procurei, como seu vizinho, e pela minha idade, quase a idade do pai dela, auxiliá-la no que que ela precisasse e acompanhei o dia em que ela, já às portas da maternidade, recebeu uma senhora, na casa dela, que era parteira. Como não fui convidado, respeitei a intimidade delas. No dia em que a parteira chegou eu estava em frente à minha casa e vi quando a senhora Júlia a recebeu. Estava parecendo que para os dias seguintes daria luz, inclusive veio na minha direção e me apresentou a senhora, que dizia chamar-se Ester, dizendo-me que tudo estava bem; que a senhora ia atendê-la e que ficaria residindo com ela até ela ficar mais forte e que se precisasse de alguma coisa, procurar-me-ia.

Coloquei-me à disposição dela para o que ela precisasse. Certo dia, em que me recolhi mais cedo ao repouso, já tarde da noite ouvi batidas em minha porta e quando a abri, a parteira, com as feições apavoradas, disse-me:

— Ajudai-me, senhor! por favor, vinde, vinde, vinde, a jovem que eu estava atendendo morreu ao dar à luz. Não suportou as dores e o sangue que saía dela não tinha trava.

Ante o impacto da notícia, indaguei:

E a criança?

— Nasceu morta — respondeu-me —, era um menino e já o enterrei, por ser bem leve, mas quanto à senhora, não consigo levantar seu corpo e preciso que me ajudeis a enterrá-la, pois não tenho forças para carregá-la.

O vizinho interrompeu a fala, entretanto, entre lágrimas salgadas que lhe inundavam a face e amorteciam o coração, Virius Lupus pediu:

— Prossegui... prossegui! por favor, onde eles estão enterrados?

— Estão enterrados ao pé da árvore grande que há no quintal da casa — respondeu Livius

— E a parteira? — indagou Virius Lupus.

— Depois daquele dia — respondeu Livius — nunca mais a vi. Acho que por medo, talvez porque soubesse da relação da senhora com o senhor, ela evadiu-se da cidade.

O general continuava a chorar. Nada lhe importava naquele momento, sequer a impressão dos soldados, contudo, estes, ante o desespero do general, também, de maneira disfarçada, choravam.

Aquela foi uma das inúmeras noites maldormidas que o general passaria a ter. Muitas e muitas vezes pegou-se questionando o Deus de Israel e Yeshua de Nazareth:

— Por quê? Por que tudo tinha acontecido daquela forma? Não teria ele e Júlia direito à felicidade?

Ficava quase todos os dias sentado ao lado das duas covas, no quintal da casa em que a amada vivera. Depois de se passarem trinta dias, em que mal e mal se alimentava, resolveu retornar a Roma com a tropa. Parecia que a vida para ele havia acabado.

CAPÍTULO XXXII

A NOVA VISITA DE LUCIUS VIRIUS LUPUS À CIDADE ESPIRITUAL DE NOVA ROMA – REVELAÇÕES DO PASSADO

A província romana da Britânia era conhecida como grande fornecedora de produtos agrícolas para o Império Romano. A deusa *Britânia* tornou-se a sua personificação feminina. Seus campos eram verdes, suas florestas espalhadas, de um verde-escuro, com árvores frondosas. Era uma ilha triangular e um dos seus lados fazia frente com a província romana da Gália. Num ângulo desse lado estava situado o porto de Kent, onde arribavam todos os navios que vinham da Gália. Do segundo lado se olhava para a província da Hispânia e para o Ocidente. O terceiro lado cai para o Norte. Na frente desta parte não se encontra terra alguma, mas do ângulo se avista a província romana da Germânia.

O Imperador Júlio César invadiu a ilha em duas ocasiões. A primeira invasão ocorreu no verão, quando conquistou a praia de Kent e um pouco mais. A segunda teve mais sucesso. César conseguiu restaurar no trono dos trinovantes, seus aliados, o rei gaulês depondo seu rival Cassivelauno.

Embora César não conseguisse conquistar todo o território para a república, o sucesso da campanha foi radical, eis que Roma contou com os seus primeiros aliados na ilha e impôs os primeiros tributos entre as tribos da Britânia.

Quase um século depois, em 43 d.C., o imperador organizou uma invasão geral, com seu general Aulo Pláucio à frente da força invasora, que contava com quatro legiões.

A Britânia possuía portos naturais ou outros lugares de desembarque. A descoberta disso implicou em um benefício comercial e militar para Roma. Os grandes portos naturais situados na costa, em cima, como o de Richborough, foram usados pelo imperador durante a sua conquista da Britânia. Foi nessa terra de lendas e tradições que o general Lucius Virius Lupus exerceu o Consulado Romano e de lá voltou para ter a triste notícia que modificaria toda a sua vida.

Vários meses se haviam passado daquele terrível infausto. Virius Lupus se alimentava pouco, emagreceu a olhos vistos e seu semblante deixava entrever os sulcos profundos provocados pelas lágrimas que sempre vertiam de sua dor. Quando se recolhia para o necessário repouso noturno, esse era o momento em que mais apertava e dilacerava o seu coração.

Acostumado às batalhas, corajoso, destemido, era um líder nato, contudo, sentia-se agora um homem derrotado pelo destino. O desgosto pela vida começou a rondar perigosamente a sua casa mental.

Certa noite em que mais sentia a solidão e os efeitos da morte da amada e da criança, deitou-se para o repouso, porém, como nas outras noites indormidas, não conseguia conciliar o sono, porque lembrava os dias do primeiro encontro com Júlia, a fisionomia encantadora da amada, o seu sorriso largo e franco. Lembrou-se que quando ela sorria, duas pequenas covas laterais na face tornavam o seu sorriso ainda mais belo. Lembrou-se da ternura e meiguice da sua voz e gestos; dos seus cabelos castanhos e encaracolados que caíam sobre os ombros. Sim, Júlia era portadora de uma beleza estonteante. Filha de pai romano e de mãe grega, trazia os belos traços das duas civilizações.

Nessas cogitações, as comportas da alma se abriram e o rio de lágrimas, no qual ele se achava mergulhado naqueles dias tristes de sua existência, rompeu os diques e jorrou para fora. Ah! quanta dor! quanta saudade! Queria se consolar e não estava conseguindo.

Será que existe mesmo Yahweh? Existiu Yeshua, ou seriam uma lenda o Pai e o Filho que Júlia lhe revelara? Se existiam, eles atenderiam os seus apelos? Ou não seriam também contemplativos como os deuses de Roma?

Mergulhado numa extensa cortina de lágrimas, experimentou orar novamente:

Ah! Yeshua de Nazareth! eis-me aqui, desvalido e presa do desespero e da dor. Sinto minhas forças aos poucos se esvaírem e o desânimo abraçar minha alma. Sofro, e me pergunto por quê? Onde está, Yeshua, a Justiça Divina que apregoastes? Será ela uma miragem? Não mereço ser feliz? Por que me foram tirados os bens mais preciosos desta vida? Sinto-me pobre de coragem e rico de desespero! Se de fato andastes pela Terra a mitigar a dor dos que sofrem, peço-vos, com todas as forças da minha alma, aliviai a minha dor! Tudo o que o mundo me oferece de consolo é para mim um tormento.

Nestes dias em que minha alma mergulha no mar da dor sem limites, estou titubeante na fé. Não sei mesmo em que crer. Entretanto, levanto meus olhos para vós e peço misericórdia! Olhai por mim, segundo a grandeza da vossa bondade; ouvi a oração desta pobre alma. Dai-me o entendimento, a resignação e a coragem, para que consiga a paz de que necessito. Nestes dias em que os horizontes da minha vida se fazem escuros, peço-vos, não deixeis que brote na minha alma a erva daninha da tribulação e do desespero.

No mundo já enfrentei grandes combates, mas esta é a grande batalha da minha alma, que se mostra gigante demais, além de dura e cruel. Oxalá amanheça o dia em que acabe todo este meu sofrimento. Oh! Yeshua, levai-me até vós, e se a morte não é o fim de tudo, como me ensinou a amada inesquecível Júlia, que me seja permitido que eu a reencontre, eis que, nutrindo esta certeza, conseguirei ter forças para suportar a dor da ausência que rasga as entranhas da minha alma. Consolai-me no meu desterro. Abençoai-me hoje e sempre. Assim seja!

Ao terminar a prece, Virius Lupus sentiu-se melhor, conseguiu relaxar os sentidos e isto foi o suficiente para que ele adormecesse e o sono lhe chegasse pesado, ante o seu esgotamento físico e mental.

O general não podia perceber nem ver, mas enquanto orava, um jovem muito belo havia se aproximado dele e impunha as mãos sobre sua cabeça. Algum tempo após ter adormecido, Virius Lupus acordou e sentou-se. Num ato instintivo, olhou para a cama e o que viu o assustou, eis que viu seu próprio corpo deitado e a seguir olhou-se sentado. A confusão mental se instalou. O que era aquilo? Estava com certeza sonhando! Como ele poderia ter dois corpos? Não conseguia lembrar se esse fenômeno já havia acontecido com ele em tempos transatos.

Enquanto procurava de algum modo entender o que estava ocorrendo, instintivamente olhou para a porta e, ao fazê-lo, viu bem próximo a ele um jovem de rara beleza que o olhava ternamente. O general, aguçando seus sentidos, lembrou-se que já devia ter visto aquele jovem em algum lugar, e assim pensou.

O jovem olhava para ele fixamente, sorrindo, começou a aproximar-se e a seguir falou:

— Nobre general Lucius Virius Lupus, venho até vós em nome de Yeshua de Nazareth e de Yahweh. Eles ouviram vossas preces e súplicas. Vim para pedir-vos que venhais comigo, pois necessito levar-vos a um local onde tereis respostas para vossa dor. Consentis nisto?

Virius Lupus sentiu imediata confiança naquela voz e assentiu com a cabeça.

O jovem aproximou-se, pediu que ele pegasse firme em seu braço e se quisesse poderia fechar os olhos, no que foi obedecido. O general segurou no braço do jovem e a seguir sentiu-se como se estivesse voando. Em breve chegaram ao destino.

Ao abrir os olhos, sob o comando do jovem, Virius Lupus reconheceu a cidade onde estavam. Lembrou-se que já ali estivera, pois ficara encantado com sua beleza. Lembrou-se também que lhe disseram que ela se chama Nova Roma e lembrou-se também que fora recebido por um administrador dela, que fora general dos exércitos de Roma.

Lembrou-se inclusive do nome do general: Lucinius Verus Aquilinus. Diante da memória que agora acessava integralmente as lembranças, acabou por lembrar também do nome do jovem que lhe levara até ali: Estêvão. Sentiu-se ainda mais seguro e confidenciou suas lembranças ao jovem. Depois de agradecer o carinho do tratamento, disse:

— Querido jovem amigo, estou a vossa disposição para irmos até o administrador desta bela cidade.

Sorrindo, Estêvão respondeu:

— Ah! que maravilha! No íntimo, sabia que recordarias. Então, vamos. O irmão Lucinius nos espera.

Subindo as escadarias e passando pelo cômodo da entrada, onde pessoas operosas lhes sorriram, atravessaram dois grandes corredores, e em breve chegaram a uma pequena sala, na qual, atrás de uma mesa, estava sentada a auxiliar direta do administrador, a jovem Belinda.

Ao vê-los, a jovem levantou-se, indo ao encontro deles e dirigindo-se a Estêvão, saudou-o por primeiro:

— Olá, querido amigo, que renovada alegria rever-vos!

Depois, virando-se para o general:

— Nobre general Lucius Virius Lupus, como estais?

Ao ver a expressão de espanto no rosto do general, Belinda aduziu:

— Vejo que estais surpreso por chamar-vos pelo nome. Ocorre que o nobre general ainda não se lembrou totalmente de uma visita que fez outrora a esta cidade. Aos poucos, todas as lembranças alusivas àquele encontro irão retornar por completo.

Virius Lupus buscou responder à indagação de Belinda:

— Olá, nobre senhora, aos poucos vou lembrando de mais e mais coisas, mas, respondendo diretamente à vossa pergunta, não tenho passado muito bem. Nos últimos tempos, a vida tem me ofertado difíceis testemunhos, os quais têm entronizado em minha alma a figura do sofrimento e da amargura, pois recentemente me vi apartado, na Terra, da criatura que meu coração elegeu para conviver em clima de amor e fraternidades puras.

Percebendo que iria novamente chorar, o general calou-se.

Belinda olhou-o fixamente e pôde ver sua fisionomia de abatimento. Seu rosto deixava demonstrar as marcas da dor. Seus olhos estavam cavados e como que sem vida. Um sentimento de piedade tocou fundo o coração da jovem, que num impulso disse-lhe:

— Nobre general, de fato ainda somos poucos aqueles que começam a entender os Desígnios de Nosso Pai Celestial, até porque as situações que se reservam para nós, nas vidas físicas, na Terra, ainda são, no todo, insondáveis! Estimo que possais ao menos conservar-vos em paz e que tenhais a fé e a coragem suficientes para enfrentar as duras refregas, com altivez e confiança em Yahweh. Não esqueçais que tudo, absolutamente tudo o que vivemos e o que somos está firmado sob os Desígnios Divinos, e ninguém melhor do que Ele para saber o que é de fato bom para cada um de nós. Não vos espanteis com isto.

Procurando encerrar o breve diálogo, a jovem acrescentou:

— Queridos amigos, peço que me acompanheis. Nosso administrador vos espera.

A seguir, os dois, caminhando atrás da jovem, cruzaram dois corredores e chegaram a uma pequena antessala onde havia uma grande porta em arco. Belinda fez sinal com as mãos para que aguardassem. A seguir, bateu levemente na porta, abriu-a e entrou. Em breve a porta abriu-se novamente e Belinda acenou para que entrassem. Assim que penetraram no recinto de trabalho do administrador, este, ao vê-los levantou-se e caminhando na direção dos visitantes, dirigiu-se por primeiro a Estêvão, dizendo:

— Salve, nobre e querido amigo e irmão Estêvão! A honra em sempre receber-vos em nossa cidade é enorme. Sabeis que todos somos reconhecidos pelo extraordinário trabalho que o irmão desempenha, tanto na Cidade da Fé como aqui em Nova Roma, em favor do Cristo Yeshua e de Yahweh. Sois um exemplo para todos nós, que nos miramos nas virtudes de que sois portador e no vosso coração bondoso, o que sempre manifestastes.

A seguir o abraçou. Depois, voltando-se para o acompanhante, falou:

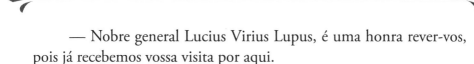

— Nobre general Lucius Virius Lupus, é uma honra rever-vos, pois já recebemos vossa visita por aqui.

A seguir, abraçou o general, que correspondeu ao abraço dizendo:

— Nobre administrador, aos poucos vou, sim, retomando todas as minhas lembranças de quando aqui estive, inclusive estou lembrando que vós sois também meu colega de farda nos exércitos de Roma, não é?

O administrador da Cidade Espiritual de Nova Roma sorriu e respondeu:

— Sim, meu amigo, fomos colegas. Embora em tempos diferentes, servimos sob o panteão da Águia dominadora. Agora, entretanto, nobre general, servimos ao Cristo Yeshua e a Yahweh. Aqui nesta cidade espiritual, recebemos as almas que perecem na Terra, sob a bandeira da nossa nação e que possuem condições morais mínimas que as habilitem a vir para cá. Fomos designados por nosso irmão Acádio, que é o governador da *Cidade da Fé*, para auxiliar na administração desta cidade.

A seguir, indicando os bancos que estavam quase em frente a sua mesa de trabalho, e que eram confortáveis, acrescentou:

— Sentemo-nos.

Após todos acomodados, Lucinius retomou a palavra e olhando para o general, falou:

— Nobre amigo, fostes conduzido até nós, novamente, para que possamos fazer-vos algumas revelações de uma vida pretérita vossa, na Terra, para que, quem sabe, possais conseguir entender e compreender melhor os Desígnios de Yahweh.

Como já vos revelei, na vez anterior em que aqui estivestes, temos as anotações do que se passou na vida de muitas criaturas, em etapas anteriores, pela Terra. Naquela outra ocasião, lemos anotações sobre algumas anteriores vidas físicas vossas, na Terra. Acaso vos lembrais?

— Vagamente — respondeu Virius Lupus —, mas lembro sim.

— Pois bem — aduziu o administrador —, hoje tivemos especial autorização do governador Acádio para dar-vos a conhecer, ou melhor, relembrar-vos de mais uma das vossas vidas anteriores, entretanto, tenho que perguntar-vos antes se concordais em saber ou lembrar.

O administrador esperou pela resposta, que não tardou:

— Sim, sim, nobre Lucinius, concordo e me coloco ansioso por saber ou relembrar.

O administrador sorriu, levantou-se e se dirigiu para um grande armário sem portas, no qual se podia divisar, empilhada, enorme quantidade de pergaminhos, enrolados e amarrados. Correu os dedos por vários e apanhou um deles. Voltou e sentou-se. Depois, olhando para Virius Lupus, desenrolou o pergaminho e a seguir disse:

— Nobre general, aqui estão anotados os principais fatos de vossa vida na Terra, entre os anos 250 a.C. e 195 a.C., ocasião em que, também na condição de militar, servistes ao Império Romano, até chegardes ao posto de general. Vosso nome, na ocasião, era Caio Lúcio Márcio Sétimo, e fostes destacado para servir na província romana Ibérica.

Enfrentastes a primeira guerra púnica sob o comando central do general Públio Cornélio Cipião, conhecido como *O Africano*. Antes servistes também ao pai do general Cipião, Cneu Cipião. Durante os combates para ampliação do território romano, destacastes-vos, no ano de 211 a.C. quando o império formou três grandes exércitos na província Ibérica sob o comando de Cipião.

Auxiliastes no enfrentamento dos exércitos de Asdrúbal Giseão e Amílcar, irmão de Aníbal, o Cartaginês.

As forças de Cartago haviam se insurgido contra Roma e os cartagineses impuseram pesada derrota ao império e estiveram a ponto de cruzar o rio Ebro na direção da Itália, contudo, nesse momento, usastes de vossa sabedoria militar e surpreendestes o exército cartaginês. Assumistes o comando das tropas e contivestes o exército inimigo, de maneira que, quando Públio Cornélio Cipião, com sua tropa, chegou à região, a situação já estava sob controle.

Após a conquista romana, o general Cipião retornou a Roma e deixou-vos no comando das tropas que se deslocavam para a Península Ibérica. Nesse período, fizestes muitos prisioneiros de guerra e, dentre eles, a esposa de um oficial do exército cartaginês, que foi morto em combate, e que tinha o nome de uma divindade fenícia, Asherol.

Asherol era uma mulher bela, que amava o marido e a família, e vos apaixonastes por ela. Como não éreis correspondido, fizestes dela vossa escrava e serviçal. Após três anos servindo em vossa residência, uma vez que a trouxestes para o Ocidente, fato que ela não vos perdoava, por lhe terdes tirado da convivência com seus pais. Por essa razão, ela nutria o desejo secreto de eliminar vossa vida. Assim, ela arquitetou um plano para envenenar vossa comida, o que acabou fazendo, e ao fazê-lo, isolou-se em seu aposento, temerosa das consequências de seu ato.

Quando estava concentrada na lembrança do plano que fizera, reviu pelo pensamento os três longos anos em que serviu em vossa residência e deu-se conta que jamais a perseguistes ou a forçastes a qualquer coisa, ou a tratastes com rudeza. Nada, nada. Ao contrário, sempre a tratastes com fidalguia. Percebeu, ali, naquele momento, no seu íntimo, que parecia ter começado a simpatizar-se convosco; a sentir uma espécie de ternura, até, por vós, e que, sem dúvida, isto ocorria em razão do tratamento atencioso e gentil que sempre dispensastes a ela, mesmo sendo uma escrava.

Percebeu que cega pela revolta da escravidão e do antigo desejo de vingança, não se dera conta que de certa forma já vos amava. Ao dar-se conta disso, entrou em pânico e correu para a sala de refeições, onde já vos tínheis servido do repasto noturno. Viu que era tarde demais, pois estáveis agonizando, ao chão. Tentou desesperadamente reanimar-vos, mas logo vossa vida física se esvaiu. Então, arrependida, em lágrimas, comeu da mesma comida envenenada e a seguir pereceu também.

Após essa vida e anos e anos de justas dores, nas moradas dos céus, a cortina do tempo veio a surpreender Asherol na condição da jovem Júlia, e vós, na condição do general Lucius Virius Lupus.

Bastou vos reencontrardes, nobre general, para a paixão e o amor eclodirem entre vós, porém, Júlia, ao morrer, enquanto estáveis em campanha romana na Pártia, devolveu à Justiça Divina o tresloucado ato de antes, na condição de Asherol, e vós também vos ajustastes com a lei, porque não temos o direito de escravizar ninguém.

O administrador calou-se e esperou a reação de Virius Lupus, que não tardou a vir, na forma de lágrimas sentidas.

Lucinius aguardou mais um pouco, até o general recompor-se, e a seguir falou:

— Nobre amigo Virius Lupus, sentimos o que se passa em vosso íntimo, mas todos temos que nos ajustar diante das Soberanas Leis da Vida. Isso é imperativo.

CAPÍTULO XXXIII

A VIAGEM DE TERTULLIANUS E DO EPÍSKOPO ELIAQUIM E DIÁKONOS A ALEXANDRIA

Após o epískopo de Jerusalém ter aceito o convite de Tertullianus para acompanhá-lo na viagem a Alexandria, na província romana do Egito, sendo que de lá seguiriam até Roma, na Itálica, decidiu-se que deveriam munir-se de provisões e que dentre as alternativas, poderiam ir para Cesareia ou para Jope, já que as duas cidades eram portuárias, sendo que de lá tomariam um navio e navegando pelo Mar Mediterrâneo iriam diretamente para Alexandria. A escolha recaiu sobre Jope. Iriam a pé e deveriam demorar de dois a três dias, no máximo, para lá chegarem.

Foi então, numa bela manhá em que o Astro-rei despejava brilho e vida sobre o casario e as grandes construções da alta e baixa Jerusalém, que Tertullianus, o epískopo Eliaquim e os diákonos Zaki e Barach despediram-se dos diákonos que ficariam tomando conta do núcleo cristão, até que o epískopo Eliaquim retornasse. Antes de iniciarem a viagem, reunidos no núcleo, a prece de intercessão pela empreitada foi feita pelo epískopo, que fez rogativa de apoio para o empreendimento:

Dulcíssimo Mestre Yeshua de Nazareth, reunimo-nos, os vossos trabalhadores, com o objetivo de continuarmos sempre dispostos em favor da obra que iniciastes na Terra, para honra e glória de Yahweh.

Como ontem nos orientastes, buscamos o campo das lutas pela verdade de vosso Evangelho, e nesse desiderato nos colocamos na estrada do serviço. Como recomendastes, não carregamos nem ouro nem prata, antes dispomos nossas forças e o sentimento de nossos corações e de nossas almas, ante a necessidade de continuada divulgação e zelo pela pureza de vossa Sublime Mensagem, para o quê, carregamos ardente e inquebrantável vontade em servir-vos com ardor e destemor.

Vosso auxílio para o que nos dispomos é imperativo, por isto vos rogamos que nos socorrais em nossas dificuldades e eventuais fraquezas. Oxalá nos abrace vossa constante presença. Temos consciência de que, ao caminhar sempre em vossa direção, poderemos é claro encontrar obstáculos postos por aqueles que ainda não vos conhecem e por outros que já vos conhecendo, teimam em negar-vos, entretanto, carregamos a alma livre e a vontade firme, o que com certeza nos granjeia forças para a superação. Auxiliai-nos a andar pela estrada plana e segura dos mandamentos de Yahweh. Entregamo-nos a vossa misericórdia e confiamo-nos em vossas mãos. Abençoai-nos. Assim seja.

A pequena caravana de servidores do Cristo Yeshua pôs-se a caminho. O trajeto para Jope seria feito por uma estrada um pouco sinuosa, construída pelos israelitas, e que foi aperfeiçoada pelo Império Romano, quando este invadiu a região.

A estrada era margeada ora por vegetação rasteira, ora por grandes árvores copadas. O conjunto do verde da vegetação contrastava com áreas vazias e arenosas. Pequenas escarpas eram localizadas às margens da estrada, ao longo da qual se podia encontrar plantas com flores belas e coloridas, bem como o trajeto era inundado de pássaros de várias espécies e matizes, numa algazarra e trinados que proporcionavam deleite aos viajantes.

De quando em quando, pelo caminho, cruzavam com pequenos destacamentos de militares romanos, que os olhavam com curiosidade. Haviam caminhado até o meio do dia, quando, por sugestão de Tertullianus, buscaram um lugar para fazerem a refeição. Após localizarem uma grande árvore que cedia generosa sombra, estenderam um pano e

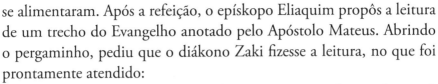

se alimentaram. Após a refeição, o epískopo Eliaquim propôs a leitura de um trecho do Evangelho anotado pelo Apóstolo Mateus. Abrindo o pergaminho, pediu que o diákono Zaki fizesse a leitura, no que foi prontamente atendido:

Quem vos recebe, a mim recebe, e quem me recebe, recebe aquele que me enviou. Quem recebe um profeta no caráter de profeta, receberá o galardão de profeta; quem recebe um justo no caráter de justo, receberá o galardão de justo.

E a quem der de beber, ainda que seja um copo de água fria, a um destes pequenos, por ser este meu discípulo, em verdade vos digo que de modo algum perderá o seu galardão. Ora, tendo Yeshua acabado de dar essas instruções a seus doze discípulos, partiu dali a ensinar e a pregar nas cidades deles.

Após a leitura, Tertullianus adiantou-se e falou:

— Meus irmãos e amigos, não há dúvida que a Mensagem do Mestre Yeshua é totalmente transformadora. Ele deixou claro que Yahweh é o Espírito Criador de tudo e que o enviou para que orientasse a Humanidade sobre as verdades que muitos desconhecem e outras que muitos tentaram abafar. Antes de tudo, Ele confirmou a existência de um único Senhor da Vida, que já houvera sido declamado pelo profeta Moshe.

Yeshua deixou-nos claro que embora nossos olhos não possam ver Yahweh, Ele se manifesta em tudo, é real e magnífico e pode ser percebido. Desse modo, podemos ter alguma noção um pouco mais clara da Divindade, eis que, conforme nos ensinou o Mestre, Yahweh é a palavra da sabedoria. Por essa razão é feliz a alma que ouve em si a voz do Senhor e recebe as suas palavras de consolação.

Benditos sejam, pois, os ouvidos que desprezam os sussurros do mundo e prestam atenção nos sussurros da Divindade, pois serão felizes aqueles que se entregam a Yahweh e se desembaraçam de todos os impedimentos deste mundo.

Tertullianus calou-se.

Eliaquim e os diákonos estavam admirados da rapidez e clareza de raciocínio de Tertullianus, sendo que os seus breves comentários deixaram clara a grandeza de seus conhecimentos sobre a Mensagem viva de Yeshua. Após mais algumas observações e mais algum tempo de descanso, reiniciaram a marcha.

Caminhavam, alegres e descontraídos, quando avistaram ao longe seis cavaleiros. Era um pequeno destacamento militar romano. Ao se aproximarem, estacaram os cavalos, manifestando ares de surpresa por verem quatro pessoas a pé, naquela região que era bastante escarpada e alternava trechos de deserto. O cavaleiro mais à frente era decurião dos exércitos de Roma e se chamava Deodatus. Foi ele que saudou os caminhantes:

— Salve, Roma! Salve, César! Pelo que vejo pelos trajes, sois religiosos. Acaso sois judeus?

Tertullianus, tomando a frente, respondeu:

— Olá, nobres soldados de Roma! Dos amigos que me acompanham, dois são judeus, um é sírio e eu sou cidadão romano, nascido em Cartago, contudo, todos somos cristãos, seguidores do Homem do Caminho, mais conhecido por Yeshua de Nazareth.

O decurião, com ar de maior surpresa ainda disse:

— Pois que! Vejam só! Encontro nestas paragens um cidadão nascido em Cartago. Eu morei lá um tempo. Estava destacado para fazer a fiscalização e vigia na fronteira próxima, aliás, vossa cidade é muito bela, e deixei por lá boas amizades. Servi lá sob o comando de uma grande e boa pessoa, o centurião Emilius Septimius Florens Tertullianus, acaso o conheceis?

Agora, foi Tertullianus que não teve como conter a enorme surpresa. Sorriu para o decurião e disse:

— Como não deveria conhecê-lo, pois ele é meu genitor.

Ante a nova surpresa, o decurião, sem nada falar, desceu da montaria e indo na direção de Tertullianus, sem que este esperasse, abraçou-o. Todos os demais estavam também muito surpresos. Após abraçar Tertullianus, o decurião disse:

— Permiti-me dizer-vos que jamais imaginei ou esperava, em terras tão distantes, ter esta surpresa agradável, esta alegria e satisfação. Vosso pai foi para mim uma pessoa extraordinária, que muito me ajudou quando estive servindo em Cartago. Foi-me um exemplo de superior e amigo. Posso perguntar-vos o que fazeis por estas bandas tão distantes?

Os demais soldados já tinham apeado das montarias e junto ao epískopo Eliaquim e os diákonos, acompanhavam com interesse o diálogo.

— Como já vos disse — respondeu Tertullianus —, somos cristãos e pregadores. Estamos indo na direção de Jope e lá pretendemos tomar um navio para irmos até Alexandria, no Egito, e depois iremos até a cidade de Roma, no Ocidente.

— Ah! sei! — disse Deodatus — Estamos vindo de Jope e indo para Jerusalém. Penso que vos encontrar e, especialmente, ao amigo, que, aliás, nem perguntei o nome...

— Chamo-me Quintus Septimius Florens Tertullianus — respondeu Tertullianus —, e em nosso meio cristão e mesmo em Cartago sou conhecido pelo último nome, de modo que todos me conhecem por Tertullianus.

— Ah, sim! Senhor Tertullianus — disse o decurião —, vos avistamos de longe na estrada e comentei com meus soldados: Vejam quatro pessoas a pé. Vamos até elas para avisar-lhes que neste trecho, ultimamente, proliferam alguns animais perigosos e alguns salteadores, de modo que, ao nos aproximarmos, tive a certeza de que o aviso vos seria útil, pois vi que não possuem qualquer espada ou punhal para defesa pessoal, razão pela qual correis grande risco.

A seguir, sem que esperasse que se dissesse mais alguma coisa, completou, olhando para seus soldados e a seguir para Tertullianus:

— Diante desta situação, quero dizer-vos que, em honra a vosso pai, que foi para mim mais do que um amigo, daremos meia volta e vos acompanharemos até vosso destino, a fim de proteger-vos do perigo, pode ser?

Ainda mais surpreso, Tertullianus argumentou da desnecessidade da medida, entretanto, nada demoveu o decurião, de modo que o pequeno destacamento militar romano se incorporou aos trabalhadores do Cristo e reiniciaram a marcha na direção de Jope.

Durante o trajeto, todos entreteceram conversações e Tertullianus, Eliaquim e os dois diákonos receberam inúmeras perguntas sobre a influência do Cristianismo em Jerusalém e em Cartago, perguntas que eram direcionadas sobre o que o judeu Yeshua de Nazareth tinha dito ou ensinado. Tertullianus notou o vivo interesse do decurião.

Ao anoitecer, o destacamento militar, que trazia mais dois animais com provisões, montou duas tendas perto de uma ravina, uma delas para acomodação do grupo cristão.

Era uma noite em que o céu estava limpo de nuvens e o período era de lua cheia, quando o astro lunar parecia estar mais próximo da Terra e pairar sobre suas cabeças, espalhando ao derredor clara luz prateada que permitia aos viajantes, entre si, enxergar o contorno dos rostos.

Os soldados fizeram uma fogueira com galhos de árvores e, em panelas de barro, prepararam a refeição, composta de lentilhas, carne de cabra, salgada, com pequena quantidade de água retirada dos cantis.

Enquanto o alimento era preparado, o decurião, que se sentara no chão, sobre um manto estendido, iniciou nova conversação com Tertullianus, indagando-lhe:

— Senhor Tertullianus, quando vim de Cartago para Jerusalém, ao despedir-me de vosso pai, ele confidenciou-me sobre o filho que estava em Roma, no Ocidente, estudando. Penso que seja o senhor, ou tendes outros irmãos?

— Não, sou filho único — respondeu Tertullianus.

— Então era do senhor que ele falava — disse, sorrindo —, pois ele me disse que o senhor tinha ido atrás dos seus sonhos de estudar, inclusive a história de outros povos. Falou-me que o senhor era versado no direito de Roma e da Grécia e que após formado nesses conhecimentos, o senhor voltaria para Cartago. Logo, indago: depois disso o senhor voltou para lá?

— Sim, retornei, e lá conheci aquela que inundou minha vida de alegria. Chamava-se Verônica e casei-me com ela.

— Chamava-se? — interrompeu o decurião, curioso e sem entender.

— Sim, digo chamava-se porque infelizmente ela foi acometida de uma doença misteriosa e faleceu. Quero dizer, aliás, chama-se, porque passei a acreditar na vida após a morte, de maneira que sinto que ela vive em outra vida, a vida da alma, e de vez em quando está próxima a mim, o que me tem confortado nestes anos que se seguiram.

Os demais acompanhavam o diálogo com interesse.

Deodatus ouviu com ar de surpresa aquela colocação e falou:

— Ora! ora! pelo que vejo os cristãos acreditam nessa hipótese.

— Nobre decurião — continuou Tertullianus —, para nós não se trata de uma hipótese. Trata-se de uma verdade que eu mesmo confirmei.

A seguir, Tertullianus narrou o que lhe havia acontecido, na primeira vez que visitou o núcleo cristão de Cartago.

Ante a narrativa, como mantinham acesa a fogueira para enfrentar o frio da noite, que era comum naquela região, Tertullianus pôde perceber, pela claridade do fogo, embora bruxuleante, que o decurião estava chorando. Algumas lágrimas escorriam pela sua face. Os soldados também constataram as lágrimas de seu superior e aguardaram, quietos.

Fez-se breve silêncio, que foi quebrado pelo decurião, que com a voz embargada, falou:

— Nobre senhor Tertullianus, espero que o que ora me dizeis seja verdadeiro, pois eu, como o senhor, fui casado. Eu e minha querida Otília éramos muitos jovens, e quando íamos completar três anos de feliz união, ela, certo dia, amanheceu doente e não se levantou. Procurei fazer de tudo para curá-la, mas nada e ninguém conseguiu, nem mesmo os médicos do exército. Ao cabo de dez dias ela faleceu e deixou-me completamente só. A verdade, senhor, é que jamais a esqueci, e fiz voto de não mais me unir a outra mulher, pois em meu coração não há lugar para outra. Desculpem-me o choro.

Tertullianus igualmente estava surpreso, primeiro em razão do encontro inusitado e inesperado com aquele oficial romano que conhecera e convivera com seu pai e tinha servido em Cartago sob o comando dele; segundo, porque a história de casamento dos dois tinha pontos de semelhança.

Refeito do acontecimento, o decurião convidou a todos para cearem, o que foi feito em silêncio.

Após a refeição e arrumação para o repouso, antes de irem para suas tendas, pois estavam todos sentados ao redor da fogueira que tinha sido realimentada pelos dois soldados que amontoaram muitos pedaços de galhos de árvore, eis que os demais três soldados se revezariam na vigilância noturna.

Nesse momento, o epískopo Eliaquim, olhando na direção de Tertullianus e do decurião Deodatus, falou:

— Nobre oficial, o Senhor da Vida, que para nós se chama Yahweh, e que se traduz, também no nosso entendimento, no Único Criador de tudo o que há na Terra, sempre providencia socorro e alento a seus filhos, que somos todos nós, independente de raça, cor, crença e nação, de modo que sinto, neste instante, no meu pensamento, que os Céus, na imensidão desta noite e nestas paragens, vai falar à Terra, e diretamente ao irmão decurião.

Eliaquim fez uma pausa. Todos estavam muito surpresos com aquela manifestação do epískopo. A seguir, Eliaquim foi como que modificando suas feições, cerrou os olhos e com voz muito suave iniciou a falar:

Querido Deodatus, sob as fibras mais sutis de minha alma e com o coração vibrando de alegria, aqui compareço, meu dileto guerreiro para, sob o beneplácito de Yahweh, o Deus Único, dizer-te que continuo vivendo. A morte do meu corpo físico, meu querido, não anulou minha alma, e prossigo vivendo em morada nos céus. Minha nova caminhada, embora sem o calor de tua presença física, tem sido a do entendimento da Criação e de onde estou radicada, pela Bondade de Yahweh, jamais deixei de acompanhar-te, sempre observando e orando por ti. Nesta noite, fui surpreendida com a autorização de almas amigas, que me cuidam, para aqui estar e falar contigo através, dizem-me eles, de outra pessoa. Não, não te surpreendas em demasia, e não tenhas dúvida quanto a ser eu a te falar neste instante.

Deodatus, ao ouvir aquilo tudo, reiniciou a chorar convulsivamente. Então, Otília prosseguiu:

Sim, meu dileto guerreiro, esta é a realidade que um dia, num futuro que não sabemos quando, dizem-me aqui, será inteiramente conhecida na Terra. A alma vive e vive sempre. Já se passaram quase dez anos de nossa separação física e jamais imaginei que um dia eu teria condições de falar-te, como hoje. Quando me foi permitido, acompanhei-te em alguns lugares, sofri com teu sofrimento e sempre pedi ao Senhor da Vida, que fosse possível aparecer-te uma alma de mulher bondosa, pela qual tu te interessasses em consorciar-te, uma vez que tinhas e tens o direito de anelar por outra união.

É claro que por um lado pude compreender a extensão do teu amor e desvelamento para comigo, o que, não nego, deixa-me feliz, contudo, a vida prossegue de uma forma ou de outra, e o dia chegou, que nos permitiu o que está acontecendo, e sob a Bondade de Yeshua de Nazareth, posso finalmente dizer-te da minha gratidão por teu amor para comigo. Entretanto, deves compreender que não somos donos do destino das outras pessoas e que me farás imensamente feliz se te consorciares novamente. Tens 35 anos e podes sim anelar a formação de nova família.

Crê, meu amado, que daqui de onde vivo, e que se chama Cidade da Nova Roma, nas moradas do céu, prosseguirei velando por ti e por tua felicidade, e sei que um dia haveremos de nos reencontrar, sob o império das Leis de Yahweh.

Prossegue meu dileto guerreiro, e busca a felicidade. Ela existe e está ao alcance de todos. Sei que tua mente estará cheia de dúvidas e nada ou pouco poderá entender, como eu mesma não entendo bem o que ocorre. O que sei é que estou aqui, neste local, a teu lado e das outras pessoas. Para cá fui trazida por outras almas bondosas que vivem aqui onde estou. Embora perceba que tu não podes me ver, eu te vejo e te sinto.

Vejo teu semblante já maduro pela idade, as rugas que ganharam tua face, mas teu olhar continua o mesmo. Além de tudo o que nos ocorre neste momento, os amigos que aqui me trouxeram pedem que te oriente a buscares o Cristo Yeshua, através dos ensinamentos d'Ele, na Terra, e que se assim fizeres com dedicação, encontrarás muitas respostas e paz para o teu coração.

Agora é o momento de despedir-me, não sem antes pedir a Yahweh e a Yeshua que te protejam e abençoem. Estes se traduzem no Pai Celestial e no Filho que Ele enviou para a Humanidade e que também é conhecido pelo nome de Cristo Yeshua e seus ensinamentos, o Cristianismo. Finalmente, meu amor, para que não pairem dúvidas sobre a verdade do que ora acontece, acompanha-me aqui, neste instante e te envia abraços de saudade, teu genitor Alcenius Galdius Deodatus, que também vive conosco em Nova Roma e que te abraça com carinho e saudade.

Adeus, meu dileto guerreiro.

Nemestrino Galdius Deodatus, o decurião do pequeno comando militar romano, não conseguia conter a enxurrada de lágrimas. O epískopo Eliaquim aos poucos foi retomando a normalidade de sua fisionomia. Tertullianus também estava não só surpreso, como estupefato. Ele já tinha ouvido quanto às possibilidades de algumas pessoas com características ditas especiais, traduzirem a linguagem de almas que vinham das Moradas Celestes. Já tinha se surpreendido com a presença de Verônica no núcleo cristão de Cartago, entretanto, nunca presenciara, de fato, a factual ocorrência disso. Os demais diákonos e soldados romanos igualmente se quedavam enormemente surpresos.

Mais alguns instantes e o silêncio foi quebrado pelo decurião, que após buscar controlar-se, disse, ainda com voz embargada:

— Nobres amigos, embora nada compreenda do ocorrido, eis que jamais imaginei tal possibilidade em minha vida, pois, para mim, quando morremos, vamos para os Campos Elísios e tudo se acaba.

O que posso dizer-vos é que não me assalta nenhuma dúvida sobre o acontecido, como sendo uma verdade absoluta.

Houve duas coisas que não me deixam dúvidas quanto à realidade do acontecido, pois somente eu e mais ninguém é sabedor de que a amada Otília me chamava sempre e carinhosamente de *meu dileto guerreiro;* a outra, que confirma tudo, mais ainda, é que aqui, entre todos nós, ninguém sabe nem poderia saber que meu pai se chamava Alcenius Galdius Deodatus.

Desta forma, tenho absoluta certeza e sei que tanto a amada Otília como meu pai aqui estiveram e que vivem nesse lugar que me é incompreensível. Ante tudo, surpreendem toda a minha existência, pois não poderei negar jamais que a vida continua, e de fato, hoje se me comprova que não se encerra no túmulo. É claro que, além de surpreso demais, estou ainda assustado, porque o ocorrido modifica tudo, tudo o que penso e pensei da vida e sobre a vida até hoje.

Vejo que será inútil, para Roma, perseguir e tentar destruir a verdade do Cristianismo. Eu mesmo, sob ordens de meus superiores, já prendi muitos cristãos e até hoje achava também que a crença deles era um tanto absurda, o que definitivamente me foi comprovado, esta noite, que não é.

É tudo muito curioso e estranho até, pois quando vos encontrei, o objetivo era somente vos saudar e seguir adiante com os soldados, porém, uma força irresistível que não saberia explicar por qual motivo, impeliu-me de retornar e acompanhar-vos até Jope. O objetivo era dar-vos proteção, entretanto, parecia mesmo que alguma coisa me atraía em vós, e agora, depois disto tudo, a resposta é óbvia: tinha que ser assim. Confesso-vos que meu coração, embora apreensivo, parece começar a receber um sentimento de paz, paz que nunca tive após a morte de Otília.

Deodatus calou-se.

O epískopo Eliaquim, aproveitando a pausa do decurião, aduziu:

— Nobre decurião, o que posso atestar-vos é que senti uma força irresistível para vos falar. Nada me lembro do que falei, contudo, tenho comigo o que chamaria de um *dom*, que é o de ver a presença de outras pessoas que chamo de almas, que já morreram, e ter consciência de que o que morre é somente nosso corpo físico, eis que nossa alma continua a viver. Muitas vezes ouço-as, e algumas vezes sinto uma vontade, também irresistível, de falar o que elas pensam. Desta feita, não vi as almas que se aproximaram, mas senti a vontade de falar e falei.

Após pausa feita por Eliaquim, Tertullianus aduziu:

— Nobre Epískopo Eliaquim, tive aqui, nesta imensidão da noite, nesta ravina onde acampamos, a confirmação da imortalidade da alma, que nossos irmãos egípcios e hindus nos atestaram, e depois o próprio Cristo confirmou. Por meus estudos, já compreendi que também os judeus, e notadamente os cristãos, são imortalistas, porém, o Cristianismo desvela para mim uma grandeza inimaginável. Diante do que vi e ouvi, não há como negar os fatos, que comungo, são absolutamente verdadeiros.

A conversação se estendeu no pequeno grupo até alta madrugada e após prece feita pelo epískopo, como que hebetados pelo sono, todos dormiram, exceto os soldados que se revezaram na vigilância noturna do grupo.

Ao romper da aurora, todos já estavam acordados, e os soldados agora preparavam a refeição matinal.

Após servirem-se com leite de cabra, que era armazenado em cantis de couro, e broas salgadas, antes de iniciarem a refeição matinal, Eliaquim elevou os olhos para o céu e orou:

— *Oh! amado Yeshua de Nazareth, quando estais presente, tudo nos é suave e nada nos parece difícil, porém, quando não estais presente, tudo se torna penoso. Quando não falais ao nosso coração, nada parece ter valor, mas quando falais uma só palavra, por intermédio de nossos irmãos, sentimos grande alívio. É bendita a ocasião em que nos tirais das lágrimas para o gozo do espírito.*

Quem vos acha, acha precioso tesouro, o bem superior a todo bem. Pobre de quem vive sem vossa presença. Vós nos ensinastes a sermos humildes e pacíficos, sermos amigos, amarmos o próximo como a nós mesmos.

Tivemos aqui a confirmação do que disse o Profeta da Torá, Jó: "Senhor, visitais o homem na madrugada e logo o provais". Manifestamos nossa gratidão e rogamos que nos abençoeis uma vez mais, pois continuamos precisando de vós. Assim seja.

Após levantarem acampamento, em meio ainda às preciosas conversações sobre o ocorrido, como o grupo cristão não tinha montarias, o deslocamento para Jope era lento. Ao final do dia, avistaram o casario de Jope, e logo mais, chegaram à cidade.

Deodatus disse então que acompanharia o grupo até a estalagem mais próxima ao porto e de lá iriam para a Intendência Romana, na cidade, para no dia seguinte retornarem para cumprir a missão a que tinham sido designados.

O epískopo Eliaquim agradeceu e disse que não se hospedariam em estalagem, pois na cidade havia um núcleo cristão e para lá se dirigiriam. Então Deodatus falou que os acompanharia até lá. Ao lá chegarem, os abraços de despedida foram efusivos. O decurião não conseguia disfarçar as lágrimas da gratidão.

O núcleo cristão estava fechado, porquanto não havia tarefas públicas naquele dia. Eliaquim bateu na porta da frente e esperou. Mais alguns instantes, ela se abriu e um jovem sorridente, com uma lamparina acesa, olhando para o grupo, percebeu, pelas túnicas, que deveriam ser cristãos. Então perguntou:

— Quem sois vós? Desejais pouso? Chamo-me Daniel.

— Irmão Daniel — apressou-se Eliaquim em responder —, somos cristãos. Chamo-me Eliaquim e sou o atual epískopo do núcleo cristão de Jerusalém.

O jovem pensou um pouco e respondeu:

— Ah! sim, já ouvi falar do senhor. Por favor, entrai, vou avisar nosso epískopo.

A seguir, recolheu o grupo em pequena sala, na entrada, pediu que ficassem à vontade e saiu por um corredor.

Jope era uma cidade portuária importante, porto de atracação de navios que faziam rotas comerciais e de galés e navios romanos. Ficava de três a quatro dias de viagem a pé, de Jerusalém, margeando o litoral. Em mais três dias de viagem chegava-se também a outro porto ou cidade portuária da época, que se chamava Cesareia.

Através do porto de Jope chegava madeira de cedro. Ao tempo em que Salomão, rei de Israel, construiu o Templo de Jerusalém, muita madeira de cedro utilizada na construção do templo chegou por esse porto.

A cidade ficava numa elevação, circundada por uma série de rochas um pouco afastadas do litoral, que davam origem a uma pequena enseada.

O rei Herodes, o Grande, mandara construir um porto artificial em Cesareia, contudo, Jope era o porto com melhor ancoradouro de navios ao largo da costa do Mar Mediterrâneo.

Iran, rei de Tiro, ofereceu-se para auxiliar o rei Salomão na construção do Templo e mandou dizer a ele:

— Nós levaremos a ti árvores, com jangadas, por mar, até Jope, e tu, de tua parte, as levará para cima, até Jerusalém.

Partindo dos portos fenícios de Tiro e de Sídon, inúmeras jangadas feitas com toras de cedro chegaram a Jope para a construção do templo de Jerusalém.

Naquela bela cidade de clima ameno fora fundada, no ano de 34 d.C., o núcleo cristão, e um dos membros mais ativos do núcleo era a judia convertida Dorcas, que também era conhecida pelo nome de Tabita.

Em 36 d.C., ela, que fazia muitas boas ações, foi acometida de uma doença, e teria falecido se alguns membros do núcleo não tomassem a providência de correr a Jerusalém, até o núcleo cristão, e lá intercederam junto ao Apóstolo Pedro para que fosse até Jope socorrer a jovem cristã.

Pedro atendeu ao chamado e ao lá chegar foi informado, por outros membros, que Tabita havia recém-falecido, entretanto, Pedro pediu para vê-la e após impor-lhe as mãos e orar demoradamente, a reavivou. Na verdade, Tabita, como Lázaro, entrara em estado de letargia. Para os que não conseguiam saber e ver o desdobramento da Vida espiritual, Pedro teria ressuscitado Tabita. Para os fiéis cristãos do núcleo, Pedro teria praticado um milagre.

Foi no núcleo cristão de Jope que também, em uma noite, o Apóstolo Pedro, acompanhado de vários irmãos cristãos, teve uma visão de que deveria ir na direção norte, pela estrada costeira, rumo ao porto de Cesareia e lá deveria pregar a Mensagem de Yeshua. Depois, ao fazê-lo, teve a alegria de reencontrar o centurião Cornelius, que havia se convertido ao Cristianismo, sendo este o primeiro gentio incircunciso a se tornar cristão.

Depois de determinado tempo de espera, o jovem retornou com o epíscopo Esdras, que atualmente dirigia o núcleo e que já era conhecido de Eliaquim. Esdras, ao ver o grupo, dirigiu-se ao epíscopo de Jerusalém o saudando e abraçando:

— Olá, meu nobre amigo, há quanto tempo não nos víamos! Acho que faz perto de uns dois meses. Mas que surpresa boa! Que ótimo estardes aqui! Mas a que viestes?

Eliaquim explicou o objetivo da viagem e disse que se o amigo concedesse, ficariam hospedados no núcleo por dois ou três dias, até que providenciassem a passagem de navio para Alexandria, no Egito, eis que de lá pretendiam ir a Roma, na província romana da Itálica, para se reunirem com o epíscopo-geral dos cristãos, Zeferino, a fim de buscar entendimento para o estudo e a prática do Cristianismo, tanto no Oriente como no Ocidente.

A seguir, todos foram acomodados nas instalações providenciadas pelos amigos de Jope e foi servida a ceia noturna. Como se achavam muito cansados, todos foram ao repouso merecido.

O dia amanheceu radiante. Quando Tertullianus, o epíscopo Eliaquim e os diákonos chegaram ao local das refeições, Esdras e seus diákonos Arão e Enoque já estavam aguardando, com a mesa posta. O repasto matinal se compunha de broa de trigo, geleias de damasco e de tâmaras, leite, queijo de cabra e chá quente.

Após os cumprimentos, Esdras convidou todos a se sentarem e a seguir orou:

Amado Yeshua, reunimo-nos nesta que é também a vossa casa, na companhia de amigos e servidores da Vinha do vosso e nosso Pai Yahweh e rogamos sempre a vossa presença, eis que quando estais entre nós, tudo é suave e nada nos parece difícil. Quando falais ao nosso coração, preenchemo-nos de alegrias e consolações. Concede-nos vossas bênçãos para que, reconfortados, prossigamos nas tarefas de divulgação das verdades que nos trouxestes. Assim seja.

Em meio ao repasto matinal se instalou excelente conversação em torno de diversos aspectos da Mensagem de Yeshua. O epískopo Esdras foi quem primeiro disse:

— Amigos, a alegria por vossa presença é enorme. Temos aqui em nosso núcleo de Jope, atualmente, recebido vários cristãos que se dizem pregadores dos ensinamentos do Cristo, e têm surgido algumas polêmicas em torno de algumas interpretações que atualmente se tem feito sobre a Boa-nova.

A última polêmica que nos surgiu é a que foi trazida por um pregador chamado Benjamim, que, segundo nos informou, teria pregado no núcleo cristão que nosso irmão Eliaquim dirige, em Jerusalém, razão pela qual indago ao amigo se essa informação procede.

— Não, não procede — respondeu Eliaquim —, de fato conheço esse moço, que esteve conosco por vários meses. Apresentou-se como colaborador de nosso núcleo e por lá ficou um bom tempo. Lembro que chegou a me pedir para deixá-lo interpretar trechos dos Evangelhos, porém, entendi que era muito cedo e que ele tinha que ficar mais tempo conosco buscando compreender melhor os textos, a fim de se candidatar a interpretar os ensinamentos do nosso Mestre, pois entendo que a responsabilidade que temos em divulgar de maneira segura a Mensagem trazida por Yeshua é enorme e quando damos vazão a interpretações apressadas e que não encontram ressonância verdadeira nos textos dos Evangelhos, estamos causando prejuízo à obra, razão pela qual adotamos desde há muito em nosso núcleo, procedimentos vários, que entendemos necessários em relação à Boa-nova e em relação ao próprio funcionamento da nossa Casa de Orações, visando a que nossos trabalhos se desenvolvam em bases seguras.

Um desses procedimentos é não ceder a interpretação dos textos a pessoas que não demonstrem, pela sua presença constante entre todos, o desejo firme de aprender; a inquestionável dedicação nesse aprendizado e a boa conduta moral. Essa foi a razão pela qual não acedemos ao pedido dessa pessoa citada. Após ter conversado com ele e pedido que ainda mais um tempo se dedicasse ao aprendizado e às tarefas do núcleo, percebi que ele se desagradou, começou a rarear sua presença entre nós e a partir de certo dia não mais apareceu. Somente agora ouço falar dele.

— Pois é — arrematou Esdras. — Ele nos disse o contrário. Disse que ficara seis meses no núcleo de Jerusalém e que teve oportunidade de em várias ocasiões falar aos componentes do núcleo e aos frequentadores sobre os ensinamentos do Messias. Aliás, confiamos nele e permitimos que em certa noite de tarefas públicas ele interpretasse uma parte do Evangelho de João, justamente a parte em que João disse que "no princípio era o verbo e o verbo se fez carne". Nesse ponto, meus irmãos, ele disse aos presentes que o Pai Celestial e o Mestre Yeshua são uma só pessoa, o que chocou os membros e frequentadores de nosso núcleo. Confesso, aliás, que eu já havia ouvido rumores sobre isto, mas nunca me convenci dessa afirmação, que sempre julguei perigosa e com possibilidades de desvirtuamento da própria Mensagem de Yeshua. Entretanto, o acontecido nos serve de preciosa lição para não agirmos com açodamento quando se trata do Evangelho do Cristo.

Diante do ocorrido, aproveito o momento para indagar-vos sobre o que esse jovem falou e o que podeis dizer-nos a respeito disso.

Eliaquim, olhando para Esdras, disse:

— Meu amigo, poderia sim manifestar o que penso sobre isto, contudo, temos aqui um profundo conhecedor dos Evangelhos, nosso amigo Tertullianus, a quem peço nos oferte suas impressões sobre essa magna questão.

Tertullianus sorriu e olhando para Esdras, disse:

— Agradeço a confiança e a distinção que me concede o epísko-po Eliaquim e passo a emitir meu entendimento a respeito.

Penso, irmão, que precisamos, ao refletir em tais informações, fazê-lo sob dois aspectos, que chamo de *substância* e *pessoa*. Dentro deste contexto, podemos dizer que *substância* é o direito que uma pes-soa tem de fazer uso de uma propriedade, por exemplo, no caso do Im-pério Romano, a substância do imperador é o próprio império, e isto torna possível ao imperador partilhar essa substância com seu filho, se o tiver, o que, aliás, tem sido comum no Império Romano. *Pessoa*, por outro lado, é alguém que participa da substância, ou de mais de uma substância, sem o ser. Aliás, quero dizer que estes princípios extraí da filosofia grega.

Assim, embora eu pense que haja uma unidade do Pai com o Filho, a Mensagem trazida pelo Filho é como se um Santo Espírito estivesse com Yeshua, assim, os três, o Pai, o Filho e a Mensagem pro-priamente dita, que se poderia então designar como Santo Espírito da Lei, por certo compartilham uma única e indivisível substância, mas isto não impede que sejam figuradamente três coisas distintas e diferen-tes, duas concretas e uma abstrata, portanto, não em condição pessoal, mas em grau; não em substância, mas em forma; não em poder, mas em aspecto, todavia, tudo derivado de uma *substância*, de uma condição, de um poder, que é Yahweh, o Criador de tudo, de quem veio o Filho e a Mensagem, conhecimento ao nosso alcance, a que chamamos de Boa-nova.

Tertullianus calou-se. Todos haviam prestado enorme atenção. O silêncio foi quebrado por Esdras:

— Meu amigo! fico lisonjeado com vossa presença em nosso núcleo e vossa inteligência. Vossa interpretação foi simples e muito objetiva. Jamais tínhamos pensado dessa forma lógica e que não cria confusão, desmistificando essas interpretações aqui ou acolá que inci-dem em erro grave, como se Yahweh e Yeshua fossem a mesma pessoa, com o que também nunca concordei.

Os dias foram-se passando, em Jope, em clima de alegria, conversações, trocas de experiências e aprendizado comum.

Por fim, chegou o quarto dia. Eliaquim e Tertullianus já haviam adquirido as passagens no navio para eles e os diákonos, e então, juntamente com Esdras e os diákonos do núcleo cristão de Jope, dirigiram-se para o porto, para embarcarem rumo a Alexandria.

Feitas as despedidas, o grupo embarcou e trataram de se acomodar no navio para a viagem, que seria feita margeando as encostas e que deveria demorar em torno de trinta dias, a depender do tempo.

CAP. XXXIV

REENCONTRO COM O EPÍSKOPO DEMÉTRIO E O DIÁKONO CLEMENTE

A viagem foi feita sem maiores incidentes. O grupo de viajantes cristãos encontrou mais cinco viajantes que eram romanos convertidos ao Cristianismo. Durante toda a viagem esses romanos se agruparam a Eliaquim, Tertullianus e os diákonos, e toda manhã e tarde, a conversação girava em torno da interpretação dos ensinamentos do Mestre, sendo que os romanos pareciam *beber* as palavras ditas, ora por Eliaquim, ora por Tertullianus.

No trigésimo quinto dia, por volta do meio do dia, a embarcação chegou no porto de Alexandria. Os viajantes ficaram impressionados com o tamanho do porto, com a via de atracação dos navios e com as grandes construções da cidade, que se avistavam de longe.

Do porto à zona central da cidade havia uma distância de mais ou menos dez estádios. Ao desembarcarem, Tertullianus disse que tomariam informações com as pessoas que caminhavam pela rua, sobre a localização do núcleo cristão da cidade. Confidenciou que já havia escrito, há mais ou menos cinco meses, para o epískopo do núcleo cristão de Alexandria, o irmão Demétrio e para seu diákono Clemente, que conhecera, em Roma, há mais de três anos, e tinha, à época, recebido convite deles para ir até o núcleo cristão de Alexandria.

Interpelaram uma jovem senhora que mais parecia romana do que cristã, que encontraram no final da rua do mercado de peixes do porto, eis que, quando ela avistara o grupo, sorrira para eles, o que os encorajou, e foi Tertullianus que disse:

— Desculpai, jovem senhora! podeis dizer-nos vosso nome?

— Anália — respondeu a jovem.

— Ah, sim! Senhora Anália, precisamos de uma informação. Por acaso a senhora já ouviu falar de um núcleo cristão aqui em Alexandria?

A jovem sorriu e respondeu:

— Sim, não só ouvi falar como o frequento. Acaso pretendeis ir até lá? Vi, pelos vossos trajes, que vos assemelhais a cristãos. Estou certa?

— Sim, sim — respondeu Tertullianus. — Estais correta, e neste instante estamos dando glória a Yahweh por ter-vos enviado até nós. Poderíeis então nos levar até o núcleo?

— Sim, sem dúvida — respondeu a jovem senhora —, podeis acompanhar-me?

— Sim, é claro que vos acompanharemos, com muito prazer — respondeu Tertullianus.

A seguir, o pequeno grupo, tendo à frente a jovem Anália, dirigiu-se para o núcleo cristão de Alexandria.

Após andarem uns oito estádios na direção do centro da cidade, pegaram uma rua ladeada por árvores copadas e após mais um estádio chegaram em frente a um grande terreno, na esquina de duas ruas. Do lado direito da rua havia uma grande construção, bem comprida, com dois pisos. Pequena cerca viva circundava toda a propriedade, e bem em frente à porta principal havia um portão duplo, em madeira escura, e sobre o portão havia um arco também em madeira, com a inscrição: "Vigiai, pois, e orai – diz o Senhor – para que não entreis em tentação".

A jovem, demonstrando familiaridade, subiu os quatro lances da escada frontal que dava para um pequeno pórtico. A porta era dupla, também em madeira escura, contrastando com a brancura das paredes do núcleo, e como se tratava do início da tarde, o núcleo se achava fechado.

A jovem deu quatro batidas e aguardaram. Não tardou para que a porta se abrisse e um jovem muito alto, magro, a tez bem branca, os cabelos sobre os ombros, pretos, a barba espessa, dois olhos ligeiros, olhou para a jovem e disse:

— Olá, irmã Anália! que bom rever-vos! Ocorreu alguma coisa? A irmã sabe que hoje não temos atendimento ao público.

Ao dizer isto, olhou para o grupo que acompanhava a jovem e percebeu, pelos trajes, que deviam ser também cristãos. Então arrematou:

— Em que podemos ajudar?

— Irmão Jairo — disse Anália —, encontrei estes senhores nas proximidades do porto e fui interpelada sobre a localização do núcleo cristão, e como frequento a casa, dispus-me a trazê-los até aqui.

Ante a pausa da jovem, Tertullianus se adiantou dizendo:

— Nobre irmão Jairo, somos cristãos. Eu me chamo Tertullianus e sou de Cartago, porém já vivi um tempo em Roma e Jerusalém. Este é o irmão Eliaquim, epískopo do núcleo cristão de Jerusalém e os demais irmãos são os diákonos do núcleo, Zaki e Barach, que nos acompanham. Já por vários meses encaminhei comunicado ao epískopo Demétrio e ao diákono Clemente, para uma visita, de forma que aqui estamos.

Jairo, refeito da surpresa que expressara, enquanto ouvia, sorriu e disse:

— Sim, sim, irmãos, alegra-nos vossa visita. Agradeço à irmã Anália por ter-vos trazido até nós e vos convido a entrar. Vou comunicar aos irmãos dirigentes do núcleo.

— Irmão Jairo — disse Anália —, agradeço o convite, mas somente vim trazê-los. Despeço-me de todos.

Jairo agradeceu à jovem e a seguir pediu novamente que os demais entrassem.

Obedecendo ao convite, todos entraram no núcleo e foram instalados em ampla sala em forma de semilua, que possuía vários assentos com encosto e apoio para os braços. No centro do teto, pendia uma grande lamparina circundada por lamparinas menores, com pavios acesos a óleo de oliveira. Próximo às paredes, vários vasos de barro, com pequenas flores coloridas que davam vida ao ambiente. Em um dos lados havia um armário com pergaminhos enrolados e empilhados.

— Por favor, aguardai — disse-lhes Jairo —, vou anunciar-vos ao nosso epískopo — e saiu por uma porta lateral.

Tertullianus e o grupo se acomodaram e aguardaram.

Em pouco tempo, o epískopo Demétrio, o diákono Clemente e Jairo entraram na sala.

Demétrio e Clemente dirigiram-se a Tertullianus e Demétrio então disse:

— Olá! nobre irmão Tertullianus, reconheci-vos imediatamente, pois tenho facilidade para guardar fisionomias e vos reconheceria em qualquer lugar.

A seguir se abraçaram.

Tertullianus apresentou o epískopo Eliaquim e os diákonos que os acompanhavam. Após os braços, Demétrio disse:

— Quanto ao irmão Eliaquim, conheço-o pelo nome e por seu excelente trabalho de divulgação da Mensagem de Yeshua, em Jerusalém.

Todos apresentados, o grupo foi convidado para entrar nas dependências do núcleo e foram apresentados aos demais diákonos e auxiliares.

Foram acomodados em dois aposentos, Tertullianus e Eliaquim em um quarto e os dois diákonos em outro. Demétrio sugeriu aos mesmos que descansassem e disse que seriam chamados para o repasto noturno e que a seguir iriam para o salão principal do núcleo, para estudo e conversação.

Assim se fez. No começo da noite, todos cearam juntos, em conversas amenas sobre Jerusalém e sobre a viagem até ali.

Após o repasto, degustaram delicioso chá de romã e a seguir dirigiram-se ao salão principal do núcleo. Ao lá chegarem, ficaram espantados, porque embora não sendo dia de prédica pública, havia perto de 100 pessoas, sendo que a lotação do salão se colocava em torno de 500 pessoas. Havia uma mesa comprida com seis cadeiras, à frente dos bancos em madeira com encosto, postas em filas, no salão, onde se sentavam os ouvintes. As pessoas que lá estavam, ante a entrada do grupo, olharam para os visitantes, surpresas e curiosas. O epískopo Demétrio e o diákono Clemente pediram ao epískopo Eliaquim e a Tertullianus que sentassem com eles à mesa.

Após todos acomodados, Demétrio, em pé, falou:

— Nobres irmãos, hoje é mais uma noite de estudos internos e reflexões sobre os divinos ensinamentos do Mestre Yeshua de Nazareth, e para nosso gáudio e alegria, recebemos a visita do epískopo do núcleo cristão de Jerusalém, nosso irmão Eliaquim, que se faz acompanhar do irmão Tertullianus, da cidade de Cartago, que é um excelente estudioso dos Evangelhos do Cristo Yeshua. Fazem-se acompanhar dos nossos outros irmãos, os diákonos Zaki e Barach.

Eles permanecerão conosco por alguns dias, e, para nossa alegria, penso que devamos aproveitar a ocasião e pedir aos irmãos, a começar pelo irmão Tertullianus, que façam um breve relato, para nós, sobre a quantas anda a divulgação da Sublime Mensagem de Yeshua por toda a Palestina e em Cartago, desse modo nos serviria de fonte de estudos e de reflexão.

Após sentida prece feita pelo diákono Jairo, Tertullianus levantou-se e falou:

— *Amados irmãos em Cristo Yeshua! que Ele abençoe nossos propósitos! Em primeiro lugar, quero, em meu nome e em nome do epískopo Eliaquim e dos irmãos Zaki e Barach, agradecer a excelente acolhida do epískopo Demétrio e dos diákonos Clemente e Jairo, e a simpatia de todos os presentes.*

Instado a manifestar-me sobre o atual momento da divulgação dos sublimes ensinos de Yeshua, não me furtarei a expressar algumas considerações que julgo necessárias.

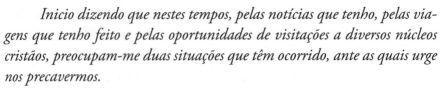

    Inicio dizendo que nestes tempos, pelas notícias que tenho, pelas viagens que tenho feito e pelas oportunidades de visitações a diversos núcleos cristãos, preocupam-me duas situações que têm ocorrido, ante as quais urge nos precavermos.

    Uma é a ortodoxia que tem surgido, forte, e outra, as heresias que têm aparecido em nossos núcleos cristãos.

    Já tive oportunidade de dar a lume uma pequena obra à qual dei o nome de Prescrição contra os hereges, eis que surgiu em nosso meio essa demanda entre os que defendem uma ortodoxia cristã. Já se tem condenado os chamados hereges, que ao não terem o direito de utilizar os Evangelhos de Yeshua para um melhor estudo e análise, é evidente que se lhes tornará impossível discutirem, no terreno das ideias, com os que defendem a ortodoxia da fé cristã, para que se chegue à verdadeira fé.

    Assim, entendo que os heréticos precisam se debruçar nos ensinamentos verdadeiros de Yeshua, antes de lançarem a esmo, opiniões pessoais, que dão origem a absurdos. E aos ortodoxos defensores da Mensagem do Cristo, cabe olhar mais adiante dos simbolismos e perceber, no exercício, na substância da proposta cristã simples e ao mesmo tempo magnífica, a grandiosidade dos ensinos trazidos por Yeshua de Nazareth.

    Não consigo entender como se pode atingir, por exemplo, a remissão de nossos erros, a que chamamos pecados, apenas por um ato simbólico denominado batismo, inclusive pecados sérios como o adultério e a apostasia.

    Têm existido clamores relativos a formas que denomino como favores clericais, do que entendo clero cristão, dados a epískopos, diákonos, auxiliares e fiéis, causando no seio dos núcleos cristãos clara discriminação em face dos que chegam até nós, arcados pelo peso da dor e cobertos de desesperanças.

    Os núcleos, através de seus dirigentes, precisam entender que não há diferenças entre os cristãos, do ponto de vista da criação; e aqueles chamados a compreender e servir a Yahweh.

    Tem havido uma espécie de brandura no chamado perdão dos pecados, e há promessas de conquista do Reino de Yahweh àqueles que têm posses materiais e se apegam a riquezas, desde que auxiliem materialmente o núcleo.

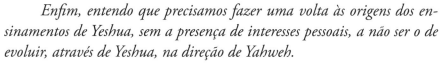

Enfim, entendo que precisamos fazer uma volta às origens dos ensinamentos de Yeshua, sem a presença de interesses pessoais, a não ser o de evoluir, através de Yeshua, na direção de Yahweh.

Tertullianus calou-se. O silêncio era geral. As breves reflexões feitas pelo grande estudioso de Cartago eram irrepreensíveis.

Após Tertullianus sentar-se, a um sinal de Demétrio, o epískopo Eliaquim levantou-se e iniciou sua fala:

— Meus irmãos! A preocupação, em nosso núcleo cristão de Jerusalém, nos últimos tempos, tem sido a de volvermos às bases primitivas do Cristianismo, as quais têm sido, em alguns pontos, esquecidas. O que se percebe é que o povo tem conhecimento superficial da mensagem extraordinária trazida por Yeshua e sobre Ele próprio.

Nos núcleos cristãos, Ele tem sido apresentado, atualmente, como um homem que os judeus condenaram indevidamente, e não se tem aprofundado sobre isso. Esquecem que além da dimensão humana, há a dimensão divina de Yeshua. Àqueles a quem tem cabido o dever de ensinar as máximas do seu Evangelho, infelizmente, nos tempos de hoje, em sua maioria, esquecem que Yeshua veio até nós para renovar e iluminar a própria natureza humana. Com esse objetivo, podemos dizer que Ele se ofereceu ao Pai Celestial para auxiliar-nos a combater nossos erros ou pecados; edificou em nossos corações um Yahweh justo e bom e indicou-nos o caminho para nos reconciliarmos com o Criador. Ofereceu-nos a paz que trouxe das Moradas Celestes e convidou-nos a sermos discípulos da verdade e do amor.

Tomara que nos tempos atuais e nos que se seguirão, possamos acordar para compreendermos as grandes verdades do Evangelho, a fim de que esses ensinamentos possam nos impregnar, cada dia mais, na direção de entendê-lo e vivermos em plenitude a Boa-nova.

Terminada sua fala, o epískopo de Jerusalém sentou-se. O silêncio no ambiente era enorme. Todos tinham prestado muita atenção nos pronunciamentos de Tertullianus e Eliaquim. O epískopo Demétrio e o diákono Clemente estavam reflexivos.

No silêncio que se fez, naquele instante, no núcleo cristão de Alexandria, do outro lado da vida, o governador da Cidade da Fé, Acádio, acompanhado pelos Apóstolos Pedro e João e do Cireneu Paulo de Tarso, de Inácio de Antioquia e de Irineu de Lugdunum, ouviram as manifestações em clima de satisfação.

Tertullianus fora inspirado pelo Apóstolo João, e Eliaquim por Paulo de Tarso. Uma chuva de pequenas gotículas prateadas caía sobre todos os presentes e energizava suas mentes e corações.

Interrompendo o silêncio, o diákono Clemente aduziu:

— Estamos profundamente agradecidos pela presença de nossos irmãos. Vossas interpretações foram carregadas pelo perfume suave do Mestre Yeshua.

Lembro-me do que disse nosso estimado apóstolo Pedro aos eleitos, que eram os forasteiros da dispersão, no Ponto, na Galácia, na Capadócia, na Ásia e na Bitínia, e que me permito ler neste instante:

> Vós fostes eleitos segundo a presciência de Yahweh, em santificação do Espírito, para a obediência e a aspersão do sangue de Yeshua, o Cristo. Graça e paz vos sejam multiplicadas.

> Bendito seja Yahweh e Pai de Nosso Senhor Jesus Cristo, que, segundo a sua muita misericórdia, nos regenerou para uma viva esperança, mediante a ressurreição de Jesus Cristo dentre os mortos; para uma herança incorruptível, sem mácula, imarcescível, reservada nos Céus para vós outros que sois guardados pelo poder de Deus, mediante a fé, para a salvação preparada para revelar-se no último tempo.

> Nisso exultai, embora, no presente, por breve tempo, se necessário, sejais contristados por várias provações, para que, uma vez confirmado o valor da vossa fé, muito mais preciosa do que o ouro perecível, mesmo apurado por fogo, redunde em louvor, glória e honra na revelação de Jesus Cristo, a quem, não havendo visto, amais; no qual, não vendo agora, mas crendo, exultais com alegria indizível e cheia de glória, obtendo o fim da vossa fé, a salvação da vossa alma.

A eles foi revelado que, não para si mesmos, mas para nós outros ministravam as coisas que agora vos foram anunciadas por aqueles que, pelo Santo Espírito do Céu, que é o Evangelho, coisas essas que os anjos anelam entender.

Por isso, cingindo vosso entendimento, sede sóbrios e esperai inteiramente na graça que vos foi trazida pela revelação de Yeshua, e como filhos da obediência, não vos amoldeis às paixões que tínheis anteriormente, na vossa ignorância, pelo contrário, seguindo e junto àquele que vos ensinou e chamou, tornai-vos santos também vós mesmos em vossos procedimentos.

Clemente calou-se. Novo silêncio se fez, e dessa feita, o diákono de Alexandria estava sendo inspirado diretamente pelo Apóstolo Pedro, ali presente. A seguir, o epískopo Demétrio disse:

— Meus irmãos, mais pode Yahweh realizar do que o homem compreender. De nós se exige fé pura e não profunda ciência. Devemos submeter-nos a Yahweh, curvar nossa fé para recebermos a luz do conhecimento, que nos será útil e necessário.

Anelamos que todas as manifestações da noite tenham sido ricas de cristandade. Esforcemo-nos por entendê-las melhor e para nos transformarmos em verdadeiros veladores do hino maravilhoso do Galileu, que isto espera de nós.

Após, o epískopo Demétrio deu a reunião de estudos da noite por encerrada. Os cumprimentos posteriores foram inúmeros e os comentários sobre a excelência de todas as manifestações foi geral.

Era próxima a virada do dia quando todos no núcleo cristão de Alexandria ganharam o leito para repouso.

Nem bem haviam adormecido, Tertullianus e Eliaquim viram-se fora do corpo, eis que nos seus aposentos viram chegar Demétrio, Clemente e um jovem que lhes foi apresentado como Orígenes, e também junto com eles Estêvão e seu auxiliar, Joel.

Feitas as apresentações, Estêvão falou:

— Amados irmãos, eu e o amigo Joel aqui vimos com a tarefa de levar-vos até a Cidade da Fé, para uma grande reunião, para novas tratativas sobre a Sublime Mensagem de Yeshua. Peço que nos acompanheis.

A seguir, todos foram conduzidos para a Cidade da Fé, e em breve chegaram ao destino. Demétrio e Clemente já estavam familiarizados com a cidade. Tertullianus e Eliaquim lá já tinham estado em duas ocasiões, contudo, o jovem Orígenes, que se achava desdobrado do corpo físico, por tudo se maravilhava.

Na sala de entrada do prédio da Administração da cidade, foram recebidos por Eleodora, a auxiliar direta do governador Acádio, que se fazia acompanhar por Tito de Creta, que a estava auxiliando na recepção dos convidados.

A seguir, Tito os conduziu até o anfiteatro. Ao entrarem por uma porta lateral, puderam ver que os 600 lugares estavam quase tomados. Tito os conduziu à segunda fileira, ao centro, onde tratou de acomodá-los. Todos cumprimentavam o grupo, ao passar, com sorrisos e simpatia.

Sentaram-se na primeira fileira do que seriam os assentos. As cadeiras tinham assentos confortáveis para as costas e braços para apoio. Estavam cobertas com uma espécie de pano que beirava o cetim, de cor azul-escura.

Das cadeiras ao teto, havia grande espaço, e do teto pendiam, de maneira espaçada, espécies de lamparinas enormes, em círculo sobrepostos, com fogo aceso a iluminar o ambiente. As pequenas lamparinas eram protegidas por vidro, em azul, amarelo e lilás, de maneira que ao refletir a luz, formavam um matiz de várias cores que se expandiam criando um ambiente maravilhoso. Suave e maravilhosa música que parecia ser tocada por várias cítaras ao mesmo tempo deixava o ambiente alegre e receptivo à concentração. Em pouco tempo o auditório estava lotado. O clima era de absoluto respeito.

De repente, o volume da música foi baixando e uma porta lateral contígua a uma espécie de quadro branco gigante abriu-se. Entraram, em fila, tendo à frente o governador Acádio, os Apóstolos Pedro, João, Bartolomeu, Mateus e Filipe; Paulo de Tarso, Lucas e Inácio de Antio-

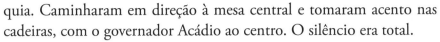

quia. Caminharam em direção à mesa central e tomaram acento nas cadeiras, com o governador Acádio ao centro. O silêncio era total.

O governador levantou-se e iniciou a reunião:

— *Amados irmãos e irmãs em Yeshua, rogamos para todos nós as suas bênçãos, sob a glória imarcescível de Yahweh!*

Conforme anotações de nosso estimado Apóstolo João, que nos honra com a sua presença, a respeito dos ensinamentos de nosso Mestre Amado, certa feita, em sua gloriosa e sofrida peregrinação sobre a Terra, Yeshua disse: "Quem me segue não anda em trevas".

Por essas palavras o Mestre nos exortou a imitar sua vida e suas ações, para sermos iluminados e livres de toda cegueira do coração. Quem, com os olhos da águia e a astúcia do coelho refletir na Sublime Mensagem derramada pelo Galileu, há de penetrar no seu âmago e encontrar a moral nela velada. Ocorreu, porém, que muitos, apesar de ouvirem amiúde a canção que emana do seu Evangelho, pouco empenho e fervor dedicaram, porque não se preocuparam em entender, de fato, suas orientações.

Quem quiser, pois, compreender e saborear em plenitude as palavras de Yeshua, deve esforçar-se em conformar com Ele toda a sua vida.

Que te aproveita discorrer profundamente sobre a caridade e a salvação, se não és humilde, eis que, na verdade, não são as palavras sublimes que fazem o homem justo. É a vida virtuosa que o torna agradável a Yahweh.

Mesmo que soubéssemos de cor todas as doutrinas, todos os credos e as sentenças de todos os filósofos, de que nos serviria isso tudo sem que praticássemos o amor, para obtermos o agrado de Yahweh?

Agem com sabedoria aqueles que pretendem alcançar o Reino de Yahweh pelo desprezo das coisas mundanas e que evita a vaidade, pois amontoar riquezas perecíveis e nelas pôr sua confiança, é ambicionar honras passageiras que não se refletem nos Céus.

Toda criatura, queridos irmãos e irmãs, pelo processo absoluto da Divina Criação, tem o desejo natural de saber, de conhecer, mas de que vale o conhecimento sem a ciência amorosa de Yahweh? Por certo é mais valioso aos Céus o pastor humilde que serve ao próximo do que o filósofo soberbo que, descuidando de sua própria alma, engrandece-se pelas coisas materiais.

Reflito, neste momento, na lembrança de nosso inestimável Paulo, também presente, eis que, pela graça de Yahweh, disse, certa vez: "Se eu soubesse todo o conhecimento do mundo e não tivesse caridade, de que me serviria isto perante Yahweh, que me há de julgar segundo a minha obra?".

Muita coisa há, na Terra, amados, cujo conhecimento, em razão dos equívocos, provocou o distanciamento da Lei de Yahweh. As palavras vãs não satisfazem ao que deseja progredir na direção da Casa do Pai, mas uma palavra que edifica e enobrece quem ouve, conforta o coração, e uma consciência pura inspira grande confiança em Yahweh. Por isto, ainda, nosso irmão Paulo advertiu aos irmãos romanos: "Não te ensoberbeças, antes confessa tua ignorância, porque te queres antepor aos demais, quando há tantos mais doutos do que tu e mais versados na lei".

Todos os que aqui estão, dos dois planos da existência, foram e continuam sendo chamados para a continuidade do aprimoramento cada vez mais necessário, a fim de continuarem a serviço do Mestre Amado, portanto integrantes do exército da verdade e do amor que Ele iniciou a arregimentar através dos seus apóstolos, que logo após transformou em 70 leais servidores e que antes do seu retorno definitivo à casa de Yahweh os aumentou para 500.

Esse contingente, hoje, ultrapassados cento e cinquenta anos daquele fatídico dia de seu ingente sacrifício no madeiro da ignomínia, já se transformou em milhares de almas que não somente se entregaram de corpo e alma ao trabalho de viver e espalhar seu lídimo e maravilhoso ensinamento, como têm se configurado em leais servidores com os quais o Mestre tem contado para a continuação da árdua tarefa de divulgação e aceitação da Boa-nova.

A extraordinária Mensagem enviada por Yahweh, consubstanciada no Cristianismo, por certo é ainda muito pouco conhecida na Terra, o que é até natural, pois as ideais novas que visam reformar o homem para melhor e igualmente as instituições, somente com o tempo vão sendo conhecidas, diante de sua divulgação e após conhecidas, necessariamente, passam pelo processo de aceitação, após de absorção, para daí serem sentidas e vividas ou praticadas.

Ao longo de todos esses anos, neste constante intercâmbio de almas, no ir e vir da Terra e para a Terra, o mundo assim conhecido tem vivido, em suas entranhas, um início de salutar renovação moral, ainda muito tênue, eis que renovar as estruturas do pensamento humano, enraizadas há séculos, por certo jamais será tarefa fácil.

Incontáveis obstáculos a contrapor-se ao inexorável progresso humano têm-se apresentado e se apresentarão, eis que o Criador dotou cada alma por Ele criada, com a capacidade de pensar e de agir segundo o seu discernimento e vontade e a ele concede as rédeas de seu próprio futuro ou destino. Desse modo, não há como não entender que toda mudança para melhor, para o progresso, exigirá esforços e lutas ingentes, visando solucionar o homem os seus conflitos mais íntimos, que às vezes têm se apresentado quase como insolúveis, esforços e lutas essas que se traduzem no necessário e permanente combate aos seus interesses imediatos, de ordem material, combate esse que deverá ser entendido na erradicação do insano desejo de poder; dos desvios de conduta sexual, e contra a ausência de ética e a desconstrução da moral e dos bons costumes.

Nesse impostergável combate entre o bem e o mal, devemos fazer ecoar em todas as fronteiras e rincões possíveis, o hino das bem-aventuranças valorosamente ofertado pelo Messias Divino, pois esse hino, se conhecido e vivido, ensejará ao cristão preencher-se de sabedoria e coragem para enfrentar as tradições que têm imposto aos homens medo e temor, ao invés de destemor e esperanças renovadas.

Amados irmãos em Yeshua, felizmente, nesse torvelinho de lutas, não foram poucos aqueles que, arregimentados no exército de amor e convocados pelo Mestre, ouviram, aceitaram, absorveram e viveram os valorosos ensinamentos que Ele nos trouxe, e muitos deles têm marchado para o campo dos combates sem recuos. Antes preferiram marcar com suor e sangue o solo árido do poder temporal.

Sustentados na fé nova e na esperança, enfrentaram e continuam enfrentado as dores da injustiça, cantando hinos de libertação com o Cristo, e continuam hasteando a bandeira do amor e da paz, as quais, nestas horas de ingentes e graves testemunhos, continuam tremulando no panteão da verdade.

Vós, que compondes esta assembleia, e muitos outros, que continuam nas lutas do bem nos dois planos da existência, recebeis da parte do Mestre o hálito da expansão do seu contentamento por ver a extremada dedicação que empregais, a fim de que a Sublime Mensagem da Boa-nova resista às investidas de muitos irmãos que, ao longo do tempo que se passou após a sua maravilhosa presença na Terra, ainda têm logrado preferir o irmão Barrabás ao amado Messias.

Queremos dizer-vos que nos têm chegado aqui na Cidade da Fé, orientações diretas do Mestre Yeshua, que nos adverte atualmente para o recrudescimento das perseguições àqueles que ousam testemunhar seus ensinamentos e servi-lo sem recuos, entretanto nos envia mensagem de alento, pedindo-nos para dizer-vos que jamais aqueles que o servem e ao Pai Celestial ficarão sós e sem o socorro necessário.

Tudo esteve e estará sob o império das Soberanas Leis de Yahweh, que oferta a cada um as suas sanções naturais, porém, aqueles que perseverarem e não recuarem ante os nobres objetivos de divulgação dos ensinamentos da Boa-nova, por certo receberão a recompensa dos Céus, a ensejar-lhes progresso em suas almas e aperfeiçoamento, como trabalhadores da verdade.

Roma é ainda a senhora do mundo conhecido e estende seus tentáculos por toda parte, exigindo obediência e soldo, entretanto, por escolhas de imperadores que se afastaram da justiça e da paz que jamais anelaram, tem falhado no seu papel de organizar e promover sociedades livres e fraternas, e continua na condição de senhora das vaidades e da ambição, contudo tem experimentado lágrimas diante do retorno da Lei Divina de Causa e Efeito, que qual espada da justiça cai sobre a garbosa nação, a fim de possibilitar as reflexões que se deve fazer ante os ventos da liberdade que iniciam a varrer seus domínios.

Para esse fim, os núcleos cristãos, fundados no esforço dos primeiros trabalhadores do Mestre, precisam, neste tempo, ajustar-se melhor, pois quando se dividem internamente por querelas inúteis, somente fazem enfraquecer o conhecimento e o entendimento da luminar Mensagem do Cristo Yeshua, como que indiretamente auxiliando os que têm combatido o Cristianismo e pretendem erradicá-lo da Terra. Esforçai-vos, por vossa vez, em renunciar ao mundo irreal e de fantasia, para fazermos a cada dia o que o Mestre nos ensinou, e espera que façamos.

Almas fiéis, Yahweh e Yeshua são os nossos Senhores, que desejam sejamos vencedores de nossas iniquidades; que cultivemos nossa fé, adubando-a com indulgência, tolerância, paciência e amor. Na Terra, por mais que procuremos a paz, ainda seremos molestados pelas tribulações e contrariedades, e nenhum encontrar-se-á sem sofrimento, ainda que integre as caravanas do Cristo.

Nosso cireneu de Tarso, certa vez, disse: "Não há inimigo mais terrível nem mais perigoso para tua alma do que tu mesmo, se não estás em paz com o espírito." *Foi isto que o levou a dizer, certa feita, de maneira extraordinariamente lúcida:* "Tudo me é lícito, porém nem tudo me convém".

Este é o momento de ver o que nos convém de fato. Continuamos a servir ao Mestre Galileu, enfrentando todos os desafios possíveis e até inimagináveis, a fim de podermos assentar-nos à direita do Pai Celestial, ou nos apartamos da verdade. Diante desses desafios todos, concito-vos a vos armardes de força e coragem para continuardes a bem servir ao próximo e ao Cristo Yeshua, o que nos granjeará estarmos servindo a Yahweh.

Retornai para vossas atribuições, onde estiverem lotados, com a alma vibrante, feliz e cantando hosanas ao Pai e ao Filho.

O governador calou-se. A suavidade do momento era impressionante e a elevação dos sentimentos era contagiante. Após alguns momentos, um grande conjunto de vozes angelicais entoou linda canção homenageando os mártires do Cristianismo. A seguir, a música cessou e a um sinal do governador, o grande apóstolo da harmonização do Colégio Apostólico, Pedro, pôs-se a orar:

— Oh! Yahweh, Pai Amoroso e Bom, em Vosso Santo Nome e em nome de Vosso Santo Filho Yeshua, na singeleza de nossos corações, como servos perpétuos, ofertamos nosso continuado desejo de servir-vos, na direção de nossa desejada redenção.

Auxiliai-nos, para que apartemos sempre de nossa alma os pensamentos malsãos e tudo o mais que possa alimentar o desejo de crescermos para diminuir o valor do amor ao próximo.

Compadecei-vos de todos os que imploram a vossa Misericórdia, e que sejamos dignos de gozar os vossos dons, na direção de alcançar a vida eterna.

Assim seja.

A enlevação das almas era o sentimento geral. As luzes do auditório foram ficando mais fortes. Novamente o coral de vozes angelicais retornou, agora cantando a canção da alegria no serviço ao bem.

Tertullianus acordou no corpo físico, no aposento em que estava repousando, olhou para o lado e viu que o epískopo Eliaquim já estava sentado na borda da cama, e havia desenrolado um pergaminho com as anotações do discípulo Lucas. Percebendo que o amigo acordara, Eliaquim falou:

— Meu amigo, vejo que dormistes muito bem, contudo, lembro perfeitamente de meu sonho, no qual, juntos estivemos em um lugar muito belo, pudemos estar com várias almas que serviram a Yeshua, na Terra, dentre elas com os Apóstolos Pedro e João e também com Paulo de Tarso. Ouvimos uma prédica maravilhosa sobre os trabalhadores do Cristo, e ao acordar trago minha alma leve. Sentei-me para ler um trecho das anotações de Lucas e lembro que estivemos com ele também. Localizei por acaso um trecho, e como acordastes, se quiserdes, posso passar-vos a leitura.

Tertullianus sorriu, como a concordar com tudo o que ouvira. Sentou-se, estendeu a mão e recebeu o pergaminho. Recostou-se na parede e começou a ler:

Indo eles, caminho afora, alguém lhe disse: Seguir-te-ei para onde quer que fores. Mas Yeshua respondeu: As raposas têm seus covis e as aves do *céu, ninhos; mas o Filho do Homem não tem onde reclinar a cabeça. A outro disse Yeshua: Segue-me! Ele, porém, respondeu: Permite-me ir primeiro sepultar meu pai. Mas Yeshua insistiu: Deixa aos mortos os cuidados de sepultar seus próprios mortos. Tu, porém, vai e prega o Reino de Yahweh.*

Outro lhe disse: — Seguir-te-ei, Senhor, mas deixa-me primeiro despedir-me dos de casa. Mas Yeshua lhe replicou: Ninguém que, tendo posto a mão no arado olha para trás, é apto para o Reino de Yahweh!

Depois disto o Senhor designou outros setenta; e os enviou de dois em dois para que o precedessem em cada cidade e lugar aonde Ele estava a ir. E lhes fez a seguinte advertência: A seara é grande, mas os trabalhadores são poucos. Rogai, pois, ao Senhor da seara que mande trabalhadores para sua seara. Ide! Eis que vos envio, cordeiros para o meio de lobos. Não leveis bolsa, nem alforje, nem sandálias, e a ninguém saudeis pelo caminho.

Ao entrardes numa casa, dizei antes de tudo: Paz seja nesta casa! Se houver ali um filho da paz, repousará sobre ele a vossa paz; se não houver, ela voltará sobre vós.

Permanecei na mesma casa, comendo e bebendo do que eles tiverem, porque é o trabalhador digno do seu salário. Não andeis a mudar de casa em casa.

Quando entrardes numa cidade e ali vos receberem, comei do que vos for oferecido. Curai os enfermos que nela houver e anunciai-lhes: A vós outros está próximo o reino de Yahweh. Quando, porém, entrardes numa cidade e não vos receberem, saí pelas ruas e clamai: Até o pó da vossa cidade, que se nos pegou aos pés, sacudimos contra vós outros, não obstante, sabei que está próximo o Reino de Yahweh. Digo-vos que, naquele dia, haverá menos rigor para Sodoma do que para aquela cidade.

Terminada a leitura, Eliaquim fez rápido comentário sobre a responsabilidade daqueles que se colocam como pregadores da Boa-nova.

A seguir bateram à porta. Eram os diákonos Zaki e Barach, que a abriram levemente e vendo os dois amigos a conversar, disseram:

— Amados irmãos, o epískopo Demétrio e seus diákonos auxiliares nos aguardam para o repasto matinal.

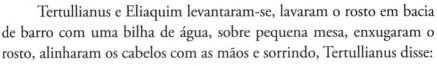

Tertullianus e Eliaquim levantaram-se, lavaram o rosto em bacia de barro com uma bilha de água, sobre pequena mesa, enxugaram o rosto, alinharam os cabelos com as mãos e sorrindo, Tertullianus disse:

— Irmãos, vamos!

As conversações durante a refeição matutina foram variadas. Eliaquim relatou o vivo sonho que tivera e ao fazê-lo percebeu um pequeno sorriso nos lábios de Demétrio, o mesmo se dando com seu diákono Clemente.

Terminada a narrativa, Demétrio aduziu:

— Nobre irmão, sei que tens consciência plena de que não foi um sonho, e sim uma realidade. Não há dúvida de que todos estivemos reunidos, na noite que passou, em tarefas de aprendizado a serviço de Yeshua, e que aos poucos iremos recordando de tudo.

A seguir, a conversação girou em torno das excelentes lembranças das atividades presenciadas por eles na Cidade da Fé.

Após as lembranças, mudando o rumo da conversação, Tertullianus disse:

— Meus irmãos, o motivo de nossa estada convosco é duplo: primeiro, é o de estreitarmos os laços de amizade e de conhecimento sobre a Boa-nova; segundo, é o de convidar os amigos e irmãos Demétrio e Clemente para que nos acompanhem em viagem para Roma, na Itália, a fim de estabelecermos o que penso que seja um profícuo diálogo com o atual epískopo-geral, o irmão Zeferino, a respeito de muitos pontos da nova fé que abraçamos.

Desde a minha estada anterior em Roma, e em meio às minhas andanças pela Grécia, minha iniciação no Cristianismo, em Cartago e estudos que tenho feito sobre as anotações dos apóstolos, sobre as Cartas de Paulo de Tarso, de Inácio de Antioquia e de Policarpo de Esmirna e sobre o pensamento de Irineu de Lugdunum, tudo isto me leva a compreender com maior profundidade a Mensagem libertadora do nosso Messias. Embasado nesses estudos, não tenho a menor dúvida em afirmar que o Cristianismo corre sérios perigos de deformação.

Em primeiro lugar, entendo, fruto da presença e da influência de judeus convertidos que na realidade misturam a crença antiga com a nova e fazem enorme esforço para colocar Yeshua em patamar inferior, até com relação a alguns profetas da lei de Israel, e seguem teimosamente negando a própria divindade do Mestre.

Em segundo lugar, constato que já por vários e vários anos, os núcleos cristãos têm perdido a unidade de pensamento que um dia foi construída por Paulo de Tarso e habilmente mantida por Inácio de Antioquia, reverberando, igualmente, continuado surgimento de correntes de pensamentos personalistas que vão para todos os lados, apartando-se do caminho reto e firme que a Boa-nova trouxe até nós.

Desse modo, imagino que se recebermos a companhia dos irmãos nessa viagem, porque conheço vossas formas de pensar sobre o Cristianismo, a qual se assemelha ao meu entendimento, isto vai nos fortalecer as conversações que pretendemos ter com o epískopo-geral de Roma e seus diákonos.

Tertullianus fez propositada pausa e a seguir complementou:

— O que os irmãos pensam sobre nosso convite? Podemos ter o prazer de vossa companhia para essa empreitada?

O epískopo Demétrio e o diákono Clemente se entreolharam e foi Demétrio que respondeu:

— Irmão Tertullianus, penso que poderemos sim acompanhar os irmãos para esse importante acontecimento. Com essa finalidade, reuniremos os pares de nosso núcleo, para o que convidamos vossas presenças, e submeteremos aos mesmos o vosso convite.

Tertullianus agradeceu ao epískopo Demétrio, e este convidou todos para a atividade noturna do núcleo, que naquele dia teria prédica pública.

CAPÍTULO XXXV

AS HOMENAGENS DO IMPERADOR AO GENERAL LUCIUS VIRIUS LUPUS E SUA NOMEAÇÃO COMO CÔNSUL ROMANO DA PROVÍNCIA DO EGITO

Após as duras batalhas levadas a efeito por Roma, no território da Pártia, que duraram quase quatro anos, o general Lucius Virius Lupus retornara a Roma e enquanto descansava da campanha, tivera permissão de viajar à Província da Britânia, onde havia sido procônsul, e para lá foi, agora, em busca da alma que dera um sentido maior a sua existência, a jovem romana Júlia.

A surpresa que teve foi atroz. Após ter constatado a morte da mulher amada e do filho que tiveram, a vida perdera o sentido para o grande general, que, inclusive, chegara a cogitar tirar a própria existência, entretanto, almas amigas que agora estavam nas Moradas Celestes intercederam junto a Yeshua para que o general não tomasse a sério aquele ímpeto e intercederam a seu favor, para que ele conseguisse, de alguma forma, superar a dor que lhe corroía o espírito e viesse a encontrar um sentido melhor para a sua vida. Uma das almas, que agora residia na Cidade Espiritual de Nova Roma, e que orava a Yeshua e a Yahweh, pedindo auxílio a Virius Lupus, era a sua própria amada Júlia.

Em meio ao desalento, na propriedade em que residia, em Roma, uma pequena, porém bela, casa de campo perto da cidade, que ele havia adquirido para o complemento de seus sonhos, que era o de se casar com Júlia e com ela ali conviver e ter filhos.

O general passava a maior parte do tempo recluso, pois perdera o interesse pelas coisas.

Certo dia, numa manhã, foi surpreendido por um mensageiro do palácio imperial, que vinha lhe trazer correspondência direta do Imperador Claudius Septimius Severus, sob o selo imperial. Conduzido por serviçais da herdade à presença do general, o mensageiro entregou-lhe a missiva e se retirou. Tomando da correspondência, o general a abriu e leu:

Eu, Flavius Didius, condutor e arauto máximo do Senado de Roma, sob proposição de nosso venerando imperador César Augustus Claudius Septimius Severus e sob decisão unânime dos senadores de Roma, decreto a concessão e entrega ao general dos exércitos de Roma, da Hispânia, da Germânia e da Britânia, Lucius Virius Lupus, da Medalha de Honra em Combate e suma expressão de amor à pátria. A entrega da ilustre comenda se dará a dezoito de dezembro do ano 204, no átrio do senado de Roma. Assinado: Senador Flavius Didius, à ordem direta do Imperador Claudius Septimius Severus.

O general, após ler a mensagem, sorriu levemente, o que se tornara raro, principalmente em razão da imensa solidão das noites indormidas. Achava-se ainda muito amargurado ante o falecimento daquela que lhe despertou os mais íntimos e fortes sentimentos e que havia conquistado o seu indomado coração, inclusive lembrava-se sempre do filho que não chegou a conhecer.

Transformara-se num homem triste. Diariamente, levantava-se bem cedo, pouco comia e se dirigia aos fundos da sua herdade, onde havia um pequeno e encantador riacho, com leito de pedras e água cristalina. Ficava ali quase o dia todo, sentado na margem, a jogar de vez em quando um graveto sobre as águas, e enquanto acompanhava o deslizar do mesmo, sua mente também deslizava para o passado.

Ah! quanta saudade! Por que tudo acontecera daquela forma? Existiria mesmo o ser descrito por sua amada, que se chamava Yeshua de Nazareth? E um único Deus e Senhor chamado Yahweh? Se existiam de fato e eram o Verbo do Amor, como muitas vezes lhe dissera a amada, por qual razão eles permitiram que ela falecesse? Por que ele não havia falecido nos campos de batalha, para que fosse ela quem vivesse junto com o fruto do seu amor? Doutras vezes questionava a importância da poderosa nação, Roma, a importância da guerra, que o afastara definitivamente do grande amor de sua vida. Uma nuvem de extensa melancolia formara-se em seu céu interior, carregada das energias escuras da desesperança.

O dia aprazado para a homenagem ao general amanheceu frio, cinzento e borrascoso sobre a Cidade dos Césares. A paisagem estava um pouco escurecida. Aquela cidade de história e de lendas parecia se espremer sob os montes que a circundavam.

Naquela época de inverno, os ventos frequentes que vinham do Norte, das escarpas geladas da Península Itálica produziam estranha música no ar, fustigando a face daqueles que caminhavam pelas suas ruas e vielas. O carro de biga, luxuoso, puxado por uma parelha de seis cavalos negros com penachos coloridos sobre a cabeça e ornados com arreios brancos, que os prendiam ao carro dourado conduzido por um centurião romano em traje de gala acercou-se da herdade do general. Avisado, o general não tardou a aparecer. Trajava vistosa roupa de gala, com armadura negra e filetes dourados, e nos ombros, presa com as insígnias em ouro, do generalato romano, extensa capa dourada lhe caía sobre as costas.

Lucius Virius Lupus cumprimentou o centurião e subiu na biga, que foi conduzida apressadamente na direção do Senado Romano. Enquanto a biga cruzava as ruas, estas já estavam ladeadas por homens e mulheres do povo, que com ramos de louro saudavam o grande general.

A biga parou na frente das escadarias do Senado. Dois senadores, também em trajes de gala, vieram receber o general, prestando-lhe continência à romana. Com o braço direito estendido e a mão espalmada para baixo, pronunciaram:

— Ave, Roma! Ave, César! Ave, nobre general Lucius Virius Lupus! Pedimos que nos acompanheis.

Havia filas de soldados nos dois lados da escadaria. Ao toque curto de cinco trombetas que ficavam no alto, ao final da escadaria, o general começou a subir os degraus, ladeado pelos senadores.

Ao chegar no topo da escada e penetrar no átrio, o senador Flavius Didius adiantou-se, saudou-o e sinalizou para que o acompanhasse. A seguir deram mais alguns passos na direção de um trono de espaldar alto, todo forrado em cetim dourado e preto, onde estava sentado o imperador dos romanos, Claudius Septimius Severus.

O imperador levantou-se e disse em voz alta:

— Nobres senadores de Roma! Nobres oficiais e soldados dos exércitos de Roma! Nobres concidadãos de Roma! Por minha vontade e por decreto do senado de Roma, concedo ao general Lucius Virius Lupus, general dos exércitos de Roma, da Hispânia, da Germânia e da Britânia, a *Medalha de Honra em Combate e Suma Expressão de Amor à Pátria,* como justo reconhecimento por seus serviços e sua dedicação e amor a Roma.

A seguir, o imperador deu dois passos na direção do general e suspendendo a medalha, em bronze, presa a um cordão dourado, colocou-a no general, como mandava a tradição. A seguir, colocou sobre a cabeça do general uma coroa de louro, e voltando-se para os senadores e a pequena multidão que se aglomerava na assistência ao ato, disse:

— Como reconhecimento pelos altos serviços prestados à Pátria, investido no poder de César Augusto, colho deste ato para nomear o general Lucius Virius Lupus como cônsul de Roma em Alexandria, na província romana do Egito, com todos os poderes para dirigir aquela província, devendo assumir sua função dentro de dois meses.

O imperador voltou o olhar para o general, que agora, surpreso, nada falou. Terminada a cerimônia, o imperador disse:

— Nobre general Lucius Virius Lupus, peço que amanhã à tarde venhas até o Palácio Imperial para conversarmos sobre tua nomeação como cônsul, entendido?

O general, refeito, respondeu:

— Nobre César Augusto, entendido plenamente!

CAPÍTULO XXXVI

CONFISSÕES DO IMPERADOR CLAUDIUS SEPTIMIUS SEVERUS

No dia seguinte às homenagens que recebeu, o general Lucius Virius Lupus demandou o Palácio Imperial para a entrevista determinada pelo imperador, visando as tratativas relativas à assunção do cargo de cônsul em Alexandria, na província romana do Egito.

Anunciado pela guarda de honra do imperador, ao entrar na sala do trono, viu que além do imperador se fazia presente seu filho Lucius Septimius Bassianus, alcunhado como Caracala. Ele e o general já se conheciam de longo tempo. Os dois tinham servido juntos no exército romano, quando em campanhas na Hispânia, a fim de conter insurreições contra Roma.

Foi Caracala quem saudou o general:

— Ave, César! Ave, Roma! Ave, nobre general Lucius Virius Lupus! renova-me o prazer rever-vos. Peço escusas por não ter comparecido à cerimônia de entrega da mais alta comenda romana ao amigo, aliás, registre-se, comenda muito justa. É que cheguei da Ilha de Capri somente à tardinha, porém, rendo-vos minhas congratulações!

Virius Lupus agradeceu as palavras e o gesto do coimperador, entretanto, no seu íntimo, recebia as palavras com um certo ceticismo, eis que conhecia muito bem a índole de Caracala, que alternava, ora gestos de humanidade, doutras vezes gestos que demarcavam orgulho e egoísmo muito fortes. Pensava mesmo que ele era do tipo de pessoa em quem não se podia confiar cegamente. Em razão disso, temia por Roma quando eventualmente ele viesse a assumir os destinos da Pátria, integralmente.

Após os cumprimentos, Caracala arrematou:

— Nobre general, eu já estava de saída. Meu pai confidenciou-me a decisão de nomear-vos cônsul em Alexandria, para administração da Província do Egito. Disse a ele que fez boa escolha e desejo-vos sucesso nessa nova empreitada.

A seguir, cumprimentou novamente o general e saiu apressadamente.

Havia na sala mais três servidores da guarda pessoal do imperador. Este, então, bateu palmas e pediu que se retirassem, pois queria falar com o general em particular.

Estando os dois a sós, o imperador deu início à conversação:

— Nobre Lucius Virius, antes de tudo, quero dizer que escolher-vos para a função de cônsul em Alexandria me foi muito fácil, porque sois um dos melhores oficiais romanos, senão o melhor, e tendes obtido êxito pleno em todas as campanhas e batalhas desempenhadas a favor do império. Desempenhastes com galhardia vossas tarefas na Hispânia, na Germânia e na Britânia, e vossa rápida campanha na Pártia foi altamente exitosa, o que me obriga a reconhecer vosso alto valor, experiência e destreza em conduzir as tropas que comandais.

Ademais, tenho acompanhado, ultimamente, como que uma vossa debacle. Sinto-vos amargurado. Vejo em vós a ausência do otimismo que sempre brilhou em vossos olhos. Procurei saber por terceiros o que poderia ter-vos perguntado diretamente, e, segundo me informaram, estais sofrendo do mal do amor que se foi, eis que me relataram o ocorrido com vossa mulher Júlia, que, segundo também informaram, ganhou vosso coração e acabou por falecer.

Nobre general, o que posso dizer é que lamento muito o ocorrido. Tenho-vos na mais alta conta de confiança e posso dizer-vos, com absoluta certeza, que a solidão é um mal terrível, que, aliás, a mim acompanha também.

Um imperador, nobre general, muito raramente tem confidentes e deve governar com os olhos da desconfiança em tudo e em todos. Além de suas obrigações de Estado, deve zelar pela sua própria segurança, sua própria vida, eis que os adversários ou inimigos são muitos, e muitos deles não estão longe, ao contrário, estão perto. Foi pensando também nisto, e para que consigais abafar e talvez se ver livre da solidão, e porque sei que sois um servidor leal e altamente competente, que vos nomeei para o cargo em Alexandria.

Penso que os ares do Mediterrâneo, ao menos por um tempo, far-vos-ão muito bem, além do que, podereis contribuir muito, haja vista a importância econômica da região, que é vital para nossos planos de estabilidade do Império, além do que, considero Alexandria uma cidade estratégica. De lá pretendemos dominar todo o norte da África.

Confidencio-vos que, por sugestão de Caracala, eu deveria nomear meu outro filho Publius Septimius Geta para esse cargo, porém, meu nobre general, a intenção de Caracala, pelo que percebi, para minha tristeza de pai, é a de enviar seu irmão o mais longe possível, com a finalidade de colocar em ação seu plano de suceder-me sozinho, conforme as intrigas palacianas já fizeram chegar aos meus ouvidos, o que significa dizer que, para atender a esse objetivo, seu irmão Geta representa uma pedra de tropeço a seu ambicioso projeto.

Como podeis ver, nobre Virius, a vida de um imperador não é nada fácil. Ele é uma criatura que vive sempre cercada de pessoas, mas paradoxalmente vive completamente só. Não se pode negar que, se por um lado, o exercício do poder é mesmo fascinante, por outro lado torna a criatura presa do isolamento e alvo distante da sinceridade, além do que, vítima permanente da inveja, corre o risco permanente com relação à própria segurança física.

O imperador respirou fundo, fez pequena pausa e a seguir continuou:

— Nobre Virius, não há muito o que modificar nesse quadro de coisas e para sobreviver a tudo isso, um imperador, ao natural, passa a conviver com a incerteza, fardo esse que ele vai carregar sempre consigo. O que se busca sempre é obter alguma forma de minimizar os naturais conflitos que naturalmente surgem, daí a necessidade de se eleger um ou outro em quem se possa efetivamente confiar. Diante do que vos exponho, sois meu amigo pessoal e general de Roma, portanto, uma pessoa que aprendi a gostar e confiar.

O imperador fez nova pausa. De repente atinou que estava abrindo sua confidencialidade em demasia a um general, entre tantos outros generais que Roma possuía. Então, de repente, modificou o curso da conversação:

— Nobre Lucius Virius, o que vos disse, o fiz sob o atrelamento da mais absoluta confiança e vos peço sigilo.

— Claro! claro! nobre imperador, tendes a minha palavra — respondeu o general.

Septimius Severus agradeceu e continuou:

— Nobre Virius, preciso de vossa visão de estrategista em Alexandria, para fortalecer nossa base lá e, como vos disse, para estendermos nossa penetração em todo o norte da província da África e a partir disto caminharmos para o Sul. Sinto-me um pouco cansado e em minhas análises não encontrei condições de estar em vários lugares do império, o que é impossível, porém, posso estar representado por pessoas leais como vós.

Tereis, em tudo o que decidirdes por lá, o meu irrestrito apoio. Auguro que fortaleçais Roma, como ela é, a Senhora do Mundo. Conceder-vos-ei uma frota de 50 navios, que deveis manter ancorados e prontos para o combate, seja qual for a necessidade. Além disso, destacarei mais uma legião para se somar à que lá existe. Recebereis, por lá, um legado de terras para o vosso patrimônio pessoal, e sugiro que lá consigais curar as feridas de vosso coração e quem sabe abri-lo a outra mulher.

Lucius Virius Lupus tudo ouviu com certa satisfação, contudo, sentiu desconforto ante as últimas frases ditas pelo imperador. Ante o pequeno silêncio que fez, Severus arrematou:

— Daqui a vinte dias partireis. Tendes esse prazo para ajustar tudo e conseguir os soldados que vão compor vossa armada. Podeis convocar os oficiais que desejardes, mas sugiro que sejam daqueles que estão acampados em Óstia.

A seguir, levantou a mão direita, cumprimentou novamente o general e apressadamente se retirou da sala.

Num belo dia de sol, pela manhã, no porto de Óstia, cinquenta navios romanos equipados com soldados e várias centúrias embarcadas, ganhava o mar, na direção do Mediterrâneo, com destino a Alexandria. A navegação, durante o dia, transcorreu normalmente, e ao cair da noite as velas foram recolhidas.

Lucius Virius Lupus havia convidado o centurião Aulus Valerius Vedius, seu velho conhecido, para ser o chefe de toda a armada. Cada navio carregava uma centúria, logo, cinco mil homens zarpavam na direção de Alexandria.

Já estavam há dez dias em alto mar, quando, na sua cabine de repouso, Lucius Virius Lupus preparava-se para dormir. Deitou-se na pequena cama, e sob o balouçar suave de lamparina a óleo de oliveira que o movimento das águas provocava, começou a passar em revista toda a sua existência.

Lembrou-se de seus pais, de seus irmãos, uma irmã e um irmão, que viviam, já casados, em Roma. Seu irmão era guarda-livros e sua irmã, esposa do primo do imperador. Nessas cogitações, por ser óbvio, lembrou-se de Júlia, sua amada inesquecível. Por momentos, parecia vê--la à sua frente, a lhe sorrir. Ah! quanta dor na alma! Quanta saudade!

Nessas cogitações, lembrou-se que um dia Júlia lhe falara sobre a imortalidade da alma; que somente o corpo físico morre. Lembrou-se que no princípio achara até graça daquelas colocações, entretanto, agora, ante o golpe do destino, queria mesmo acreditar nessa possibilidade como sendo em fato possível e real, uma verdade.

Além disso tudo, curiosamente, lembrou-se que parecia já ter estado fora de seu corpo físico, em determinada ocasião, e que nessa condição foi levado a uma espécie de cidade diferente, entretanto, não conseguia lembrar de mais nada. Ainda preso nessas cogitações, seus sentidos físicos foram relaxando e um sono avassalador tomou conta de seu organismo.

O general acordou e sentou-se na cama. Vasculhou o ambiente com seu olhar e percebeu, na porta do pequeno aposento do navio, uma intensa claridade. Ao fixar melhor as vistas, viu um jovem muito belo, com músculos de gladiador, o olhar sereno e que o olhava e sorria. Parecia que o jovem estava envolto numa luz semelhante à luz do luar.

O jovem caminhou em sua direção. Virius Lupus não sentiu qualquer medo, até porque o sorriso do jovem era sereno e cativante. Ao se aproximar, ele disse:

— Olá! nobre general, manifesto minha alegria em rever-vos. Sei que estais surpreso e talvez um pouco confuso, mas não estais lembrado de mim, embora sintais que vos sou familiar. Já estivemos juntos em outras ocasiões. Para relembrar-vos, chamo-me Estêvão. Aqui compareci, nesta noite, para buscar-vos e levar-vos para um local onde vossa presença será bem-vinda.

Após dizer isto, Estêvão sorriu, um sorriso não só cativante, mas que incutia segurança e confiança. O general fez um movimento para levantar-se da cama, e ao fazê-lo, olhou instintivamente para trás e viu seu corpo deitado, a respirar. A seguir, tocou-se, apalpou-se e constatou que seu corpo também estava ali com ele, momento de confusão mental que foi prontamente esclarecido por Estêvão, que após novamente dizer o que ocorria, pediu ao general:

— Nobre general, fazeis novamente a constatação de que temos dois corpos, um físico e outro que chamamos de *alma* ou de *espírito,* e que, enquanto vivendo no corpo físico, a alma se expande pelo sono e liberta-se para, sob a direção do pensamento, ir para onde desejar; para onde as vibrações do seu pensamento a encaminharem.

Enquanto a alma permanecer ligada ao corpo físico, não haverá morte física. Entretanto, pelo pensamento, a alma pode libertar-se temporariamente do corpo, o que fizestes há pouco, e com vosso corpo espiritual podeis seguir-me até ao que chamamos de Moradas da Casa de Yahweh ou Céus, razão pelo qual aqui estou para convidar-vos a seguir-me até uma dessas moradas, na qual sois aguardado para um diálogo interessante e necessário.

Lucius Virius Lupus ainda estava confuso, mas sentindo confiança na voz de Estêvão, concordou em segui-lo.

Sob instrução de Estêvão, seguiu o jovem. Singrando o espaço com este, em breve chegavam a uma cidade linda, construída à moda grega e romana. Ao lá chegarem, sentiu que parecia já ter estado ali, porém, nada disse. A seguir, foram para o prédio da administração da cidade, uma imponente construção horizontal, com dois pisos. Subiram as escadarias e galgaram a um grande átrio, onde havia o ir e vir de várias pessoas, todas apressadas. De quando em quando, algumas olhavam para eles, sorriam e faziam ligeira reverência.

Logo, bela e sorridente jovem se aproximou e foi lhes dizendo:

— Olá, nobre amigo Estêvão e nobre Lucius Virius Lupus, é uma imensa satisfação receber-vos. Vamos, nosso administrador vos espera.

Após passarem por dois corredores, chegaram a uma antessala, onde havia uma grande porta que dava ingresso a outra sala. A porta se abria para dentro. A jovem deu duas batidas e abrindo-a levemente, penetrou no recinto. Mais alguns instantes e a porta novamente se abriu e a jovem voltou, ladeada pelo administrador que, para espanto de Virius Lupus, envergava traje de gala do generalato romano. Este foi logo saudando Estêvão:

— Olá, meu amigo e irmão Estêvão! Renovo minha alegria por tua vinda.

E, olhando para Virius Lupus, aduziu:

— Nobre general Lucius Virius Lupus, sede novamente bem--vindo.

Novamente?... Outra vez... pensou Virius Lupus.

O administrador, captando seu pensamento, falou:

— Sim, sim, novamente, meu amigo. Aqui já estiveste em outra ocasião. Agora retornas para poderes continuar a ser esclarecido e para que haja um bálsamo para o teu coração sofrido.

Como Virius Lupus não tirava o olhar do seu fardamento, o administrador da Cidade Espiritual de Nova Roma lhe disse:

— Meu amigo, antes que chegasses, coloquei este traje, que me é muito caro ao coração, para receber-te. Nós dois servimos Roma, com coragem e galhardia. Somos colegas. Procura aos poucos lembrar-te de tua última visita a nossa cidade.

Lucius Virius Lupus concentrou-se um pouco, entretanto as lembranças eram confusas.

O administrador de Nova Roma não quis insistir, e a seguir disse:

— Nobre Virius Lupus, foste trazido aqui para um reencontro com o passado. Peço que me acompanhes, à amiga Emília e o amigo Estêvão.

Após, fez um gesto para que o acompanhassem.

Passaram por vários corredores e chegaram a um amplo salão, onde havia várias camas, nas quais estavam como que a dormir, vários Espíritos. Servidores dedicados se revezavam num intenso ir e vir, dispensando cuidados num leito aqui, noutro ali. Estes, ao verem o pequeno agrupamento, sorriram e acenaram.

Chegando aos fundos do imenso salão, penetraram por uma porta que se achava aberta e tomaram um pequeno corredor e mais um pouco estavam em frente a dois cômodos, um de cada lado, com as portas abertas. Então, entraram no aposento à direita. Uma luz fraca de cor violeta inundava o ambiente; um perfume delicioso inundava o ar e se podia ouvir uma melodia maravilhosa, tocada bem baixinho. Havia uma cama um pouco alta, com duas alças na cabeceira, as quais sustentavam o foco de luzes indiretas nas laterais da cama. O administrador aproximou-se e com leve aceno chamou o general Virius Lupus para mais perto. Ao fazê-lo, Virius Lupus teve uma espécie de vertigem, eis que, deitada, com os cabelos encaracolados e caídos sobre os ombros, o rosto angelical, estava uma jovem adormecida, que era nada mais nada menos que sua amada e inesquecível Júlia.

Virius Lupus ficou perplexo, custou um pouco a se recompor e ao ficar contemplando-a, começou a chorar baixinho.

Ao perceber o enlevo do general, o administrador fez sinal para que todos os demais saíssem do aposento e aguardassem do lado de fora, deixando Virius Lupus a sós com sua amada. O general continuava a chorar. Havia uma espécie de cadeira, ao lado da cama. Com muito cuidado, sentou-se e continuou a contemplá-la. Quis afagar seu rosto, mas teve medo de acordá-la.

Como é bela... seus lábios, seu rosto, ah! ela não tinha morrido, que alegria imensa em constatar que ela estava ali! Continuando a olhar para o amor de sua vida, balbuciou baixinho algumas palavras de gratidão a Yahweh e a Yeshua, palavras que aprendera com ela. Não resistiu mais. Com muito cuidado afagou-lhe os cabelos. Ao fazê-lo, Júlia abriu os olhos e a surpresa manifestada neles foi grande. Ela olhou para o amado e com sua voz suave e inesquecível, falou baixinho:

— Oh! amado Virius, de fato meus olhos te veem? Quanta saudade tenho tido de ti!

Como ele estava muito próximo, ela levantou a mão e afagou seu rosto suavemente. Como resistir àquele momento? Os olhos de Virius foram novamente inundados pelas lágrimas da saudade, e o grande general de Roma chorou ainda mais, qual uma criança. Enquanto era acariciado na face, pegou uma das mãos dela, levou o dorso à sua boca e beijou-a, um beijo molhado pela ternura, pela dor, pelo sofrimento da separação, pela imensa saudade, que agora era contida por aqueles instantes maravilhosos. Naquele momento de idílio inenarrável, ela disse:

— Meu querido, vejo as rugas do teu rosto e teu semblante marcado pela tristeza. Aqui onde estou, tenho pedido a Yeshua de Nazareth por tua alma, para que te consoles com os desígnios de Yahweh. Peço que sejas protegido e que as almas amigas te guardem. Sofri e sofro o teu desalento, o qual, ao invés de me ajudar, prende-me ainda a este leito, porque tuas lágrimas constantes têm-me tirado as forças.

Não, não penses que estás prejudicando-me deliberadamente, porque sei que ainda não sabes sobre estas coisas. Então, implorei por este momento para que possas ser esclarecido e ver que continuo viva para que possas mudar tua forma de pensar, porque, enquanto não agasalhares a compreensão quanto aos desígnios de nosso Pai Celestial, não terei forças para libertar-me do teu profundo pesar e também mergulho nas tuas dores e sofrimentos, que busco combater a todo custo.

Virius Lupus, ao ouvir a manifestação da amada, disse, com voz fraca:

— Como assim, meu amor? Como estou prejudicando-te, se te amo com todas as forças do meu ser?

Júlia, continuando a afagar o rosto de Virius, respondeu:

— Tu não te lembras, mas já estivemos juntos aqui, logo depois que morri no corpo físico. Na ocasião, estar contigo era meu único desejo. Apeguei-me a ti muito mais do que na Terra, convivi todos os dias com a tua dor, e isto me trouxe fraqueza permanente, a ponto de ser internada neste leito, porque minha alma foi enfraquecendo e o medo de perder-te foi mais forte, causando-me considerável esmorecimento. Esclarecida quanto a isto, pedi ajuda, e ela veio hoje, com tua presença, para que seja eu a te dizer o que me foi esclarecido e para que te esclareça também.

Virius Lupus havia enxugado as lágrimas e continuava a segurar a mão da amada. Júlia continuou:

— Meu amado, aprendi, aqui, que ainda pouca luz temos em nós e facilmente sofremos, muitas vezes por descuidos e incompreensão, pois pensamos com egoísmo e nos colocamos como vítimas do destino. Aliás, estas coisas que te falo, eu ouvi do irmão Estêvão, que aqui te trouxe. São coisas sensatas. Ele procurou esclarecer-me que eu não devo lamentar por ti, e que tu também não deves lamentar por mim, porque a lamentação é inimiga da confiança, da paz e da fé. Ensinou-me que tudo o que acontece está sob os Desígnios de Yahweh, que quer unicamente o nosso bem-estar, e que se sofremos, haverá de ter uma razão muito forte que explique esse sentimento dolorido.

Esclareceu-me ainda que se eu chorar por ti e a teu passo tu chorares por mim, não haverá equívoco, por certo, contudo, se essas lágrimas forem em demasia e não buscarem o rio da compreensão, ficarão represadas e inundarão o país dos sentimentos equilibrados, provocando as enchentes da alma, que causam destruição interna por onde passam.

Disse-me ainda que sofrer, sentir, chorar, fazem parte de uma etapa, mas que buscando a compreensão e o equilíbrio, vamos entender que o Criador é Justo e Bom e que ninguém, absolutamente ninguém está imune aos ajustes do pretérito; das vidas passadas vividas nos corpos físicos, onde podemos ter falhado com as Leis de Yahweh. Daí meu amor, a necessidade de entendermos que o Criador pretende, para todos, sem exceção, que nos ajustemos em face de suas leis e vivamos segundo as exigências do cumprimento delas.

Diante disso tudo, meu amado, é chegado para ti o momento de compreenderes isto e de buscares aceitar o que nos aconteceu, sem acusações íntimas, sem elucubrações vazias da alma e sem desespero, esforçando-te por entender e aceitar os Desígnios do Senhor da Vida.

Em razão de tudo isso, se desejares, a tua melhora será também a minha melhora, pois se compreenderes tudo o que te falo neste instante decisivo para nós, libertar-nos-emos deste peso em que nossas almas mergulham e seguiremos nossos caminhos, na certeza de que dia virá, no concerto do tempo, em que haveremos de ficar juntos, eternidade afora.

Júlia calou-se. Virius Lupus ouvira tudo com profundo interesse e no seu íntimo, aos poucos, começava a brotar a semente da compreensão e aceitação. Não havia como negar que as palavras da amada estavam acobertadas pela verdade. Já havia cessado de chorar. Afagou o rosto da amada e fazendo inaudito esforço, falou-lhe:

— Amada Júlia, enquanto falavas, pareceu-me que fui conduzido a uma relva rala, onde havia várias pessoas que estavam sentadas no chão, sob uma árvore frondosa, copada, de um verde forte, e no centro de uma espécie de roda feita por elas havia um homem de quem curiosamente eu enxerguei somente o corpo, as mãos e os cabelos, contudo, não consegui distinguir bem o rosto. O que sei é que estávamos em torno dele, e, apurando os ouvidos, prestei atenção no que ele falava, do que me lembro perfeitamente, pois ele assim se expressou:

— *Meus amigos, meus irmãos, em verdade sois meus amados e vos escolho entre mil, com quem minha alma se compraz todos os dias. Eu que vos chamo, pois suprirei o que vos falta e quem vem a mim, a mim me recebe. Não desprezeis essa graça, antes, preparai com toda diligência o vosso coração e acolhei-me em vossas almas, e compreendereis que amo minhas ovelhas e que eu sou o Bom Pastor. Sabei, porém, que vós ainda sofrereis, mas que por vossos próprios esforços podereis vencer a dor, manifestando irrestrita confiança no meu e no vosso Pai.*

Desterrai de vós o que é mundano; soterrai o tumulto dos vícios, para pousardes como um passarinho no telhado da compreensão, eis que busco o coração puro e aí farei o meu descanso. Não sois vós que vindes santificar-me a mim, sou eu que venho santificar-vos.

Assim como me ofereci voluntariamente pelos pecados do mundo, com as mãos estendidas na cruz e o corpo nu, de modo que nada me ficasse que não oferecesse em sacrifício, assim deveis, vós também, a cada dia, sacrificar vossas almas e vos oferecerdes a mim e ao Pai, com todas as vossas forças e quanto mais intimamente puderdes. Oferecei, pois, vossas dores a mim e entregai todo o vosso amor a Yahweh, como Eu me ofereci a Ele. Porém, se estiverdes apegados a vós mesmos e presas de vossas dores e não vos entregardes espontaneamente, a vossa oferenda não será inteira, nem será perfeita a união entre nós.

Oferecei-vos voluntariamente às mãos de Yahweh, se quiserdes alcançar graça e liberdade da alma. Atentai para que saibais que na Terra, ainda poucos são os iluminados e livres interiormente, porque ainda poucos sabem ser meus discípulos. Se quiserdes, pois, ser meus discípulos, oferecei-vos a mim, com todo vosso afeto.

A seguir, doce Júlia, Ele estendeu suas mãos sobre nossas cabeças e nesse momento voltei daquele lindo lugar para perto de ti.

O silêncio produzia a magia, e a música angelical ao fundo encontrava Virius Lupus e Júlia enlevados pelo olhar.

Júlia, quebrando o rápido silêncio, disse:

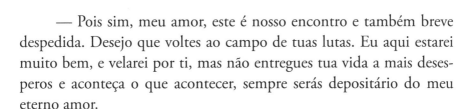

— Pois sim, meu amor, este é nosso encontro e também breve despedida. Desejo que voltes ao campo de tuas lutas. Eu aqui estarei muito bem, e velarei por ti, mas não entregues tua vida a mais desesperos e aconteça o que acontecer, sempre serás depositário do meu eterno amor.

Virius Lupus abraçou a amada de encontro ao peito e depositou enorme beijo em sua face. Ela sorria, e ele agora já não chorava. Parecia que a chama da vida era renovada em seu coração.

Ao verem a cena reconfortante, da porta do pequeno quarto, o administrador de Nova Roma e Estêvão sorriam.

A seguir, penetraram no interior do aposento e calorosa conversação se fez, sempre na lembrança da extraordinária mensagem de esperança traduzida pela Boa-nova.

O dia se fazia já alto, quando Virius Lupus acordou no corpo físico. Olhou em torno do pequeno aposento do navio e sorriu. Lembrava-se de tudo. Temia esquecer, com o tempo, contudo, levantou-se resoluto para o dia e para a vida.

Após quarenta dias de viagem, a armada de navios romanos chefiada pelo novo cônsul romano da província do Egito aportou na bela e imponente cidade de Alexandria.

Após a atracagem, dois oficiais da Intendência Romana da cidade subiram a bordo do navio de comando. Tratava-se dos centuriões Marcelus Appius Livius e Sergius Tetinius Fonnius, os quais, levados até o general e novo cônsul, saudaram-no. Foi o centurião Marcelus que o fez:

— Salve, Roma! Salve, César! Salve, nobre general e cônsul Lucius Virius Lupus! Sob as ordens de nosso César Augusto, damos-vos as boas-vindas e ainda sob as ordens do imperador, estamos a vossa disposição. Solicitamos permissão para vos acompanhar para a assunção do posto de cônsul da Província Romana do Egito.

Virius Lupus, que agora, depois do sonho que tivera com sua inesquecível Júlia, estava remoçado e revigorado, sorriu para os centuriões, cujos nomes já lhe tinham sido indicados em Roma, e perguntou:

— Quem de vós se chama Marcelus? — ao que este se adiantou, e assim o novo cônsul romano identificou-os.

Na companhia dos centuriões, desembarcou, e ladeado por uma centúria iniciou o caminho até a Intendência, despertando a curiosidade dos transeuntes.

A breve tempo chegaram no local, onde já se haviam organizado filas dos auxiliares para as apresentações e cumprimentos ao novo cônsul.

Todos estavam solícitos e sorriam à passagem do general, cuja fama de ser um dos maiores e mais experientes generais de Roma já o precedera.

Virius Lupus, curiosamente, para os servidores e soldados, também sorria em retribuição, fato raríssimo, pois as autoridades romanas eram de pouca simpatia, impressão que acabava de ser quebrada pelo novo cônsul, que inclusive fez questão de cumprimentar um a um, causando nova surpresa.

Instalado na Intendência, Virius Lupus ficou uma semana inteira tomando conhecimento de todas as ações, rotinas, anotações e contratos.

A seguir, determinou ao centurião Marcelus, a quem, pela simpatia, nomeara como um de seus auxiliares diretos, que este prestasse contas das ações do consulado somente ao centurião Aulus, e, em eventual falta deste, diretamente ao cônsul.

Pediu que marcasse entrevistas com as autoridades locais, pois, embora sendo um povo dominado, Virius Lupus desejava manter com eles clima de boa cooperação. Para enorme surpresa do centurião Marcelus, disse ainda:

— Nobre Marcelus, se houver um núcleo cristão em Alexandria, determino que comuniques a minha presença ao responsável pelo núcleo e o tragas para uma entrevista.

O centurião, surpreso, respondeu:

— Nobre cônsul, comunicarei em breve vossa chegada a todas as representações locais de importância, inclusive ao representante dos cristãos.

Durante os sessenta dias que se seguiram, várias pessoas importantes da sociedade local foram entrevistadas pelo cônsul, que destacou o clima de cooperação que pretendia estabelecer com todos.

Numa bela manhã de uma quarta-feira, o centurião Marcelus entrou na sala de entrevistas da Intendência Romana, onde o cônsul já se achava com seu auxiliar direto, o centurião Aulus, a ler um pergaminho. Esperou um pouco para que ele notasse sua presença, o que ocorreu a seguir. Quando o cônsul levantou a cabeça, o centurião Marcelus disse:

— Salve, Roma! Salve, César! Salve, nobre cônsul! Salve, nobre centurião Aulus! Vim comunicar-vos que a representação cristã de Alexandria está na antessala, para atender a vossa convocação. Peço que entrem?

Virius Lupus, respondendo à saudação do centurião, falou:

— Não, não, eu irei até lá para cumprimentá-los e os convidarei a entrar. Vamos!

O centurião ficou novamente surpreso, porquanto jamais isto tinha acontecido ali na Intendência e, ademais, não era Roma que ia até os cristãos, eram os cristãos que deveriam ir até Roma. Entretanto, jamais um centurião contrariava uma ordem superior. Então, acompanhou o cônsul e Aulus, e foram até a antessala.

Os dois cristãos que estavam aguardando, quando viram o novo cônsul, que sempre usava seu traje de general, ficaram muito surpresos e se levantaram rapidamente, até assustados.

O general acenou para eles e curiosamente estendeu a mão para cumprimentá-los, dizendo:

— Olá, nobres cristãos! Apresento-me a vós. Sou o novo cônsul Lucius Virius Lupus.

Após os apertos de mãos, disse:

— Por favor, entrai — e caminhou na direção da sala de entrevistas, sendo acompanhado pelos cristãos, tendo atrás os centuriões Aulus e Marcelus.

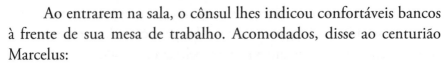

Ao entrarem na sala, o cônsul lhes indicou confortáveis bancos à frente de sua mesa de trabalho. Acomodados, disse ao centurião Marcelus:

— Nobre Marcelus, peço que providencies sucos e algumas guloseimas para que nossa conversação seja a mais aprazível possível.

Os cristãos estavam perplexos e até desconfiados com o tratamento.

Enquanto o centurião saiu a tomar as providências determinadas pelo cônsul, ante o olhar de Virius Lupus, os cristãos trataram de se apresentar. Demétrio falou primeiro:

— Nobre cônsul de Roma, permiti que eu faça nossas apresentações. Chamo-me Demétrio e sou o epískopo do núcleo cristão de Alexandria, e este é nosso irmão Clemente, nosso principal diákono. Para vosso entendimento, eu sou o responsável principal pelo núcleo e o irmão Clemente me substitui em eventual falta ou necessidade. Antes que nos faleis o motivo de vossa convocação, gostaria de manifestar nossa agradável surpresa pela forma que nos recebestes, o que é inédito para nós. Confesso que estávamos um tanto temerosos.

Virius Lupus sorriu e aduziu:

— Sim, nobres cristãos, compreendo vossa surpresa e apreensão, entretanto, quero vos tranquilizar. Confesso que admiro a vossa crença, da qual eu já possuo algum conhecimento, pois tenho procurado ler e estudar a respeito. Em minhas andanças, já conheci vários núcleos cristãos e inclusive pude frequentar esporadicamente um deles, quando exerci o papel de procônsul na província da Britânia, onde conheci o epískopo, os diákonos do núcleo e uma cristã que muito me impressionou, de nome Júlia.

Percebendo que estava fazendo uma confidência, Virius Lupus mudou o rumo da conversa e a seguir disse:

— Chamei-vos até aqui porque minha maneira de trabalhar é a de antes conhecer bem a cidade e aqueles que exercem influência social na vida dela. Portanto, nessa condição, quero adiantar-vos que Roma não perturbará o andamento de vossas atividades, porém, peço

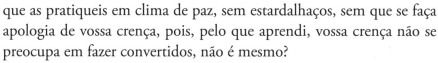

que as pratiqueis em clima de paz, sem estardalhaços, sem que se faça apologia de vossa crença, pois, pelo que aprendi, vossa crença não se preocupa em fazer convertidos, não é mesmo?

O epískopo Demétrio, novamente surpreso, apressou-se em responder:

— Sim, nobre cônsul, vós tendes razão em vossa afirmação e queremos dizer-vos, em nome da comunidade cristã de Alexandria, que nossa atividade é desenvolvida com o mais absoluto respeito a Roma e às suas leis, e para isto estamos sempre dispostos a ofertar nossa simples colaboração, isto se em alguma coisa pudermos ser úteis.

Uma espécie de ceia vespertina foi servida, com sucos, frutas, broas e geleias. Todos foram servidos, a começar pelo cônsul, e a conversação se tornou mais animada, tendo havido confidências quanto ao clima da região, quanto à economia local, e, ao final, o epískopo Demétrio informou ao cônsul os dias de atividades públicas do núcleo. Foram momentos agradáveis.

Chegando o momento das despedidas, o cônsul disse que em breve faria uma visita oficial ao núcleo, e que mandaria avisar antes.

Ao se despedirem, Demétrio e Clemente estavam impressionadíssimos com a inteligência, sagacidade e bondade que transparecia do coração daquela autoridade romana.

Ao chegar no núcleo cristão, o epískopo Demétrio reuniu os demais diákonos e ainda Deodora e Nadir, que era chamada de Camilla e agora era valiosa auxiliar do núcleo, e deu-lhes conhecimento sobre a entrevista com o cônsul romano. Todos ficaram surpresos e contentes com os fatos narrados.

Haviam-se passado 30 dias da entrevista. Era uma quinta-feira, dia de atividade pública no núcleo cristão, a qual se iniciava logo ao cair da noite. Naquele dia, o núcleo se achava quase lotado. A atividade já se havia iniciado, com prece proferida por Clemente, quando leve alvoroço na porta de entrada do núcleo se fez. Todos olharam para a porta da entrada, no exato momento em que o cônsul romano de Alexandria, acompanhado dos centuriões Aulus, Marcelus e Sergius, e ainda mais cinco legionários, entravam no núcleo.

Mais do que depressa, o epískopo Demétrio, que fora avisado previamente do comparecimento, deixou a mesa das atividades e dirigiu-se ao cônsul, o saudando, saudação que foi acompanhada por todos os presentes:

— Olá nobre cônsul, é uma honra para esta casa receber vossa visita. Peço-vos que fiqueis à vontade e vos senteis. Ao final da atividade teremos a satisfação de conversar convosco.

O cônsul sorriu, fez um gesto de agradecimento com a cabeça e sem nada falar, juntamente com os demais soldados, sentou-se.

Demétrio voltou ao seu lugar e cumprimentando a todos os presentes, falou:

— Nobres amigos em Cristo Yeshua, damos a todos as boas-vindas ao nosso núcleo. Peço ao diákono Clemente, que nos conduza em uma oração e a seguir peço a nossa auxiliar Camilla, que venha até à frente e faça-nos a leitura de um trecho dos ensinamentos de Yeshua ben Josepho. Depois faremos o comentário.

Clemente fez uma oração altamente sensibilizadora. A seguir, a auxiliar Camilla levantou-se, dirigiu-se à frente, apanhou um pergaminho dentre quatro que havia sobre a mesa, virou-se para a plateia e iniciou a leitura:

Tendo eles partido de Cafarnaum, estando ele em casa, interrogou aos discípulos: De que é que discorríeis no caminho? Mas eles guardaram silêncio, porque, pelo caminho, haviam discutido entre si sobre quem era o maior.

E Ele, assentando-se, chamou os doze e lhes disse: Se alguém quer ser o primeiro, será o último e servo de todos. Trazendo uma criança, colocou-a no meio deles, e, tomando-a nos braços, disse-lhes: Qualquer que receber uma criança, tal como esta, em meu nome, a mim me recebe; e qualquer que assim me recebe, não recebe a mim, mas àquele que me enviou! Evangelho de Marcos.

O cônsul prestou desmedida atenção à leitura. Ficou impressionado com o texto, contudo, ficou também muito impressionado com a beleza física de Camilla. Assustou-se com seu próprio pensamento, pois já há muito tempo, após a morte de Júlia, a vida perdera o colorido, e jamais mulher alguma lhe despertara qualquer mínimo interesse. Procurou afastar aquele pensamento e concentrou-se na explicação que a seguir foi feita pelo epískopo Demétrio:

— Nobres irmãos, a lição que nos foi lida nesta noite permite-nos dizer que Yeshua pede que o procuremos com simplicidade de coração. Por isso não devemos nos glorificar por nada, e lembrando daquele que para nós é o grande arauto do Cristianismo, Paulo de Tarso, certa feita, na cidade de Corinto, na Grécia, em uma de suas pregações, disse: "Não te deixes cativar pela elegância e sutileza dos dizeres humanos, porque o Reino de Yahweh não consiste em palavras, mas na virtude".

Desta maneira, precisamos contemplar sempre o nosso pensamento, com o salutar exemplo do cireneu de Tarso, no qual brilhou a verdadeira fé, e adornar nossas vidas com as flores das virtudes, para que corresponda o nosso interior aos desejos e ímpetos nobres do perene exercício da fraternidade para com todos.

A lição também nos exorta a sermos vigilantes e diligentes no serviço de santificação de nossa casa íntima, apartando-nos das facilidades mundanas que apenas nos trazem prazeres efêmeros e em nada edificam o futuro de paz e equilíbrio que todos almejamos para nossas almas.

Todos somos filhos de Yahweh e submetidos às suas soberanas Leis da Criação. Precisamos cumprir essas leis. Se assim o fizermos, com certeza haveremos de trilhar a estrada que nos levará às moradas celestiais felizes, aproximando-nos do Criador de todas as coisas.

Se permanecermos fiéis e diligentes na prática do bem, sem dúvida, a recompensa de Yahweh será generosa, entretanto, precisamos sempre invocar o auxílio do Mestre Yeshua, porque ainda pouca luz temos em nós e facilmente poderemos nos perder por negligência.

Ainda não conseguimos nos convencer de nossa cegueira interior. Amiúde temos procedido mal, e muitas vezes nos movem as paixões descontroladas.

Em resumo, o caminho para a felicidade requisita que tenhamos cautela e cuidado com nossas obras, ofertando nossos melhores esforços na direção de fazer o bem ao nosso próximo, sempre. Com isso estaremos recebendo o Cristo Yeshua em nosso coração.

Demétrio calou-se e sentou-se. O clima era de emoção. A vibração do ambiente era contagiosa. As palavras de Demétrio tocaram fundo nos assistentes e o procônsul Virius Lupus estava emocionado. Sentiu que aquelas palavras lhe fizeram um bem enorme. De repente, a imagem de Júlia veio à sua mente, mas ao invés de sentir-se triste, sentiu-se confortado.

Após a prédica da noite, Demétrio deu a tarefa por encerrada, renovando o convite a todos para que retornassem na semana seguinte. As pessoas foram-se retirando. Demétrio e seus diákonos, entre eles Clemente, cercaram o cônsul e seus soldados. Demétrio apertou a mão de Virius Lupus, dizendo:

— Nobre general, sentimo-nos honrados com vossa presença. Não é hábito, em nossos núcleos cristãos, recebermos as autoridades de Roma, e quando isto ocorre em clima de paz e harmonia, temos a certeza de que se trata de um tempo novo a ensejar um futuro de união entre o Cristo Yeshua e Roma, quem sabe!

Virius Lupus agradeceu a calorosa recepção e estabeleceu-se animada conversação, na qual o cônsul confidenciou suas visitas anteriores feitas aos núcleos cristãos da Germânia e da Britânia.

Logo todos os servidores do núcleo se achavam no colóquio. O epískopo Demétrio então convidou o cônsul para um chá nos fundos do núcleo. Convite prontamente aceito.

CAPÍTULO XXXVII

PLANEJAMENTOS PARA A VIAGEM DE TERTULLIANUS, CLEMENTE E ELIAQUIM A ROMA

Reunidos, numa manhã radiosa, porém fria, no núcleo cristão de Alexandria, durante o repasto matinal, Tertullianus, Eliaquim, Zaki e Barach, juntos com o epískopo Demétrio e o diákono Clemente, conversaram animadamente sobre o plano de viagem para visitar o epískopo-geral do núcleo cristão de Roma. Tertullianus, em meio à conversação, disse:

— Irmãos, esta noite passada sonhei com nossa viagem a Roma e em minha mente desenhou-se o roteiro que imagino devemos fazer. Tomaremos o navio no porto de Alexandria e iremos para o porto de Mileto; após Éfeso, de lá para Atenas; depois iremos a Corinto. Pretendo que fiquemos alguns dias ali, em visita ao núcleo cristão, para refazermos nossas energias. De lá tomaremos outro navio para o porto de Siracusa, na Sicília, contornaremos pelo porto de Canorma e iremos até Nápoles. De lá iremos para o porto de Óstia e chegamos a Roma. O que acham?

Demétrio, que havia feito um ar de espanto, disse:

— Meus irmãos, para Yahweh tudo é possível. Enquanto nosso irmão falava sobre sua proposta de viagem, ela estava desenhada na minha mente, porque também sonhei com o mesmo roteiro.

Os demais ficaram surpresos e manifestaram sua alegria pela ocorrência. Na continuidade, Demétrio perguntou a Tertullianus:

— Meu irmão, nosso objetivo principal é o de dialogarmos com o epískopo-geral Zeferino. Deste modo, sob vossa ótica, quais serão efetivamente as questões que pretendemos enfocar com ele? Estas questões são vitais para o crescimento de nossa crença, sob bases seguras? Gostaria de ouvir-vos a respeito.

Tertullianus sorriu e com ar de satisfação começou a desfilar o que pensava ser indispensável conversar com o epískopo-geral de Roma:

— Irmãos Demétrio e Clemente, as questões que nos têm preocupado, como estudioso da Iluminada Mensagem de Yeshua de Nazareth, e principalmente na totalidade dos núcleos cristãos do Oriente, da Anatólia e da Ásia menor são várias.

Em primeiro lugar, penso em dialogarmos sobre a continuada perseguição de Roma sobre nós, os seguidores do Cristo. Aliás, quanto a isto, levo comigo dois pergaminhos que escrevi, os quais denominei: *Sd notiones* e *Apologeticus*.

Nestes escritos, faço uma firme defesa dos costumes de nossa doutrina cristã, de leais cidadãos, mesmo sob o domínio romano, e apresento considerações sobre as autoridades romanas, alertando para os erros que estavam cometendo no âmbito do direito, em comparação com os costumes das crenças variadas daqueles a quem dominam.

Que os acusadores dos cristãos, como os juízes que nos condenam, ignoram em que consiste nossa religião. Destaco a ignorância sobre a Mensagem Cristã, porquanto quem passa a conhecer a Doutrina Cristã, passa a professar o que antes não conhecia e desprezava. Alerto para o erro cometido pelos magistrados, numa atitude de desprezo à própria Lei de Roma, ao proibir os cristãos de pronunciarem qualquer frase em sua defesa, pois, pela Lei de Roma, qualquer acusado pode fazer sua defesa para demonstrar sua inocência, entretanto, deixo claro que os cristãos são cerceados em seu direito de defesa, sendo-lhes negada a oportunidade de oferecer uma resposta que porventura ajude o juiz a pronunciar uma decisão correta.

Em segundo lugar, que também reputo como importantíssimo, e se traduz em torno da natureza, da origem, do desenvolvimento e do destino da alma. Sobre isto, penso em refutarmos várias doutrinas contrárias, estranhas e vazias que têm surgido no meio de nossos núcleos cristãos, principalmente do Ocidente.

Em terceiro lugar, precisamos conversar sobre as questões do batismo e da *Pessach;* sobre a idolatria a imagens que remeteriam à presença de Yeshua e de seus apóstolos, o que para mim é uma deformação da crença.

Tertullianus calou-se.

Demétrio então disse:

— Nobre irmão, vejo que teu pensamento é lúcido. Confesso que muitas coisas que disseste me têm incomodado sobremaneira e tenho temido pelo futuro da Boa-nova. Como se trata de uma proposta de reforma puramente moral, penso que ainda demorará para que ela venha a vibrar no coração da maioria dos homens, uma vez que mesmo na minoria dos que já se contam como cristãos ainda há muitas controvérsias.

Penso também, nobre irmão, e quero dividir esta minha preocupação, que o núcleo cristão de Roma, ao pregar, por seus pares e pelo atual epískopo Zeferino, que os núcleos cristãos têm poderes para conceder a remissão dos pecados dos homens com um simples batismo ou mesmo por ação de epískopos e diákonos, que ora e vez já se ensaia a fazer, e que para meus conhecimentos e vivências relativas às máximas da doutrina cristã, é impossível de ocorrer.

Demétrio fez uma pausa em sua fala.

Clemente, que a tudo ouvia com atenção, aproveitando o instantâneo silêncio, aduziu:

— Meus amados irmãos, o que vós falastes tem profundo significado neste momento em que, a meu ver, atravessamos uma certa crise de compreensão e prática da Doutrina do Mestre. Tenho percebido, pelos lugares onde tenho podido andar, nos núcleos cristãos que tenho visitado, a existência de falsos entendimentos do que efetivamente nos foi legado pelo Divino Mestre.

Apregoam-se coisas que Ele não falou. Inventam-se interpretações dúbias. Cresce cada vez mais o distanciamento do verdadeiro e puro Cristianismo e se dá lugar a um Cristianismo de interesses pessoais e de grupos, enxertado com criações muitas vezes até absurdas. É preciso, urgentemente, no meu entender, divulgar a importância da crença cristã como uma doutrina que atende às necessidades de que o povo se ressente, em termos de uma fé mais compreensível, principalmente quanto a seus efeitos e quanto ao entendimento e compreensão dos objetivos centrais do Evangelho do Cristo.

A cultura pagã de nosso tempo tem sido um entrave à marcha ascensional da Boa-nova, e quando fazemos uma análise desprovida de paixões, vemos que mesmo em nosso meio, onde deveria imperar a certeza quanto ao que Yeshua viveu e ensinou, existe uma diversidade de níveis de entendimento, o que causa a ausência de maior dedicação quanto à prática cristã segura.

Temos muitos irmãos que ao assumirem o papel de liderança em seus núcleos cristãos, têm procurado bem passar o conhecimento do verdadeiro legado do Cristo. Agindo como excelentes agricultores, buscam cultivar com esmero o solo dos corações das criaturas interessadas em encontrar um lenitivo para as dores da alma, para nela plantarem a semente da verdade, ao passo que já há aqueles que se colocam em pedestal invisível e saem a ditar normas de comportamento, sem que efetivamente deem o exemplo quanto a isto.

Aqueles que se candidatam a ensinar às pessoas as máximas da maravilhosa mensagem cristã devem, em primeiro lugar, tornar-se exemplos de comportamento moral a ser seguido e, além disso, facilitar a compreensão dos ensinamentos, nada mais que isso. Devem concitar os fiéis a aprenderem a superar suas dificuldades por si próprios, para que consigam realizar o necessário movimento de progressão de sua fé, sem esquecer que aquele que ensina está aprendendo, a cada palavra que profere. Os que não atingem esse nível de compreensão necessitam de uma mão amiga que os conduza, pois a ausência de esclarecimento quanto ao sentido verdadeiro do Cristianismo facilita o atrofiamento da fé verdadeira.

Clemente calou-se.

O epískopo Demétrio e os visitantes ficaram impressionados com a linha de raciocínio desenvolvida por Clemente.

O restante da noite foi consumido pelo diálogo caloroso e pleno de alegria. Aproximando-se o momento do repouso noturno, Demétrio solicitou a Clemente, que orasse por todos, com o que o valoroso diákono assentiu:

— *Amados irmãos, nossos pensamentos voam, neste instante, na direção do infinito, até chegar à casa de Yahweh, a fim de dizer-lhe que desejamos que nos conceda a graça de sentirmos a suavidade do seu amor, para que a nossa fé se fortaleça cada vez mais e cresça a esperança de sermos fiéis servidores na sua vinha, sempre.*

Ainda que não sintamos a vossa presença de maneira permanente, suspiramos que ouçais este nosso desejo inflamado, almejando que sejamos contados entre os que vos amam com todo fervor.

Abençoado é o homem que busca Yahweh de todo o coração, pelos caminhos traçados por Yeshua, eis que Ele nos disse: "Eu sou a luz do mundo e quem me segue será iluminado e verá a face amorosa do Pai Celestial".

Que vossas bênçãos nos cubram a existência. Assim seja.

Na manhã seguinte os amigos passaram a estabelecer conversação sobre os planos para a extensa viagem marítima até a cidade de Roma.

O diákono Zaki pediu a palavra e disse:

— Nobres epískopos e nobre Tertullianus, eu e o amigo Barach temos acompanhado vossos ensinamentos, que para nós são como que uma água que dessedenta a alma. Também estamos entusiasmados com esta viagem, entretanto, penso que ela não será muito fácil, porque se tem tido notícias, ultimamente, que Roma tem reeditado uma campanha, que de quando em quando ela ressuscita, que é a perseguição aos cristãos.

Desse modo, gostaria de sugerir que se pense numa visita ao novo cônsul romano, aqui em Alexandria, que o epískopo Demétrio e os demais irmãos diákonos daqui já conhecem, eis que fomos informados, há pouco, pela irmã Camilla, que ele já esteve por duas vezes aqui no núcleo, objetivando pedir a ele que nos dê um salvo-conduto, para que nos navios e nos portos e cidades portuárias por onde passarmos, os quais são domínios de Roma, o que nos possibilitará fazer uma viagem tranquila e sem percalços.

O que achais de minha ideia?

Demétrio, de pronto, respondeu:

— Irmão Zaki, acho muito interessante e até necessária a providência. Da minha parte, aprovo.

A seguir, olhou para os demais, que balançaram a cabeça favoravelmente.

Demétrio arrematou, dizendo que pediria uma entrevista com o cônsul, com essa finalidade.

Tertullianus, utilizando novamente da palavra, manifestou-se dizendo:

— Nobres amigos, mudando um pouco de assunto, gostaria de dizer que estou de pleno acordo com a manifestação do irmão Clemente, feita ontem à noite, em nossa conversação.

Antes de dormir, fiquei pensando em meus estudos sobre o Evangelho que Yeshua de Nazareth trouxe à Terra. Ante as colocações de ontem, no meu entender, o que o núcleo cristão de Roma prega como remissão dos pecados, nenhuma semelhança tem com uma linha sequer da Mensagem trazida por nosso Messias.

No que diz respeito aos irmãos Mateus, Marcos, Lucas e João, que nos trouxeram as anotações da mensagem de Yeshua, as quais me vieram à mente — talvez seja uma inspiração —, deveríamos passar a chamá-los de *evangelistas,* e, por conseguinte, poderíamos chamar suas mensagens de *Evangelho segundo Mateus*, e assim por diante, em cujo Evangelho veremos o que Yeshua disse:

Daí por diante, passou Yeshua a pregar e dizer: *Arrependei-vos, porque está próximo o reino dos céus*. Passou Yeshua a advertir as cidades nas quais Ele operava numerosos milagres, pelo fato de não terem se arrependido. *Ai de ti, Corazim! Ai de ti, Betsaida, porque se em Tiro e em Sídon se tivesse operado os milagres que em vós se fizeram, há muito, sentadas em silício e cinza, elas teriam se arrependido.*

Ninivitas se levantarão, no juízo, com esta geração e a condenarão, porque se arrependeram com a pregação de Jonas. E eis que aqui está quem é maior do que Jonas.

Nessa linha de raciocínio que expresso, doravante, o evangelista Marcos anotou que Yeshua também disse:

Então, saindo eles, pregaram ao povo que se arrependesse.

Ainda o Evangelista Lucas anotou:

Não eram, eu vo-lo afirmo, mas se não vos arrependerdes, todos igualmente perecereis.

Todas essas afirmações do Metre, a meu ver, deixam muito claro que não pode haver remissão dos pecados, pois é a partir do momento em que a criatura se esforça por arrepender-se das faltas que começaria a sua remissão dos pecados, porque apenas o arrependimento não significa redenção, pois se assim fosse não haveria justiça da parte de Yahweh.

O arrependimento é o início da recuperação da alma, mas para anular as faltas, portanto, a chamada remissão total que o núcleo cristão de Roma teima em alardear, é preciso agir no bem para anular o mal praticado

Assim, não há como não deixar de dizer que remissão dos pecados é ato da criatura humana, tarefa de seu próprio interior ou íntimo na direção da reconstrução futura do que foi derribado.

Assim, não se pode conceder o que não se tem. Os irmãos de Roma, ao assim pregarem e agirem, revestem-se de uma autoridade que não possuem, pois remissão dos erros ou equívocos que cometemos somente se pode dar mediante o acerto de contas com as Leis de Yahweh.

O erudito de Cartago calou-se.

Todos estavam admirados de suas ideias.

CAP. XXXVIII

AÇÕES DO NOVO CÔNSUL ROMANO EM ALEXANDRIA – DESDOBRAMENTO

As atividades de Lucius Virius Lupus, na condição de cônsul romano em Alexandria, eram intensas. Além de ter organizado toda a Intendência Romana, mandou edificar novas construções para melhor acomodar os soldados e oficiais das duas legiões que ali estavam estacionadas sob seu comando e que no total atingia 20 mil homens. Atendendo às instruções do imperador, mandou que seus oficiais levassem a cabo a tarefa de mapear os grupamentos ou tribos nativas, com a finalidade de estabelecer planejamento seguro de expansão do domínio de Roma na região e por toda a província romana do Egito. Visava, com isso, facilitar o objetivo idealizado por Septimius Severus, que era o de incursionar com as tropas mais para o sudoeste e sul do continente.

Ao mesmo tempo, determinou a realização de várias obras de melhoria na cidade de Alexandria. Mandou construir mais um anfiteatro; uma casa pública de banhos; melhorou as ruas, determinando o plantio de árvores nas suas laterais e de plantas que as adornassem com flores, na primavera; reformou as praças públicas e determinou que fossem feitas melhorias em todo o porto de Alexandria, reformando os atracadouros de navios. Sob sua direção, Alexandria, que já era uma cidade bonita, estava ainda mais bela e atrativa. Além das obras,

Virius Lupus estabeleceu com os egípcios uma relação amistosa, embora os impostos cobrados por Roma continuassem altos. A economia da cidade melhorou, e muito, sob sua direção, o que agradava sobremaneira aos egípcios que, apesar dos impostos, tiveram suas rendas aumentadas.

Embora todas essas melhorias, e de passar a ser muito respeitado pela população local e pelos romanos, gregos e judeus que ali residiam, Virius Lupus era muito recluso. Despachava pela manhã toda no seu gabinete, no pequeno palácio da Intendência, o que fazia invariavelmente até o meio do dia. Após, almoçava sempre com seus oficiais mais diretos, fazia uma breve sesta e a seguir se reunia com seus oficiais para novas conversações sobre as questões de Roma.

Ao cair da tarde, todos os dias, quando os raios solares já eram de menor intensidade, acompanhado por oficiais de sua guarda pessoal, caminhava pela orla litorânea, sempre admirando a imensidão das águas do Mediterrâneo.

Muitas vezes se sentava na areia da praia e ficava algumas horas na contemplação das ondas, ocasiões em que seu pensamento voava na direção de Júlia. Relembrava os diálogos amorosos, o sorriso cativante da amada inesquecível e seu meigo olhar. Muitas vezes suspirava e a saudade e as lágrimas compareciam nas suas retinas.

Nessas horas de reflexão, já tinha chegado ao convencimento íntimo de que o Deus de Júlia, a quem ela chamava de Yahweh, era mesmo o Deus único de todas as nações da Terra, Criador de tudo. Também se apegara, no seu íntimo, a Yeshua de Nazareth. Sim, havia se tornado intimamente um cristão, contudo, pelas exigências do cargo e da cidadania, não deixava de comparecer aos cultos e cerimônias praticadas pelos sacerdotes romanos que, inclusive entre os deuses de Roma, cultuavam o imperador como um deus. Já tinha visitado o núcleo cristão de Alexandria por quatro vezes, ao longo dos oito meses que já se tinham passado, desde a sua chegada. Cogitava que se sentira muito bem quando lá estivera.

Num daqueles dias em que andava pela orla, pela praia, viu ao longe o vulto de uma mulher com uma criança caminhando na direção contrária à dele. Ao se aproximarem mais um pouco, reconheceu que era uma jovem mulher a quem tinha visto nas suas visitas ao núcleo cristão de Alexandria, e que a criança que ela carregava pelas mãos deveria ter entre três ou quatro anos. Virius Lupus, quando da visita que fizera ao núcleo, na ocasião em que a jovem senhora lá estava, já ficara impressionado com sua beleza. Sem se dar conta, como que guiado por um impulso desconhecido, teve o ímpeto de se dirigir à jovem. Os soldados que faziam sua segurança quedaram-se surpresos, contudo, o cônsul romano se aproximou da jovem e disse:

— Olá, nobre senhora! com sua licença, a senhora frequenta o núcleo cristão da cidade, não é?

A jovem, que tinha ficado muito surpresa com o gesto e a interpelação do cônsul de Roma, respondeu:

— Sim, nobre cônsul, além de frequentar, eu moro lá.

— Ah! sim, bem que vos reconheci — retrucou Virius Lupus. — Tenho boa memória. E vos chamais Camilla, não é?

— Sim — respondeu a jovem.

A seguir, Virius Lupus fixou seu olhar na criancinha. Era um menino realmente lindo. Sentiu imediatamente que alguma coisa diferente no seu rosto lhe chamou muito a atenção. Os traços fisionômicos da criança lhe pareciam familiares. Buscou mentalmente obter resposta imediata quanto àquela impressão, ocasião em que, apurando a memória, sentiu que seus olhos identificaram no menino uma forte semelhança com a fisionomia de Júlia. Havia nela como que alguns traços da mulher amada, além de um pequeno corte natural sob o queixo da criança, o que o levou a assim pensar. Ficou assustado intimamente, entretanto, afastou aqueles pensamentos, pois a sua querida Júlia havia falecido na província romana da Britânia, muito, mas muito longe dali. Logo, aquelas impressões não faziam o menor sentido. Talvez fossem projeções de sua mente.

— É vosso filho? — perguntou a Camilla.

— Sim — respondeu a jovem.

— Muito bonito! — acrescentou o cônsul. — És então casada?

— Não, não sou —, respondeu Camilla.

Virius Lupus ia continuar a conversação, quando o centurião Aulus, que comandava a guarda pessoal o interrompeu:

— Nobre cônsul, já é tempo de retornarmos à Intendência.

Virius Lupus assentiu com a cabeça e passando a mão sobre os cabelos do menino, que sorriu para ele, falou:

— Nobre senhora, perdoai-me a intromissão e as perguntas que vos fiz. Foi um prazer ver-vos novamente. Ah! por favor, uma vez que falastes que resides no núcleo cristão, peço, por favor, avisar vosso superior que pretendo, por estes dias, visitar novamente o núcleo. Mandarei avisar antes. Até outra ocasião!

A seguir, empertigou-se na direção da jovem e se afastou, juntamente com os soldados.

Camilla, que na verdade era a bailarina Nadir, impressionada com o ocorrido, ficou pensativa. Jamais imaginaria que o cônsul romano fosse a interpelar e dirigir a palavra, como fez, inclusive, com esmerado respeito e educação.

Estava admirada, principalmente por ele ter afagado os cabelos do menino, que era para ela o filho que sempre quisera ter.

Ao retornar à Intendência, após banhar-se e fazer a ceia noturna, na companhia de seus oficiais diretos, Virius Lupus retirou-se para seus aposentos de repouso, que ficavam no segundo piso, nos fundos da Intendência, por questão de segurança. O aposento possuía duas janelas grandes e uma porta que dava para uma sacada ornada com vários bancos confortáveis e outros pequenos bancos para apoio das pernas.

Todos os dias, no início da noite, os ajudantes de ordens acendiam três grandes lamparinas presas ao teto e espaçadas, com pavios mergulhados em óleo de oliveira, que exalava odor característico, agradável aos humanos, mas que afastava os insetos noturnos.

Virius Lupus buscava a varanda para relaxar das tensões que o cotidiano lhe trazia. Nas noites de luar, ficava ali muito tempo, na

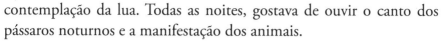

contemplação da lua. Todas as noites, gostava de ouvir o canto dos pássaros noturnos e a manifestação dos animais.

Aquela noite, justamente, era uma noite com céu limpo e uma lua cheia majestosa. Ao contemplá-la, seu pensamento voou na direção do encontro que tivera com a jovem cristã Camilla e seu filho. Em suas cogitações, ocupou lugar a constatação de que Camilla era portadora de uma impressionante beleza e que igualmente impressionante era a beleza do menino que ela disse ser filho dela.

De repente, um pensamento assomou na mente do cônsul. Ora, se ela não era casada, como disse, o filho seria talvez fruto de uma aventura malsucedida? Ou seria o filho de algum soldado que pereceu em batalha, ou de algum marinheiro que pereceu no mar ou estava em viagem.

Virius Lupus admirou-se de suas próprias conjecturas e a seguir procurou afastar aqueles pensamentos. Depois de mais algum tempo na admiração da paisagem noturna, retirou-se para o aposento de repouso. Antes de deitar-se, como tinha aprendido com a amada Júlia, fez sentida prece:

Yeshua de Nazareth, quero vos dizer que confio em Vós e que Vós sois o representante de Yahweh, a quem também reverencio, como dizia a doce Júlia, o Criador de todas as coisas que existem. Se a morte do corpo não elimina a alma, tenho certeza de que onde estiver, Júlia deve estar olhando por mim. Sinto que já a revi, de alguma forma, em sonhos, em augusta morada nos céus. Peço-vos que veleis por ela também. A meu modo, Messias, estarei sempre pronto para servir-vos, seja qual for a condição que se apresente, e peço vossa compaixão para comigo. Assim seja.

Tão logo pronunciou as últimas palavras, adormeceu.

Já era manhã alta, quando acordou, apesar da existência de compromissos, pois sempre preferia atender pela manhã. Seus subalternos, quando ele avançava em sono, em alguma manhã, não o acordavam. Preferiam remarcar os compromissos de atendimento para a parte da tarde.

Um pouco assustado, pois o dia já ia avançado, o cônsul e general, após breve higiene, ajustou-se na farda. Apesar de ser cônsul, sempre se apresentava com a farda militar, apenas colocando sobre os ombros o manto de cônsul. Era um hábito de que gostava.

Logo, seus ajudantes de ordens trataram de servir o repasto matinal, na varanda dos seus aposentos e Virius Lupus sentou-se para o desjejum.

Enquanto lhe serviam leite de cabra, pão feito no forno da Intendência, geleia e mel, ficou a contemplar a área dos fundos da propriedade, no momento em que os pássaros faziam agradável trinado, como que parecendo querer saudar o cônsul.

Enquanto ouvia os pássaros, Virius Lupus ausentou-se mentalmente. Seu pensamento voou novamente na direção do encontro que tivera no dia anterior, na praia, com a jovem Camilla e o menino.

Surpreendeu-se novamente com esse pensamento. Desde que sua amada Júlia partira para as moradas da casa do Pai Celestial, como ela se referia aos Céus, o que ele agora aceitava, jamais cogitara um pensamento sequer na direção de outra mulher. Apesar dessas cogitações, repassava suas impressões íntimas e por mais que respeitasse a memória de Júlia, não conseguia deixar de registrar a beleza de Camilla. Era uma beleza diferente da de Júlia. Se Júlia, a seu passo, era possuidora de uma beleza suave, extraordinária, percebia que Camilla tinha uma beleza forte, com traços marcantes, os cabelos bem escuros, sobrancelhas espessas, um rosto perfeito e dois olhos enormes, escuros, os lábios um pouco salientes e um sorriso largo. Suas formas físicas eram suaves e perfeitas. Parecia ser uma bailarina, cogitou intimamente Virius Lupus.

Lembrou-se de ter dito a ela para avisar que iria novamente visitar o núcleo cristão da cidade, e ante essa lembrança, bateu palmas e de imediato um soldado ordenança atendeu, dizendo:

— Salve, Roma! Salve, nobre cônsul! Às vossas ordens.

— Legionário — disse Virius Lupus —, ide requisitar a presença do centurião Aulus, imediatamente.

O soldado aquiesceu e saiu apressadamente. Em breve, Aulus se apresentava:

— Nobre cônsul, estou para servir-vos.

Virius Lupus sorriu e disse:

— Aulus, determino que vás até o núcleo cristão da cidade e lá contates a quem chamam de epískopo Demétrio. Dize a ele que pretendo visitá-los daqui a três dias.

O centurião registrou a fala do cônsul, contudo, a seguir indagou:

— Somente isto, nobre cônsul?

— Ah! — respondeu Virius Lupus — aproveita o contato e procura saber sobre a jovem que faz parte do núcleo, que mora lá e que se chama Camilla. Levanta todos os dados possíveis sobre ela: de onde é; o que fazia antes de chegar ao núcleo cristão; se foi casada; o nome do filho que tem; o nome do pai do menino.

Virius Lupus calou-se e o centurião respondeu:

— Sim, nobre cônsul, farei o que determinais, e em breve voltarei com as informações.

Virius Lupus desceu de seus aposentos e foi caminhar pelo imenso jardim que havia aos fundos. Parava aqui e ali, conferindo a beleza e o brilho das flores com cores variadas. Em sua caminhada, alternava seus pensamentos entre lembranças de Júlia e os últimos acontecimentos, que lhe surpreenderam as expectativas e que se relacionavam ao encontro com a jovem e o menino, na praia.

Após a caminhada, e ainda pela manhã, Virius Lupus apressou-se a se recompor para a refeição do meio do dia, eis que à tarde tinha algumas entrevistas com cidadãos de Alexandria.

Logo após a refeição, feita junto com os oficiais mais ligados, entre eles o centurião Aulus, que já havia retornado da tarefa que o cônsul lhe impusera, mas que nada falara na frente dos demais oficiais, inclusive dos dois generais que chefiavam a Legião X Ferrata e a Legião III Tetra Pártia, estacionadas em Alexandria, sob o alto comando do cônsul.

Então, aproximando-se do cônsul, o centurião Aulus lhe disse:

— Nobre cônsul, cumpri vossa determinação e peço que me recebais hoje, por primeiro, na sala de audiências, logo mais.

— Tens minha autorização para entrares antes que eu receba os interessados, aliás como sempre fazes —, respondeu Virius Lupus.

Algum tempo depois o cônsul já se achava na sua sala de atendimento, quando Aulus entrou.

Após as saudações de praxe, Aulus foi logo dando contas do cumprimento da tarefa de que fora incumbido:

— Nobre cônsul, entrevistei-me com o epískopo cristão Demétrio e falei da vossa deliberação. Agradeceu sobremaneira vosso interesse e vontade e pediu-me para vos dizer que será um renovado prazer receber-vos, na próxima quinta-feira, que é dia de atividade pública no núcleo.

Entretanto, ele me disse que necessita antes vir com amigos ter uma entrevista com vossa pessoa, com objetivo de tratar de assuntos relativos a uma viagem que pretendem fazer à cidade de Roma.

Aproveitei a oportunidade e disse ter visto a jovem Camilla na praia, com um menino. Simulei interesse pessoal sobre a figura da jovem. Perguntei-lhe se ela era de Alexandria. Respondeu que não, que ela é da Pártia e que se trata de uma ex-bailarina que foi raptada da corte do rei parta Vologases VI; que seu raptor possui uma companhia de dança que viaja muito e se apresenta por toda parte; que ela estava cansada da vida de escravidão ao dono da companhia e de seu raptor e fugiu quando a companhia se apresentava aqui em Alexandria; que, na ocasião, auxiliada por três diákonos do núcleo, auxiliares do epískopo, escondeu-se nas dependências do núcleo cristão; que após a companhia de dança ter ido embora da cidade, ela acabou por se incorporar ao núcleo, e lá reside, desde então, tendo-se convertido ao Cristianismo; que nunca foi casada.

Aulus fez uma pausa. O cônsul tudo ouvia com muita atenção, e ante o respeitoso silêncio de seu oficial, não esperou e disse:

— Nobre Aulus, vamos, vamos, diga-me o resto.

Aulus, que já tinha ficado surpreso com o pedido do cônsul, que após a morte de Júlia perdera o interesse pelas coisas em geral, e principalmente em conhecer novas mulheres, mais surpreso ainda se mostrou com a impaciência do cônsul, e então continuou:

— A respeito do menino, que ela diz ser seu filho, na verdade não é filho dela, mas ela o trata como se fosse. Revelou-me o epískopo que o menino apareceu no núcleo com uma senhora que se dizia mãe dele, que se achava muito doente e que foi atendida e fez amizade com a jovem. Que seis dias depois de ter vindo ao núcleo, a mãe do menino, certo dia, apareceu e pediu um favor à jovem Camilla. Disse que seu pai tinha morrido e que precisava fazer uma longa viagem na busca de parentes que anteriormente residiam em Alexandria e que quando ela aqui chegou verificou que haviam se mudado, por isso solicitou que Camilla pudesse cuidar da criança temporariamente, até que ela voltasse. Que a jovem obteve permissão do epískopo e a mãe do menino deixou a criança no núcleo e se foi. Que já se passaram quase dois anos e nunca mais a mãe apareceu. Que diante disto, a jovem pediu ao epískopo que deixasse a criança com ela, que a criaria como se fosse seu filho, no que o epískopo aquiesceu.

Aulus fez nova pausa. O cônsul, que tudo ouvira com muita atenção, parecia ter-se ausentado do ambiente. Aulus, percebendo, o chamou pelo nome:

— Nobre cônsul Virius Lupus!

Este, dando-se conta do seu distanciamento, respondeu:

— Sim, sim, nobre Aulus!

— São as respostas que obtive às questões que vós me pedistes — aduziu o centurião.

— Por acaso, Aulus — emendou Virius Lupus —, o epískopo sabe alguma coisa sobre a mãe do menino?

— Indaguei-lhe sobre isto — respondeu Aulus. — Respondeu-me que a jovem Camilla prometeu à mãe do menino guardar um segredo que ela lhe revelara sobre isto. Ah! ia me esquecendo! A jovem e o menino moram nas dependências do núcleo cristão.

Virius Lupus trazia o pensamento em turbilhão, contudo, disfarçou o quanto pôde. A seguir, agradeceu ao centurião:

— Nobre Aulus, agradeço tua presteza e as informações.

Virius Lupus atendeu a três consulentes, no período vespertino, contudo, mal se tinha concentrado nas tarefas, porquanto as narrativas do centurião tinham-no deixado, além de intrigado, intimamente um pouco aflito.

Após cear, a noite surpreendeu o cônsul na varanda de seu aposento de dormir. Estava quente. Ouvia o estrilar dos grilos, o canto dos pássaros noturnos, um grunhido de animal aqui outro acolá.

Olhando fixamente para a lamparina a óleo de oliveira, seu pensamento voou para aquele dia em que fora até a província da Britânia à procura de sua amada Júlia e para conhecer o fruto do amor de ambos, pois ela lhe havia escrito sobre a gravidez. Lembrava da enorme tristeza que lhe tomara conta da alma, e que seu coração se rasgara por dentro, quando, chegando à casa onde Júlia morava, tudo estava às escuras.

Reviveu as recordações daquele fatídico dia. Lembrou do vizinho de Júlia e do que ele lhe falara sobre uma mulher que atendera ao parto da amada; que essa mulher dissera ao vizinho que tanto Júlia como o filho haviam morrido no parto. Lembrou-se que viu os dois túmulos no quintal da casa, onde chorou sentidas lágrimas, as quais traduziam toda a sua intensa dor e amargura.

Nesses devaneios, assomou à sua mente um pensamento, que entendeu desordenado e fruto até de sua imaginação, pois, ante as narrativas do centurião Aulus sobre o menino que vira na praia e que pelas informações parecia ter sido abandonado pela mãe, imaginou se não poderia aquela criança vir a ser o filho seu e de Júlia, e que de alguma maneira sobrevivera à morte da mãe, pois ele vira, na fisionomia do menino, uma enorme semelhança com os traços fisionômicos de Júlia.

Novamente, como já fizera uma vez, afastou aqueles pensamentos, que entendeu intimamente como absurdos, e como estava se sentindo cansado, buscou seu aposento. Seus sentidos relaxaram, e então adormeceu.

CAP. XXXIX

A CHEGADA DO GRUPO CRISTÃO A ROMA – PLANEJAMENTOS

Após três meses de viagem, Tertullianus, Eliaquim, Demétrio, Clemente de Alexandria e os diákonos Zaki e Barach, numa tarde fria, com nuvens carregadas, desembarcaram no porto romano de Óstia.

Ao lá chegarem, tiveram a felicidade de serem recepcionados por um grupo de cristãos que haviam obtido orientação espiritual relativamente à chegada de um grupo de cristãos que estariam vindo da província romana de Alexandria, no Egito.

Esse grupo, já quase há um mês, deslocava-se toda tarde para o porto, sempre no momento da chegada de navios ou galés romanas, na esperança de ver chegar um grupo de cristãos que por tradição vestiam-se com túnicas brancas ou cinza.

Foi grande a alegria dos dois lados ao se identificarem pela vestimenta e após, em pleno porto, o líder do grupo cristão que recepcionou os visitantes, Adamastor, disse aos viajantes:

— Meus irmãos, recebemos, há aproximadamente trinta dias, em nosso grupo de atividades cristãs, a revelação de que desembarcaria um grupo de irmãos em Cristo, e que deveríamos esperá-los para lhes dar guarida e apoio, o que estamos fazendo todos os dias, mantendo a revelação em segredo entre nós.

Os visitantes ficaram extremamente surpresos e foi Clemente que agradeceu a revelada preocupação e o carinho. Feitas as apresentações e abraços, e ante a continuada curiosidade dos visitantes, que jamais imaginaram ter alguém os esperando, Adamastor continuou:

— Nobres irmãos em Yeshua, estamos muito contentes por este momento, para nós sublime. Como vedes, somos 12 cristãos, todos frequentadores, já por alguns anos, do núcleo cristão de Roma, onde inclusive já desempenhamos várias atividades diárias. Entretanto, confessamos-vos que, em razão de algumas observações, e mesmo críticas que fizemos em face de determinadas situações provocadas pelo epískopo-geral Zeferino, as quais consideramos inapropriadas, no que se relaciona à Sublime Mensagem de nosso Messias Amado, todos fomos dispensados da contribuição que dávamos em várias áreas de atividade do núcleo cristão.

Embora entristecidos com essa atitude, continuamos a frequentar o núcleo como meros assistentes e ouvintes, porém, organizamo-nos e demos início a estudos permanentes da Mensagem do Mestre Yeshua, em minha residência, o que fazemos toda semana, por três noites, sendo que reservamos um dia desses para recebermos orientações das Moradas Celestes.

Foi num desses dias que, há quase um mês, através de nosso irmão Nemézio, aqui presente — e ao falar de Nemézio, indicou-o aos visitantes —, que certa noite recebemos a orientação de que dentro de aproximadamente trinta dias chegaria ao porto de Óstia um grupo de leais servidores do Cristo, que estavam vindo da cidade de Alexandria, da província romana do Egito. Que viéssemos todos os dias até o porto, a fim de recepcioná-los quando da chegada, com a finalidade de dar-lhes o apoio necessário, daí a razão de vos dizer do nosso contentamento com a consumação da orientação divina que recebemos.

Adamastor calou-se. Havia no ar um clima de alegria, e foi Clemente que, em nome dos visitantes, tomou da palavra:

— Nobre irmão Adamastor, irmão Nemézio e demais irmãos em Yeshua! O que dizer-vos ante a bela e inesperada surpresa, senão agradecer a Yeshua de Nazareth, que com certeza providenciou-nos este encontro e esta recepção? Estamos felizes e agradecidos a Yeshua.

Adamastor, ante o breve silêncio que Clemente fez, disse:

— Pois bem, nobres irmãos, sois convidados a ficardes hospedados em minha casa. Sou viúvo já há alguns anos, e minha residência comporta todos. Tem espaço suficiente para isto. É lá que nos reunimos todas as noites indicadas. Peço que nos acompanheis. Terei imensa alegria em hospedar-vos, aliás, confiantes na confirmação da orientação que recebemos, todos os amigos que aqui estamos já nos cotizamos, de modo que não faltará nada aos irmãos, seja pouso, seja alimento.

A casa do anfitrião era grande. Possuía ampla sala e cozinha e oito quartos. Ficava bem no meio do terreno, que era cercado de árvores frutíferas. Era um local muito aprazível.

Adamastor já lhes havia comunicado que após todos estarem muito bem acomodados, reuniriam-se para o repasto noturno, ao cair da tarde, e que justamente aquela era a noite reservada para ficarem à disposição, a fim de receberem orientação das Moradas Celestes.

Quando começou a escurecer, Tertullianus e Clemente de Alexandria, que dividiram um quarto; Demétrio e Eliaquim, que dividiram outro, e ainda os diákonos Zaki e Barach, que haviam ficado em outro, reuniram-se na cozinha da casa do novo amigo.

Ao lá chegarem, Adamastor e Nemézio já os estavam esperando. Havia três senhoras que se deslocavam daqui para ali, dando conta da arrumação da mesa para o repasto noturno. Ao perceber o olhar de curiosidade dos amigos, Adamastor disse:

— Meus irmãos, as nossas irmãs Licínia, Valéria e Celeres são cristãs, como nós, e participam de nossas atividades, sempre buscando colaborar conosco. Estão sempre solícitas, auxiliando-nos com as refeições e com a limpeza.

Minha família, como pudestes ver, pelo tamanho desta propriedade, era uma família de posses. Meu pai era comerciante, sempre fazendo viagens marítimas. Sou filho único, e certa feita, já há dez anos, ele viajou com minha mãe, entretanto, naufragaram. Eu já era maior de idade e acabei por herdar os negócios de meu pai, de modo que comercio, também, agora em escala menor, trazendo e revendendo roupas e iguarias pelo porto.

Após a breve conversação, o repasto noturno foi servido. A pedido do anfitrião, Demétrio proferiu uma breve prece. Todos cearam em clima de descontração. Depois do jantar, foi servido delicioso chá de romã. Após mais algum tempo, Adamastor convidou-os para irem a uma ampla sala, que tinha também uma grande mesa com quatro cadeiras, e no restante do espaço da sala, havia mais uns 30 bancos para assento.

Os demais irmãos que tinham estado na recepção, no porto, foram chegando, como também chegaram mais pessoas, e em breve a sala ficou quase totalmente tomada. As pessoas que chegavam olhavam para os visitantes com curiosidade. Adamastor dirigiu-se à mesa, sentou-se, convidou Nemézio, Clemente e Tertullianus para sentarem-se próximo a ele e pediu aos demais que se sentassem nos bancos, à frente da mesa.

O ambiente era iluminado por seis lamparinas de vidro, com pavio a óleo de oliveira. Havia sobre a mesa quatro grandes rolos de pergaminho.

Adamastor cumprimentou a todos, e informou da enorme satisfação de estar recebendo um grupo de amigos cristãos que tinham vindo de Alexandria, da província do Egito, indicando os mesmos. A seguir, pegou um dos rolos sobre a mesa, segurou-o e a seguir pediu a Clemente:

— Nobre irmão Clemente, rogo-vos que conduzais nossos pensamentos às Moradas Celestes.

O silêncio era total. Clemente cerrou os olhos e iniciou a orar:

Oh! Senhor e Mestre Yeshua de Nazareth! Bem-aventurados são aqueles que possuem amigos em Yahweh. Nesta noite de nossas vidas, rendemos graças a vós pela bondade do coração dos irmãos que nos recebem com as dádivas da atenção e do carinho, quase que paternais. Reunimo-

-nos, neste lar abençoado pela presença de vossos leais servidores para com um só pensamento fazermos chegar até vós nossa manifestação de gratidão pelo acolhimento que nos é depositado, com certeza, em vosso santo nome!

Que nos momentos que se seguirão, possamos honrar-vos pelo pensamento, cada vez mais, a fim de que nossas ações sejam o reflexo de nossa alma! Auxiliai-nos em nossos objetivos e permiti que nos perfilemos no exército dos que combatem a intolerância, o desequilíbrio e a maldade, utilizando-nos do escudo da fé inquebrantável em vós. Abençoai-nos e sede conosco!

Após a prece de Clemente, Adamastor abriu o rolo do pergaminho e disse:

— Meus irmãos, farei a leitura de um trecho, e logo após, peço que todos fiquemos em silêncio para que, se for da vontade de Yeshua, possamos receber orientações diretamente das Moradas Celestes.

A seguir, começou a ler em voz alta:

Yeshua lhes disse: Não tomeis rumo aos gentios e nem entreis em cidades dos samaritanos, mas de preferência procurai as ovelhas perdidas da casa de Israel. À medida que seguirdes, pregai que está próximo o Reino dos Céus. Curai os enfermos, ressuscitai os mortos, purificai os leprosos, expeli os demônios. De graça recebestes, de graça dai. Não vos provereis de ouro nem prata, nem de cobre nos vossos cintos; nem de alforje para o caminho, nem de duas túnicas, nem de sandálias, nem de bordão, porque digno é o trabalhador do seu salário.

Em qualquer cidade ou povoado em que entrardes, indagai quem neles é digno e aí ficai até vos retirardes. Ao entrardes na casa, saudai-a. Se com efeito a casa for digna, venha sobre ela a vossa paz; se, porém, não o for, torne para vós outros a vossa paz. Se alguém não vos receber, nem ouvir as vossas palavras, ao sairdes daquela casa ou daquela cidade, sacudi o pó dos vossos pés. Em verdade vos digo, que menos rigor haverá para Sodoma e Gomorra, no dia do juízo, do que para aquela cidade.

Adamastor calou-se. A seguir, todos ficaram em silêncio. Mais um pouco de tempo e o irmão Nemézio, com os olhos cerrados e com significativa alteração na sua voz, iniciou a falar:

Amados irmãos e amigos, saudamos-vos em nome de nosso Amorável Mestre Yeshua! Agrada-nos, sobremaneira, nossos corações, estarmos na companhia dos irmãos, neste instante, o que nos é permitido pela Bondade de Yahweh. Comparecemos na comunidade dos irmãos, até porque, para o Cristo, todo lugar em que a fé sincera e a comunhão de pensamentos no bem comum se fazem presentes, aí será lugar apropriado para que o Mestre possa fazer chegar o alento necessário à continuidade da disseminação da Mensagem de Amor que o Pai Celestial legou-lhe fazer chegar à Terra.

Estamos há muitos meses acompanhando o deslocamento dos irmãos que hoje, reunidos com os demais, vieram para a cidade dos césares, com a finalidade de dialogar com o irmão responsável pelo núcleo central de divulgação da Boa-nova. Desejamos, nesta noite, dizer-lhes, e em especial aos nossos irmãos visitantes, que a tarefa de divulgar a iluminada Mensagem que o Mestre Galileu disseminou é a tarefa mais difícil que se apresentou e se apresenta em toda a existência terrena até aqui, eis que ela é a primeira que entroniza aos homens os principais preceitos relativos à Divindade, de maneira racional, obrigando a criatura a proceder em si uma grande transformação moral, se efetivamente quer começar a compreender as máximas da Criação, razão pela qual ficou patente que para ser seguidora de Yeshua, a criatura humana precisa transformar-se numa pessoa nova, no sentido de renovar-se, mudar conceitos enraizados que antes tinha como verdade absoluta, o que ocorre quando começa a perceber que não há glória alguma em agir para com outrem, na mesma intensidade do mal que porventura esse alguém dissemine contra vós, ao contrário, é preciso buscar entender o desequilíbrio do agressor, e que há mais vantagem, aliás infinita, em amar do que em odiar o inimigo, como antes foi ensinado.

Yeshua andou entre os homens e deixou-lhes a presença viva, clara, inteligente e amorosa do Criador. Veio em meio a lobos, na condição de Cordeiro Divino, a fim de auxiliar diretamente na modificação e melhoria íntima da criatura, objetivando que ela possa caminhar na direção do reino da felicidade que todos desejamos, e, por essa via segura, ao encontro do Reino de Yahweh.

Após os ingentes esforços e os incansáveis trabalhos dos apóstolos e daqueles valorosos discípulos que os sucederam na marcha do Cristianismo sobre a Terra, ainda se pode facilmente deduzir que, no concerto do mundo, o Cristianismo é ainda uma crença débil, pouco conhecida e ainda muito pouco tolerada.

Ora, irmãos, se a Mensagem Cristã efetivamente não é muito conhecida, imprescindível que o legado deixado pelo Mestre na Terra seja declamado em todos os cantos possíveis, fazendo-se com que aqueles que porventura ainda não conheçam suas máximas, possam ter acesso a elas, a fim de que se distanciem dos dédalos escuros do orgulho, do egoísmo, da cupidez, da ganância e da vaidade desenfreada.

Os núcleos cristãos cresceram, em número, como também cresceu e cresce o número de crentes. Nesse compasso também cresce o número daqueles que pretextando a sabedoria dos Evangelhos, são invigilantes e despreparados, ensinando coisas que nada têm em comum com a Boa-nova.

Não penseis que isto é um fenômeno novo, não, não é, eis que, desde que o legado do Mestre foi desfraldado por muitos irmãos sérios, estes encontraram forças de resistência na forma de doutrinas estranhas que aventaram espalhar no seio do Cristianismo, de modo a impedir que a verdade viesse à tona, verdade que visa demonstrar que todos, absolutamente todos somos iguais e filhos do mesmo Pai Celestial.

Os anos se acumularam e a nova fé cresce timidamente, e sua marcha até poderá ser retardada pela ganância, por posições de destaque, poder e de riquezas materiais, porque várias criaturas sobre as quais já houve um investimento divino, acabam por fraquejar, esquecidas de que o Cristianismo veio para os simples e humildes de coração, embora não despreze os poderosos.

Dois séculos, quase, passaram-se, e mesmo com dificuldades enormes, a mensagem libertadora avança, escorada sobre os ombros e mentes dos que, muito embora sendo poucos, dão testemunhos de lealdade a Yeshua, carregando o archote da verdade, mesmo que tenham as mãos e os pés sangrando.

O momento é de renovação e afirmação de propósitos novos. Estais aqui na capital do Império Romano para, atendendo ao apelo de Yeshua, buscar o melhor entendimento com vossos irmãos, na direção de buscar a unidade entre os cristãos da Terra, para que as verdades trazidas pelo Cristo impulsionem cada vez mais a mudança do mundo para melhor.

Nesse sentido, haverá vários pontos que devereis, por certo, debater com o epískopo cristão de Roma, para o que, pelo sono, quando vos apartardes do corpo físico, haveremos de nos reunir e conversar. Por hora, desejamos que prossigais, com fé, destemor e coragem, no cumprimento do objetivo traçado. Não esqueçais que estaremos convosco e com todos aqueles que buscarem servir ao Cristo, desinteressadamente. Que Ele vos abençoe, sempre! É o desejo de vosso irmão Acádio.

Mais alguns instantes e Nemézio foi lentamente abrindo os olhos. Todos estavam comovidos com o ocorrido. Tertullianus, já sabendo dessa possibilidade, nunca esteve tão atento. As palavras ditas tocaram seu coração e um ímpeto de maior coragem ainda lhe invadiu todo o ser. Conversaram por mais algum tempo.

O irmão Adamastor disse aos visitantes:

— Irmãos, contatarei o secretário direto do epískopo Zeferino, nosso irmão e diákono Omar, para que o epískopo-geral vos receba o mais breve possível.

Após, mais alguns comentários foram feitos em clima de alegria e descontração. Ao final da reunião, o próprio Adamastor orou por todos:

Inesquecível Rabi, luz de nossas vidas! ao acalento da amizade sincera e pura, encaminhastes-nos de tão longe nossos novos amigos, para que, reunidos e unidos, estabeleçamos planos e ações em favor da vossa Causa, que é a Causa de nosso Pai Celestial.

Ensinai-nos, de maneira perene, a refrearmos nossos sentidos mais imediatistas e a evitarmos o imobilismo, a complacência e a ostentação, e a buscarmos em todas as coisas e ciências o proveito espiritual, para honra e glória de Yahweh.

Abençoai-nos, sempre. Assim seja.

CAPÍTULO XL

A TENSA E DECEPCIONANTE REUNIÃO COM ZEFERINO, EPÍSKOPO-GERAL DE ROMA

Quando já faziam quatro dias que estavam hospedados na casa de Adamastor, este comunicou aos visitantes que conseguira agendar o encontro com o epískopo Zeferino para o dia seguinte, no início da tarde. Tertullianus, Clemente de Alexandria, Eliaquim, Demétrio e os diákonos Zaki e Barach seriam recebidos no núcleo cristão de Roma.

Assim se deu. Ao chegarem, foram introduzidos na ampla antessala. Já estavam impressionados com a construção do núcleo, que era enorme, à semelhança das construções gregas e romanas, com diversas colunas na entrada, pisos e corredores revestidos em mármore. Tudo evidenciava luxo e conforto. Chegaram ante a porta que dava acesso ao gabinete de trabalho do epískopo-geral de Roma. Não tardou em obterem permissão para entrar.

Ao penetrarem na sala, constataram que era ampla, com várias janelas de vidro com desenhos. Havia uma mesa comprida circundada de cadeiras com o espaldar alto, em madeira escura e com assentos em almofadas confortáveis. Numa ponta da mesa se achava sentado o epískopo-geral Zeferino, e a seu lado estava sentado outro epískopo. Zeferino levantou-se e disse:

— Olá, irmãos em Cristo! Saúdo-vos e vos dou as boas-vindas. Este que está a meu lado é o epískopo auxiliar Salustiano, que me auxilia com as eventuais resoluções que temos que adotar em face dos demais núcleos cristãos. Por favor, sentai-vos. Espero que tenhais feito uma boa viagem. Afinal, em que posso servir-vos?

Os visitantes sentaram e foi Clemente que, ficando em pé, usou da palavra:

— Nobre irmão e epískopo Zeferino...

A seguir, indicou e declinou o nome de todos os itinerantes do grupo, apontando suas ocupações. A cada indicação, Zeferino meneava a cabeça afirmativamente, mantendo um leve sorriso na face. Clemente continuou:

— Aqui estamos para que possamos conversar convosco, objetivando entendimentos sobre a prática cristã que é desenvolvida nos núcleos cristãos do Ocidente e de Roma, em contrapartida com a prática cristã levada a efeito nos núcleos cristãos do Oriente. Estamos cientes que há alguns descompassos, fato que sabemos não ser novo, mas que de tempos em tempos precisam de ajustes, a fim de que nossa prática seja comum e não destoe da verdade.

Zeferino deu um meio sorriso, olhou para todos e ficou por instantes em silêncio. Ele era um homem alto, para os padrões da raça. Era judeu, tinha o rosto afilado, magro, dois grandes olhos castanhos, olhar forte, pouco cabelo e trajava-se com esmero: uma túnica branca, com uma sobretúnica em verde sobre os ombros, caindo-lhe até a cintura; uma larga faixa perpendicular em amarelo sobre os ombros, com os dizeres bordados em azul, de um lado: *Ad vitam aeternam — Para a vida eterna*, e do outro lado: *Beati pauperes spiritu – Bem-aventurados os pobres de espírito*. Olhou fixamente para Clemente e disse:

— Nobre irmão Clemente e demais irmãos! — Nisso, olhou para todos os integrantes do grupo — poderíeis ser mais claro e nos dizer quais os assuntos que entendeis de magna importância e que desejais debater conosco?

— Ante vossa pergunta — respondeu Clemente —, peço ao irmão Tertullianus, que é excelente estudioso das máximas do Cristo Yeshua, responder a vosso questionamento.

Tertullianus, um pouco reticente, ouvira tudo com atenção e estava intrigado com a manifestação do epískopo-geral de Roma, pois percebera a nítida frieza e a maneira dura com que se dirigira a Clemente. Então disse:

— Nobre irmão Zeferino, atendendo ao pedido do irmão Clemente, ouso traduzir-vos os assuntos que nos trouxeram até aqui e que entendemos delicados e até mesmo graves e extremamente necessários à nossa conversação.

Desse modo, apresentamos algumas informações que muito nos têm preocupado e igualmente à quase totalidade dos núcleos cristãos do Oriente, que se referem às ações adotadas pelo núcleo cristão de Roma, as quais traduzimos a seguir:

A criação de um officium, *no qual se tem deixado muito pouco tempo para a divulgação e interpretação da Mensagem de Yeshua.*

A criação de uma cerimônia que exalta as práticas pagãs da consagração de taças à lembrança de cultos aos vários deuses em moda na Grécia e entre os romanos.

A formulação de orações encomendadas e repetidas, recitadas sempre da mesma maneira, desfigurando completamente a espontaneidade do próprio Cristo.

A instituição de coleta pública de receitas amoedadas durante o officium.

A criação de pedaços de madeira coladas em forma de cruz, que vós tendes dito que servem para manter a memória dos padecimentos do Cristo Yeshua, estabelecendo uma lembrança da imolação do Cordeiro Divino, fixando na mesma a imagem d'Ele crucificado, ou seja, pregado na cruz, o que nos surpreende sobremaneira, porque com todo o respeito que mereceis, vemos nessa ação um despropósito que de certa maneira reduz o tamanho espiritual do Amado Mestre Nazareno, pois entendemos que precisamos

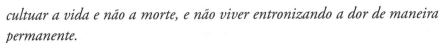

cultuar a vida e não a morte, e não viver entronizando a dor de maneira permanente.

E, por fim, o retorno do núcleo cristão de Roma às comemorações da imolação de Yeshua, em meio à comemoração da Páscoa judia.

Nobre Zeferino, estes são os pontos nevrálgicos sobre os quais viemos para dialogar com todos vós, para acharmos uma via de entendimento comum, pois essas práticas não são aceitas nos núcleos cristãos do Oriente e muito menos nos da Anatólia.

O epískopo-geral de Roma tudo ouvira em silêncio. Seus olhos pouco se movimentavam. Parecia mesmo que estava naquela reunião em extremo sacrifício. Demonstrava estar até enfadado, enquanto Tertullianus falava. Percebia-se que estava sem a mínima vontade de conversar sobre os pontos abordados. Tossiu levemente. Era uma tosse nervosa. Ela se acentuava quando ele ficava desconcertado ou nervoso, entretanto, desenvolvera uma espécie de autodefesa, eis que impregnava na face um sorriso mecânico.

Refeito do incômodo, pois quanto aos assuntos desfilados, os considerava inúteis, olhou para todos e começou a falar:

— Irmãos, em primeiro lugar, preciso dizer-vos que as iniciativas que adotamos no núcleo de Roma são iniciativas onde procuramos antes absorver todas as práticas que estão sendo desenvolvidas nos núcleos cristãos de Roma e de quase todo o Ocidente. São frutos de larga experiência nesses núcleos.

Ora, a criação do que vós chamais de *"officium"* nada mais é do que uma reunião com objetivo de cultuarmos a imagem de Yeshua.

Quanto às cerimônias que observais, elas nada mais são do que aparatos que auxiliam na fixação da memória, pelo fiel, pelo frequentador do núcleo cristão.

Quanto às chamadas orações encomendadas, não vemos em que orar ou ensinar a orar possa prejudicar alguém.

Já quanto à coleta de recursos amoedados, por certo auxilia os núcleos, pois colocar o fardo nos ombros de poucos estará, por certo, errado, daí por que, ao adotarmos essa medida, que entendemos salutar, foi no sentido de compreender que se temos o encargo de divulgar o Cristianismo, para que ele cresça em aceitação, precisamos, é claro, dedicarmo-nos muito e praticamente ficarmos à disposição o tempo todo, e temos, por certo, as nossas necessidades de sobrevivência. Logo, é justo que a comunidade que procura o Cristo, invocando ajuda para solucionar seus problemas e aflições, possa também ajudar com suas contribuições os núcleos cristãos e indiretamente àqueles que praticamente renunciam à vida comum para servir à Causa Cristã.

Zeferino fez pequena pausa proposital e percebendo os olhares indagativos dos visitantes, prosseguiu:

— Já a lembrança da cruz, que criamos, inclusive com a imagem do Mestre crucificado, representa a lembrança que deve ser permanente, pela Humanidade, das agruras, das ofensas, das agressões vis praticadas contra o Cristo, traduzindo-se no culto permanente à memória do Mestre, para que os homens não esqueçam os tormentos, dores e aflições que provocaram no Cordeiro Divino. Assim, a imagem d'Ele crucificado deve ser lição viva que precisamos perpetuar.

O epískopo-geral do núcleo cristão de Roma calou-se. Mesmo tendo ficado quieto, parecia, de certa forma, divertir-se com a fisionomia de espanto dos visitantes.

Quebrando o breve silêncio que se fez, foi Clemente que resolveu aduzir comentários sobre o que ouviram, procurando falar pausadamente. Sua manifestação foi precedida, por instantes, do olhar fixo atrás de onde estava sentado Zeferino, eis que, com os olhos da alma, ele via os venerandos Espíritos Saul de Tarshishi, Acádio e Inácio de Antioquia, os quais demonstravam gravidade no semblante. Estava presente também o Apóstolo Simão bar Jonas, já também conhecido pela alcunha de *Pedro*, derivativo que lhe fixaram ante a manifestação de Yeshua de Nazareth, quando lhe disse: *Tu és Pedra e sobre ti edificarei a minha igreja.* Era um derivativo carinhoso, com o qual os que com ele conviveram, após a desencarnação do Mestre, passaram a nominá-lo. Havia, nessa denominação um que de inocência e pureza e de lem-

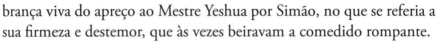

brança viva do apreço ao Mestre Yeshua por Simão, no que se referia a sua firmeza e destemor, que às vezes beiravam a comedido rompante.

Simão recebeu um sinal do governador Acádio e então aproximou-se de Clemente, induzindo-lhe os centros da mente, pelo que, a seguir, Clemente iniciou suas considerações:

— *Nobre irmão em Cristo Yeshua, Zeferino e nobre irmão Salustiano! sem dúvida, todos aqueles que se dedicam a servir na causa do Cristianismo agradam sobremaneira o Messias e alegram o Pai Celestial.*

De fato, haveremos todos de concordar que abdicar de uma vida comum, ou, podemos dizer, vivida nos padrões de normalidade social, por assim dizer, exige ingentes sacrifícios e perene renúncia a o que o mundo pode ofertar. Não se pode condenar quem quer que seja, pelas escolhas que faz na vida e pelo destino que imprime a sua existência. Apesar disto, mesmo que compreendamos que a criatura tenha liberdade para pensar e agir a seu modo, precisamos ter em mente que somos um ser que teve um início, um começo.

Na existência terrena, isto nos traz a lembrança de nossos pais: nosso nascimento, nossa infância, nossa juventude, nossa maturidade, significando dizer que mesmo antes de nascermos, o mundo já existia, com sua engrenagem própria, e outras criaturas já nos antecederam, portanto, mesmo sem nós, ou apesar de nós, a Criação é estuante de vida e beleza, e mesmo que não existíssemos, ela continuaria a criar e fazer ocorrer o progresso das almas criadas.

Qual o significado de tudo isto que vos dizemos? Ora, podereis retirar desse contexto várias definições, porém, há dentre elas uma que precisa ser conhecida e ficar gravada em nossa alma, qual seja: Yahweh e Yeshua de Nazareth são muito maiores em evolução do que possamos imaginar. Certos de que isto é uma verdade inegável, precisamos movimentar o pensamento na direção de entender que, se quisermos homenageá-los, e, no caso, principalmente Yeshua de Nazareth, não será com um culto à morte e ao sofrimento, à angústia e às aflições que lograremos fazê-lo, eis que Ele está acima disso tudo. Ademais, deixou vivas as suas palavras: Venho trazer-vos vida! E vida em abundância!

É claro que se compreende que em homenagear o Mestre com o símbolo da cruz não há demérito, pois Ele mesmo, na hora difícil do soez testemunho de amor pelos homens e completa devoção ao Criador, estava em pé, com os braços abertos para abraçar a Humanidade terrena, no poste do sacrifício, ereto na direção do infinito. Entretanto, ao transformarmos a cruz na lembrança de seu corpo físico lenhado, ensanguentado pela ignomínia humana, o que faremos é apenas cultuar uma imagem física, e não a imagem do Espírito Iluminado do Filho de Yahweh, que ressurgiu no terceiro dia e se foi para a Morada do Pai Celestial, entronizando a dor, de maneira permanente, o que produz infelicidade em nosso coração.

Por essa forma, cremos sim que devamos sempre lembrar e adorar o Mestre, por ter Ele produzido, na Terra, a mais excelente transformação de que se possa ter notícia, entronizando o bem como bandeira que deve ser hasteada em todos os recônditos de nossa alma, pela bondade que exemplificou, pela vida abundante que doou a todos os que d'Ele se aproximaram, e mesmo dos que vierem assim fazer, no futuro.

Nobre epískopo-geral, pensamos que acima de tudo é preciso dignificar o Cristo vivo, estuante e atuante. Ademais, não podemos deixar de constatar que candidatar-se a trabalhar na vinha do Senhor da Vida não representará vivermos com a renda da vinha, mas sermos dignos do salário com que o Senhor nos remunerará, significando que exigir recompensa imediata é lamentável equívoco.

Aqueles que serviram diretamente ao Mestre e que com Ele caminharam pelas impérvias vias dos corações humanos, todos, sem exceção, além da fé, da crença, da dedicação à Mensagem Libertadora de Yeshua, mantiveram suas ocupações pessoais, trabalhando até o fim pela própria sobrevivência. Desnecessário desfilar todos os exemplos, mas nos recordamos do amigo Saul de Tarshishi, que jamais deixou de produzir o trabalho necessário à sua subsistência física, o que fez com alegria no coração.

Poderemos até aventar que os tempos são outros, que o mundo mudou, as exigências se multiplicaram, a luta pela sobrevivência física se tornou mais difícil. Sim, claro, tudo isto se compreende, entretanto, é preciso o equilíbrio, eis que, por final, lembramos que o Mestre nos chamou para irmos e pregar a Sua Mensagem, mas determinou que não levássemos nem ouro nem prata nos alforjes. Significativas e inesquecíveis foram as advertências, pelo que, esquecermos ou nos negarmos a cumpri-las, sem dúvidas representará falharmos em nossos propósitos de serviço à causa do Cristianismo.

Clemente calou-se. Sentia no seu íntimo que não fora ele quem falara. Alguma coisa tinha movimentado o seu pensamento e a fala. Fez-se um silêncio sepulcral. O epískopo-geral Zeferino estava com a cabeça baixa, o olhar perdido sobre a mesa, e o mesmo se dava com seu epískopo auxiliar Salustiano.

Tertullianus, Demétrio, Eliaquim e os demais diákonos estavam impactados com a qualidade da manifestação de Clemente, e dentre eles, somente os epískopo Eliaquim e Demétrio, que também podiam devassar com a vista o invisível para os demais, viram os Venerandos Espíritos que se achavam no ambiente.

O silêncio foi quebrado por Zeferino, que parecendo recuperar-se de um transe, aduziu:

— Nobre Clemente, não posso contrapor-me à lógica de vossa manifestação. Não há dúvidas quanto à razão mesmo do que nos falastes, entretanto, a realidade humana vai muito além destas observações expressas por vós. O fato concreto é que não conseguiremos lidar com os judeus, e por conseguinte com o poder de Roma, que chancela, ainda, sobre nossas cabeças, o tacão do mando, muitas vezes de forma despótica e cruel, sem ofertar concessões de alguma forma.

Temos assistido, ao longo dos anos, nossos irmãos caminharem ao desamparo para as agruras do circo romano, e nada se fez ou se faz para evitar tais horrores. É preciso mudarmos nossa forma de agir. Precisamos ser um pouco mais astutos; colecionar mais pessoas; aumentar nossa massa de fiéis, para que Roma passe a nos dar real importância e com isso façamos cessar a carnificina praticada contra nós. Não vejo outro meio que não seja propagarmos a doutrina do Mestre a qualquer custo, de modo que seguiremos o programa que temos elaborado, sem que isto implique obrigação aos núcleos cristãos do Oriente em nos seguir, estará bem assim?

Ante a manifestação do epískopo-geral, os visitantes se entreolharam. O epískopo-geral tinha colocado um ponto final ao diálogo e não exigia nada dos demais núcleos do Oriente. Era, na realidade, uma acomodação para não se preocupar com as verdades que ali foram ditas. Desta feita, Tertullianus retomou a palavra e concluiu:

— Nobre epískopo Zeferino, ouso dizer-vos, ante vossa manifestação, que muitas coisas que dissestes com toda a sinceridade incomodam-nos sobremaneira. Também ouso dizer, e sei que igualmente é opinião dos meus amigos, é que temo pelo futuro da Mensagem do Mestre, sobre a qual recebemos a tácita incumbência de, acima de tudo, preservar na integridade com que nos foi legada, principalmente sua divulgação em bases sólidas e sem alterações ou interpretações distanciadas da realidade, temor que manifestamos para estes tempos e para o futuro.

Como se trata de uma revelação nova em relação à Divindade, demonstrando a face verdadeira de Yahweh, constitui-se em uma nova moral, que visa fortalecer e fazer vibrar os corações humanos.

Penso também, nobre epískopo, que do núcleo cristão de Roma fazer pregar, por seus pares, que os epískopo de todos os núcleos possuam poderes para conceder, em nome de Yeshua, remissão dos erros através de um simples batismo traduzido pela circuncisão, é falsear a Doutrina do Cristo e reviver uma exigência que não encontramos na mesma.

Ainda o batismo com água, como cerimônia de compromisso cristão, parece-nos despropositado, como também a cerimônia onde se cultua com água e vinho, como sendo representação do corpo e sangue de Yeshua, que entendemos também falsear o verdadeiro objetivo do Cristianismo, que é o de libertar a alma humana através de exercício de análise de sua consciência, libertando a criatura dos atavismos que nada constroem, a não ser o condicionamento ao uso de práticas que jamais foram apregoadas ou vividas por nosso amado e inesquecível Mestre de Nazaré.

Entretanto, respeitamos o posicionamento do núcleo cristão de Roma e vosso, e entendemos que nada mais resta a debatermos, por enquanto.

Agradecemos sobremaneira a recepção calorosa de vossa parte.

Retornaremos aos nossos rincões, desejando que o Mestre Yeshua nos ampare e nos fortaleça a todos, para a continuidade do nosso destino.

Após sua fala, Tertullianus levantou-se, no que foi seguido por seus pares, e após os abraços fraternais de despedidas, o pequeno grupo tomou as providências para retorno a suas bases e atividades.

O tempo deveria ser o cursor dos fatos do futuro.

CAPÍTULO XLI

NOVA VISITA DO CÔNSUL ROMANO AO NÚCLEO CRISTÃO DE ALEXANDRIA

No período da viagem do epískopo Demétrio e do diákono Clemente para visitarem o núcleo cristão de Roma, na Itálica, os trabalhos do núcleo cristão de Alexandria ficaram sob a direção do diákono Onélio.

Certa noite, quando as tarefas já se haviam iniciado, um destacamento militar romano composto por vinte legionários que acompanhavam e faziam a segurança do cônsul Lucius Virius Lupus, e este, entraram nas dependências do núcleo.

Embora a visita já fosse esperada pela direção das atividades, os frequentadores quedaram-se surpresos e não tiravam os olhos de enorme curiosidade que estavam fixados nos romanos.

Ao chegaram, a jovem auxiliar Camilla foi diretamente ao encontro do cônsul, saudando:

— Boa noite, nobre cônsul. Alegramo-nos com vossas visitas. Por favor, queiram acompanhar-me.

— Boa noite, jovem senhora — respondeu Lucius Virius Lupus —, agradeço a gentileza.

A seguir, o comando militar, tendo à frente o cônsul, acompanhou a jovem e se sentaram em uma fileira de bancos, quase no final do salão. Enquanto conduzia os visitantes, Camilla não pôde deixar de perceber que o cônsul acompanhava todos os seus movimentos e não tirava os olhos dela. Camilla, na realidade, era o nome fictício da bailarina Nadir. Sem dúvida, era uma mulher muito bela e graciosa. Tinha um rosto quase angelical, um sorriso perfeito e irradiava simpatia.

Lucius Virius Lupus, desde o encontro que tivera com ela, na praia, impressionara-se, sim, com a beleza da jovem, entretanto, o que mais o intrigara fora o menino que ela estava conduzindo, e que no diálogo que mantiveram ela lhe tinha dito ser filho dela.

Naquela ocasião, o cônsul ficara vivamente impressionado com a criança, que devia ter entre três ou quatro anos e trazia na fisionomia traços marcantes que imediatamente lhe lembraram a sua inesquecível Júlia. É claro que buscara afastar aquele pensamento que lhe veio de inopino e que se afigurava fruto de sua imaginação e, portanto, uma situação impossível.

Entretanto, a impressão causada pela criança foi profunda, e perdurava, dias após, tanto que, a seu pedido, o centurião Aulus tinha visitado o núcleo cristão e lhe trouxera novas informações sobre a jovem e o menino. Lembrava que na ocasião o centurião lhe narrara que, segundo a jovem, o menino não era de filho dela, e que ela não era nem fora casada.

A impressão que o menino lhe causara assaltava sua mente desde aquele encontro na praia, e agora retornava com força e mexia profundamente com sua mente e coração.

Não bastasse o ocorrido, e ainda em face de seu gênio militar, passou a desejar saber qual seria efetivamente a verdade sobre o menino, eis que tudo passara a intrigá-lo demais.

Ao entrar no núcleo cristão, Virius Lupus percebeu que o responsável direto pelo núcleo, que outrora havia conhecido, e que se chamava Demétrio, não estava presente, e que o mesmo ocorria com seu auxiliar direto Clemente.

Acomodados, os romanos passaram a prestar atenção nos trabalhos. Após a leitura e os comentários sobre a lição do Evangelho do Cristo, para a noite, Onélio encerrou as atividades, não sem antes dizer:

— Meus irmãos e irmãs, esta noite é mesmo uma noite especial, eis que a casa do Cristo Yeshua recebe a visita de ilustre representante de Roma, o nobre cônsul Lucius Virius Lupus, o que muito nos honra.

Em seguida, o público iniciou a se retirar, sem deixar de depositar os mesmos olhos de curiosidade sobre os romanos. A jovem Camilla, que se sentara mais à frente, ao levantar-se, foi novamente ao encontro do cônsul e percebeu, pelo seu olhar, que este queria mesmo falar com ela. Acercando-se, ela disse:

— Nobre cônsul, a surpresa de vossa visita é muito grande para nós. Nossos irmãos Demétrio e Clemente estão em viagem, justamente para capital do império, contudo, nosso irmão Onélio faz as vezes da casa — disse, ao ver Onélio se aproximar — e por certo lhe manifestará pessoalmente a satisfação pela visita — acrescentou.

Onélio se aproximou e cumprimentando a autoridade romana falou:

— Nobre cônsul, manifestamos nossa alegria com vossa visita e esperamos poder atender-vos em qualquer reivindicação que porventura vos seja necessária.

— Nobre senhor — respondeu Virius Lupus —, sou eu que manifesto alegria por aqui estar, aliás, os comentários que ouvi sobre a verdadeira pureza da alma me fizeram muito bem. São conceitos nobres que nos levam a pensar de fato sobre nossas atitudes, e ouvir que todas elas devem ser revestidas de amor, confesso-vos, foi-me um bálsamo.

A propósito da vossa excelente recepção, gostaria de me dirigir à senhora Camilla, eis que me alegra revê-la — disse, olhando para a jovem. — Há poucos dias a encontrei caminhando pela praia. A propósito, senhora Camilla, como vai seu filho?

Camilla percebeu o assento na fala final do cônsul, titubeou um pouco, porém, procurou responder de maneira firme:

— Vai muito bem.

A seguir, Virius Lupus a indagou novamente:

— E como vai vosso marido e pai do menino?

Camilla enrubesceu. Onélio, percebendo a sutileza do momento, ficou preocupado com o rumo da conversação e ia intervir, entretanto, Camilla jamais fora afeta a mentiras e respondeu:

— Nobre cônsul, não tenho marido e nunca fui casada.

O cônsul retrucou, a seguir:

— Então, o menino...?

Camilla, sem esperar complemento, aduziu:

— O menino é meu filho pelo coração. Nós o adotamos em nosso núcleo cristão e sou eu que tomo conta dele, diretamente.

Virius Lupus, ante a resposta de Camilla, demonstrou sua continuada perplexidade íntima e rapidamente falou:

— Jovem senhora, vim até aqui para visitar os membros deste núcleo cristão, a quem muito prezo e a quem deixo meu abraço —, disse olhando para o diákono Onélio —, e também para dizer-lhes que em Alexandria, apesar do decreto imperial que submete os cristãos a reconhecimento dos deuses romanos, não exigirei o cumprimento dessas obrigações, até por razões minhas, de foro íntimo.

A outra finalidade da visita é a de convidá-la a visitar-me na Intendência Romana, para amanhã à tarde, de modo que a esperarei lá, a fim de estabelecermos uma conversação que julgo de interesse do Estado Romano quanto à oficialização de estrangeiros na província de Alexandria, e pelo que já fui informado, vós sois originária da Pártia, não é mesmo?

Camilla nada respondeu. O ambiente ficou um pouco tenso, tensão que foi quebrada pelo próprio cônsul, que arrematou:

— Assim, aguardar-vos-ei. Preferi vir convidar-vos, ao invés de convocar-vos ou vos mandar buscar.

A fala do cônsul, ao final, foi determinante, e não se deixe de registrar que Roma tinha toda a autoridade para assim fixar, pois os romanos eram os dominadores do território da Alexandria.

Camilla ficou um pouco aflita, porém, controlando-se, respondeu:

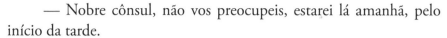

— Nobre cônsul, não vos preocupeis, estarei lá amanhã, pelo início da tarde.

O cônsul sorriu e arrematou:

— Ah! não vos esqueçais de levar o menino. Além de ser uma criança muito bonita, simpatizei muito com ele.

— Sim, sim, levarei — arrematou Camilla.

A seguir, o cônsul despediu-se dos demais e se retirou.

Após os romanos haverem se retirado, Onélio e os demais auxiliares, junto com Camilla, fecharam o núcleo e se dirigiram para o aposento dos fundos, para tomarem um delicioso chá e para conversações finais sobre as ocorrências do dia, o que sempre faziam antes de se retirarem para o repouso noturno.

Os auxiliares do núcleo já tinham deixado pronto o delicioso chá de amora e biscoitos, em torno da tosca mesa. Após se sentarem, Onélio iniciou a conversação.

— Irmã Camilla, estou surpreso com o ocorrido e com o interesse do cônsul em vossa pessoa e no menino. É claro que sois uma mulher muito bonita e que irradiais simpatia. Até entendo o comportamento dele, nesse ponto, ainda mais que corre o boato que ele é viúvo; que foi casado com uma romana e que nem bem se casou, foi destacado para uma campanha militar na Pártia, onde ficou por três anos.

Dizem, também, que quando retornou foi ao encontro da esposa e que chegando na cidade onde viveram e se casaram, na província romana da Britânia, teve a notícia da morte da esposa. Dizem que sua saúde, com a notícia, debilitou-se muito, que quase morreu, porém, ao que parece, recuperou-se, pois foi nítida a forma com que ele vos olhava. Por essas razões, esse interesse em vós, cara irmã, até entendo muito natural, porém, não consigo atinar em que se traduz o interesse dele no menino que criamos. Não achais tudo estranho, irmã Camilla?

Camilla sorriu levemente. No fundo, as informações pessoais que o diákono Onélio externou sobre o cônsul lhe agradaram, e não saberia dizer por que alegraram seu íntimo, contudo, afastando aqueles pensamentos, falou:

— Irmão Onélio, não acho que ele tenha olhos para minha pessoa, porém, sou testemunha do grande interesse dele pelo menino, desde o encontro que tivemos na praia. De resto, não saberia dizer mais nada. Acho que amanhã saberemos mais, quando for visitá-lo.

Como já se fazia tardia a noite, Onélio lançou mão de um dos pergaminhos que havia em pequena mesa ao lado e disse:

— Antes de repousarmos, vamos ler as orientações de nosso amado Messias:

E, se emprestais àqueles de quem esperais receber, qual a vossa recompensa? Também os pecadores emprestam aos pecadores para receberem outro tanto. Amai, porém, os vossos inimigos, fazei o bem e emprestai, sem esperar nenhuma paga, e será grande o vosso galardão e sereis filhos do Altíssimo, pois Ele é benigno até para os ingratos e maus. Sede misericordiosos, como também é misericordioso o vosso Pai.

A seguir, pronunciou pequena prece:

— *Amado Yeshua, nós te louvamos e pedimos a assistência aos nossos irmãos Demétrio, Clemente, Tertullianus, Eliaquim, Zaki e Barach, que devem, a esta altura, estar na cidade de Roma, em visita ao núcleo cristão de lá. Ampara-os, ilumina-os. Que possam atingir o desiderato que perseguem e que possam retornar ao nosso convívio, em segurança e paz. Pedimos-te também, dulcíssimo Mestre, por todos nós, em especial a proteção para nossa irmã Camilla e para o menino, na visita que farão amanhã ao cônsul romano. Concede-nos uma noite de paz e merecido repouso. Assim seja.*

Após a prece, buscaram o repouso noturno.

O amanhã seria novo dia e haveria de trazer a renovação da paz.

CAPÍTULO XLII

A VISITA DE CAMILLA E DO MENINO AO CÔNSUL ROMANO DE ALEXANDRIA – IMPORTANTES REVELAÇÕES

O dia amanheceu nublado. Muito embora prenunciando chuva, estava quente. As chuvas, naqueles meses de janeiro e fevereiro, não eram muito raras naquela região.

Lucius Virius Lupus havia se levantado muito cedo. Era um hábito seu, eis que antes do repasto matutino gostava de caminhar pelos fundos da propriedade onde ficava a Intendência Romana em Alexandria.

A área dos fundos era extensa e possuía uma boa vegetação, terminando no sopé de um pequeno monte, onde o cônsul havia determinado a construção de pequenas ruas com calçamento de pedras e mandara construir, no meio do terreno, uma pequena fonte, da qual jorrava água limpa e pura, vinda de uma mina cujo nascedouro se dava quase no cume do pequeno monte. Ao lado da fonte mandara construir pequena represa em círculo. Também mandara plantar árvores frutíferas em meio à vegetação natural. Era mesmo um lugar aprazível. Em torno da fonte, mandara colocar vários bancos de pedra e também ao longo das pequenas ruas. Principalmente pela manhã, imensa quantidade de pássaros de várias cores animava o local com seus trinados alegres e voos rasantes. De quando em quando, vários banhavam-se rapidamente nas águas do pequeno tanque que se formara ao lado da fonte.

Virius Lupus sentou-se em um dos bancos e olhando a algazarra dos pássaros, mergulhou seu pensamento nas brumas do passado. Repassou sua estada na província da Germânia e após da Britânia; nas guerras que tinha participado em defesa do império.

Lembrou-se, com leve sorriso, de seu pai, que acalentava o sonho de que ele continuasse os negócios comerciais da família; lembrou-se de sua mãe Edilia, de como ela era uma mulher bela e carinhosa para com o marido e os filhos. Virius Lupus tinha uma ternura imensa por sua mãe. Lembrou-se também daquele dia triste em que retornava de uma campanha militar na Dórica e que ao chegar em Roma, teve a triste notícia da enfermidade de sua mãe, e do dia fatídico em que ela entregou sua vida aos deuses e foi-se para o vale da morte. Ainda estava muito vivo na sua memória o último diálogo que teve com ela, quando, com voz débil, disse-lhe:

— Querido filho Lucius, sinto que minhas forças estão se esvaindo. Não desejo separar-me de teu pai nem de ti e de teus irmãos, porém, não encontro mais forças dentro de mim. Confio que Apolo há de reservar-me um lugar de onde eu possa acompanhar a todos os que amo.

Edilia sorriu levemente e continuou:

— Amado filho, sempre anelei que um dia te consorciasses com a mulher que te faria feliz e que cuidasse de ti. Sempre imaginei que eu veria o dia em que um neto me chamasse de vovó. Contudo, ah! meu filho! não poderei realizar esse sonho, porém, se realmente for para um lugar de onde possa vê-los, sei que um dia haverei de ver os netos que porventura, no futuro, poderás ofertar à minha alma.

Duas lágrimas sentidas rolaram pela face do jovem cônsul, que apesar da idade, era um homem experimentado pela vida e trazia no corpo as marcas de diversos ferimentos; as cicatrizes cultivadas em honra a Roma e as cicatrizes da alma, em razão da perda de amigos em campanhas militares.

Voltando do repto, suspirou profundamente. Viu que pequeno pássaro pousou na ponta do banco onde estava. Tinha uma plumagem azul e na cabeça penas em vermelho. A avezinha ficou olhando para ele, quase imóvel. Virius Lupus sorriu levemente e disse, em voz um pouco alta:

— Olá, pequeno pássaro, como vais? Tudo bem? Vieste me dizer alguma coisa? Então o dize!

A avezinha parecia entender o que o cônsul lhe falava, eis que começou a trinar um canto lindo, que repetiu três vezes e após, olhando-o novamente, bateu asas e voou. Virius Lupus achou graça e voltou os olhos para a fonte.

Seu pensamento novamente retornou ao passado, e agora na lembrança da mulher que povoou sua vida de sonhos e deu a ela um novo sentido. Júlia assumiu seus pensamentos. Onde será que ela está? Não tinha mais dúvidas de que a vida continuava depois da morte do corpo físico.

— Ah! amada Júlia, sinto tanto a tua falta e a saudade de ti me acompanha sempre! — disse, em voz baixa.

De repente, foi despertado da viagem ao passado por um barulho de passos. Voltando-se, viu que o centurião Aulus vinha em sua direção, e ao chegar o saudou:

— Ave, César! Ave, nobre cônsul! Vim chamar-vos para a refeição matutina e lembrar-vos que hoje à tarde tens marcada a visita da jovem cristã Camilla e do menino.

Virius Lupus sorriu e respondeu:

— Sim, nobre Aulus, agradeço-vos e vos acompanharei. Vamos!

Após a refeição matutina e após resolver algumas questões administrativas da Intendência, fez o repasto do meio-dia e retirou-se para seus aposentos para descansar um pouco. Nessas ocasiões, tirava um sono em torno de meia hora.

Buscando repousar, tão logo adormeceu, viu-se saindo do corpo físico. Para sua imensa surpresa, ali estava, em seus aposentos, o jovem Estêvão. Este estava acompanhado por outro Espírito que já se identificara como Joel, e para sua enorme e inesperada surpresa, sua mãe Edilia estava com eles, mais remoçada e linda como uma primavera de flores, eis que era uma mulher muito bonita.

Virius Lupus quis correr ao seu encontro, porém, teve dificuldades de fazê-lo, ao que sua mãe se aproximou e abrindo os braços foi ao encontro do filho, dizendo:

— Meu amado Lucius, a alegria invade meu coração. Ah! como pedi e desejei este reencontro. Sou grata ao Senhor da Vida, de cuja existência de certa forma pude tomar conhecimento após meu retorno aos Céus, e diante disto, meu filho, roguei a Ele me concedesse esta oportunidade, a fim de dessendentar minha enorme saudade de ti!

Lucius Virius Lupus, qual criança, arrojou-se nos braços da mãe. Chorava um choro carregado de dor, de aflição e de saudade. Edilia consolou o filho e enquanto afagava seus cabelos, falava das enormes surpresas que tivera com a constatação da continuidade da vida após o túmulo e que vivia nos céus em uma cidade chamada *Cidade do Amor*.

Após mais alguns instantes, mais refeito e equilibrado, Lucius Virius Lupus perguntou-lhe:

— Mamãe, e papai...?

Edilia, mais do que depressa disse:

— Filho, ele vive em outra circunstância. Neste momento, ele está vivendo na Terra. Lembra-te que ele já havia retornado aos Céus antes de mim, quando completaste 18 anos e já eras legionário de Roma. Há alguns anos ele voltou a viver na Terra em outro corpo.

Percebendo o ar de confusão que a fisionomia de Virius Lupus expressava, Estêvão, que estava acompanhando a cena, ao lado, interveio e disse:

— Irmão Virius Lupus, não vos espanteis. Ir e vir ou vir e ir da Terra para os Céus ou dos Céus para a Terra é um processo de vida normal, criado pelo Supremo Senhor da Vida, o que possibilita às almas adquirirem o conhecimento das coisas, de etapa em etapa. Logo, não vos espanteis pelo que disse vossa Mãe. No momento, vosso pai está de retorno à Terra em outro corpo físico, para novas experiências.

Virius Lupus ficou pensativo, porém, sua mãe, abraçando-o, disse:

— Aqui venho não somente para debelar a imensa saudade que tenho de ti, meu filho, mas também para te pedir que fiques atento aos acontecimentos que te rodeiam. Trata-se de uma situação que poderá fazer-te feliz e fazer com que tu recuperes a autoestima! Confia em Yahweh e em Yeshua de Nazareth.

A seguir, abraçou novamente o filho.

Virius Lupus acordou repentinamente e lembrou-se um pouco do sonho. Lembrou que queria continuar a sonhar e conversar mais com sua mãe, contudo, parecia mesmo que ela fora embora. Refletiu por alguns instantes sobre tudo o que lhe ocorrera, e então levantou-se, fez a higiene das mãos e do rosto, ajustou a farda — gostava de vestir-se como general —, alinhou os cabelos e se foi para a sala das entrevistas.

Ao lá chegar, foi recebido por Aulus, que lhe confidenciou que a jovem cristã Camilla e o menino já esperavam na sala ao lado.

— Nobre Aulus — disse o cônsul —, fazei-os entrar, e desta feita não precisas ficar na sala para anotar nada.

— Sim, nobre cônsul — respondeu Aulus e retirou-se.

Após alguns instantes, estava de volta, acompanhando a jovem e o menino, que era mesmo encantador.

Virius Lupus apressou-se a saudar a jovem:

— Olá, nobre senhora! agradeço vossa visita. Por favor, peço que vos acomodeis.

Indicou os bancos à frente de sua mesa de trabalho, que eram confortáveis, com encostos para as costas e apoio para os braços. Acomodados, Camilla, que na realidade era Nadir, a bailarina da Pártia, olhou para o cônsul e notou o esmero de sua vestimenta de general: a armadura marrom e a capa dourada, presa aos ombros por uma espécie de presilhas douradas. Notou também que o general era um homem muito bonito. Reparou em seus olhos grandes e brilhantes no rosto bem-feito.

Virius Lupus notou que Camilla o observava de cima em baixo, ficou um pouco desconcertado, achou graça nisso, mas olhando fixamente para a jovem, pela primeira vez, deteve-se em admirar sua figura. Ela era uma mulher muito bela: os cabelos negros caídos sobre os ombros contrastavam com dois olhos verdes, um pouco puxados nos cantos, típicos da raça da Ásia Menor.

Ao se sentir observada, ela sorriu automaticamente para o cônsul. O sorriso era alvíssimo e encantador.

Virius Lupus ficou de novo um pouco desconcertado, então fixou seu olhar no menino. Este possuía os cabelos encaracolados, entre o preto e o louro, a tez bem branca, nariz, olhos e boca perfeitos, um pequeno corte natural sob o queixo, que lhe adornava a beleza.

Rapidamente o cônsul lembrou-se novamente que a fisionomia da criança lhe lembrava Júlia. A semelhança era mesmo muito grande.

Após as observações iniciais, Virius Lupus, quebrando o mágico silêncio, falou:

— Nobre senhora, por primeiro quero agradecer-vos a gentileza de aqui estar. Gostaria que ficássemos bem à vontade.

Enquanto falava, observou que o menino não tirava os olhos dele, então continuou:

— Gostaria que a nobre senhora me dissesse de onde é, como foi parar no núcleo cristão e me dissesse também quem são os pais verdadeiros do menino.

Camilla percebeu que o interesse do cônsul na história da sua vida deveria trazer algum outro tipo de interesse que não conseguia captar. A seguir, iniciou a falar:

— Nobre cônsul, minha vida não tem nenhuma história interessante. Sou natural da Pártia, de uma região onde as jovens que fossem escolhidas por sua simpatia, não digo beleza, ou casavam muito cedo ou algumas delas eram selecionadas e enviadas para a corte do rei, para servir de serviçais ou damas de companhia da rainha ou das princesas. Foi o que me aconteceu.

Ainda muito jovem, com 14 anos, fui selecionada para integrar um grupo de jovens para atender à rainha, esposa do rei Valogases IV.

Na corte, fui ensinada em várias atividades, desde domésticas a canto e dança, e como sempre adorei dançar, acabei por me transformar numa das bailarinas preferidas da rainha.

Na ocasião, conheci Melquior, que era filho de um general parta, irmão do rei Vologases IV e soldado do exército e por ele me apaixonei. Vivemos alguns meses de um namoro puro. Ele era muito gentil e amável, imaginava mesmo me casar com ele. Confesso-vos que gostava muito dele, entretanto, no núcleo cristão onde fui acolhida, certo dia, ao acordar, pela manhã...

A jovem ficou em silêncio, de repente, mas a seguir disse:

— Espero que o nobre cônsul possa compreender o que direi. Eu vi Melquior no centro do meu aposento, como se estivesse vivo, e de fato estava vivo, e pude conversar com ele, que veio me dizer que havia morrido em combate; que imaginava que eu tinha fugido com outro homem e que após morrer, porque foi ferido na guerra contra Roma, algum tempo depois foi recebido em morada celeste, onde vive e teve acesso à informação que quando completei 16 anos, um dos professores de dança do palácio real raptou-me, a mim e a mais quatro amigas que como eu dançavam, e evadiu-se da Pártia, criando uma companhia de danças que se apresentava em inúmeras cidades e países por onde passávamos.

A jovem silenciou novamente, depois continuou:

— Na verdade, fomos transformadas numa espécie de escravas do dono da companhia, que nos vigiava a todo instante, através dos membros homens da companhia. Assim, rodamos por vários cantos e países próximos, e quando a companhia veio se apresentar em Alexandria, isto há dois anos, certo dia, com auxílio de três diákonos do núcleo cristão, evadi-me da companhia de dança e com o apoio do epískopo Demétrio fui recebida no núcleo, que sabendo do meu drama, concedeu-me guarida e de certa forma fui escondida e cuidada no núcleo cristão.

A companhia de dança, alguns dias após minha fuga, fez intensa busca e não logrando êxito em me encontrar, certo dia, evadiu-se da cidade. Destes fatos para cá, nobre cônsul, fui morar nas dependências dos fundos do núcleo cristão e integrei-me no mesmo. Busquei aprender as verdades trazidas à Terra pelo Messias e Libertador, Yeshua de Nazareth, de modo que sou agradecida aos integrantes do núcleo cristão, que me devolveram, por assim dizer, a dignidade, a vida e se transformaram na minha família.

Desde que fui escravizada pela companhia de dança e deixei a Pártia, nunca mais tive notícias de minha família, e nem havia como tê-las. Não sei se meus pais estão vivos ou não.

A seguir, fez uma pausa. O cônsul, que a ouvia com enorme interesse, notou que lágrimas furtivas rolaram pela face da jovem. Camilla então arrematou:

Foi isto, nobre cônsul, o que aconteceu na minha vida. Não tenho muitas outras coisas a vos falar. Não sei se minha família já não me deu por morta. O que sei é que entreguei minha vida ao Cristo Yeshua.

Camilla calou-se. Virius Lupus sentiu uma onda de ternura invadir-lhe a alma. Sentia mesmo o drama da jovem e sentiu compaixão por ela. Respirou fundo e ante o silêncio dela disse:

— Oh! jovem senhora, fico pesaroso com vosso sofrimento e vossas dores. Já aprendi que o destino de cada um de nós é imprevisível. Ao menos, a vida nem sempre é como desejamos que seja, mas, porventura, posso perguntar-vos sobre o menino? Como é que ele foi parar sob os vossos cuidados, já que não sois a mãe biológica dele? Poderíeis falar-me sobre isto?

Camilla respirou fundo e disse:

— Antes que o faça, nobre cônsul, devo confessar-vos que meu nome verdadeiro não é Camilla. Chamo-me Nadir. Camilla é um disfarce criado pelos irmãos do núcleo cristão, em razão de minha fuga da companhia de danças. Peço que, se quiserdes, doravante me chameis pelo meu nome verdadeiro.

O cônsul quedou-se novamente surpreso, mas não quis interromper a jovem. Esta, então, continuou:

— Ocorreu que certo dia, há mais ou menos dois anos, entrou no núcleo cristão uma senhora que trazia consigo o menino, que à época mal e mal iniciara a andar. A senhora pediu para falar com o epískopo Demétrio. Este a atendeu, e como a criança parecia estar com fome, chamou-me para participar da conversa e para que eu providenciasse alimento.

Então, pediu à senhora que, se possível, a conversa fosse feita na cozinha do núcleo. Lá providenciei leite para o menino, que de fato parecia não se alimentar há vários dias, e na ocasião à senhora nos falou que ela viera de longe, para localizar parentes seus em Alexandria; que seu marido fora um soldado romano que morrera em combate, e que ao chegar a Alexandria soube que seus parentes haviam se mudado; que como estava com pouquíssimo recurso, não poderia levar a criança consigo na viagem que pretendia fazer em busca de outros parentes dela; que, aconselhada por uma pessoa que encontrara próximo ao porto, resolvera trazer a criança para ali e pediu que, se fosse possível, o núcleo cuidasse do menino; que dentro de no máximo um ano, viria buscá-lo, pois não tinha recursos para levá-lo e temia que ele não resistisse à viagem e morresse de fome.

Lembro que o epískopo Demétrio, na ocasião, reuniu os demais membros para discutir se concordavam em receber o menino ou não. Temendo pela vida da criança, pedi licença a eles e disse que eu me dispunha a cuidar da criança como se fosse meu filho. Os amigos do núcleo concordaram. A senhora se foi já faz quase três anos e nunca mais apareceu.

Assim, afeiçoei-me ao menino de quem cuido como se fosse mãe. Ele é uma criança adorável, quieta, sorridente, não dá trabalho e gosta de passar bastante tempo vendo o exercício dos soldados, no pátio da Intendência. Tem verdadeira paixão por isso. Percebo que seus olhos brilham quando vê os legionários e os cavalos. Ele fala muito pouco, e como já pronunciasse algumas palavras, quando foi deixado conosco, ensinei-o a chamar-me de mamãe.

Virius Lupus estava agitado. À medida que a jovem Nadir lhe narrava sobre o menino, não tirava os olhos da criança, e ao ouvir o que havia ocorrido, chamou-lhe muito a atenção o que a jovem disse sobre o desejo do menino de sempre assistir ao treinamento dos legionários romanos.

Ante breve parada na narrativa de Nadir, perguntou mais do que depressa:

— Poderíeis dizer-me, jovem senhora, de onde esta criança veio para cá?

Nadir percebeu, na pergunta do cônsul, uma certa angústia, por saber como o menino viera para a cidade de Alexandria. Então, passou a mão pelos cabelos, gesto espontâneo que sempre utilizava e respondeu:

— Nobre cônsul, talvez eu não tenha condição de revelar-vos muita coisa. O que sei dizer é que a mãe do menino me confidenciou, certo dia, eis que ainda demorou alguns dias paga viajar, que viera para a cidade de navio; que morava no Ocidente, numa província romana, que se não me engano se chama Britânia. Também me disse que antes de aqui chegar havia morado na província da Panonia Superior, onde seus pais moravam, e que com a morte do marido, depois que chegou à Panonia, lá ficou quase um ano e meio, mas que seus pais faleceram de febre desconhecida.

Como seus pais eram pobres, ela sentiu-se desamparada, e como os parentes do seu marido queriam tomar-lhe a criança para criar e haviam descoberto o seu paradeiro, resolveu fugir de lá, e com os poucos recursos que possuía, junto com o menino, tomou o navio e veio para esta cidade, para onde ela viera atrás de parentes dela, e que estes haviam se mudado e que pelas informações que obteve, iria atrás deles, mas não poderia levar o menino por estar sem recursos, razão pela qual o deixou aos cuidados do núcleo cristão.

Nadir fez nova pausa. Virius Lupus estava, agora, não somente angustiado, mas altamente intrigado com tudo o que ouvira. Não saberia dizer por que, mas seu coração pedia mais e mais informações, mais esclarecimentos. Na sua mente, um pensamento assomou de repente: por Yahweh! seria possível que existisse algum elo dele com aquela criança, porque a atração que sentia por ela era muito forte e depois... depois! A enorme semelhança do menino com Júlia, que era mesmo impressionante.

Então, repentinamente, indagou à jovem:

— Nobre Nadir, podeis dizer-me se a mãe do menino disse mais alguma coisa interessante? Perguntastes por que este menino — ao dizer isto, olhou para a criança, que estava sentada, quieta, mas que não tirava os olhos dele —, este menino — repetiu —, causa-me uma profunda simpatia. É como se já o conhecesse há muito tempo. Ah! dissestes que o pai dele era um legionário romano que morreu em combate, logo, a mãe ficou sem recursos para subsistência, e, como dissestes, morava na província romana da Britânia, não é?

Nadir meneou a cabeça afirmativamente.

— Então — retrucou o cônsul —, dizei-me se ela vos disse, em alguma ocasião, como ela fazia para sobreviver. Trabalhava em casa de famílias abastadas ou algo assim?

O cônsul calou-se. Nadir não respondeu de pronto. Ficara pensativa. Quanto maior era o silêncio de Nadir, mais aflito ficava o cônsul. Após mais alguns momentos de mutismo, Nadir disse:

— Nobre cônsul, ela não conversava muito comigo sobre as coisas da vida dela e eu não me julgava no direito de perguntar, contudo, ah! agora me lembro! Um dia, em que a convidamos para cear conosco, após a atividade do núcleo, ela aceitou, e servida a refeição, reparei o quanto ela comia. Parecia mesmo que fazia dias que não se alimentava. Aliás, foi bem na noite em que ela pediu para recebermos e cuidar de seu filho, até que ela voltasse, ocasião em que, inclusive, entregou-nos pequena sacola com algumas roupas dele.

Ao dizer isto, Nadir passou a mão pela cabeça do menino, que sorriu ante o afago, e após continuou:

— Nessa noite, antes de se retirar, para, segundo ela, partir em busca de seus parentes, disse-me o seguinte:

— Caso eu não encontre meus parentes, um dia voltarei e me radicarei por aqui e vou buscar trabalhar naquilo que sei fazer. Embora não me perguntastes, senhora, quero dizer-vos que sou parteira. Caso eu não possa vir pessoalmente e mandar alguém buscar o menino, confidencio-vos um segredo, que será como um código, eis que de algum tempo para cá as pessoas me conhecem pelo nome de Amanda, mas, na verdade, meu nome verdadeiro, e eventualmente essa pessoa saberá e dirá, é Ester.

Quando Nadir disse a palavra parteira e o nome verdadeiros dela, Lucius Virius Lupus sentiu uma repentina dor em seu peito. Sentiu suas vistas turvarem-se. Sentiu que estava perdendo os sentidos e caiu ao chão com um baque surdo. Desmaiara.

Nadir ficou espantada, aflita e apavorada com o ocorrido. Não sabia bem atinar o que estava realmente acontecendo. Deu um grito, e logo o centurião Aulus, com mais três legionários, entraram correndo na sala e viram o corpo do cônsul estatelado no chão. Aulus olhou para a fisionomia de espanto da jovem e para o semblante de aflição da criança e imediatamente perguntou:

— O que aconteceu?

— Não sei — disse a jovem —, conversávamos tranquilamente sobre o menino, e ante minhas últimas considerações, ele desmaiou.

Aulus debruçou-se sobre o corpo do general, apertou seu pulso, percebeu a existência de pulsação, ordenou que um legionário trouxesse água e um pano. Este volveu à sala em pouco tempo e entregou o pano ao centurião, que o umedeceu rapidamente e colocou-o sobre a testa do cônsul. Ao contato com a superfície fria do pano, repentinamente Virius Lupus abriu os olhos, e em poucos momentos atinou sobre a situação.

Auxiliado por Aulus, levantou-se devagar e sentou-se.

Nadir e o menino continuavam apreensivos. Virius Lupus procurou respirar profundamente e soltar o ar dos pulmões, o que fez várias vezes. Aos poucos, a palidez que lhe invadira o semblante foi desaparecendo e Aulus disse:

— Nobre cônsul, determinei que chamem imediatamente o médico da Intendência, que já deve estar chegando. Como estais vos sentindo?

— Estou me sentindo melhor — respondeu Virius Lupus, refeito. — O desmaio não foi em razão de problema físico, aliás, assim espero, e como viestes me socorrer, vou narrar o motivo do meu desmaio.

Aulus sabia muita coisa da vida do cônsul, contudo, juntamente com Nadir, ali presente, jamais poderia imaginar o desfecho do que ele iria narrar.

Então o cônsul começou a falar-lhes sobre fatos marcantes de sua vida relacionados com sua amada Júlia, culminando com seu retorno a Roma; da campanha militar exitosa na Pártia e, dois meses após, de sua partida para a província da Britânia, em busca de sua amada e do filho, que pelo tempo decorrido já deveria ter nascido.

Narrou que ela lhe enviara uma carta falando da gravidez; que ao chegar em Leondinium, a cidade em que Júlia morava, foi até a casa e a encontrou fechada; que um vizinho veio lhe falar sobre a morte da amada e do filho, dizendo-lhe que uma parteira que atendera ao parto de Júlia o procurara para socorrê-la, pois a criança teria nascido morta e Júlia morrera no parto, em razão de hemorragia; que o vizinho indicou os dois túmulos no quintal dos fundos da casa. Falou da sua imensa dor; das orações que fez e das lágrimas que derramou sobre os túmulos de Júlia e do filho que não conhecera; que o vizinho lhe havia dito que a parteira se chamava Ester.

Virius Lupus fez pequena pausa, renovou o fôlego e disse:

— Quando encontrei a jovem Camilla e o menino na praia, a primeira visão do menino me impressionou demais. Ele se parece muito com Júlia, inclusive tem sob o queixo um corte natural de nascença, igual ao que Júlia tinha. Os olhos dele são iguais ao de Júlia.

A seguir, ante as revelações da jovem senhora e por último as informações daquela que se dizia mãe do menino, de que ela já tivera duas fugas, que era uma parteira e que se chama na verdade Ester, não suportei o impacto dessas revelações e do nome da parteira, o que para o meu coração e pelos fatos, deixa claro para mim, que o menino é filho de Júlia e, portanto, meu filho.

Enquanto narrava a Aulus e aos soldados que o atenderam e a Nadir, que estava simplesmente atônita, não perceberam que o médico da Intendência, que se chamava Jairo, também já chegara e estava escutando a narrativa.

O cônsul fez breve silêncio. A estupefação e a enorme surpresa de todos eram muito grandes. O menino, agora mais tranquilo, não tirava os olhos do cônsul. Ante o breve silêncio, Jairo aproximou-se mais e disse:

— Nobre cônsul, cheguei a tempo de ouvir toda a vossa narrativa, e pelo que vejo já estais bem. Ah! enquanto narráveis esta história intrigante e interessante, ocorreu-me de perguntar-vos:

— Nobre cônsul, por acaso tendes no corpo algum sinal, que dizemos de nascença, ou lembrais de algum familiar que tenha tido?

Virius Lupus, surpreendido com a pergunta, disse, rápido:

— Mas qual a razão desta pergunta, neste momento?

O médico respondeu:

— É que, segundo meus estudos da civilização dos indianos, eles acreditam que nós temos uma alma que vive diversas vidas no corpo físico; que esse corpo, ao qual chamam de corpo astral, traz com ele, nos novos nascimentos, algum registro, alguma marca da vida anterior, e ante vossa narrativa, ocorreu-me de vos perguntar se em vossa família alguém, vosso pai ou vosso avô, porventura tinha alguma marca no corpo físico que fosse conhecida da família, e se caso o nobre cônsul souber de alguma coisa nesse sentido, isto pode ser um sinal que se pode conferir no menino, e se ele também a tiver, porventura, isto também pode ser um sinal que com certeza auxiliará a retirar todas as eventuais dúvidas sobre vossa paternidade, não que duvidemos do que já nos dissestes, apenas penso em colaborar com esta informação. É que na Índia estes fatos são conhecidos como *marcas de família*.

Ao ouvir a observação, Virius Lupus pensou por um pouco e a seguir disse:

— Ah! que eu saiba, na minha família, o meu avô, que foi oficial romano, tinha uma mancha escura sob o braço direito, perto do ombro.

Ao concluir sua observação, mais do que depressa disse para a jovem, com voz terna:

— Nobre senhora, podeis retirar a túnica do menino e levantar seu braço direito?

Nadir, que já sabia da existência de uma marca desse tipo na criança, foi na direção dela e lhe disse:

— Meu filho, vou tirar a sua túnica um pouquinho para conferir embaixo de seu bracinho, está bem?

A criança sorriu e meneou a cabeça que sim, pois confiava em Nadir. Ante a expectativa de todos, Nadir tirou a túnica do menino e cuidadosamente levantou o braço dele. A surpresa foi enorme, eis que na curvatura inferior da axila do menino havia uma mancha escura, com a largura de dois dedos, grande o suficiente para ser percebida.

Todos ficaram boquiabertos, e Lucius Virius Lupus, recompondo-se, não conseguiu se conter. Foi na direção da criança e exclamou, alto:

— Meu filho! meu filho! meu filho!

E começou a chorar qual criança. A cena era emocionante demais. Todos traziam lágrimas nos olhos. O menino, ante o abraço de Virius Lupus, como numa cena mágica, correspondeu ao abraço e sorriu para o cônsul como que a demonstrar a afinidade espiritual que existia entre os dois, aliás, desde o primeiro encontro.

A notícia caiu com furor no núcleo cristão e na Intendência Romana, como também em grande parte dos círculos da sociedade de Alexandria.

Embora temeroso, o diákono Onélio concordou com o cônsul e permitiu que a jovem Nadir se mudasse para a Intendência Romana, a pedido de Virius Lupus, eis que dada a sua afeição com o menino e inclusive sob a ponderação de Roma, ofertaria proteção à moça, caso Ester retornasse à cidade e reivindicasse a criança de volta e até mesmo em razão de eventual volta da companhia de dança à cidade, embora o disfarce por ela utilizado, sem se deixar de dizer que ela teria a liberdade de continuar a frequentar o núcleo cristão de Alexandria, o que faria agora sob a proteção de soldados romanos.

O cônsul não cabia em si de contentamento. Jamais sonhara com o que ocorrera. Não tinha qualquer dúvida sobre sua paternidade.

O menino era simplesmente muito amado pelo pai, que rapidamente providenciou tudo o que lhe fosse necessário, desde os quatro anos que já possuía. Professores romanos passaram a educá-lo. Sob o império das leis romanas, registrou o menino como seu filho, colocando nos apontamentos a sua paternidade e a maternidade de Júlia Anticus Crescente, já falecida, e deu à criança o nome de Lucius Virius Lupus Agrícola, com sobrenome em homenagem ao avô, Quintus Martinus Virius Lupus Agrícola.

A vida, a partir de então, adquiriu novo sentido para o experimentado cônsul e general, que voltou a ser otimista e alegre, como antes fora. Como era um servidor leal a Roma, comunicou por carta oficial ao imperador, tudo o que lhe sucedera.

Os meses foram caminhando, no consulado romano de Alexandria, em meio às tarefas oficiais da Intendência. A cada quinze dias, o cônsul participava das atividades do núcleo cristão de Alexandria, ocasião em que enriquecia seus conhecimentos sobre Yeshua de Nazareth, sua vida, seus feitos, sua passagem pela Terra, e a cada etapa mais se encantava com o Messias.

Não havia esquecido Júlia, eis que sempre a via no semblante do filho, o qual, à medida que o tempo passava, mais aumentava a sua semelhança física com a mãe.

Seis meses haviam transcorrido, quando, certo início de noite, a jovem Nadir veio chamar Lucius, apressadamente, e aflita lhe narrou que o menino ardia em febre. Virius Lupus empalideceu e correu para os aposentos do menino, que não abria os olhos. De fato, estava com a febre alta e de vez em quando falava palavras desconexas, a delirar. Sobressaltado, o cônsul deu alarme e três legionários apareceram do nada, ao que disse a um deles:

— Sempronius, vai, corre aos aposentos dos soldados e localiza o médico e o decurião Vedius e os traze imediatamente, sob minhas ordens.

Enquanto isto, Nadir trouxe um vasilhame com água fria e um pano. Molhava o pano e colocava na testa do menino. Virius Lupus estava muito nervoso, sentado aos pés da cama do filho, contudo, isto não o impediu de observar a dedicação de Nadir ao menino, e inclusive a beleza da jovem, que tinha um rosto angelical e um corpo esguio. Parecia mesmo uma estátua das mulheres gregas, que eram todas tidas como as mais belas. Seu pensamento foi quebrado pela jovem, que sentiu que estava sendo observada pelo cônsul e delicadamente lhe falou:

— Nobre cônsul, vamos orar a Yeshua. Peço-vos que me acompanheis em pensamento. A seguir, orou:

— *Amado Yeshua, concedei-nos o benefício de vossa presença neste instante difícil e que nos coloca em aflição diante deste vosso pequeno irmão. Bem sabemos que quando estiverdes presente, tudo nos será suave, e nada nos será difícil, logo, rogamos vossa presença amiga, e ainda que sob o amor de Yahweh, possais permitir chegar ao nosso menino, auxílio e alívio. Enviai-nos vossos emissários, para nos socorrer e abençoai-nos a todos.*

Nadir havia terminado a prece, quando o legionário chegou trazendo consigo o decurião Vedius dizendo que o médico a seguir chegaria. Vedius, ao ver o menino deitado e com o pano sobre a testa, ajoelhou-se ao lado da cama, tocou-lhe a fronte e constatou que ele ainda ardia em febre.

O cônsul estava imóvel e nada falava. Nadir levantou-se e ficou em pé, a seu lado, e pediu ao cônsul que ficassem orando em silêncio.

O decurião descobriu o menino, que estava com leve colcha, retirou o pano de sua testa, endireitou-o com a cabeça para cima, postou-se atrás da guarda da cama, colocou as mãos na altura da cabeça da criança, fechou os olhos e disse:

— *Senhor de nossas vidas, Pai de amor e bondade, movimentai vossos médicos do espírito na direção deste vosso filho, e fazei chegar a ele o remédio que precisa, sob as orientações de nosso Inesquecível Yeshua de Nazareth.*

A seguir silenciou, foi para a lateral da cama e com as duas mãos levantadas sobre a criança, movimentava-as desde a cabeça até os pés do menino. Repetiu isso em torno de umas cinco vezes. Enquanto assim fazia, Vedius viu, com os olhos da alma, quando dois Espíritos se curvaram sobre o menino e imitaram o movimento de suas mãos por sobre ele. Mais alguns instantes e o menino abriu os olhos, assustado por ver o decurião quase debruçado sobre ele, eis que não o conhecia, contudo, olhou para os pés da cama e viu o pai e Nadir, que o olhavam e sorriam. Então ficou calmo e de repente tossiu, e ao tossir, um largo filete amarelado com um certo mau cheiro escorreu pelo canto da boca, até a almofada utilizada para dormir.

Nadir correu e com o mesmo pano que antes estava sobre a testa da criança, limpou-lhe suavemente a boca e a almofada, e ao fazê-lo, colocou a mão na testa do menino e incrivelmente verificou que ele não tinha mais febre. Após isto, o menino, que já falava tudo, olhou para Virius Lupus e disse:

— Papai, o que aconteceu?

O cônsul começou a chorar. Apesar de tudo o que ocorrera e das narrativas que fazia ao filho sobre a mãe dele e sobre o encontro dos dois, jamais o menino o chamara de pai. Controlou-se, e a muito custo, foi para o outro lado da cama do filho e pegando-lhe uma das mãos disse, buscando controlar-se:

— Não sabemos, meu filho. Nadir foi me chamar, pois veio te ver antes de se recolher e tu ardias em febre, falavas palavras sem sentido e não abrias os olhos. Papai mandou então buscar este soldado — e apontou para Vedius —, ele trouxe o remédio que precisavas e vejo que agora estás bem. Sentes algum mal-estar, meu filho?

— Estou me sentindo bem, papai — respondeu o menino e, olhando para o decurião Vedius, disse-lhe:

— Muito agradecido por vir me socorrer.

Aquilo encantou a todos. Nadir então disse:

— Querido Lucius — assim já era chamado —, vem, vamos lavar teu rosto e trocar o lençol para dormires bem.

Pegou o menino no colo e saiu do aposento. Enquanto Nadir saía, chegou correndo o médico da Intendência, que cruzou com ela e o menino, e entrando no aposento viu que Virius Lupus estava com o decurião Vedius, então disse:

— Nobre cônsul, atrasei um pouco, pois estava atendendo um soldado que está doente, mas vejo que o menino parece bem. Cruzei com ele e senhora Nadir no corredor.

O Médico estranhara a presença do decurião Vedius, contudo, aguardou a manifestação do cônsul, que lhe disse:

— Nobre médico, está tudo bem. Foi apenas uma indisposição leve que acometeu o menino. Mais tarde mandarei chamar-vos novamente, para que o vejais também. Estava aqui a falar com o decurião, pois preciso pedir a ele algumas providências. Estais dispensado. Podeis retornar e atender ao legionário.

O cônsul nada quis comentar com o médico sobre o que ocorrera, e após este sair, olhou para o decurião e falou:

— Nobre Vedius, podeis pedir o que quiserdes, pois salvastes a vida do meu filho, disto não tenho dúvidas.

O decurião, olhando para seu superior, com olhar de compreensão, respondeu:

— Nobre cônsul, eu não quero nada. Não preciso de nada. Yeshua ensinou que devemos fazer o bem sempre que nos aparecer oportunidade de fazê-lo sem esperar qualquer recompensa. Eu nada fiz. Quem curou o menino foram os Espíritos do Senhor.

Silenciou por instantes, ante o conflito de falar ou não, mas a seguir continuou:

— Inclusive, dois deles aqui estiveram e conduziram as minhas mãos. Um desses se chamava Estêvão e outro Joel.

O cônsul ficou impactado com aquela observação e curiosamente, no seu íntimo, aqueles nomes lhe pareciam familiares, então retrucou:

— Acaso o que me dizeis é possível? Vós os vistes?

— Perfeitamente possível — respondeu Vedius — e um deles pede para vos dizer que o menino tinha um mal no peito e que esse mal foi debelado, pela Misericórdia de Yahweh e a Bondade de Yeshua de Nazareth.

Virius Lupus não sabia mais o que dizer, então, ante o movimento do decurião para sair, foi ao seu encontro e o abraçou, dizendo:

— Que eles vos abençoem, e no que depender da minha pessoa, tereis sempre a minha proteção.

Vedius agradeceu e caminhou para a porta, no que foi seguido pelos soldados, que tudo viram e ouviram. Antes de sair, fez o cumprimento à romana, com o braço direito levantado e a mão espalmada para baixo:

— Ave, Roma! Ave, César! Ave, nobre cônsul! Peço permissão para me retirar.

Virius Lupus apenas sorriu e meneou a cabeça afirmativamente.

Em breve Nadir havia retornado, e enquanto ajeitava a cama para deitar o menino, Virius Lupus abraçou o filho de encontro ao peito e o pequeno Lucius viu que ele chorava, então disse:

— Papai, não chore, estou bem.

Nadir colocou o menino na cama, ajeitou a colcha sobre ele e disse:

— Deixarei as duas lamparinas que iluminam o ambiente acesas, está bem?

O menino assinalou que sim, com a cabeça.

— Agora vamos orar ao Papai dos Céus.

Virius Lupus estava em pé, contemplando a enternecedora cena. Nadir começou a orar. Fazia pausas e o menino repetia:

— *Papai dos Céus, onde estiveres, eu te agradeço e peço que teus anjos me observem. Protege minha mamãe, que deve estar na tua morada* (Nadir já tinha, junto com o cônsul, narrado ao menino a história da verdadeira mãe dele). *Protege o papai e todos nós. Assim seja.*

Virius Lupus, ao ouvir a prece, encheu-se de ternura por Nadir. Aproximou-se do filho e beijou-lhe a testa, dizendo:

— Agora dorme bem, meu filho.

Nadir fez o mesmo, e ao levantar-se, pois estava sentada na cama, ao lado do menino, instintivamente Virius Lupus pegou sua mão e foram saindo do aposento, com as mãos dadas.

Nadir estava rubra e nervosa. Pensou em retirar sua mão da mão dele, mas foi vencida, ou pelo medo, ou mesmo pelo desejo de não fazê-lo. Com as mãos dadas e sem nada falarem, chegaram à cozinha do consulado, ao que Nadir largou-lhe a mão dizendo:

— Vou preparar um chá. Por favor, senta.

Virius Lupus obedeceu, sem nada falar, e enquanto Nadir apressava-se nos aviamentos, ficou a contemplá-la furtivamente. Um pensamento perpassou-lhe a mente: É claro que ainda amo Júlia e nunca a esquecerei, mas tenho me sentido muito só e Nadir é uma alma especial, além de muito bela, mas a maior beleza dela é seu coração amoroso. Estava nessas cogitações, quando Nadir se aproximou e lhe deu um copo com delicioso chá de amora. Ficaram em silêncio, sorvendo o chá, silêncio que foi quebrado por Nadir, que falou:

— Nobre cônsul, acho melhor eu dormir ao lado do menino. Estenderei uma colcha ao lado da cama dele, portanto, desejo que fiqueis tranquilo e possais repousar.

Virius Lupus, olhando-a novamente, com ternura, disse:

— Boa Nadir, o que tenho que fazer para agradecer tua dedicação a meu filho?

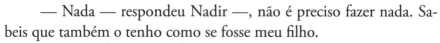

— Nada — respondeu Nadir —, não é preciso fazer nada. Sabeis que também o tenho como se fosse meu filho.

Os dois se levantaram e Virius Lupus, tomando impulso para ir aos seus aposentos, pegou-lhe uma das mãos e a beijou. Nadir ficou novamente rubra, e sem que ela esperasse, ele enlaçou-a pela cintura e puxando-a de encontro a si buscou beijá-la, no que não encontrou resistência. Então, trocaram amoroso beijo. Após isto, Virius Lupus afastou-a delicadamente, sorriu e meneando a cabeça em reverência, retirou-se, a caminho dos seus aposentos.

Nadir ficou estática, sem reação. Aguardou que ele desaparecesse no pequeno corredor, levou a mão à boca e ainda sentiu o calor dos lábios do cônsul. Sorriu e foi na direção do quarto do menino.

Virius Lupus preparou-se para o repouso. Um pouco exausto com a tensão, orou a Yeshua, agradecendo o socorro ao filho e rapidamente entregou-se ao sono, contudo, logo em seguida viu-se saindo do corpo, e olhando na direção da porta, viu Estêvão, que se fazia acompanhar de Joel. O jovem, olhando-o com ternura de irmão fraterno, disse-lhe:

— Nobre Lucius, viemos buscar-vos para irmos até a cidade de Nova Roma. Por favor, acompanhai-nos.

O cônsul obedeceu, e em breve estavam às portas do prédio da administração da cidade. Subiram as escadarias e como das outras vezes, foram saudados pela jovem Emília, que os levou até Belinda.

A secretária do administrador também os cumprimentou e pediu que aguardassem. Abriu a porta da sala do administrador, entrou e em breve voltou e disse:

— Podeis entrar, por favor.

Todos entraram e foram saudados por Lucinius Verus Aquilinus, o antigo general de Roma, que administrava a cidade:

— Meus irmãos, que alegria em rever-vos. Olá, irmãos Estêvão e Joel; olá nobre General Virius Lupus, vejo pelo vosso semblante que estais remoçado. Daqui temos acompanhado tudo o que vos tem sucedido ultimamente. Sentemo-nos.

Todos se sentaram, ao que o administrador continuou:

— Nobre Lucius Virius, as leis e as ações divinas possuem caminhos que ainda não conhecemos no todo. Posso antecipar-vos que realmente encontrastes a alma que é, sim, vosso filho e de Júlia.

Virius Lupus ouvia com extremo interesse. O administrador continuou:

— Como Yahweh é Amor e Bondade, características que estão impregnadas totalmente em seu filho e nosso irmão Yeshua, Ele permite os encontros e os reencontros, como este vosso, por exemplo. Fostes trazido até nós, hoje, para que possais inteirar-vos de fatos que desconheceis, pelo esquecimento do passado, ou seja, de algumas de vossas vidas anteriores, na Terra, mas, para continuarmos nossa conversa, vamos receber duas almas que participarão conosco.

Ao dizer isto, levantou-se e foi até a porta, abriu-a e falou:

— Podeis entrar, por favor.

Duas jovens senhoras entraram na sala. Quando Virius Lupus as viu, não conseguia acreditar, eis que sua amada e inesquecida Júlia e a jovem Nadir, ambas sorrindo e de mãos dadas, entraram na sala, foram conduzidas por Belinda a sentarem próximas a Virius Lupus, que continuava surpreso demais. Elas o olhavam e sorriam. Virius Lupus, buscando forças que não sabia onde encontrar, balbuciou:

— Não pode ser! Devo estar sonhando mesmo!

— Querido Virius — disse Júlia —, não, não é sonho, é realidade. Aqui estamos em nome de Yeshua de Nazareth, que nos concedeu esta oportunidade.

O administrador interveio e falou:

— Nobre cônsul, o destino das almas é imprevisível e estais diante das irmãs Júlia e Nadir. Ambas são almas nobres que já se relacionaram convosco em outras etapas vividas na Terra. Já foram irmãs em vidas passadas, mas não será o caso de penetrarmos nessa questão. Apenas, por enquanto, vieram para vos dizer que são almas amigas e que não há disputas entre elas por vosso coração, nem desejam que elejais qualquer primazia de uma em relação à outra.

Lucinius fez propositada pausa, ao que Júlia aduziu:

— Querido Virius, aqui viemos para dizer-te que recebemos, ao tempo de cada uma, a tarefa de auxiliar-te a encontrar o Cristo Yeshua. Eu já cumpri a minha parte e agora deves prestar atenção na parte que compete a Nadir. Isto em nada diminuirá o amor que sinto por ti, ao contrário, far-me-á feliz por ver que estarás sob os cuidados de uma amiga da minha alma.

Dizendo isto, sorriu para Nadir. Lucinius então interveio novamente:

— Nobre cônsul, por momento é somente isto que podemos falar-vos e desejamos que retorneis ao vosso corpo físico e às lutas pelo bem.

Nadir vos acompanhará na vossa volta.

CAPÍTULO XLIII

O RETORNO DO GRUPO CRISTÃO PARA ALEXANDRIA

O diálogo levado a efeito com o epískopo-geral do núcleo cristão de Roma foi, para o grupo cristão que viera de Alexandria, muito decepcionante. Todos perceberam que de nada adiantaria continuar a debater as máximas do Cristo, mormente os seus verdadeiros ensinamentos, os quais, embora seus conteúdos profundos fossem simples e desataviados de cerimoniais complexos e misturados a outras tradições religiosas, inclusive pagãs.

Inegavelmente, passados tantos anos, mais uma vez o estudo, a divulgação e a prática das máximas reveladas por Yeshua de Nazareth que eram levados a efeito pela quase totalidade dos núcleos cristãos do Ocidente, dentre eles o que era chamado de núcleo central Roma, estavam distanciando-se substancialmente da divulgação e prática levadas a efeito nos núcleos cristãos do Oriente e da Anatólia.

Durante a viagem de retorno, Tertullianus veio fazendo ao grupo de irmãos, revelações de inúmeras interpretações suas que já tinha escrito e sobre as que estava escrevendo a respeito da Mensagem Cristã, eis que, na extensa viagem de navio, veio falando sobre várias dessas interpretações que colecionava.

Certo dia, após terem retornado à convivência no núcleo cristão de Alexandria, manifestou a todos o seguinte:

— Meus irmãos, penso que já sabeis que há três anos lancei uma obra na qual procurei fazer veemente defesa dos nossos irmãos cristãos, que continuam a ser perseguidos por Roma. Nessa obra, que denominei *Apologeticus*, procurei direcionar aos governantes do império, firme defesa quanto à postura ética de nossos irmãos cristãos, que embora amem e reverenciem o Cristo Yeshua, nunca deixaram de cumprir as leis do império.

Ademais, irmãos, em razão de que o que mais me tem contrariado — e o exemplo disto, infelizmente, pudemos colher em nosso diálogo com o epískopo-geral Zeferino, em Roma —, é ver as inúmeras ações heréticas que se tem empregado em nosso meio e que caminham em sentido contrário às orientações do Mestre, anotadas no que já chamamos de Evangelhos.

Em razão disto, escrevi outros apontamentos que visam combater as novidades que se tem buscado inserir no Cristianismo e que não pertencem a ele, rememorando o que nosso excelente Paulo de Tarso recomendava, ou seja, o cuidado necessário com doutrinas estranhas que se buscavam, já no nascedouro de diversos núcleos cristãos, imiscuir como se fossem oriundas de manifestações do Messias Amado, o que, efetivamente, num estudo apurado, sempre se poderá verificar que em nada se assemelham com a luminosa Mensagem do Mestre Galileu.

Escrevi também sobre a oração; sobre a forma como devemos orar; que nossas preces não devem seguir o sentido das orações mecânicas e repetitivas, sem qualquer sentimento e sem que se traduzam em verdadeira manifestação de nossa alma; que o objeto de nossa adoração deve ser o único Deus, o qual, por ser Todo-Poderoso, tirou do nada a matéria de nosso mundo, com sua lista de todos os elementos, corpos, espíritos, para a glória de sua majestade.

Nossos olhos não podem vê-lo, embora seja mesmo espiritualmente invisível. Ele é incompreensível, e embora tenha se manifestado em toda parte, possui o mais elevado sentimento, contudo, os homens o concebem como real, magnífico e precisamos reverenciá-lo por nossas orações, e mesmo deve-se adorá-lo em espírito e verdade, e quando sentirmos que tudo a nossa volta nos perturba, machuca-nos, é mesmo quando devemos pedir o auxílio da parte de Yahweh.

Devemos orar também ao Cristo Yeshua, porque aquele que provém de Yahweh é, por sua vez, seu filho.

Aliás, meus irmãos, também logrei escrever sobre a fidelidade do cristão e tive o desgosto de verificar, ao receber notícias que em vários núcleos cristãos do Ocidente, essa fidelidade não tem sido causa de segura e séria observação por parte de muitos que se dizem seguidores do Mestre, o que evitei dizer em nossa reunião com o epískopo Zeferino, até para não polemizar. Inclusive, estranhei ele ter pretextado ignorância, pois meus escritos já circulam pelos núcleos cristãos, inclusive do Ocidente, e disto tenho notícias, e sobre essa circulação, muitos falam e divulgam erradamente que eu teria escrito que todos os assuntos relativos à fé e às crenças que já existem na Terra não podem ser levados a sério, o que é um verdadeiro absurdo, porquanto nunca manifestei qualquer coisa nesse sentido.

Dizem também que meus escritos manifestam que não é necessária a razão para entender a religião, porque ela é simples questão de fé. Ora, irmãos, eu não apregoo e nunca apregoei isto, e o sentido claro que objetivo nos meus escritos tem sido totalmente deturpado, ou seja, eu sempre utilizo, para minhas observações, a necessidade de se raciocinar, partindo da filosofia grega exarada por Sócrates e por Platão, e, no campo da lógica, principalmente por Aristóteles. Nesse sentido, o que manifesto é que não se pode desprezar a razão como o sentido mais lógico para se entender a capacidade humana para o exercício da fé, contudo, sob o uso do raciocínio.

Ademais, nessas cogitações, para mim, por exemplo, falar com Yahweh é, antes de tudo, buscar viver a aplicação de suas Soberanas Leis. Com esse fim, penso que o cristão não deve desenvolver a sua religiosidade apenas no terreno da teoria, pelo contrário, a religiosidade só é autêntica se estiver escorada na prática dos ensinamentos de Yahweh, que foram trazidas para a Terra pelo Mestre Yeshua.

Por essas razões, irmãos, o objeto de nossa adoração deve ser sempre o Deus único, que por sua sabedoria ordenadora e por todo o seu poder, criou o mundo e nos criou, para a glória da sua divindade. A essa criação passei a adotar o nome com que os gregos anteriormente já se referiram, ou seja: *Cosmo*.

Escrevo também outras anotações a que dei o nome de *De Anima*, onde faço vários apontamentos relativamente às almas humanas, eis que nossas existências precisam ser entendidas como sendo um verdadeiro ato de amor do Criador, que, em meu modo de ver, criou-nos para progredirmos sempre para melhor e para que alcancemos êxito, forneceu-nos intimamente todas as ferramentas que nos possibilitam sermos, na Terra, o que Yeshua ensinou e deu exemplo: um homem de bem.

Também quero dizer-vos que comungo do pensamento de que vários fervorosos e dedicados seguidores e divulgadores da doutrina cristã empunharam e desfraldaram a bandeira do Cristianismo, após o retorno do Mestre às moradas celestiais, dentre os quais posso citar nossos inesquecíveis Paulo de Tarso, Inácio de Antioquia, Flávio Justino, Pápias de Hierópolis, Policarpo de Esmirna, Irineu de Lugdunum e outros. Todos buscaram conduzir suas vidas, sempre, *em torno do Cristo*, de modo a não permitirem que houvessem alterações nos Evangelhos, e incansavelmente combateram a existência de doutrinas estranhas que sempre se tem tentado espalhar nos núcleos cristãos, e aqueloutros que buscaram se autoproclamar herdeiros do Cristianismo, como no passado surgiram vários, dentre eles um que se chamou Marcion, e que saiu a espalhar uma espécie de cristianismo alterado na essência, que em nada se assemelhou à verdadeira, lúcida e iluminada Mensagem de Yeshua.

Este e outros proclamaram diversas heresias, trazendo situações de descrença na divindade do Mestre Yeshua. Tem também o pseudo-cristão que surgiu no núcleo cristão de Listra, que se chama Proxeas, que dentre outras coisas prega que no núcleo cristão não há necessidade da existência de uma hierarquia, porque isto cria uma casta de eleitos que afasta as pessoas da mensagem verdadeira e ainda induz as pessoas à não aceitação da existência de ordem nos núcleos, ainda muito necessária àqueles que não se sentem firmes no conhecimento da Boa-nova, buscando com isto o que entendo como uma anarquia geral.

Sob esses fundamentos, acrescento o que já sabemos, ou seja, que nossos olhos físicos não podem ver o Criador, mas podem ver o fruto da sua criação, pois Ele se manifesta em todas as coisas que independem do homem, e diante disso a sua maior criação, assim penso, reflete-se em nós próprios, em nossa alma.

Penso também que o que não tem fim, o que é infinito, somente é conhecido pelo Criador. Ao refletirmos nisto, qualquer noção que possamos cultuar sobre esse ser a que chamamos de Yahweh, será pálida e de pouca extensão. Ele permanece além das nossas concepções, pela simples incapacidade que ainda possuímos de compreendê-lo completamente.

Embora sob o opressivo cativeiro de nossos corpos físicos, ora transviados por costumes malsãos e enfraquecidos pelo exercício das paixões ignóbeis, e embora muitos, na Terra, vivam na servidão de falsos deuses, quando a alma sinceramente procura a verdade, ela se liberta do tédio e do torpor e consegue de alguma forma viver um pouco da sua pureza natural, e então pode, escutando a si própria, falar com Yahweh e ouvir na sua intimidade a voz do Divino.

Yahweh é soberano, imenso e bom. Ele tudo vê, logo, precisamos sempre nos recomendar a Ele, e Ele nos escutará, velará por nós e nos recompensará pelas obras que fizermos. Daí a extraordinária importância de fazer o bem sempre, como nos ensinou Yeshua, porque a sua lei não muda, não atende interesses particulares, contudo, absorve a grandeza daqueles que são bons e que agem com caridade.

Tertullianus calou-se. Os conceitos por ele manifestados encantaram a todos, no núcleo cristão.

A par desses inegáveis pensamentos que auxiliavam, em paralelo, na exata compreensão da iluminada Mensagem da Boa-nova, Clemente também se manifestava em várias ocasiões.

Após a brilhante manifestação de Tertullianus, na noite seguinte, em que estavam novamente reunidos para novos estudos e debates, Clemente disse:

— Amados irmãos em Cristo Yeshua! A par dos excelentes ensinamentos de nosso irmão Tertullianus, exarados por ele na noite de ontem, fiquei muito pensativo e cogitei várias coisas, muitas das quais gostaria de dividir com os irmãos.

Para a minha pessoa, precisamos todos ainda de mais luz, de mais entendimento para compreendermos melhor a extraordinária Mensagem de Yeshua.

Reflito que o tempo vai nos possibilitando adquirir ou manifestar, a cada passo, uma fé mais bem fundamentada. Nesse ponto, creio que é de vital importância a unidade de entendimento, de compreensão sobre todos esses ensinamentos e inclusive a unidade de entendimento sobre os Evangelhos.

As filosofias de nossos irmãos gregos se traduzem em importante fonte de reflexão para nossa alma, como também outras filosofias, como da Índia, do Egito e de outros povos que nos antecederam, ou seja, a maneira e o meio de conhecer, de interpretar para entender o Criador e a sua criação. Contudo, mesmo essas filosofias todas não conseguem se equiparar à maravilhosa filosofia do Cristo Yeshua.

O Mestre por Excelência não somente ensinou, orientou, mas acima de tudo, deu-nos o exemplo, pela prática diária, de tudo o que ensinava. Ao se ver o resultado de suas ações, logicamente, percebe-se que elas feriram totalmente o sentido da percepção dos homens. Isto fez e faz com que eles entendam que a crença em um Ser Supremo é um exercício pleno de fé, mas essa fé precisa estar ancorada na verdade, naquilo que chamam de razão lógica e certa de todas as coisas, e por essa forma, nas ações cotidianas de amor perene.

Desse modo, irmãos, penso que fé e razão são dependentes uma da outra e precisam caminhar juntas. Embora em outros povos, e mesmo no nosso, em sua quase totalidade, a fé não se apresente como demonstração plena da razão, nem por isso tal situação pode levar à negação das coisas, à negação da verdade, pois entre fé e razão, precisamos compreender que existe complementaridade.

As criaturas devem cuidar do que escutam e depois falam. Desse modo, a divulgação dos ensinamentos do Messias Amado, ou do que já conhecemos pela denominação de Evangelhos, deve ser feita, a exemplo do que fez Saul de Tarshishi, a todas as gentes, a todas as pessoas que passarmos a conhecer. Em razão disto, aqueles que tiverem a oportunidade de conhecer a Sublime Mensagem trazida à Terra por Yeshua de Nazareth serão, sem dúvidas, detentores de uma fé mais robusta e terão mais facilidades de elevar suas almas para Yahweh.

Por esse prisma, irmãos, penso também que devemos fazer surgir uma ciência da religião, tendo a fé como um exercício que nos leve a um critério racional de juízo sobre todas as coisas.

Também entendo que aquele que deseja ministrar os ensinamentos do Cristo a outras pessoas, como Ele nos ensinou, deve agir de maneira semelhante ao agricultor: cultivar com esmero a terra, para espalhar suas sementes, que são os novos fiéis, ou fiéis propriamente ditos. Essa é a semente que precisamos semear, para que germinando, a árvore da verdade trazida no Evangelho possa dar frutos, os quais devemos adotar como símbolos da esperança e da perseverança, pois todo aquele que for verdadeiramente fiel a Yeshua produzirá bons frutos.

Entretanto, trabalhar na vinha do Senhor, fazer os desbastes, preparar a terra, semear a boa semente deve ser um trabalho feito com absoluto esmero e dedicação permanente, pois a produção dos frutos da verdade enfrentará inúmeras dificuldades e toda forma de ataques, porque em meio à semeadura poderão surgir as ervas daninhas do egoísmo, do orgulho, da inveja, da vaidade; as agressões dos ventos da maldade humana; as tempestades da desunião, dos conflitos e dos confrontos, a exigirem do agricultor o exercício diário dos cuidados íntimos; dos exercícios permanentes da compreensão, da tolerância, da indulgência, que serão os adubos que possibilitarão a boa germinação, para que, a exemplo do ensinamento do Mestre, a figueira possa produzir frutos em todas as estações a cem por um, a sessenta por um, a trinta por um. Ao nos dedicarmos dessa forma e com esse esforço, sem dúvida nossa colheita será farta e nos possibilitará granjear com certeza a salvação de nossas almas.

Seguir as pegadas deixadas por Yeshua nos possibilitará o exercício de uma vida reta e feliz, que necessariamente não será isenta de dores, porque a dor engrandece e nos traz reflexões que, se bem entendidas, libertam-nos dos atavismos inúteis e nos fazem compreender a razão mesma das coisas e dos fatos que cercam a nossa existência.

Se pretendemos levar às pessoas as máximas de Yeshua, em primeiro lugar devemos facilitar a elas a compreensão dessa Mensagem, incutindo nelas a certeza de que todos temos as condições necessárias para superar qualquer dificuldade. Devemos demonstrar que podemos viver com todas as condições humanas que a Terra nos oferece, sem nos perdermos nos desvios do caminho, e, como disse o Apóstolo de Tarso ao jovem Timóteo: "Viver as coisas do mundo, mas viver com santificação".

Essa é a razão pela qual se pode imaginar que serão imensos os sofrimentos colhidos pelas criaturas que fazem dos prazeres mundanos e desiquilibrados a fonte de seus objetivos e vivem de forma desordenada, em detrimento da elevação de suas almas; que se locupletam no mau exercício das riquezas que nada produzem na direção do próximo; que malversam o direito alheio; que ofendem gratuitamente; que caluniam, em atitudes vãs que lhes trarão, naturalmente, dificuldades sérias, porque estão se desviando do caminho que leva ao encontro com o Reino de Yahweh.

O homem que deseja a salvação da sua alma deve cultivar as riquezas morais que elevam a alma para Yahweh. Podemos ser ricos de recursos amoedados e mesmo de algum conhecimento, mas não podemos esquecer da pobreza espiritual de muitos e da fome de tantos outros. Podemos, sim, ser ricos de poder, mas não devemos humilhar aqueles que nos servem e que porventura nos devam alguma obediência. Ricos de saber, porém, sem nos julgarmos superiores, sem dividirmos o conhecimento.

Lembro sempre que certo dia o Mestre Amado, em completo exercício de desprendimento, colocando a candeia no velador, disse a todos nós: "Eu sou o caminho, a verdade e a vida e ninguém vai ao Pai senão por mim". Os que não tinham ouvidos para escutar, na ocasião, o classificaram como soberbo. Sequer pensaram que Ele dividia com os homens, qual o caminho que se devia trilhar para chegar até o Pai Celeste, que se traduz no conhecimento e vivência de todas as máximas que Ele ensinou, o que se traduz na maravilhosa e encantadora mensagem de fé verdadeira e de esperança, de amor transcendente e de bondade absoluta.

Não nos iludamos com os falsos profetas, aliás, Ele também nos alertou sobre isto. Muitos têm aparecido em nosso meio cristão, desde o retorno do Mestre às Moradas Celestes, pretextando serem enviados por Ele, quando não pelo próprio Yahweh, criando doutrinas falsas e estranhas, do que também muito nos alertou o discípulo da gentilidade, Paulo, e que representam pedras de tropeço em nossa direção, que precisamos saber divisar e contornar, sem conivência com o erro.

Para vivermos as glórias dos céus, já nos disse o Cireneu de Tarso, além de possuirmos todas e quaisquer virtudes, uma será indispensável, e a classificou como a maior, que é a caridade, traduzida na maior manifestação de amor que nos foi legada pelo próprio Yeshua.

Clemente calou-se.

Naquela maravilhosa noite, Clemente, na superioridade de seu raciocínio, fazia com que os céus descessem à Terra. As vibrações do ambiente, no núcleo cristão de Alexandria, eram ricas de ventura, na direção de comprometimento que os seguidores do Mestre Nazareno tinham que externar, que se resume nos mandamentos por Ele sintetizados: "Amar a Yahweh sobre todas as coisas e ao próximo como a si mesmo", como bastião de defesa da Sublime Mensagem da Galileia.

Nos dias que se seguiram, Tertullianus prosseguiu no seu intenso labor em escrever sobre as máximas do Cristo. Fez vir a público sua interpretação sobre o chamado batismo, que desde há muito causava polêmicas entre os núcleos cristãos. Deu a esse livro o nome *De Baptis-*

mo – Sobre o batismo –, deixando claro que esse batismo era apenas um ato que simbolizava o compromisso com a Divindade, abstendo-se de formas ritualísticas. Numa época em que nos núcleos cristãos do Ocidente, e principalmente de Roma, manifestavam-se algumas heresias, na sua luta contra heréticos, dirigiu-se aos filósofos, aos diákonos e epískopos, procurando demonstrar uma certa inutilidade dos métodos de interpretação filosófica para o correto entendimento da Doutrina de Yeshua.

Manifestou, com esse fim, que no Cristianismo se encontra a verdade buscada por eles. Que a verdade não tem como requerer que verifiquem a sua condição. Ela simplesmente é. Que a Mensagem do Cristo é transcendente, na Terra, e que entre os que a estranham, naturalmente se encontram os seus inimigos, os quais não deram conta da sua divindade, que promana diretamente de Yahweh. Deixou claro aos heréticos que a verdade é qual o sol, que não se pode esconder, aconselhando-os ao aprimoramento dos estudos imanentes da Boa-nova.

A autoridade dos escritos feitos por Tertullianus refletiu diretamente no núcleo cristão de Alexandria e de lá ecoou por quase todos os núcleos cristãos do Oriente e da Anatólia, e constituiu-se em sólida barreira na defesa do Cristianismo primitivo, que, naquele tempo, estava ameaçado pelos inimigos da verdade.

Clemente de Alexandria considerava a vida como um verdadeiro *combate espiritual* em que o verdadeiro cristão deve priorizar a sua prática de devoção ao Cristo e penitenciar-se sempre de seus eventuais equívocos em face da Lei Divina.

A religião, para a exata compreensão das máximas de Yeshua, no sentido de aproximar a criatura do Criador Divino, é importante, contudo, ela deve ser um sentimento da alma, manifestado na direção da prática constante dos atos de amor a Yahweh e ao próximo, como ensinou o Mestre da Galileia.

Certo dia, em plena pregação no núcleo cristão de Alexandria, disse:

EM TORNO DO CRISTO

— Meus irmãos, quero vos dizer que a filosofia da Grécia, as máximas de seus mais influentes filósofos, possibilitou, e não há como se negar isto, a oportunidade de o homem pensar além de si próprio e igualmente para dentro de si, permitindo-lhe incursionar pelo campo vasto do pensamento e buscar entender o desconhecido, muito embora vários filósofos gregos, na intimidade, cultuarem o que eles chamavam de "Deus desconhecido", a quem muitos homenageavam.

Sócrates, um dos maiores do seu tempo, adotou a premissa "Conhece-te a ti mesmo", ideia superior, que nos permite a busca interior para podermos conhecer um pouco mais a alma que habita nossa carne. Não há como negar que essa máxima filosófica permite penetrarmos porta adentro de nossos pensamentos e sentimentos, o que resumimos como sendo nosso coração. Ao fazermos essa viagem interna, com seriedade e firmeza, com certeza lograremos encontrar as dificuldades que colecionamos em nossas vivências anteriores à atual, e nelas, talvez, tenhamos condições de perceber que muitas vezes pode ter habitado dentro de nós um tirano, um déspota, um invejoso, ou, de outro modo, por alguns atos, alguém que já consegue pensar em fazer o bem como meta da vida; que procura a verdade para que ela sirva de luz a iluminar a estrada da existência. Nessa busca diária, na direção de nos transformarmos em um homem novo para a vivência da Boa-nova, embora os esforços dos filósofos da Terra, nenhuma de suas filosofias iguala ou supera e nem superará, no futuro, a majestosa filosofia cristã. Esta sim é o guia perfeito que a Humanidade aguardava, porque na doutrina do Cristo se acham todas as verdades que existem entre o Céu e a Terra.

Diante da proposta imaculada das bem-aventuranças, penetrando na essência dos seus postulados e buscando compreendê-las, sem apego a formas complicadas, haveremos, com absoluta certeza, de encontrar a verdade. Procuremos o quanto quisermos, porém, jamais acharemos caminho mais sublime ou mais seguro que não seja irmos na direção de Yahweh através de Yeshua de Nazareth.

Embasado nesta insofismável verdade, o célebre diákono de Alexandria, sob o beneplácito do epískopo Demétrio, criou a Escola de Estudos do Evangelho do Cristo, de Alexandria, o que fez ao lado da escola de filósofos que existia na cidade. Era uma escola e ao mesmo tempo um cenáculo, a que deu o nome de Escola Cristã de Alexandria. O êxito da escola foi enorme, a ponto de que o ensinamento do Cristianismo primitivo, centrado nas simples, porém profundas máximas do Cristo, acabou por transformar o núcleo cristão de Alexandria no novo Centro de Ação relacionado com a mensagem profunda dos Evangelhos.

CAPÍTULO XLIV

A APROXIMAÇÃO DO CÔNSUL ROMANO DO EGITO COM A BAILARINA DA PÁRTIA

Como de costume, na bela cidade de Alexandria, o dia amanheceu ensolarado. Uma réstia de sol penetrava por fresta da janela do quarto de dormir do cônsul romano de Alexandria. Lucius Virius Lupus abriu os olhos e deu-se conta, em rápidos instantes, do que lhe tinha acontecido na noite anterior e ficou ainda um pouco deitado, buscando lembrar o quanto podia do sonho que tivera, na sua mente, de forma desconexa. Às vezes, pareceu lembrar-se de ter visto ou estado com Júlia e também com Nadir. Refletia no certo conflito que sua mente fazia a respeito quando ouviu leve batida na porta. Sobressaltou-se, lembrou do ocorrido com o filho e de pronto estava de pé, indagando em voz alta:

— Quem é? Podeis falar!

Do corredor que dava para seu quarto, o soldado que o atendia diretamente, disse:

— Nobre cônsul, a dama e vosso filho vos aguardam para o repasto matutino.

— Diga-lhes que breve estarei lá — disse Virius Lupus.

Virius ouviu os passos apressados do soldado se afastando. Fez breve higiene na pequena bacia sobre uma pequena mesa de canto, molhou um pouco os cabelos, alisou-os com pente de chifre de cabra, ajeitou-se na indumentária, prendeu a túnica dourada que sempre utilizava e que representava a insígnia de cônsul romano e após tomou a direção da cozinha da Intendência.

Quando se aproximava, ouviu o riso franco de seu filho e os risos de Nadir. Diminuiu o passo e esgueirando-se, pôs-se a sondar o ambiente e o que viu alegrou seu coração. Nadir se achava sentada e o pequeno Lucius estava em pé, ao seu lado, abraçando-a, e sorria para ela. Ela, por sua vez, alisava os cabelos do filho. Pareciam mesmo mãe e filho em troca de carinhos da maternidade.

Virius Lupus sorriu por fora e por dentro, tossiu levemente, para se fazer notado, e caminhou devagar na direção dos dois.

O pequeno, vendo-o, correu na sua direção. Ele agachou-se e recebeu do filho um terno abraço, apertando-o de encontro ao peito, e a seguir alisou-lhe os cabelos e disse:

— Então, meu filho, como te sentes hoje?

— Bem, papai, muito bem — respondeu o menino. — Acordei e vi que Nadir estava deitada no chão perto da minha cama. Com cuidado a acordei e já recebi dela um abraço. Agora estávamos esperando o papai para tomarmos o desjejum.

Virius Lupus sorriu com a esperteza do filho e olhando para a jovem, disse:

— Boa Nadir, quero dizer da minha enorme gratidão a ti, por tudo, por teres sido protagonista para que eu tivesse a melhor surpresa da minha vida, de saber que o filho que tive com Júlia não morrera e por ter conseguido encontrá-lo, o que penso ter sido possível tão somente pela vontade de Yahweh e também e Yeshua.

Nadir, ouvindo a confissão cristã de Virius Lupus, nada falou. Apenas sorriu. A seguir, convidou-o a sentar-se, dizendo:

— Nobre cônsul, não há o que agradecer-me.

Virius Lupus a interrompeu:

— Nobre Nadir, não, não deves mais me tratar com formalidades e me chamar de cônsul ou de general ou qualquer coisa assim. Deves me chamar pelo nome apenas.

— Não conseguirei — retrucou Nadir —, pois vós sois uma autoridade que devo respeitar.

— Se não conseguires — disse Virius Lupus —, podes chamar-me como quiseres, mas não esqueças que somos amigos.

— Está bem — disse Nadir —, sinto que assim será melhor, eis que a distância entre nós é muito grande.

Ao ouvir aquela manifestação da jovem, Virius Lupus foi na sua direção, para sentar-se, e delicadamente pegou-lhe uma das mãos e levando o dorso à sua boca, depositou suave beijo, depois encostou também delicadamente a mão na boca de Nadir e acrescentou:

— Não digas mais nada, apenas esforça-te para me chamar de Lucius, pode ser?

Tentarei — respondeu Nadir.

Acomodados para a refeição matinal, Virius Lupus distraía o filho narrando uma história sobre cavalos, sem tirar os olhos de Nadir, que a tudo ouvia, divertida. Por diversas vezes seu olhar cruzou com os olhares do cônsul. Havia no ar um clima de encantamento.

Oito meses haviam se passado, desde que Nadir fora residir na Intendência Romana. Entretanto, semanalmente frequentava o núcleo cristão.

Nesse período, conseguira que uma vez a cada quinze dias o cônsul e o menino o acompanhassem à reunião de estudos do Evangelho de Yeshua, no núcleo.

Quando o epískopo Demétrio e o diákono Clemente, acompanhados pelo epískopo de Jerusalém, Eliaquim, e pelos diákonos Zaki, Barach e Tertullianus retornaram da viagem a Roma, na chegada ao núcleo, Demétrio e Clemente foram colocados a par dos últimos acontecimentos ocorridos, e ambos concordaram com as decisões adotadas pelo diákono Onélio.

Embora muito surpresos com os fatos, deixaram claro que por certo não se poderia contrariar a autoridade romana.

Eliaquim e os diákonos de Jerusalém descansaram ainda por dez dias no núcleo cristão de Alexandria. No décimo primeiro dia, tomaram o rumo de Jerusalém.

CAPÍTULO XLV

REVELAÇÕES NA CIDADE ESPIRITUAL DE NOVA ROMA SE MATERIALIZAM NA TERRA

A vida na Intendência Romana de Alexandria seguia seu curso natural, porém, havia nos corredores um clima de otimismo e ares de alegria, uma vez que o bom humor do cônsul havia retornado, e isto contagiava os seus subalternos.

Lucius Virius Lupus, apesar de ser um hábil e experimentado general, quando exerceu os proconsulados das províncias da Germânia e da Britânia, adquiriu excelentes habilidades administrativas, de modo que expandiu o comércio da província de Alexandria com Roma, com excelentes retornos econômicos para o império. Ademais, era respeitado pelos povos submetidos ao domínio romano, mormente os egípcios, filhos da terra, os quais mantinham na intimidade o desejo de se verem libertos do tacão de Roma, contudo, não podiam negar o progresso a olhos vistos que Virius Lupus, no comando das legiões ali estacionadas e da administração romana da cidade, empreendia, porquanto determinou a reforma de todo o sistema de abastecimento de água; instalou inúmeros banhos públicos; mandou canalizar os esgotos; embelezou os jardins das ruas e as praças, embora mandando colocar várias estátuas romanas ao longo das vias, mas como medida de justiça, jamais proibiu o culto dos egípcios às suas divindades.

Era sempre convidado para as cerimônias públicas convocadas por seus subalternos, em inaugurações de obras e mesmo a saraus oferecidos pela sociedade local, porém, muito pouco atendia a esses convites, que sabia, por experiência, que serviam somente para atender à satisfação dos bajuladores, quando não de porta para maledicências, eis que já se comentava em todas as rodas da sociedade de Alexandria, o fato de a jovem cristã ter ido residir na Intendência Romana, e muito embora até entendessem a questão que envolvia o pequeno Lucius, já se espalhava aos quatro cantos, de maneira disfarçada, que o cônsul fizera da jovem sua amante.

Certo dia, Aulus, que era de estrita confiança do cônsul, já pelo longo período de convivência, inclusive em batalhas, pediu para falar-lhe em particular. Virius Lupus o recebeu e disse:

— Nobre Aulus, o que queres me dizer que envolves em clima de sigilo?

Aulus agradeceu ao cônsul tê-lo recebido em particular e lhe narrou a boataria que envolvia a cidade em relação à jovem Nadir, pedindo, ao final, escusas por trazer tão delicado assunto.

Para surpresa de Aulus, Virius Lupus sorriu e disse:

— Nobre Aulus, nada tens que te escusares, ao contrário, até estás me causando um benefício.

— Nobre cônsul — retrucou Aulus —, não entendo!

— Por momento, não precisas entender nada — disse Virius Lupus —, mas em breve, penso, haverás de entender. Estás dispensado.

Aulus fez a saudação de praxe e saiu, intrigado. Imaginava que iria aborrecer seu superior, mas, ao contrário, este sorriu. Embora cismado, procurou esquecer o assunto e foi tratar do cumprimento das demais obrigações.

Quase nove meses haviam transcorrido, desde os fatos que envolveram o menino e a jovem Nadir. O tratamento pessoal que o cônsul, nesse tempo, emprestava a Nadir era sempre carinhoso, cercado de mútuo respeito.

Nadir, após as ocorrências havidas com a doença do menino, que fora debelada pela ação do decurião Vedius, conservava na sua mente as boas lembranças do tratamento e conversação que tivera com Virius Lupus. Sempre se lembrava do dia em que ele a pegou pela mão, e ainda mais do inusitado beijo que recebera. Após isto, Virius Lupus continuou tratando-a com especial atenção e gestos carinhosos, sem, contudo, avançar em qualquer sinal de mais proximidade. Parecia mesmo que o cônsul ficava reticente em fazê-lo.

A seu passo, Nadir muito refletia, e certa noite, antes de dormir, surpreendeu-se em perceber que em seu coração brotara um sentimento de amor pelo cônsul. Sentia ter despertado nela essa espécie de encanto. Teve medo, pois, além da enorme distância social que havia entre eles, ela sabia que o coração do cônsul ficara preso ao coração da mãe do menino, Júlia. Embora ela já tivesse morrido, transparecia estar presente na vida de Virius Lupus, de modo que passou a cultivar aquele sentimento às escondidas, procurando tudo fazer para que o cônsul nada notasse nesse sentido.

Já Virius Lupus, de fato, após aqueles acontecimentos iniciais, se debatia intimamente entre as ondas de sentimento de encantos que se prenunciavam na direção de Nadir e os sentimentos de amor e saudades de Júlia. Às vezes pensava em dar maior impulso aos novos sentimentos que surgiam, mas sempre recuava.

Naquele dia em que Aulus o procurou e deu conta da maledicência que corria na cidade, percebeu que no seu íntimo, ao invés de ficar contrariado com a notícia, ficou alegre, porque a alusão de estar de alguma forma ligado a Nadir, por laços de maior proximidade, não somente espiritual, mas física, lhe fez muito bem.

Exatamente na noite do dia em que Aulus lhe falou, ao preparar-se para o repouso noturno, Virius Lupus orou:

— *Oh! Senhor das vidas, que aprendi a conhecer e a amar, Yahweh. Oh! Mestre Yeshua, filho dileto do Senhor! Neste momento em que penso em repousar o corpo, apreciaria se minha alma fosse ao lugar onde deve estar a amada Júlia, pois preciso conversar com ela. Se isto for possível, peço-vos ajuda e vossas bênçãos.*

A seguir, acomodado, logo adormeceu. Nem bem tinha adormecido, viu-se saindo do corpo físico. Ao olhar em volta, viu que o jovem Estêvão entrava no cômodo e trazia com ele nada menos que sua amada Júlia, que estava ainda mais linda.

Acercando-se de Virius Lupus, Estêvão disse:

— Nobre cônsul, Yeshua atendeu seu pedido e aqui está a nobre Júlia para que possais falar-lhe.

Virius Lupus, como que magnetizado pela desejada presença de Júlia, não conseguia falar nada, apenas sorriu para ela. Júlia se aproximou mais e olhando com ternura para o cônsul, tomou-lhe as mãos, beijou-as e segurando-as, disse:

— Meu amado Lucius, pela bondade de Yahweh e de Yeshua e dos amigos espirituais, aqui venho para dizer que não deves investir contra teus sentimentos atuais. Sim, nosso encontro, na Terra, nosso idílio, foi o que de mais puro que vivenciei. Amei-te e continuo te amando com as fibras mais sutis de minha alma, entretanto, Lucius, nós não somos propriedade das pessoas, embora nos relacionemos com elas. Nossa vida pertence a Yahweh e Ele, pelas Suas Soberanas Leis, impõe aos nossos destinos o que de melhor precisamos para progredirmos na direção d'Ele.

Assim, meu amado, tudo o que nos ocorre está sob o império dessas leis. Minha trajetória última na Terra, como a tua, obedece aos desígnios dessas leis, que às vezes ferimos em alguma existência anterior e não as cumprimos fielmente. Então elas se fazem sancionar sobre nossas almas. Já estiveste conosco, não há muito, no encontro em que a irmã Nadir também participou.

Virius Lupus fez um breve esforço, e na sua tela mental reviu que estiveram juntos. Júlia prosseguiu:

— Ela é uma alma nobre, boa e sincera, que também se ajusta com as leis do Pai Celestial. Meu tempo na Terra havia de se findar, e um dia entenderás com toda certeza. Aqui compareço porque, pelas vias de minha preocupação, venho ter contigo, sob o beneplácito de Yeshua, para libertar-te de qualquer compromisso na tua atual existência física, que possas imaginar ainda teres comigo.

Tudo está ajustado às Leis Divinas. Liberta-te de lembranças amargas. É maravilhoso para mim ver que cultivas minha imagem com saudade e lembranças amorosas, porém, venho te pedir que não feches as portas de teu coração à Nadir. Eu e ela somos irmãs que se querem bem e pedi a Yeshua a bênção de transferir as minhas preocupações com os cuidados sobre ti à bondosa amiga.

Júlia calou-se. Virius Lupus tudo ouviu, com os olhos marejados. Lágrimas furtivas rolavam pela sua face, entretanto, não conseguia falar nada. Júlia aproximou-se mais e depositou demorado beijo em sua face e disse em seus ouvidos:

— Meu amor! até um dia! No concerto do tempo, haveremos de nos reencontrar. Ama a Nadir também, e ao fruto do nosso amor, o pequeno Lucius. Dize a ele que mamãe sente saudade, que o ama muito e que sempre vai velar por ele e por ti!

Estêvão, ao lado, embora sentindo as vibrações da emoção, sorria levemente.

Virius Lupus quis novamente falar, mas a voz não lhe saía e viu que Júlia e Estêvão se afastavam e acenavam para ele, sorrindo. Foram-se.

Lucius Virius Lupus acordou um pouco mais tarde do que de costume. Levantou-se, foi à janela de seu quarto e abriu-a. Os raios de sol penetraram no recinto, fornecendo a permanente energia para a vida física, por conseguinte, para as vidas na Terra. Olhou para as árvores, mais ao fundo. Naquele dia elas pareciam mais verdes, conjuntos de inúmeros pássaros, em verdadeira algazarra, com seus trinados belos, cantavam glórias ao Senhor da Vida. Fixando o olhar nas árvores, do sopé até os céus, divisou o azul maravilhoso e sorriu levemente, pois de imediato Júlia e Nadir povoaram sua mente.

Será que sonhei com ambas, pensou?! Se sonhei, foi um sonho bom, pois após muitos anos não me sentia feliz, e esse sentimento me invade neste instante.

A seguir, colocou seu traje de gala, como sempre gostava de fazer, ajeitou os cabelos e quando se preparava para sair, o soldado que era o seu ajudante de ordens, naquele momento batia na sua porta levemente.

Virius Lupus abriu, ao que o soldado disse, fazendo a saudação à romana:

— Ave, Roma! Ave, César! Ave, nobre cônsul! A senhora Nadir e vosso filho o esperam para o desjejum e a pedido da senhora servimos a refeição matinal em vossa área de lazer.

O cônsul agradeceu ao soldado e a seguir encaminhou-se para a área em que gostava de ficar, contígua a seus aposentos de dormir, à esquerda. Tratava-se do lugar preferido de Virius Lupus.

Ao lá chegar, foi saudado pelo filho que, como sempre fazia, correu na sua direção, pulou e enlaçou-o pelo pescoço dizendo:

— Olá, papai! Estamos te aguardando. Eu queria ir acordar-te, porém Nadir pediu que não, que precisavas repousar, dado a bastante serviço que o papai tem.

Virius Lupus sorriu, carregou o filho pela mão e o sentou. A seguir, foi na direção de Nadir, que estava em pé, vendo a cena, e para surpresa dela, pegou sua mão delicadamente e puxou. Aproximou-se da mesa e puxou a cadeira para Nadir sentar-se, sinalizando para que ela o fizesse.

Nadir estava corada, porque não esperava aquela atitude. Em seu coração já tinha decidido apagar a chama do amor que surgia na direção do cônsul. Virius Lupus, após isto, puxou a cadeira e sentou-se bem ao lado de Nadir, que vendo a ação, ficou ainda mais corada.

Percebendo o certo embaraço de Nadir, Virius Lupus falou:

— Boa Nadir, após o desjejum, gostaria que caminhássemos um pouco pelo jardim, enquanto o pequeno Lucius estará com seu professor, pode ser?

Nadir respondeu, com voz débil:

— Sim, nobre cônsul, pode sim. Eu o acompanharei na caminhada.

A refeição foi feita em clima de alegria, como sempre. Em seguida, o auxiliar direto do cônsul veio buscar o pequeno Lucius. Este, antes de sair, correu, e ficando entre o pai e Nadir, pendurou-se no pescoço dos dois. De um lado beijou a testa de Nadir e de outro a de Virius Lupus, depois sorriu e saiu quase a correr. Surpreendidos, ambos apenas sorriam.

Logo em seguida, o cônsul levantou-se, deu a mão a Nadir e ambos, com as mãos dadas, saíram da área no rumo do pequeno jardim. Lá chegando, sem nada falar um ao outro, sentaram-se no banco próximo à fonte de água. Virius Lupus retirou suas mãos das mãos de Nadir e olhando o céu, a beleza das flores do lugar, os pássaros, voltou-se para Nadir e lhe disse:

— Boa Nadir, chamei-te para este passeio breve, porque preciso falar-te.

Nadir procurava disfarçar sua ansiedade.

— Ocorre, Nadir, que, como já sabes, nesta minha vida de oficial romano, praticamente após os 17 anos, ao sair da casa de meus pais, nunca mais voltei, a não ser a passeio e para rever minha mãe e meus irmãos, até porque meu pai faleceu quando eu estava prestes a completar 18 anos. De lá para cá, vivo como um nômade, ora em Roma, ora na Germânia, ora na Britânia, ora em campanhas militares, na Dória, na Régia, na Panonia Superior, na Pártia. Jamais pude fincar raízes em um lugar. Tudo isto foi fruto do meu amor à Pátria, a uma Roma que com o tempo percebi que existiu apenas no começo de meus ideais, mas que depois, pela ação de imperadores despóticos, o que registra a sua história, tem-na transformado apenas em usurpadora de povos e de consciências.

Talvez por isto, nunca me preocupei em formar família, em perpetuar as origens da minha família. Confesso que não me faltaram pretendentes, as quais, na verdade, pretendiam usufruir da minha posição social no império. Muito embora já estivesse me convencendo que não me casaria com uma mulher digna, quando de minha estada na província romana da Britânia, em situação inusitada, conheci Júlia, a mãe do pequeno Lucius.

Infelizmente, as guerras, sempre elas, separaram-me dela, e foi paradoxalmente no país de onde vieste, a Pártia, para onde fui combater por ordens do Imperador Severus, que recebi a informação por carta que ela estava grávida de nosso filho. Anelei voltar, várias vezes, mas o destino, essa incógnita de nossa alma, prendeu-me nas ocupações bélicas, e quando logrei voltar, tão logo pude regressar a Leondinium, na Britânia, minhas esperanças pelo reencontro ruíram, e meu coração foi ferido pelo látego da dor, eis que, segundo me disse um vizinho dela, Júlia e a criança estavam mortos.

Ah! boa Nadir, não dá para traduzir em palavras o guante do sofrimento que experimentei. Cheguei até em cogitar em evadir-me da vida, e penso que foi por ação da Júlia que não logrei êxito nesse intento, eis que ela me encaminhou à fé cristã, da qual me convenci totalmente.

Após isto, procurei de alguma forma reanimar minha existência e aceitei o encargo que me foi designado pelo imperador de Roma, para dirigir as atividades deste consulado romano aqui na província do Egito, até porque, distante das terras onde ocorreram os recentes fatos que entristeceram minha vida, e ficando de certa forma longe dos sítios que me traziam amargas e dolorosas lembranças, isto me ajudaria a de certa forma esquecer ou controlar as dores da alma.

Virius Lupus, enquanto falava, olhava para a fonte a jorrar água por um canal de madeira. Fez breve silêncio, voltou-se para Nadir e percebeu a enorme atenção com que a jovem o ouvia. A seguir, arrematou:

— Bem, o resto, relativamente ao pequeno Lucius, tu já sabes.

O cônsul calou-se. Nadir com voz fraca, disse:

— Nobre cônsul, vejo, pelo pouco que narras sobre tua vida, que o sofrimento marcou tua alma. Fico penalizada pelo que te aconteceu.

O que posso dizer é que em muitos momentos de nossa existência, sentimos nosso peito parecer rasgar diante de tanta dor e o sentimento de tristeza se apoderar de nossa alma, momentos em que o questionamento interior aflora como inevitável e passamos a indagar a nós mesmos: Por que isto? Qual a razão desses sofrimentos? Onde há que estar a justiça? Yahweh é justo? Será certo sofrermos sem causa justa?

Mas, com o passar dos momentos, dos dias, dos anos, vamos trabalhando nosso interior para podermos ouvir as respostas que a Divindade haverá de nos ofertar de alguma forma, até que nos convençamos, em definitivo, de que há um Deus único e verdadeiro que tudo criou e tudo deve saber, por certo, não somente sobre nossas dores que passaram, mas pelas quais ainda haveremos de passar.

Como Ele é Justo e Bom, não haverá sofrimento sem causa que o justifique e que seja vão. É mesmo nos momentos mais difíceis de nossa existência que Ele nos envia o socorro, e por isto é preciso ter fé, para não somente compreender tudo o que nos ocorre, mas principalmente para enxergarmos que jamais estaremos abandonados e que em algum momento, por alguma forma, por pessoas que cruzam o nosso caminho, Ele envia-nos a ajuda de que precisamos, pois, como disse o Mestre Yeshua de Nazareth: "Meu Pai não quer a morte do pecador, quer que ele viva, e que tenha vida em abundância."

Nadir calou-se. Virius Lupus estava encantado com o conhecimento e erudição dela e assim aduziu:

— Vejo, boa Nadir, pelos teus profundos conhecimentos sobre a vida, e pelo que já sei, que também já sofreste muito.

A seguir, pegou na mão de Nadir, que ao sentir o toque da mão do cônsul quase que desmaiou.

— Diante de tudo o que te disse, Nadir — prosseguiu Virius Lupus —, do fato incontestável relativamente a meu filho, mas principalmente diante da extrema bondade do teu coração e, não posso negar, de tua presença como mulher, quero dizer-te que estou enamorado de ti. Não, não te assustes. Tenho sonhado com Júlia e certa feita tu também estavas no meu sonho, junto com ela. Lembro-me de que foi um sonho muito bom e que Júlia pediu-me para que eu não colocasse obstáculo entre mim e ti, bondosa Nadir.

Não, não prometo um amor que já conhecemos como platônico, antes, prometo um amor maduro, sério e responsável.

Os dois quedaram-se mudos. O cônsul, a seguir, continuou:

— Apesar de tudo o que te disse, tens o direito de negar-me o teu consentimento ou o teu amor, porque não sei o que se passa em teu coração. Se isto ocorrer, não penses que me aborrecerei, não, não, sempre terás, no mínimo, o meu eterno reconhecimento e serás sempre alvo da minha eterna gratidão.

Virius Lupus ia continuar, quando, de maneira inesperada, Nadir enlaçou-o pelo pescoço e depositou-lhe demorado e apaixonado beijo.

A pequena distância do casal, ali no jardim, nos fundos da Intendência Romana, os Espíritos Estêvão, Joel e Júlia contemplavam a bela cena. Ouviram a conversação, e a seguir sorriram e retornaram à morada celeste.

A partir daquele dia, a vida na Intendência Romana de Alexandria tomou maior impulso no campo da alegria.

Trinta dias após, o cônsul romano Lucius Virius Lupus casava-se com Nadir Ab Saleb, a bailarina de Pártia.

A felicidade estava entronizada no consulado romano de Alexandria, e igualmente no coração do casal e do pequeno Lucius. No décimo mês após o casamento, nascia o segundo filho do cônsul, dessa feita com Nadir, a quem foi dado o nome de Lucius Virius Lupus Martinus Lucillianus, em homenagem ao pai de Virius Lupus.

CAPÍTULO XLVI

A MORTE DO IMPERADOR CLAUDIUS SEPTIMIUS SEVERUS – SEU ÚLTIMO DESEJO

Os anos transcorreram céleres. Roma, agora no ano de 211 d.C., vai assistir a dois acontecimentos importantes, que alterariam a espécie de normalidade que havia no império e nas terras conquistadas, eis que o imperador Claudius Septimius Severus, acometido de grave doença, que não conseguia ser descoberta pelos médicos, começou a emagrecer e a ficar cada dia mais fraco, acabando por acamar-se.

Antevendo que talvez o mal que lhe assaltava lhe abreviaria a existência e acometido das incertezas quanto ao futuro do império, eis que não gostava da maneira como seu filho Caracala administrava o que estava sob a sua competência, certo dia pediu a sua guarda de confiança que trouxesse à sua presença, o mais depressa possível, seu outro filho, Geta, que também lhe auxiliava nas tarefas da administração.

No dia seguinte, Geta veio visitar o pai, e o imperador determinou que todos saíssem dos seus aposentos, pois queria uma conversa a sós com Geta. A seguir, iniciou com o filho a seguinte conversação:

— Meu filho, sinto em meu corpo que meus dias na Terra estão contados. A fraqueza a cada dia me toma ainda mais. Roma é uma senhora muito exigente e quando a herdei, herdei por sobre escombros da intriga, das maldades, dos ritos claros da ambição, do egoísmo e das vaidades.

Não posso negar que me fascinei com o poder e nestes momentos de agonia em que antevejo a morte próxima, quedei-me em profunda reflexão e pude perceber claramente que em muitas coisas me excedi, contudo, o que me consola, apenas, é a certeza de que, embora as dificuldades que houve ou que eu possa ter criado, sempre procurei engrandecer a nação.

Agora, o deus da morte ronda o palácio, e sinto que logo mais devo ir para os Campos Elísios. Tenho pedido a Apolo e a Urbano, que tomem conta de mim. Diante disto, preocupa-me o destino desta Pátria.

Teu irmão, como sei que já notaste, e isto já me confidenciaste outrora, está embevecido com o poder e tem agido muitas vezes às cegas. Tenho provas de que, em sobrevindo a minha morte, ele perseguirá o intento de assumir a hegemonia da coroa romana sozinho, a qualquer custo. Em razão disto, quero te pedir que redobres a vigilância sobre tua vida.

O imperador, que já respirava com alguma dificuldade, puxou o ar que parecia não lhe entrar nos pulmões e prosseguiu:

— Como é duro para um pai revelar estas coisas, o que significa que falhei em educar-vos com a mesma forma talvez.

A seguir, o imperador colocou a mão sob a almofada que estava sob sua cabeça e de lá retirou uma carta escrita em pergaminhos enrolados, fechada com o selo imperial e a entregou a Geta, dizendo:

— Bom Geta, entrego-te esta carta, que é endereçada ao cônsul Lucius Virius Lupus, de Alexandria. Coloque-a em extrema segurança e peço-te, sob teu sacrifício, que partas imediatamente para a província do Egito para entregares a carta ao destinatário. Este é meu último desejo, minha última vontade.

Percebendo o olhar de tristeza do filho, o imperador continuou:

— Não, não te abatas nem chores, meu filho! Um governante desta ainda poderosa nação não tem o direito de chorar, sequer. Vai em segredo e o mais depressa que puderes, e se a morte me surpreender na tua ausência, sabe que este velho pai muito te amou. Agora, vai!

Geta, olhando para o imperador, sob lágrimas, disse:

— Podes ficar tranquilo, meu pai, farei o que me pedes. Agora, não te canses mais.

Debruçou-se sobre a cama, beijou a testa do pai, que reparou fria, e foi na direção da porta. Acenou ainda para o imperador, e após, chamou o guarda pessoal do pai e se foi.

Intrigado com o pedido de seu pai, Geta, no pequeno palácio de onde também despachava seus encargos na administração de Roma, sendo que sua atribuição era de cuidar dos suprimentos para a nação, principalmente para os exércitos de Roma, havia escolhido a dedo um comando de 30 leais legionários, dentre eles dois centuriões de confiança. Chamou-os e confidenciou-lhes o projeto de viagem imediata à província do Egito, para o dia seguinte, pela alva. Que eles tomassem providências urgentes para compor duas centúrias para acompanhá-los.

Após, reuniu os demais servidores próximos e disse a eles que teria que empreender viagem urgente para a fronteira da província da Germânia, pois, a pedido do imperador, precisava visitar a Intendência de lá, para catalogar a quantidade de armamentos que o exército que lá estava estacionado tinha, como necessidades prementes.

O anúncio era um disfarce, pois sabia que seu irmão Caracala buscaria saber seu destino e a que título viajara. Registre-se que entre eles a autonomia era a mesma. Um não era subordinado ao outro, mas tão somente ao pai, o imperador. Munido de provisões, o comando militar, ainda antes de clarear o dia, ganhou a estrada.

Obviamente que as urdiduras políticas do império eram enormes e Caracala ficou sabendo da partida de seu irmão, logo no dia seguinte. Ficou muito intrigado e gastou quatro dias para saber que seu irmão fora recebido em particular pelo pai. Ao saber disto, imediatamente foi ao palácio para ter uma conversa diretamente com o imperador, relativamente ao motivo do encontro dele com o irmão e o que o pai pedira, eventualmente, a Geta.

Ao chegar no palácio e se dirigir aos aposentos do imperador, Caracala viu que os dois médicos da corte saíam dos aposentos do pai. Um deles, ao ver o coimperador, apressou-se e disse:

— Nobre coimperador Caracala, que bom que estais aqui. Vinde. Vosso pai está morrendo. Ele não resistirá mais este dia.

Caracala não sentiu nenhuma preocupação ou agonia qualquer. A relação dele com o pai sempre fora conflituosa. Parecia mesmo que eram dois estranhos e, ademais, tinha ciúmes, não do pai, mas da maneira como o pai tratava seu irmão Geta, além do que, ambicionava ser o único imperador, em substituição ao pai, e tudo faria para ser assim, custasse o que viesse a custar.

Acompanhando os dois médicos, entrou no aposento onde estava deitado o imperador. Septimius Severus estava pálido demais. Seus olhos estavam fundos e os lábios arroxeados. Severus percebeu a entrada de Caracala e novamente dos médicos. Como não conseguia mais falar, ficou olhando para o filho.

Caracala ficou em pé, ao lado da cama do pai. Sequer se dignou a sentar, e para surpresa dos médicos, disse a Severus:

— Nobre imperador, podeis dizer-me o que pedistes para meu irmão e o que ele foi fazer na Germânia?

Severus não tinha mais forças para falar. Apenas olhou fixamente para o filho, fechou os olhos e duas lágrimas escorreram por sua face macerada. Suspirou e naquele exato instante entregou sua alma a seus deuses.

Constatada pelos médicos a morte do imperador, Caracala não conseguiu disfarçar sua irritação. Sequer olhou para os médicos. Virou-se nos calcanhares e saiu dos aposentos do pai.

Como a tradição exigia, as exéquias do Imperador Claudius Septimius Severus duraram seis dias e ele foi enterrado no cemitério dos imperadores.

CAPÍTULO XLVII

A CHEGADA DE PUBLIUS SEPTIMIUS GETA A ALEXANDRIA – NOTÍCIAS DA MORTE DO PAI – A CARTA DO IMPERADOR SEVERUS

A pós quase sessenta dias, o comando militar romano chefiado pelo coimperador Geta desembarcou no porto de Alexandria. Ao longo da viagem, o coimperador tinha sentido, ainda em alto mar, que seu pai haveria de ter falecido em Roma, e isto colocou-o em sobressalto. Foram dias de introspecção e tristeza, até chegaram a Alexandria.

Após o desembarque, foram até a aduana do império. Lá encontraram dois oficiais do consulado. Foi o próprio Geta que se apresentou, causando enorme surpresa, pois não havia nenhuma notícia de uma eventual chegada de uma das mais altas autoridades do império.

Um dos oficiais lhe disse que o acompanharia até o consulado, e o outro despachou-se antes, para ir mais depressa na frente a fim de avisar o cônsul.

Logo mais, Geta e seus soldados chegariam à Intendência Romana. Lucius Virius Lupus, já refeito da surpresa, estava muito preocupado, além de intrigado, pois tinha recebido, dez dias antes, a visita do correio do exército, dando conta da morte do Imperador Severus.

Ao receber a notícia do oficial romano, rapidamente preparou a recepção como pôde. Conhecia Geta, por quem nutria admiração e respeito, principalmente por sua simplicidade, além do acentuado senso de justiça de que era portador, fato que já era conhecido em Roma. Ele era muito diferente de seu irmão Caracala.

Ao chegar, Geta foi recebido com efusivo abraço, o que foi recíproco. Antes de qualquer outra palavra, Virius Lupus disse:

— Nobre César Geta, penso que ainda não sabeis, mas vosso pai e nosso imperador faleceu há aproximadamente quarenta dias, em Roma.

Geta, ao ouvir a notícia, abaixou a cabeça, fez-se profundo silêncio, e ao levantá-la, seu rosto estava banhado pelas lágrimas. Amava muito o pai. Devagar balbuciou:

— Oh! nobre Lucius, meu coração já suspeitava disto. Parece mesmo que eu recebi uma espécie de aviso, enquanto estava em viagem. Quando deixei Roma, deixei-o acamado, em estado grave. Peço aos deuses de Roma que o tenham recebido na paz dos Campos Elísios.

A cena era tocante. Os demais legionários e oficiais que acompanhavam Geta, em sinal de respeito, ficaram todos cabisbaixos. Virius Lupus aguardou mais alguns instantes, em respeito à dor de Geta, aliás, ele também, quando recebera a notícia, havia derramado suas lágrimas, apesar de não endossar várias atitudes do imperador. Severus sempre foi bom para com ele, portanto, estimava muito o Imperador de Roma. A seguir disse:

— Nobre centurião Aulus, acomoda nossos oficiais e soldados. O nobre Geta ficará hospedado na residência oficial do consulado.

Acomodados, como haviam desembarcado próximo ao repasto do almoço, logo todos foram atendidos. Quando da recepção a Geta, na residência do Consulado, Virius Lupus apresentou-lhe formalmente sua esposa Nadir e seus dois filhos.

O almoço ocorreu em clima tranquilo, embora um pouco triste. Apesar da notícia, conversaram sobre quais seriam as consequências para o império, diante da morte do imperador.

Após o almoço, Virius Lupus convidou Geta para continuarem a conversa na sala da administração, tendo cedido a Geta a sua mesa de trabalho e sentado como se fosse alguém atendido, em frente à mesa.

Geta agradeceu a deferência de Virius Lupus e a seguir colocou a mão direita por entre a armadura e o traje de baixo e de lá retirou um pequeno rolo de pergaminho, que continha o selo imperial, e estendendo-o a Virius Lupus, disse:

— Nobre Lucius, esta carta é o motivo de eu aqui estar e me foi entregue diretamente por meu pai, que pediu-me trazer a ti, pessoalmente, com a máxima urgência possível, mesmo que isto custasse eu não estar presente no dia de sua morte.

O cônsul ficou impactado com a ocorrência e com a mão um pouco trêmula, ante o inusitado, pegou o pergaminho, sentou-se novamente, quebrou o selo imperial e preparou-se para ler. Como confiava e se dava bem com o coimperador Geta, antes disse:

— Nobre Geta, em homenagem à confiança que vosso pai em vós depositava e que eu também deposito, a lerei em voz alta. Geta assentiu, com a cabeça, então o cônsul iniciou a leitura:

Nobre general e cônsul de Roma, Lucius Virius Lupus, guio-te esta carta, sob a confiança de meu filho Publius Septimius Geta, para salvaguardar os interesses do império e da nação. Ao receberes a mesma, com certeza já devereis saber de minha morte, eis que meus dias finais na Terra, sinto chegados. A morte, embora ainda me represente um enigma, nunca me assustou. Antes de prosseguir, reitero a confiança que sempre depositei em ti, como um fiel e leal servidor de Roma e do império, razão mais do que lógica em face dos motivos pelos quais te encaminho estes dizeres.

É certo, nobre Virius Lupus, o que vejo neste instante difícil, que não logrei êxito em ser um imperador amado pelo povo de Roma, como foram os inesquecíveis Caio Júlio César Otaviano, Tito Sabino Vespasiano Augustus e Antoninus Pio, porém, lutei todos os combates políticos, sociais e de guerras. Mesmo com essa intenção, se não logrei alcançar minha pretensão, nesta hora decisiva é que compreendo que tal se deu apenas por meus defeitos.

Pena que esteja reconhecendo isto somente quando a morte bate à porta da minha vida.

Escrevo-te para dizer estas coisas e para dizer que, antes da minha partida para os Campos Elísios, não consegui deixar de estar preocupado com o futuro de Roma. Em razão das minhas lutas, é claro que conservo, a meu ver, mais vitórias do que derrotas, entretanto, a derrota que mais me dói na alma, neste instante, foi a de não ter conseguido amar na intensidade necessária e nem ser amado por meu filho Lucius Septimius Bassianus. Percebo que entre nós sempre houve um inexplicado distanciamento, de vez que concedi a ele os mesmos cuidados que concedi ao filho mais novo, portador desta carta.

Embora os cuidados quanto à paternidade, por ser ele o primogênito, em razão da legislação de nossa nação, ele deveria ser consagrado imperador, tão logo haja a minha morte, e isto me preocupa sobremaneira, eis que gostaria que o Império fosse dividido pelos dois filhos.

Informo-te que encaminhei também sigilosa carta ao Senado, manifestando o meu último desejo nesse sentido. É claro que minha preocupação, ante minha morte iminente, é vã e sem sentido, mas se em alguma coisa posso emendar tantos erros que cometi, desejo para Roma o melhor. Acho mesmo, nobre amigo, que talvez eu não tenha mesmo amado Caracala como amei Geta.

Virius Lupus fez pequena pausa, olhou para Geta e viu as novas lágrimas que lhe escorriam pela face. Virius Lupus prosseguiu com a leitura:

É curioso e até mesmo inesperado o fato que somente neste momento em que te escrevo, em que a sombra da morte ronda meus aposentos, eu tenha feito uma análise sobre toda a minha existência.

Mas, deixando de lado a questão dos sentimentos, o que está feito, feito está, razão pela qual, desejo conduzir minha responsabilidade com Roma até meu suspiro final, e temo pelo futuro da nação.

Deixando tudo mais claro, nobre Virius, o motivo desta carta é para pedir-te que, independentemente de ser o império dividido entre os irmãos ou consignado à responsabilidade de Caracala, desejo que o nobre amigo seja guindado ao cargo de Conselheiro do Império. Com esse fim, enviei também carta ao Senado, para ser aberta após a minha morte, junto com meu último desejo.

Roma, nobre Virius, tem sido uma senhora muito difícil de contentar. Há muitos suspiros pelo poder, nos corredores do palácio e do senado, que muitas vezes são difíceis de abafar. Há senadores que se refestelam na corrupção; há políticos que procuram encher as suas burras de ouro e prata e há um grau de libertinagem que campeia nas alcovas dos oficiais graduados, senadores e vários generais.

Os bajuladores do poder sequer compareceram à minha desdita, um instante que fosse, ao menos para dirigir-me uma palavra de estímulo, de preocupação ou amizade. Como certa feita lhe disse: "O imperador de Roma é um ser solitário, que não tem com quem dividir as vitórias e muito menos as derrotas".

Espero que anotes meu desejo e o consideres. Quando estiveres lendo esta missiva, provavelmente já estarei morto. Apreciaria que retornasses com Geta, para Roma, e peço que declines a ele o meu desejo. Que os deuses de nosso panteão, Apolo, Urbano e Minerva possam se apiedar de mim e ofertar-me paz em suas moradas, e que protejam Geta e a ti. Sempre te estimei em alta conta. Despeço-me, para sempre!

Claudius Septimius Severus.

Terminada a leitura, Virius Lupus olhou para Geta, que ainda chorava. Enrolou o pergaminho e olhou para o chão. Um turbilhão de pensamentos invadia-lhe a mente. Após algum tempo, ainda reflexivo, olhou novamente para Geta e indagou:

— Nobre coimperador, o que tendes vós a dizer sobre a carta?

Geta passou a mão pelos cabelos, que eram grandes e encaracolados, e como que saindo de um transe, falou:

— Nobre Lucius Virius Lupus, eu mais ou menos imaginava que a carta trataria sobre estas coisas, em face dos acontecimentos últimos em Roma. Não tenho dúvidas que a preocupação do imperador com o atual quadro de coisas no império era muito evidente. Eu e meu irmão apenas nos toleramos e Caracala tem um gênio muito difícil, o que vós já conheceis.

Quanto a ele ser coroado único imperador, isto em nada me aborreceria, entretanto, se o Senado nomear a nós dois, ouso-te dizer, nobre Virius, que passarei a temer ainda mais pela minha vida. Tenho informações que ele já criou, há tempos, uma alta rede de informantes, no império, e a esta altura já deve estar sabendo onde realmente estou, embora não saiba do que vim aqui tratar. Por essa razão e outras que não vêm ao caso aqui enfocar, torço mesmo para que o Senado o nomeie como único imperador.

Se assim ocorrer, prestarei a ele minha obediência, mas tão logo possa, evadir-me-ei do solo de Roma para outra nação. Em razão disto, pela nossa amizade e pelo desejo de meu pai, não vos ordeno, e sim vos peço, nobre cônsul, que me acompanheis no regresso à capital. Apesar de seu gênio impulsivo e repulsivo, Caracala vos respeita e admira, e disto tenho certeza, razão pela qual, em vossa homenagem, nada fará contra minha vida.

Geta calou-se. Virius Lupus, enquanto ouvia, demonstrava, na testa, rugas de preocupação. Esperou um pouco e disse:

— Penso que não devo deixar de atender ao último desejo de vosso pai e que é meu dever acompanhar-vos em vosso regresso, se é assim que pretendeis.

Quanto a ser ou não nomeado conselheiro do império pelo Senado, disto eu não faço nenhuma questão.

— Sim, é o que peço e pretendo — retrucou Geta. — Penso que não será necessário que partas já, junto comigo, até porque agora se trata de uma ordem, portanto, determino que retorneis a Roma, levando convosco uma *Legio,* que estacionarás em Óstia. No entanto, sei que deslocar a tropa demanda tempo para organizar e tudo ajeitar. Eu irei na frente. Pretendo partir amanhã. Lá chegando, procurarei me cercar das garantias do senado, e espero que dentro de três a quatro meses estejais comigo em Roma.

Passaram a combinar tudo o que era necessário. No dia seguinte, após o repasto matinal, Geta e seus homens iniciaram o retorno. Ficou ajustado que em até vinte ou trinta dias, Virius Lupus moveria com ele a tropa e retornaria a Roma.

Após ter acertado tudo com Geta, quando chegou a noite, antes do repouso, Virius Lupus conversou com Nadir, colocando-a a par dos acontecimentos, dizendo por final:

— Querida Nadir, tu e meus filhos fostes três tesouros que encontrei em minha existência, justamente quando me apartei de outro tesouro, que foi Júlia, e que sei, não te enciúmas por isto, o que tem me levado a encontrar contigo outras faces desconhecidas do amor: o amor-equilíbrio, o amor-respeito, o amor-tolerância, o amor simples que nada cobra, nada pede em troca, de maneira que tens me tornado um homem feliz.

Contudo, justamente neste momento, todas essas ocorrências parecem vir novamente em direção contrária à minha felicidade. Nadir, eu não posso me furtar de atender o filho do imperador, nem ao desejo de Severus. Jurei, desde que entrei no exército de Roma, defender a pátria, a que custo for. Por essas razões todas, apreciaria obter tua compreensão. Acertei com o futuro César Geta, que assim que as coisas se acalmarem, em Roma, retornarei para Alexandria e reassumirei minhas funções.

Virius Lupus calou-se. Sua voz estava um pouco trêmula. Passou a mão pela cabeça, e olhando fixamente para esposa, esperou. Nadir tudo ouvira com o semblante calmo e sereno, então disse:

— Meu amado Virius, quando imaginava que a felicidade do casamento não seria dádiva por mim atingida, tu surgiste no meu caminho, qual chama de labareda voraz que caminha célere para frente, e o amor que imaginava nunca mais sentir eclodiu em minha alma, fazendo-me compreender que ele é um sentimento tão belo, que às vezes é até imperceptível, ainda mais quando ele vai surgindo sob base ou alicerce seguro, e eis-me aqui, casada contigo e com dois filhos, um do coração e outro da alma, fazendo-me ver e crer na ternura infinita de Yahweh e de Yeshua de Nazareth.

Enquanto falavas, repassava em meus pensamentos a admiração pelo teu senso de lealdade, justiça e amor à pátria. Não, meu amor! não posso e não serei eu quem vai impedir-te que cumpras com tuas obrigações legais. É lógico que em razão de tudo o que já sabemos, eu temo por tua vida, por tua segurança, entretanto, não tenho o direito de pedir que não vás. Sei que antes de nos conhecermos, já eras o mais respeitado general de Roma, e nestes tempos tumultuosos, creio, sim, que tua presença na capital da nação, mormente quando morreu seu imperador, será de grande utilidade.

Rogo a Yahweh e a Yeshua que te abençoem, de modo que eu e nossos filhos aqui ficaremos orando por tua segurança e anelando por tua volta, o mais breve que puderes.

Virius Lupus, profundamente surpreendido pela bondade do coração de Nadir, o que comprovava novamente, enlaçou a esposa pela cintura e beijou-a, dizendo ao seu ouvido:

— Ah! Nadir, Yahweh foi bom para comigo. Mandou-te no momento em que eu mais necessitava de auxílio.

Virius Lupus, a cada dia de convivência, mais admirava o coração terno, bondoso e afetuoso de Nadir.

A seguir, foram cuidar dos afazeres, eis que o cônsul tinha ainda muitas coisas para preparar. Viajar comandando uma *Legio* de aproximadamente 5.200 homens, eis que deslocaria uma armada de navios, e ainda mais na distância pretendida, não era tarefa fácil. Teria que preparar muito bem a viagem.

CAP. XLVIII

ROMA – O TRONO DO IMPÉRIO E A IRA DO COIMPERADOR CARACALA

Enquanto Geta viajava de volta para Roma e Virius Lupus preparava a tropa romana para também dirigir-se à capital do império, o coimperador Caracala, em Roma, ficou irado com a decisão do senado, que nomeou a ele e a seu irmão como imperadores que deveriam dividir a direção do império.

Incontrolável, determinou que o líder do senado, Lucius Valerius Messala, fosse imediatamente a seu palácio. Lá chegando, o senador foi conduzido à sala de Caracala. Ao entrar na mesma, saudou-o:

— Salve, Roma! Salve, César Caracala! Em nome do Senado e do povo de Roma aqui estou para atender a vossa requisição.

Caracala olhou para o senador com os olhos fulminantes, mediu-o de cima abaixo e falou:

— Poupai-me com vossos encômios, os quais desprezo! Parece mesmo que a Roma que meu pai deixou está viciada pela subversão, onde a lei nada mais vale, não é mesmo?

O senador tudo ouviu, mas nada falou. Caracala, subindo ainda mais o tom da voz, disse, quase que gritando:

— Dizei-me, qual o motivo dessa decisão malversa em nomear a mim e a Geta como imperadores com os mesmos poderes? A lei de Roma não garante que a assunção do trono se dê pelo filho primogênito? Será que o Senado desconhece a própria lei que ajudou a escrever? Quem foi o artífice dessa decisão absurda? Por acaso fostes vós? O que podeis me dizer, se é que tendes algo para dizer-me?

O senador, embora um pouco assustado com a reação de Caracala, manteve a tranquilidade e respondeu:

— Nobre Caracala, embora haja de fato tal definição em nossas leis, há, porém, também em nossa legislação, uma lei que se sobrepõe a essa, que é anterior e que define ser a família patrícia uma estrutura organizada como se fosse uma pequena sociedade, com seu próprio governo chefiado unicamente pelo genitor, e nessa condição, todos os demais membros da mesma são submissos à vontade dele. Assim, o *patria potestas* detém, dentro da família, poderes ilimitados de genitor, esposo, administrador, sacerdote ou até mesmo de juiz, cujas decisões nenhuma autoridade pública tem o direito de reformar.

Vosso pai, antes de falecer, enviou carta ao Senado que era para ser entregue após sua morte, de modo que a recebemos e nela está fixado o seu desejo, como genitor vosso, que o Senado nomeasse seus dois filhos como coimperadores para governarem em conjunto, firmando o desejo de que ambos zelassem por Roma.

Diante disto, nobre César, a lei romana determina que prevalece a autoridade e vontade do genitor, portanto, isto torna prevalente a legislação anterior, logo, a nomeação não tem como ser contestada legalmente.

O senador calou-se. Caracala, ao ouvir a manifestação, convenceu-se que de fato nada havia a fazer. Cerrou os punhos e fechou os olhos, por instantes. A ira ainda era sua companhia. Buscou a todo custo controlar-se, e a seguir, disse:

— Era só o que me faltava! O desejo de um morto vale mais do que a realidade dos vivos.

A seguir, olhando para o senador, já um pouco mais calmo, falou:

— Estais dispensado, nobre senador. Dizei a vossos pares que na minha opinião, o Senado cometeu um erro que poderá lhe custar muito caro.

Após a saída do senador, Caracala chamou o centurião Marcus Galvius, que era seu imediato e sobre quem depositava confiança, eis que Galvius era um homem duro, sem escrúpulos, contudo, era leal e fiel a Caracala. Após o centurião entrar na sala, Caracala disse:

— Nobre Galvius, acho que já sabes da decisão do Senado, não?

— Nobre César — respondeu o centurião —, sim, já sei, e acho que eles foram precipitados. Penso que o trono de Roma pertence unicamente a vós, até porque vosso irmão é uma pessoa que tolera tudo e lhe falta pulso.

— Então, o que me sugeres? — indagou Caracala.

Pesado silêncio caiu na sala. Galvius disse:

— Penso que deveis deixar-vos ser coroado junto com vosso irmão, sem opor resistência, ainda mais que a morte do vosso pai é recente. Após mais algum tempo, haveremos de dar um jeito de eliminar Geta, sem levantar qualquer suspeita, para que ao final possas governar sozinho. Esperemos o tempo mais propício.

Caracala ouviu, reflexivo. Conhecia Galvius e sabia do que ele era capaz, então disse:

— Está bem, façamos a vontade de meu pai e do Senado. Aguardemos um pouco.

Seis meses após o falecimento de Claudius Septimius Severus, seus filhos foram coroados como Imperadores de Roma, ao mesmo tempo.

No sétimo mês, num começo de tarde, Galvius foi ao encontro do coimperador Caracala, entrou nervosamente na sala, ocasião em que este estava com duas jovens patrícias em situação não muito normal, em face da proximidade destas com o coimperador. Caracala, ante o ingresso de Galvius de maneira repentina, em sua sala, ao invés de recriminá-lo, prontamente dispensou as jovens. Galvius o saudou:

— Salve, Roma! Salve, nobre César Caracala! Peço permissão para falar.

Caracala ajeitou-se no trono e a seguir respondeu:

— Nobre Galvius, já a tens!

— Nobre César — disse Galvius —, através de dois oficiais de nossos exércitos, venho comunicar-vos que o general e cônsul da Província do Egito, Lucius Virius Lupus, no comando da *Legio II Parthica,* desembarcou ontem em Óstia. Não consegui saber a que título, por isto vim avisar-vos o mais depressa possível.

Caracala ficou surpreso. Desceu rapidamente do trono e pensativo foi na direção de Galvius dizendo:

— Nobre Galvius, imediatamente, com um comando militar, vai a Óstia e apresenta ao cônsul, recepção em meu nome. Penso que Geta já sabia disto. Confesso que estou um pouco preocupado. Conheço bem Lucius Virius Lupus e sei que ele não é homem de conchavos. Vamos devagar, e logo saberemos a que título ele está por aqui e, ademais, por que trouxe com ele uma Legio. Faze isto e depois vem me dizer o que conseguires saber. Anda, vai logo.

Galvius saudou o coimperador e se retirou.

Galvius, no comando de 20 legionários, dirigiu-se para o porto de Óstia, o que fez na manhã do dia seguinte à conversa com Caracala. Ao lá chegar, foi às instalações onde os altos e mais graduados oficiais de Roma ficavam hospedados.

Ao entrar no local, foi informado que o general estava na tenda das refeições, para o repasto matutino. Pediu a seus homens que aguardassem por ali e se dirigiu à mesma.

Ao entrar na tenda, Galvius teve um sobressalto, porque numa das mesas compridas do local, o general e cônsul Lucius Virius Lupus conversava e sorria, na companhia de nada menos que o coimperador Geta.

Da mesa em que estavam, Geta viu a chegada de Galvius, então falou baixinho a Virius Lupus:

— Nobre general, meu irmão já sabe da vossa chegada, pois o cão de guarda dele está ali na entrada nos olhando, e com certeza vem em nossa direção.

De fato, Galvius dirigiu-se até onde os dois estavam, parou em frente, dizendo e fazendo reverência:

— Salve, Roma! Salve, nobre César Geta! Trago saudações de vosso irmão.

E olhando para o cônsul, disse:

— Salve, nobre general e cônsul Lucius Virius Lupus! O coimperador Caracala saúda a vossa chegada; pede que vos transmita seu abraço e manifesta que espera por vossa visita.

Geta nada falou. Virius Lupus, porém, respondeu:

— Nobre centurião, recebo os cumprimentos. Dize ao coimperador que em breve o visitarei. Por enquanto, estás dispensado.

Galvius fez a saudação com a mão levantada, espalmada para baixo, nada falou e saiu da tenda.

Após a saída do centurião, Geta continuou a conversar com Virius Lupus, colocando-o ao par dos dias difíceis que estava enfrentando, porque seu irmão decidia a maior parte das coisas do império, sem sequer consultá-lo, e pediu a Virius Lupus que quando este fosse falar com ele, comentasse essa questão, a propósito.

Combinaram, para não levantar animosidade em Caracala, que Virius Lupus ficaria aquartelado com a legião em Óstia.

O restante da conversa com o coimperador Geta centrou-se nas ações sobre o futuro do império. Geta confidenciou que seu irmão assumira praticamente todas as funções decisivas do império, tendo deixado a ele apenas continuar com a responsabilidade de manutenção das necessidades de logística do exército romano e da administração quanto a víveres, armamentos, sendo que nada era dividido com ele relativamente ao comando, à promoção de oficiais e altos funcionários do império.

Após o breve relato, Geta ainda disse:

— Penso, nobre Lucius, que essa situação prejudica Roma, e confesso-te que cogito abdicar da minha função, comunicando ao Senado.

Virius Lupus, enquanto ouvia, refletia, e após Geta cogitar da renúncia de seu alto cargo no império, disse:

— Nobre imperador, não vejo que esta seja a melhor solução para Roma, caso contrário, seu pai teria decidido de outra maneira. Penso que minha vinda a Roma talvez seja providencial. Ainda hoje enviarei o centurião Aulus para marcar audiência com vosso irmão para amanhã. Após falar com ele, conversaremos novamente.

Após este diálogo e as breves despedidas, Virius Lupus convocou Aulus e deu-lhe a missão de entregar o recado a Caracala.

Ainda na tarde do mesmo dia, Aulus dirigiu-se ao palácio de Caracala e foi recebido por ele. Ao ser informado do pedido de Virius Lupus, Caracala estampou leve sorriso na face e disse a Aulus:

— Centurião, vai dizer a teu comandante que o receberei amanhã, pela manhã, com satisfação. Acentua, por favor, a minha última fala.

No dia seguinte, Virius Lupus apresentou-se no palácio de Caracala e logo foi conduzido à presença deste. Ao ver o general, Caracala ficou impassível e aguardou a manifestação de Virius Lupus, que não tardou, eis que com o braço levantado e a mão direita espalmada para baixo, disse:

— Ave, Roma! Ave, nobre César Caracala! Apresento-me a vossa autoridade.

Caracala tinha uma virtude que era por demais conhecida no império, que era a coragem, então respondeu:

— Salve, nobre Lucius! Soube de vossa chegada a Roma. Como não fui avisado, penso que fizestes alguma tratativa nesse sentido com meu irmão, e ademais, fui informado que viestes com uma Legio. A que devo a honra de vossa visita? Aliás, a que se deve ter-vos deslocado de Alexandria para cá, ainda trazendo uma Legio? Por acaso fostes convocado com as tropas, por meu irmão? O que pretendeis, deslocando milhares de soldados para as proximidades de Roma?

A seguir calou-se.

Diante das colocações e perguntas diretas de Caracala, Virius Lupus, que também era conhecido por sua extremada coragem, percebeu o tom de sarcasmo das perguntas e a armadilha preparada pelo coimperador, eis que, a depender de sua resposta, Caracala tinha poderes para dar-lhe voz de prisão, naquele momento. Além de exímio soldado, centurião e depois general, Virius Lupus era um homem experimentado. Conhecia os porões da política de Roma e já presenciara altos oficiais graduados, generais, procônsules e cônsules caírem em desgraça, serem presos e assassinados. Não titubeou um instante sequer e respondeu rapidamente:

— Nobre coimperador, primeiro não vim a Roma com uma Legio, para causar qualquer ameaça à normalidade do império. Vosso irmão não me convocou, e por dever da verdade, sugeriu-me sim que viesse até Roma, trazendo uma Legio com o único objetivo de auxiliar a preservar a última vontade de vosso pai.

Rogo-vos que não percais tempo em saber o motivo pelo qual vosso irmão viajou, mesmo com vosso pai em estado de saúde grave, pois sei que vós já sabeis que ele estava em Alexandria. Foi até lá a fim de levar-me uma carta que me foi encaminhada por vosso pai e a pedido deste. Antecipo-vos que na referida carta o nobre Severus me pedia que viesse a Roma acompanhado de uma Legio, para garantir que seus dois filhos assumissem o trono do império.

Vós sabeis melhor do que eu, e não me furtarei de dizer, que ele temia possível oposição do senado, e ainda que vosso pai possuía convosco algumas diferenças que não me vêm ao caso saber nem perguntar, entretanto, ele não vos desertou em razão disto, ao contrário, desejou que vós e vosso irmão dividísseis o Império, e a decisão do nobre Severus, penso ter sido equilibrada.

Ademais, aqui estou para dizer-vos que respeito a vós e a vosso irmão e sei serem meus superiores, de modo que o objetivo da tropa era o de manter a ordem e não permitir que o Senado descumprisse a última vontade de vosso pai, e caso alguém ousasse impedir a vós e a vosso irmão a assunção do trono do império, por lealdade a Severus, a Roma e a vós dois, por certo eu agiria na direção de satisfazer a vontade de vosso pai. Como sempre, fui leal ao imperador e a Roma, e declaro minha lealdade a vosso irmão Geta e a vós — acentuou o cônsul, bem ao final das referências.

Aqui estou para servir aos dois nobres imperadores. Acrescento ainda que foi durante minha viagem, já quase próximo a Roma, que o correio do exército me comunicou que vós e vosso irmão fostes conduzidos pelo Senado para dirigir o destino de Roma.

Assim, o objetivo, a razão de minha estada em Roma, neste momento, encontrou a normalidade e o desejo de vosso pai satisfeito, pelo que já parabenizei vosso irmão e vos parabenizo. Logo me aprumarei para retornar com a Legio para Alexandria, a não ser que vós e vosso irmão tenhais alguma determinação diferente a impor-me.

Virius Lupus resolveu omitir o desejo de Severus de que ele se tornasse Conselheiro do Império.

Caracala estampou leve sorriso na face, sendo que as pessoas nunca sabiam se aquele sorriso era de alegria ou de nervosismo. Se tinha uma coisa que Caracala não era, era ser tolo a ponto de não entender o claro objetivo exposto pelo general. Conhecia perfeitamente a astúcia e a extrema habilidade de Virius Lupus, a ponto de, de fato, admirar o agora cônsul. Nunca tivera nada a reclamar dele, e sabia que Virius Lupus nutria mais simpatia por Geta, mas sabia também que Virius Lupus colocava as coisas do Estado acima das preferências pessoais, e que seu falecido pai confiava muito nele.

Um pouco surpreso com as respostas e colocações diretas do cônsul, no seu íntimo não gostara muito do que ouvira, mas também sua consciência o convencia de que estava diante de um homem probo, sincero e leal a Roma, então falou:

— Nobre Lucius Virius, sempre admirei vossa lealdade para com Roma e igualmente vossa franqueza, de modo que em nada duvido de vossa sinceridade.

Como pudestes constatar, o Senado satisfez a última vontade de Severus, e pudestes atestar a normalidade que Roma vive. Tenho, sim, e vós sabeis, há tempo, diferenças com meu irmão e que por serem familiares, não vem ao caso explorá-las. Fico satisfeito com vossa manifestação e penso que podereis retornar a Alexandria, onde sei que tendes sido muito útil ao império, não só pela defesa de nossas fronteiras, como também por razões econômicas.

De minha parte, a não ser que meu irmão queira — Caracala acentuou bem a referência ao irmão —, não pretendo deslocar-vos de Alexandria, eis que Roma lá está muito bem servida por vós. Desse modo, manifesto que foi bom ver-vos, e desejo-vos bom retorno, com vossos comandados. Quando pretendeis partir?

Virius Lupus percebeu que havia sim sinceridade nas referências feitas por Caracala quanto a sua pessoa, no entanto, estranhou um pouco a pergunta sobre seu retorno, que lhe pareceu açodada. Refletiu por alguns instantes e respondeu:

— Nobre César, pretendo partir dentro de no máximo vinte dias, que serão necessários para preparar a viagem de volta. Retornarei satisfeito por ver a vontade do imperador cumprida e desejo-vos o que desejei a vosso irmão, uma ótima e profícua gestão à frente do império.

A seguir, sem esperar mais nada, empertigou-se na direção de Caracala e exclamou:

— Ave, Roma! Ave, nobre César! Peço permissão para retirar-me.

— Tendes minha permissão, Nobre Lucius. Desejo uma boa viagem de retorno, e quando porventura for a Alexandria, mandarei avisar-vos antes —, e acentuou a última frase.

Estampou o mesmo leve sorriso. Virius Lupus retirou-se rapidamente.

Após o encontro com Caracala, Virius Lupus visitou o palácio de Geta e narrou a entrevista com o irmão, até porque nunca escondera nada um do outro. Geta então disse:

— Nobre Lucius, ante o que me falais, eu me sinto um pouco mais seguro. Continuarei exercendo a função que me restou. Vou procurar fortalecer os militares que me guardam o palácio. Tenho muitos oficiais amigos no exército, assim, estimo que retorneis com tranquilidade. Quando me surgir oportunidade vos visitarei novamente.

Indago-vos se falastes a meu irmão do desejo de nosso pai de que fosses nomeado conselheiro do império. Se não, quando pretendes partir?

— Resolvi omitir esse desejo de vosso Pai — responde Virius Lupus. — Não tenho autoridade para reivindicar tal posto, e como falei a vosso irmão, deverei partir para Alexandria dentro de aproximadamente vinte dias.

Geta caminhou na direção do cônsul e o abraçou, dizendo:

— Penso que tendes razão em terdes omitido a questão de conselheiro, porque isto somente acirraria os ânimos ainda mais, com meu irmão.

Que os deuses de Roma protejam a vós, aos vossos e ao vosso retorno.

Virius Lupus percebeu que Geta, ao abraçá-lo, chorava furtivamente. Aquilo o emocionou, pelo que disse:

— Podeis contar com minha lealdade, nobre Geta, a Roma e a vós.

A seguir, também com os olhos marejados, Virius Lupus retirou-se.

CAPÍTULO XLIX

NOTÍCIA DA MORTE DO COIMPERADOR GETA – A TRISTEZA DE LUCIUS VIRIUS LUPUS – O ÉDITO DO IMPERADOR CARACALA

Lucius Virius Lupus retornou a Alexandria.

Quando de sua estada em Roma, antes de partir, havia solicitado a ambos os coimperadores o reconhecimento de cidadania romana a sua esposa Nadir e igualmente o reconhecimento de que ela e seus dois filhos tinham o direito a todo o seu legado patrimonial, nome e tradição da família *Virius Lupus.*

Ambos os Césares concederam ao cônsul as outorgas pretendidas, de modo que Virius Lupus retornava feliz por esse intento, pois Nadir e seus filhos estariam garantidos em sua eventual falta.

Nadir ficou alegre com a notícia que lhe foi dada pelo marido, mas estava mais alegre ainda pelo seu retorno. Era feliz. Os filhos recebiam esmerada educação. Ela sabia, no íntimo, que Virius Lupus não a amava com a intensidade com que amara Júlia, entretanto, isso não importava. Ela amava o marido, e jamais exigiria dele a mesma intensidade do seu amor. Sabia também que no íntimo Virius Lupus a amava a seu modo, e isto para ela bastava.

Continuava a frequentar o núcleo cristão. Virius Lupus, dadas as tarefas do cargo militar e do Estado, frequentava o núcleo de vez em quando, entretanto, nutria profundo respeito pelos cristãos, embora o

Imperador Septimius Severus houvesse atribuído aos cristãos a responsabilidade por uma peste e fome que há alguns anos tinha assolado o império, um certo tempo, e com isto estabelecera nova perseguição aos cristãos, acentuadamente nas cidades de Roma e Corinto, que eram centros onde o Cristianismo proliferava a olhos vistos, o que havia ocorrido a partir do ano de 202 d.C.

Nessa época, o agora falecido imperador promulgou um decreto que proibia a propagação do Cristianismo, e, curiosamente, inclusive do Judaísmo. Dados os limites geográficos do império, foi o primeiro decreto que se revestiu de característica universal, no qual se proibia a conversão das pessoas ao Cristianismo.

Em Alexandria, na província romana do Egito, tudo corria a contento, entretanto, em Roma, capital do império, a situação não era tranquila.

A governança dividida do Império enfrentava a ganância e o egoísmo, marcas vivas no comportamento do coimperador Caracala, eis que ele não suportava compartilhar com seu irmão Geta.

Após vários embates entre os dois, que haviam chegado ao Senado, os senadores chegaram a cogitar em nomear uma espécie de conselheiro do império, eis que sabiam da vontade de Severus quanto a ser indicado o cônsul Lucius Virius Lupus para essa função, de modo que ele deveria ser uma espécie de regente do império.

Caracala, ao saber disto, enfureceu-se. Imaginou que aquilo era uma trama de seu irmão para tirar-lhe o poder e a seguir tomou duas atitudes tresloucadas: primeiro mandou prender o líder do Senado, Lucius Valerius Messala, e a seguir travou uma discussão pública com seu irmão, criando o disfarce que foi planejado junto com seu centurião Galvius, eis que, certo dia, ao encontrar o irmão, que saía do Senado, nas escadarias, simulou uma discussão, em voz alta, e igualmente simulando estar sendo atacado por Geta, assassinou-o a facadas.

Após isto, nenhuma autoridade teve coragem de enfrentar Caracala, que se tornou único imperador e determinou que se apagasse da cidade todo e qualquer vestígio que lembrasse seu irmão.

Como primeira medida de reinado uno, baixou um édito convertendo todos os súditos do império à cidadania romana, o que fez ardilosamente, para poder cobrar mais impostos. A seguir, mandou construir grandes termas em Roma.

No final de uma bela manhã, em Alexandria, o correio do império chegou na Intendência Romana da cidade, trazendo ao cônsul, correspondência do Imperador Caracala. Ao receber a correspondência e abri-la, Virius Lupus tomou conhecimento do que ocorrera em Roma, pelo próprio agora Imperador único Caracala, que dizia, na carta, ter-se envolvido em uma discussão e desforço pessoal com Geta e que em legítima defesa, acabara por ter proporcionado a morte do irmão, e que isto foi confirmado pelo Senado, que o nomeou como único imperador, manifestando, no final, a Virius Lupus, que pretendia continuar contando com seus valorosos préstimos a Roma e ao imperador, em Alexandria mesmo.

Virius Lupus, ao ler a nota, sentiu-se mal. Suas vistas se turvaram e uma leve dor no peito fê-lo sentar-se. Ligeira falta de ar e uma dor profunda inundava sua alma, o que creditou à infausta notícia. Procurou respirar profundamente, várias vezes, e aos poucos o mal-estar foi passando.

Seu rosto estava banhado em lágrimas. Olhou para a direita da sala, onde havia uma estátua em mármore, do Imperador Tito Flávio Sabino Augustus Vespasiano, de quem era verdadeiro admirador. Conhecia a história completa da vida de Tito Augustus, e sentia uma forte ligação com ele. Então, sob lágrimas sentidas, que faziam leve redemoinho na sua garganta e depois subiam para a comporta dos olhos, caminhou devagar, na direção da estátua, parou na frente dela e olhando fixamente para ela, em voz alta, disse:

Oh! César Tito Augustus, eis aí a Roma que servistes com galhardia e grandeza! O que é ela hoje?

Ouso eu mesmo responder-vos. É um arremedo de nação, arcada sob o peso do ódio e da tirania. Vós bem sabeis, e sofrestes, porque o que se deu com o bom amigo Geta, deu-se também conosco. Então vos pergunto:

Perdoastes Domiciano? Conseguistes viver na boa morada de Yahweh? Porventura será que me ouvis neste instante? Espero que sim.

Quero vos dizer que meu coração sangra e me convenço que insensato é quem deposita suas esperanças somente nos homens ou nas criaturas, pois o futuro pode surpreender-nos no desalinho das paixões.

Muitos foram os que deram suas vidas por Roma e o fizeram de maneira altaneira e operosa, mas o legado deixado ainda não foi suficiente para construir no coração dos romanos uma ponte para o amor entre as criaturas.

O orgulho, o egoísmo, a vaidade, a ambição, a cobiça, vestiram e ainda vestem muitos com as armaduras do egoísmo, do orgulho, da vaidade, do ódio e da vingança, e Roma tem sido a juíza déspota, eliminando as justas consciências, eis que não há, ainda, para os romanos, o endereço de Yahweh.

Mãos frias, corações frios e desejos cruéis assomam à mente de oficiais e imperadores incautos e desejosos apenas das satisfações de seus egos viciados.

Fico a pensar, neste instante doloroso para mim, se um dia verei a Roma dos meus sonhos, linda, altaneira e justa. Quem sabe Vós, Yahweh, e Vós, Yeshua, possais ofertar-me um dia a encontrar. Por momentos, visitam-me o desânimo e a melancolia.

Que Yeshua de Nazareth se apiede do irmão e amigo Geta e também de Severus, mas que também auxilie o opressor.

Ao terminar, Virius Lupus ainda se achava em prantos, contudo, estava mais reconfortado e a vida haveria de seguir o seu curso.

CAPÍTULO L

AS ORDENS DO IMPERADOR CARACALA – A PRISÃO E JULGAMENTO DE CLEMENTE DE ALEXANDRIA E TERTULLIANUS DE CARTAGO – A DECISÃO DO CÔNSUL LUCIUS VIRIUS LUPUS

Com as novas ações do Imperador Caracala, possibilitando o reconhecimento da cidadania romana a todas as pessoas que haviam sido subjugadas pelo domínio romano, sendo que as pessoas que optassem por requerer deveriam prestar juramento de fidelidade à nação e aos seus deuses, apresentou-se uma nova realidade para Roma, eis que, no meio dos adeptos do Cristianismo, muitos que tinham uma fé titubeante, por interesse pessoal, acabaram por debandar, preferindo optar por Roma em vez de Yeshua. Como agravante a isso, o Decreto Imperial proibia a conversão de cidadãos romanos ao Cristianismo.

Na corte imperial, através de um serviço de espionagem que existia há tempos e que, inclusive, já tinha sido acionado, ao tempo de Septimius Severus, enquanto Caracala era coimperador, foram levadas ao imperador informações de como estava, no império, o número de adeptos ao Cristianismo e bem assim a localização dos principais centros ou cidades em que o Cristianismo era mais proeminente.

De posse desse relatório, Caracala, que era mesmo um ateu, até porque nem nos próprios deuses de Roma acreditava, aliás, imaginava-se como um deus e se julgava uma divindade de Roma, sob a influência de conselheiros da corte, inimigos do Cristianismo, determinou a expedição de um decreto de prisão de várias lideranças cristãs no território de Roma, para que estes fossem processados e julgados nos respectivos consulados ou proconsulados, o que aliás estava previsto na legislação esparsa de Roma.

Foi dessa forma que na Província Romana do Egito, o cônsul Virius Lupus recebeu com enorme tristeza a ordem imperial para que os cristãos Clemente e Tertullianus fossem presos e levados a julgamento, sob a acusação de que estavam ensinando uma doutrina em favor dos miseráveis, que nenhuma riqueza produziam e que contrariavam, com isso, efetivamente, a lei do império, sublevando-se contra a nação e ao declinarem do ato de conversão à cidadania romana, portavam-se como reacionários e deliberadamente ofendiam o império.

No dia em que o mensageiro do correio do exército romano lhe entregou a ordem imperial, Virius Lupus agradeceu e depois, sentado em seu gabinete de trabalho, procurou lê-la.

Quando concluiu a leitura, estava em lágrimas.

— Por Yahweh! — exclamou. — A que ponto chegou este imperador? Oh! Pai Amado, preciso de vossa orientação e de vossa serenidade. Ajudai-me!

Após mais alguns instantes, recuperou-se da forte emoção, fechou a correspondência e ficou a pensar, delineando um meio de comunicar aos amigos do núcleo cristão, eis que já eram seus amigos, e combinar com eles as formalidades da prisão.

Decidiu mentalmente que assim o faria, e que marcaria o julgamento que ele próprio presidiria, o mais rápido possível. Respirou fundo mais uma vez, e como já era final de tarde, retirou-se para sua residência nos fundos da Intendência.

Ao lá chegar, foi saudado pelos filhos e pela esposa. Higienizou-se e algum tempo após sentou-se com eles para a ceia noturna. Em meio à ceia, Virius Lupus, olhando para a esposa, disse:

— Boa Nadir, estou muito triste!

Ela já tinha notado isto no semblante do marido. Virius Lupus fez-lhe, então, um resumo da ordem imperial que recebera, acrescentando:

— Estou com o coração partido. Confesso que ao ler, não quis acreditar. Turvaram-se minhas vistas, senti leve dor em meu peito, um pouco de tontura e tive que respirar fundo por algum tempo ante a gravidade da ordem imperial e a tristeza que me invadiu, em razão deste ato que reputo como vil e desprezível, entretanto, minha boa Nadir, veja que destino, tenho que prender amigos com os quais simpatizo desde há muito.

Nadir passou as mãos com delicadeza nos cabelos do marido, gesto que ela sabia que ele gostava e falou:

— Meu amor, penso que, em razão dessa desagradável e triste notícia, deves, por primeiro, conservar-te em paz. Quem da melhor forma enfrenta as adversidades, maior paz terá em sua alma. A criatura que ama a Yahweh nunca estará ao abandono e Ele sempre enviará auxílio. Se Ele também atende às necessidades dos injustos, diante da Sua Misericórdia, porque é o Pai de todos e assim compreende nossas fraquezas, o que não fará em face dos justos?

Assim, mantém tua serenidade e tudo se resolverá a contento. Faze o que tens que fazer, porém, faze-o com ternura, bondade e amor.

Virius Lupus gostava de ouvir Nadir. A cada dia mais se impressionava com a sabedoria dela. Mais calmo, brincou um pouco com os filhos e um pouco mais tarde retirou-se para o repouso noturno.

No dia seguinte, Virius Lupus convocou Aulus e sua guarda de segurança. Pediu que este fosse até o núcleo cristão e trouxesse à sua presença o epískopo Demétrio, o diákono Clemente e o auxiliar Tertullianus.

Aulus apressou-se em cumprir as ordens. Estava próximo ao horário do almoço quando o centurião retornou com as pessoas requisitadas. Ao entrarem no gabinete de trabalho do cônsul, este apressou-se em ir ao encontro deles, recebendo-os com fidalguia e os convidando a sentar-se.

O clima era de suspense. Após os cumprimentos, Virius Lupus, olhando para todos, disse:

— Meus nobres amigos, agradeço por atenderdes à minha convocação, entretanto, o que tenho a dizer-vos é grave, e para mim, indesejável.

Fez breve silêncio e continuou:

— Ocorre que recebi, na tarde de ontem, comunicado oficial do Imperador Caracala, com o decreto de prisão contra vós, nobre Clemente e vós, nobre Tertullianus, sob a acusação de descumprirem as normas de Roma; de se negarem à cidadania romana e de não cultuarem os deuses romanos e ainda de incitarem a população a assim fazer, cuja prova de vossos atos se radica em vossos escritos.

Assim, devo, por ordem do imperador, decretar vossa prisão e marcar o julgamento no consulado, que será presidido por mim.

Ao concluir, Virius Lupus ainda falou:

— Gostaria que pudésseis, de livre e espontânea vontade, retornar ao núcleo e se entregarem, amanhã, para o cumprimento da ordem de prisão. Para evitar delongas e falatórios em demasia, dentro das proclamas da legislação de Roma, marcarei o julgamento para dez dias após, onde serei acusador e juiz.

Peço que busqueis alguém para fazer vossa defesa, na ocasião, e como conheço os escritos do amigo Tertullianus, sugiro, aqui em segredo, que façais a defesa em vosso nome e do amigo Clemente.

Terminada a fala, fez-se novo silêncio. Demétrio, que acompanhava os acusados, disse:

— Nobre cônsul, em primeiro lugar manifesto nossa gratidão por tanta deferência e cuidados com que nos recebe. Enquanto faláveis, eu lembrava que Yeshua concitou aos seus leais servidores, que estes não deveriam se deixar abater pelas perseguições, nem desanimar ante as tribulações. Dessa forma, Nobre cônsul, nossos irmãos, amanhã, aqui estarão, para o cumprimento da ordem.

O resto do encontro foi de troca de conversações e de amizade. Após, os seguidores do Cristo se retiraram, agradecendo novamente ao cônsul.

Na manhã do dia seguinte, Clemente de Alexandria e Tertullianus de Cartago se apresentaram no consulado romano e foram recolhidos a aposentos preparados pelo cônsul, que não quis colocá-los em celas.

Foi dada publicidade ao ocorrido. A cidade ficou em quase polvorosa. A tristeza de Demétrio e dos demais diákonos só era superada pela confiança em Yeshua.

Exatamente no décimo dia da prisão dos leais servidores do Cristo, pela manhã, a sala de julgamento do consulado, onde cabia em torno de 100 pessoas, estava repleta. Quase 200 pessoas ali estavam, e a metade delas eram cristãos. Havia também um bom percentual de egípcios e alguns poucos judeus e romanos.

O Cônsul de Roma Lucius Virius Lupus, batendo em sua mesa com um martelo de madeira, por três vezes, abriu a sessão de julgamento, dizendo:

— Ave, Roma! Ave, César!

Propositadamente, não disse o nome do imperador.

— Pelos poderes a mim conferidos pelo Senado e pelo império — continuou —, abro a presente sessão de julgamento dos acusados e prisioneiros conhecidos como Clemente de Alexandria e Tertullianus de Cartago, que são cidadãos romanos, contudo, cristãos. Determino ao oficial auxiliar que leia a acusação do Império contra eles.

O oficial, tomando do pergaminho, abriu-o e passou a ler:

— Por ordem do Imperador Lucius Septimius Bassianus, foi decretada a prisão dos acusados, por conta de terem cometido os seguintes crimes contra Roma e o império:

— *Ensinamento de doutrina falsa, que visa beneficiar os miseráveis, os insuflando contra Roma. Não produção de riquezas em favor do Império, sonegando contribuições. Criação de sublevação contrária ao dever legal, como cidadãos romanos, de reverenciar os deuses de Roma e ausência de prática de oferendas públicas aos mesmos, configurando-se tais ações, desobediência às leis do Império.*

Se prevalentes as acusações, estas terão a aplicação das seguintes penalidades:

Primeira: terão o perdão dos crimes praticados, se houver por parte dos acusados, confirmação, em voz alta, no tribunal, de concordância em obedecer e reverenciar os deuses de Roma, e também o imperador, podendo, se assim o fizerem, sair livres da imputação de crimes na forma anunciada.

Segunda: se a acusação prevalecer, prisão por dez anos de trabalhos forçados, devendo ser a pena cumprida na cidade de Roma.

A expectativa de todos era grande. Virius Lupus retomou a palavra, dizendo:

— Em primeiro lugar, indago aos acusados se querem utilizar da palavra em relação a eventual pedido de perdão, com aceitação dos deuses de Roma, e de fazer oferendas aos mesmos e ao imperador.

O cônsul aguardou a manifestação dos acusados, os quais permaneceram em silêncio. Após algum tempo então disse:

— Conforme determina nossa legislação, indago se neste tribunal ora instalado sob a governança de Roma, há alguém que queira se apresentar para fazer a defesa dos acusados.

Breve silêncio, que foi quebrado por Tertullianus, que se levantou do local onde estava sentado, como acusado, e disse:

— Nobre cônsul de Roma, Lucius Virius Lupus, a legislação do Império permite que na ausência de candidato à defesa, em face de acusação, os réus têm direito a eles próprios se defenderem. Requeiro a vós, autorização para proceder com a minha defesa e também com a defesa de meu amigo Clemente.

Virius Lupus expressou leve sorriso de satisfação. Conhecia Tertullianus de vários colóquios no núcleo cristão e dos seus escritos e sabia, inclusive, que era possuidor de conhecimentos jurídicos extensos, inclusive sobre a legislação esparsa de Roma. Desse modo, bateu em sua mesa, com o martelo de madeira, novamente, manifestando:

— Nobre senhor, defiro vosso pedido. Tendes a palavra, que peço fique centrada nos termos da acusação formalmente lida há pouco.

Tertullianus assomou no centro da sala e começou a falar:

— *Nobre cônsul de Roma, general Lucius Virius Lupus, e nobres oficiais que compõem este tribunal de acusação. Senhores, amigos e irmãos presentes.*

Inicio a defesa, indagando a vós, nobre cônsul, se vós, sendo constituído pelo Império Romano para a administração da justiça, em vosso elevado tribunal, sob os olhares claros dos cidadãos que aqui estão e ocultos dos que estão nos domínios de Roma afora, porventura já inquiristes abertamente aos cidadãos de Roma e aos demais povos que dominais, para saber a verdade real, com respeito às acusações que o império faz contra os acusados, para saber se elas são pertinentes?

Indago, também, se desde que Yeshua de Nazareth foi vilmente crucificado e morto, Roma, que tem avidamente buscado provas ou indícios de que os seus seguidores, os que se denominam como cristãos, por todo esse tempo, têm atentado de alguma maneira contra o domínio e a segurança de Roma. Se há notícias, em todo o império, de alguma sublevação de cristãos que tenha colocado Roma em perigo, isto desde a presença de Yeshua de Nazareth?

Igualmente indago se os julgadores do império, por acaso, já se puseram a pensar quanto aos extremos rigores que utilizam contra os cristãos, em julgamentos impróprios, causando obstáculos propositais à defesa dos acusados e, ademais, condenando-os sem provas, portanto, se esse procedimento é legal e correto?

Não... não precisais responder. Não tenho autoridade mínima para fazer indagações a Roma, ainda mais neste instante e na condição em que me encontro, contudo, ouso fazê-las para que, se quiserdes, sejam respondidas por vossa consciência, no papel de julgador.

Por essa forma, prossigo:

Nobre cônsul, a verdade, nestes tempos, é uma transeunte sobre a Terra, que naturalmente encontra inimigos, porém, ao bom governante, a verdade não deve ser desprezada, antes deve ser conhecida. Penso que conhecê-la não pode ser encarado como atentado às leis, ademais, se uma sentença for pronunciada contra ela, sem que ela seja ouvida, sem que nela seja sustentada, por certo que vós, na condição de julgador, incorrereis na concretização da clara venalidade.

Coloco isto a este tribunal, como primeira argumentação, à qual acrescento que é injusto o ódio que governantes de Roma têm manifestado, ao longo dos anos, contra os cristãos, até porque, por não conhecerem o Cristo Yeshua nem a sua doutrina, por certo que é inócuo odiar o que não conhecem. Este é um ponto que entendo crucial, e se traduz na cristalina certeza de que as injustiças praticadas pelo império, ao longo dos tempos e atualmente, contra os seguidores do Carpinteiro de Nazareth, encontram eco na mais profunda ignorância, que sustenta o móvel da injustiça que sempre tem sido praticada contra eles.

Se algo é digno de ódio, só se poderá saber quando ele é merecido. Assim, reitero, não poderá haver nada mais injusto do que odiar uma coisa sobre a qual nada se sabe, mesmo que se possa pensar que ela deve ser odiada. Ora, nobre cônsul, sem este conhecimento, onde haverá justiça?

A que raciocínio levam os apontamentos que faço neste instante, neste tribunal de Roma?

Ora, é inegável que levam à certeza de que odeiam o Cristianismo porque efetivamente nada sabem sobre ele e o temem apenas porque ele cresce em número de fiéis, inclusive dentro do patriciado romano, e assim passam a temê-lo, sem fundamentos claros.

Quanto às acusações formuladas, estas carecem de sustentação e provas, ora, em nosso caso, não há que se falar em conversão, haja vista que todos sabem que somos cidadãos romanos já reconhecidos em lei, razão pela qual não precisamos ficar ofertando encômios ao imperador e ao império. Isto é desnecessário, e a governança justa deve permitir-se a não prender o pensamento, porque para ele não há prisão.

Como cidadãos romanos, pagamos os impostos. Como cristãos, respeitamos o império. Como cristãos, contribuímos com o trabalho em favor de Roma. Isto tudo são fatos, de modo que, é crime ser cristão? Ora, não há crime de que o criminoso se alegra permanentemente. Não há nisto algo mais a se pensar? Roma sabe que sermos cristãos é a satisfação de nosso mais relevante desejo. Precisamos ser punidos por isto?

Postos militares estão espalhados em vossas províncias para prender ladrões, traidores e inimigos públicos, contudo, malversando as próprias leis, Roma tem prendido cristãos sob acusações torpes e vis, como a de impor que eles abdiquem do que lhes conforta a alma. Onde o perigo nisto?

Sou cristão! diz o homem. Ora ele está dizendo o que é, dizendo a verdade, logo, o que vós desejaríeis? Que ele diga que não é, apenas por dizer, da boca para fora? Sem dúvida, ao assim agir para extorquir a verdade, fazeis o máximo para ouvir uma mentira. Eu sou o que perguntais; se sou cristão, então, por que a prisão? A tortura, como um criminoso?

O que faríeis se eles negassem? Aliás, alguns, ainda fracos e débeis, sob o medo da tortura, acabam por negar, mas nem aí aplicais vossas leis, pois não acreditais quando negam, e mesmo assim os condenais. Ora, ao assim agirdes, a ação de Roma é patrona da perversidade e contrária à natureza abstrata da própria justiça.

As leis foram feitas para que as pessoas que praticam crimes sejam condenadas e não absolvidas. Os decretos do Senado, as instruções de vossos superiores expõem isto claramente, como lido na acusação. O poder do qual vós sois executores é civil e não imanente de uma tirânica dominação. Entre os tiranos de fato, os tormentos são utilizados para ser aplicados como punição. Entre vós, com a presença do Senado, são mitigados, com instrumentos do interrogatório e do julgamento, como este.

Diante disto, analisai, pois, a acusação, com o crivo da razão, para deduzir qual o mal que eu e meu irmão temos praticado contra Roma. De acordo com isto, não pode haver anseio prévio nem pela acusação e nem pela absolvição do acusado, contudo, ao prender, já julgais antecipadamente os cristãos como culpados de todos os crimes; inimigos dos deuses de Roma e do imperador; das leis, da boa moral de qualquer natureza, contudo, quando os obrigais a renegar ou negar sua crença íntima é que burlais a própria legislação romana, e nada pode ser maior do que a injustiça.

Vós agis rápido e desmereceis as leis. Quereis que o cristão negue a sua culpa, mas uma culpa imposta verbalmente por vós, porque podeis, sempre, mesmo contra a sua vontade, isentá-lo da censura e livrá-lo de toda culpa em referência a seu passado.

De onde vem essa estranha perversidade de vossa parte? Como não refletis que uma confissão espontânea é mais digna de crédito do que uma negação imposta? Acaso não considerais que, quando compelido a negar, a negação de um homem pode ser feita de má-fé? E, se absolvido, ele pode, ali mesmo, até antes que o julgamento termine, rir internamente de vós? Vendo como agis com os cristãos, preocupados com o único objetivo de obter a negação da fé cristã, fica perfeitamente claro que não há crime em vossas acusações.

Finalmente, nobre cônsul, por que Roma, em suas listas, faz constar o cristão como um reles criminoso, culpado de incesto ou de outra coisa vil, e somente com a sua declaração de conversão aos deuses de Roma, esses crimes desaparecem?

Por acaso ficais incomodados ou envergonhados de mencionar os nomes verdadeiros de nossos crimes? Ora, não dizeis porque reconhecidamente não há crime.

Nobre cônsul, ser chamado de cristão não implica em nenhum crime, logo, não há acusação que possa perdurar contra simples designação, a não ser que esse nome indique algo bárbaro, algo desgraçado, algo vil.

Cristão, tanto quanto indica o nome, é derivado de ungido. Sim, e mesmo quando pronunciado de forma errada, por vós, não muda a certeza de que o nome que Roma ousa, ainda por um pouco, odiar, lembra doçura e benignidade, pois provêm do amor excelente do Cristo Yeshua, que a todos amou e ama, sem distinção alguma. A perseverarem vossas imposições, continuareis a profanar sempre e de forma gratuita um nome inocente. Concluindo, ante todas essas razões, não vejo, pois, sustentação na acusação que Roma ora nos faz.

Tertullianus concluiu sua defesa em lágrimas. No seu íntimo, a lembrança do extremo sacrifício de Yeshua era dividida com a lembrança de sua doce Verônica.

Clemente, que tinha o dom de devassar o invisível, via, ao lado dele, a sua doce Verônica. Silêncio profundo no tribunal, que recebia a presença espiritual de delegação da Cidade da Fé, de modo que ali estavam também Paulo de Tarso, que inspirara diretamente Tertullianus, Simão bar Jonas, o governador Acádio e o Apóstolo João.

Lucius Virius Lupus, durante toda a fala de Tertullianus, como que entrara em êxtase. As palavras dele soavam na sua intimidade com eco profundo. Lembrou-se de Júlia, agradecido por ela ter-lhe apresentado o Cristianismo.

Voltando do repto mental, bateu novamente na mesa com o martelo e disse:

— Nobres oficiais romanos presentes, nobres cidadãos, prezados acusados, compete-me, neste instante, após ter ouvido as excelentes argumentações da defesa dos acusados, que deixaram claro o profundo conhecimento jurídico do defensor, por dever de ofício, passo a relatar a sentença na forma seguinte:

Nobres acusados, ficou claro e ecoou neste recinto, de forma inegável, que o defensor espera de Roma a aplicação da vera justiça, assim, analisando a acusação e o que foi manifestado pela defesa, passo a declinar o meu veredicto:

Tenho, ao longo da minha vida, como oficial de Roma, buscado viver retamente, sob a aplicação das leis do império, muito embora não concordei e não concordo com várias das injunções legais impostas aos cidadãos de Roma e até mesmo aos povos que estão sob nosso domínio.

A meu ver, o motivo principal do desagrado de Roma com o Cristianismo é que o seu fundador, mesmo tendo ensinado uma doutrina que consideram insignificante, e que beneficia pobres e miseráveis, ao fazer com que eles tenham aceitação quanto à dor e à miséria, coloca-os como se fossem uma casta especial, prometendo-lhes um reino irrealizável, e que, por esse meio, o número de adeptos tem crescido vertiginosamente, e que isto pode levar a se ter um número muito grande de fiéis, que poderão colocar a hegemonia de Roma em perigo, em qualquer momento.

Roma não vê existir novidade numa seita que trata quem de certa forma a criou como Mestre, sem que esse Mestre tenha produzido alguma riqueza e que Mestre é um nome comum, pois os filósofos, principalmente gregos, assim são designados, e ainda pelo nome de seus fundadores e de seus sistemas, por isso também, Roma os persegue.

No presente caso, é inegável que o simples nome cristão se tornou o único objeto da acusação. O simples nome é atacado e somente uma palavra tem levado à perene condenação de seu autor e dos seus seguidores, conquanto, tenho certeza de que a ambos, mestre e aluno, Roma desconhece e objetiva condená-los somente pelo nome e não porque tenham praticado atos errados.

Ao longo da minha carreira no exército de Roma, no proconsulado e agora neste consulado, pude conhecer um pouco do Cristianismo e dos cristãos e colecionei a certeza de ver quantos se colocavam como inimigos desse Cristo Yeshua e acabarem por tornar-se seus discípulos.

O número destes, inclusive entre os cidadãos de Roma, tem sido tão grande, que é isto que tem atraído a preocupação do império. O clamor é que Roma já está cheia de cristãos, que estão espalhados pelos vilarejos, pelos campos e ilhas, pessoas de ambos os sexos e até mesmo da alta classe social, que têm se convertido à fé cristã, e isto é uma realidade que invade todas as províncias do império.

Após essas observações, que julgo importantes, manifesto que, diante do que ouvi neste tribunal, soma-se à minha formação íntima, a certeza de que nada me aproveitam os muitos amigos, nem me poderão ajudar os homens, nem os livros dos sábios, nem os prudentes conselheiros, nada, absolutamente nada disto poderá me consolar ou confortar se eu não agir sob o império da isenção que possui o espírito da lei.

Nossa legislação, sob o soldo do tempo, tem sido melhorada, e novos enfoques se tem acrescido à mesma, entretanto, mesmo caminhando pela estrada do aprimoramento, penso que ela jamais deve afastar-se das verdades que resultam das realidades vivenciais de todos nós. Quando isto não é observado, ela colide frontalmente com a verdadeira justiça.

Em face da nossa legislação, é notório que nos séculos que se passaram nossos jurisconsultos têm encetado enormes esforços para aprimorá-la, porém, ainda a desumanização tem sido obstáculo posto à sua frente, quando julgadores frios, calculistas, vaidosos, egoístas e às vezes inescrupulosos até, analisam e julgam segundo seus interesses pessoais, em detrimento dos interesses da sociedade e do Estado, que são os interesses coletivos e que devem ser preservados, para os quais a justiça deve ser aplicada com isenção total da parcialidade.

Quando os julgadores agem em detrimento do espírito da norma, na sua generalidade, e em favor de uma visão ou ação canhestra, ferindo direitos, é certo que eles se despem da vestimenta da sensatez para envergar as vestes da tirania, do despotismo, espalhando desconforto, tristeza e dores da alma, ferindo de morte o bom senso, escurecendo as estradas da retidão, transformando-se em condutores de cegos, eis que como cegos conduzirão a todos, para caírem na vala do egoísmo, conspurcando suas existências e trancando as portas e janelas da própria consciência para não ouvir os lamentos das dores dos justos e, obscurecendo suas visões, não verem os rios de lágrimas, eis que endurecem o coração e, por conseguinte, suas próprias almas.

Nobres oficiais de Roma, senhores que participais deste julgamento! Ao ouvirmos a defesa feita por um dos acusados, em nome de ambos, vislumbro que a verdade é um sentimento da alma, e ela nos ensina todos os dias de nossa existência, não por intermédio de palavras apenas, porque as palavras passam, são levadas pelos ventos que varrem as vidas, mas sempre pelo exemplo de sua prevalência e aplicação. Contudo, porque sempre se apresentará incorruptível, a verdade, senhores, não nos arrasta à satisfação dos desejos viciosos, antes, sempre nos submeterá ao arbítrio da reta razão.

Quem vai julgar a outrem, pode, é certo, errar em algum formalismo, porém, não deve errar quanto ao fundo, ao objetivo, ao conteúdo da questão, e se nesse instante examinar-se primeiramente a si próprio, e assim, abstratamente, julgar-se a si como se fosse o acusado, isto lhe auxiliaria a não cometer erros, que poderão ter consequências imprevisíveis. Assim agindo, com certeza agirá sempre com proveito à justiça.

De ordinário, julgamos as coisas, os fatos, as pessoas, conforme as circunstâncias que os envolvem, mas também, nesse julgamento, não há como negar que haja a inclinação do nosso coração, e se ele estiver cheio de desequilíbrio, de malquerenças ou de ódio, com certeza teremos nosso tirocínio alterado e não julgaremos com a retidão de nosso juízo íntimo. Da destemperança de pareceres e opiniões acusatórias, frequentemente nascem discórdias.

Não objetivo, com este parecer, atiçar o indomado alazão da justiça para que corra a favor de um ou de outro lado, mas em face das circunstâncias que se apresentaram, forço-me a reconhecer que a nação que represento, à qual dediquei e tenho dedicado os melhores anos da minha vida até aqui, tem errado profusamente. Erra ao produzir acusações desprovidas do manto da legalidade, tratando, alguns imperadores, Roma, como se fosse sua propriedade particular, colecionando adversários e inimigos, sempre que assim agem.

Nas voragens do tempo, o grande conquistador Júlio César tombou sob o ataque solerte da traição. Venceu exércitos de frente, contudo, não pôde vencer um homem vil, pelas costas.

Roma quer que pessoas sejam punidas com um rigor que praticamente nunca tem exercido para si própria, e em razão disto nunca quer ser repreendida.

Dito isto, também me convenço, sempre, que não há liberdade nem perfeita alegria sem que tenhamos a crença numa justiça que transcenda a dos homens, a justiça dos deuses de Roma ou dos deuses de outras raças, buscando aperfeiçoar nossas vidas para melhor, o que nos tornará ditosos, rejeitando tudo o que nos possa manchar a sã consciência.

Senhores, ante o que expus, passo a decidir:

Com sustentação no arrazoado que faço e nas verdades colhidas dos fatos e das colocações aqui desfiladas pelo defensor, em nome de Roma, declaro não ver culpa nos acusados quanto às imputações que o império lhes fez, e nem vejo, por parte deles, qualquer espécie de ameaça à soberania de Roma.

Ademais, conhecendo-os como membros da sociedade de Alexandria, sei de suas ações no campo da benemerência social em favor dos mais necessitados e os tenho em alta consideração pessoal, pois que, quando convocados por minha pessoa, sempre se apresentaram prontos a servir aos interesses do Estado romano e da comunidade alexandrina.

Isto posto, absolvo-os das acusações formuladas por Roma. Revestido da autoridade que o império e o Senado me outorgaram como cônsul e Legatus augusti pro praetore, de Roma, decreto que são inocentes, deixando assentado que por nossa legislação, eles se tornaram, doravante, em face destas acusações lidas no tribunal, inimputáveis, e não poderão mais ser tolhidos em suas liberdades e nem, pelas mesmas, ser novamente acusados, processados, presos e julgados pelas mesmas acusações.

Decreto o imediato Alvará de Soltura, e que saiam livres deste tribunal.

Ainda declaro que pela nossa legislação, as decisões de um cônsul são irrecorríveis, tanto aos acusados como aos acusadores.

Feitas as assentadas, sejam as proclamas do julgamento enviados a Roma, à atenção do imperador. Ave, Roma! Ave, César! Dou o julgamento por encerrado.

Virius Lupus bateu sobre a mesa, por três vezes com seu martelo de madeira, sorriu levemente na direção dos antigos réus, levantou-se e acompanhado de seus oficiais auxiliares deixou o tribunal.

Breve silêncio. O clima naquela sala traduzia leveza e contentamento. Tertullianus e Clemente foram abraçados por amigos. Todos choravam de alegria e manifestavam nos ouvidos o reconhecimento ao amigo dos cristãos, Lucius Virius Lupus, que agiu com a mais absoluta imparcialidade, mas muito mais, na direção dos agradecimentos ao Amigo Insuperável: Yeshua de Nazareth.

CAPÍTULO LI

A DESENCARNAÇÃO DE LUCIUS VIRIUS LUPUS – O REENCONTRO COM JÚLIA E OS PAIS NA CIDADE ESPIRITUAL DE NOVA ROMA – NOVOS PLANOS

O Imperador de Roma, ao receber a correspondência oficial encaminhada pelo consulado romano da província do Egito, dando conta da absolvição dos acusados, ficou extremamente contrariado, entretanto, conteve seu descontentamento, pois sabia que o general Lucius Virius Lupus era adorado e até venerado pelos altos oficiais dos exércitos de Roma. Ele tinha a simpatia de praticamente todas as legiões de Roma, e diante disto, Caracala, temendo um levante contra o império, o que absolutamente não o interessava, chancelou a decisão do cônsul e mandou comunicá-lo nesse sentido.

Dois anos se passaram. Virius Lupus desfrutava do prestígio que sua segura e ótima administração da província romana do Egito alcançara. Incrivelmente, os próprios egípcios o respeitavam e até o idolatravam, chegando ao ponto de uma delegação de membros da sociedade egípcia vir ter com ele para lhe propor um projeto ousado, que era o de dar brado de independência de Roma e fundar o império livre de Alexandria.

Virius Lupus ficou até lisonjeado com a sugestão, mas disse ao egípcio Amim Aziz Sard, que era a principal liderança nativa da cidade, o seguinte:

— Nobre Amim, não posso deixar de reconhecer que amei Alexandria e seu povo, desde que os vi, na primeira vez que aqui cheguei. Nunca a tratei, nem ao Egito, nem a seu povo e muito menos a vós como subalternos, mas sim como pessoas, seres humanos que se acham presos às injunções políticas do tempo.

Já aprendi, nobre Amim, que nada dura para sempre, e Roma, se até aqui vos dominou politicamente, tem se ressentido das vilezas que iniciam a ruptura das estruturas do império em face da prática sórdida da tirania. Tenho lutado com todas as forças para que isto não venha a acontecer, entretanto, meu amigo, pois assim o considero, em que pese tudo isto, sempre fui, sou, e serei leal a Roma e ao ideal que escolhi. Não posso, não devo nem trairei minha consciência, de modo que abdico de vossas gentis propostas, testemunhando, porém, que enquanto eu por aqui estiver, tereis a melhor justiça que entendo deva ser aplicada a todos, indistintamente.

O representante egípcio, que já admirava o cônsul, disse:

— Nobre Virius Lupus, não tenho dúvidas que, se todos os homens que comandam Roma fossem iguais ao amigo, não haveria tanta animosidade entre nossos povos. Como líder de nossa comunidade, o que posso dizer-vos é que enquanto estiverdes no comando do consulado romano do Egito, ofertar-vos-emos, com certeza, nosso consentimento e nos submeteremos com a alegria de sempre ao vosso comando.

Quero deixar registrado que assim agimos somente por vós, porque se fosse somente por Roma, não agiríamos dessa forma e já estaríamos no campo de batalha. Nobre cônsul, agora me despeço.

Aziz deu um sincero abraço em Virius Lupus e se retirou.

Chegara o mês de dezembro do ano 214 d.C. Alexandria amanhecera sorridente como sempre, ante o Astro-rei que crestava a cidade. O bulício das pessoas indo e vindo e o comércio pujante e ativo davam mais do que vida àquela cidade cosmopolita. Davam vigor e alegria.

No consulado romano, tudo caminhava muito bem. As legiões romanas estacionadas em Alexandria compunham um forte cinturão de defesa dos interesses de Roma.

Cerca de quatro meses antes, o imperador Caracala fez chegar até Virius Lupus seu desejo de ir até a província do Egito para discutir o avanço de Roma para o interior do continente africano, o que desagradara ao cônsul, que via nessa atitude uma preocupação desnecessária e eivada apenas de ambição desmedida, eis que os soldos econômicos da ocupação do Egito, para Roma, eram volumosos, e, ademais, Virius Lupus tinha granjeado a simpatia dos nativos, que, em sua homenagem, como líder natural que era, haviam abandonado temporariamente as cogitações de um levante contra o império, a fim de se libertarem do jugo romano.

No dia 7 de dezembro de 214 d.C., Virius Lupus levantara-se bem cedo, eis que precisava delimitar algumas questões econômicas relativamente a uma pretendida diminuição temporária de alguns impostos, que lhe foi solicitada pelo líder egípcio Amim.

Fez, como sempre, o repasto matutino com Nadir. Seus dois filhos ainda estavam dormindo. Na ocasião, Virius Lupus disse à esposa:

— Boa Nadir, não queria preocupá-la, mas acho que devo lhe dizer que esta noite passada eu tive um sonho que não consigo entender bem, eis que me vi numa cidade parecida com Roma, mas muito mais bonita, e junto comigo estavam outras autoridades romanas. Lembro-me bem de um general romano, e o mais engraçado é que de repente Júlia apareceu-me.

Após ter dito da lembrança, olhou para Nadir e disse:

— Não, não fiques triste com o que eu te falo, porque ela conversou comigo sobre tua pessoa e sobre os filhos. Lembro muito pouco da conversa, mas lembro que, curiosamente, ela repetiu que vocês duas são amigas, veja só!

Virius Lupus calou-se, até preocupado com o que dizia a Nadir, porém, a esposa disse:

— Meu querido, não te agastes por teres me contado teu sonho. Os sonhos, meu amado, estão ligados às realidades. Eu também já sonhei algumas vezes com Júlia. Conversamos bastante sobre ti, e tenho a sensação de que parece que já fomos irmãs.

Virius Lupus achou interessante a narrativa da esposa. Após aquele diálogo, levantou-se, enlaçou Nadir pela cintura e depositou-lhe demorado beijo, dizendo:

— Até mais, minha querida, hoje preciso deixar todos os relatórios do consulado em dia.

A seguir, sorriu e saiu do aposento.

Nadir ficou pensativa. Achou o que ocorrera muito diferente dos demais dias e sentiu no beijo recebido do marido, um ardor que nunca sentira. Ficou também reflexiva com a fala dele em deixar os relatórios em dia. Ele nunca lhe participava de ações do consulado. Afastou os pensamentos, sorriu levemente e pediu à serviçal, a quem tratava sempre com carinho, que era de origem síria:

— Laila, por favor, busca os meninos para o repasto matutino.

Lucius Virius Lupus acomodou-se no seu gabinete de trabalho, efetuou todas as anotações que precisava, organizou toda a correspondência para o império e despachos quanto a algumas providências logísticas, inclusive futuras, para a cidade. Assinou os atos de promoções de oficiais das legiões romanas ali estacionadas e concedeu a redução temporária de impostos solicitada pelo líder comunitário de Alexandria.

Após tudo organizado, dado ao tempo, apressou-se em comparecer ao almoço com Nadir e os filhos, e naquele dia convidou Aulus, que o auxiliara a manhã toda, para acompanhá-lo na refeição da família.

As conversações foram edificantes, a não ser somente por uma manifestação de Virius Lupus a respeito de Roma e do imperador, pois, disse:

— Nobre Aulus, há quanto tempo estamos juntos, por Roma?

— Já faz vinte anos, nobre cônsul — respondeu Aulus.

Virius Lupus então disse:

— Pois é, por tua lealdade, em todo este tempo, hoje assinei um ato do consulado, promovendo-te ao cargo de Tribuno de Roma, para o qual automaticamente já estás empossado.

Ademais, ante os poderes que eu tenho, determinei a concessão, para ti, do legado de uma larga propriedade aqui em Alexandria e, por cautela, destinei-te também uma boa propriedade em Roma, pois tal direito me é permitido. Vem a ser um terço da área que possuo, próxima à capital do império, que desde já fica transferida para teu domínio e posse. Trata-se de uma boa herdade, praticamente ao lado da que possuo, com boa casa, um pequeno rio que corta as duas propriedades, para que lá tu possas tranquilizar os teus dias do futuro.

Assinei também outro ato, de acordo com nossa legislação, que deixarei em tuas mãos. Trata-se do *heres scriptus* testamentário, e tu, na condição de *executor,* para que, em eventual minha falta, possas cuidar que minha vontade seja oficializada, deixando cinquenta por cento do meu legado para a esposa e cinquenta por cento para meus filhos.

Ainda fiz constar que deverás, por tua bondade, em sendo necessário, zelar por Nadir, eis que ela e tua esposa Chloe se dão muito bem, e igualmente zelar pela continuidade da educação dos meus filhos. Manifestei também meu desejo que os filhos sirvam ao exército de Roma.

Nadir e Aulus ouviram tudo com muita preocupação, e Aulus retrucou:

— Nobre cônsul, sinto-me lisonjeado por vossa confiança e agradeço a promoção e o legado que me destinais, entretanto, não consigo entender a necessidade disto. Nada vos pedi nem quero, e até parece que vos estais despedindo de nós!

— Não, não, meu amigo —, o interrompeu Virius —, mas além de ser previdente, um homem tem que ser sensato, reconhecer o esforço das pessoas que até abdicam de seus gostos ou vontades para seguir a um amigo, e tu nunca me faltaste, nos momentos bons e, o mais importante, nos momentos difíceis da minha vida. Nada há de me acontecer, mas essas são minhas vontades.

Aulus tentou disfarçar as lágrimas. Estava muito comovido, pois além de servir a seu superior, no íntimo, amava seu chefe como um irmão. Entretanto, jamais avançara a linha do subalternado, o que era próprio da disciplina do exército.

Ao lado de Virius Lupus, sempre se sentia seguro. Acompanhou vitórias, decepções e tristezas do general, sempre buscando auxiliar, estar presente, e agora tinha mais uma prova da grandeza do coração de Virius Lupus. Acompanhou-o em tudo, inclusive nas visitas aos núcleos cristãos da Germânia, da Britânia e de Alexandria. O certo é que, profundamente reconhecido, agora com lágrimas nos olhos, falou:

— Nobre cônsul, manifesto minha profunda gratidão por vossa consideração comigo, e estarei sempre para servir-vos.

Pela primeira vez no relacionamento do general e do centurião, Virius Lupus foi na direção de Aulus e, para sua surpresa, abraçou-o demoradamente. O restante do dia Virius Lupus dedicou a Nadir e aos filhos.

A noite caiu sobre Alexandria. A lua cheia se fazia presente e o céu salpicado de estrelas dava à cidade uma paisagem contagiante. Os filhos, após o repasto noturno, receberam do pai um colóquio, que sempre fora amável, e Virius Lupus, na ocasião, disse aos dois:

— Meus filhos, tendes a oportunidade de deterdes boas condições materiais, mas eu alerto-vos que aprendi que as melhores condições são as da alma que é correta com suas obrigações e que busca espalhar justiça e bondade ao seu derredor. Buscai apresentar essas condições a todo custo, sempre. Aplicai-vos aos estudos das normas da nossa pátria e aprendei sempre com vossa mãe, sobre os ensinamentos do judeu Yeshua de Nazareth. Ele mudou a minha vida.

Tomai cuidado com as pessoas que pretextando amizade, aproximarem-se apenas objetivando algum interesse que não seja são. Raro é o amigo fiel e que assim se conserva em todas as adversidades do outro amigo. Em todas as vossas atitudes, agi em conformidade com o juízo da consciência reta e sob o cumprimento das leis.

Após, os filhos beijaram a face do pai e da mãe e se retiraram para o repouso.

Virius Lupus, junto com Nadir, logo depois, recolheu-se ao repouso noturno.

Ao deitar-se, Virius Lupus abraçou a esposa e lhe disse:

— Minha querida Nadir, agradeço ao Senhor de nossas vidas a tua chegada em minha existência. Ela se deu no momento mais difícil que enfrentei, em que me achava muito triste e desconsolado. Tornaste-te o alvo de meus desejos e em quem encontrei o esteio seguro ante minhas necessidades. Deste-me não um, mas dois filhos, eis que se não fosse por ti, talvez não tivesse encontrado meu filho com Júlia. Sinto-me feliz. És minha confiança e auxílio, o acalanto em minhas necessidades. Sou agradecido a Yahweh e a Yeshua por encontrar-te.

A seguir, beijou a esposa, deu-lhe boa noite e acomodou-se para dormir. Antes de dormir, pelo pensamento, orou a Yeshua rogando bênçãos para Nadir, para os filhos e para Júlia. A seguir, entregou-se ao sono.

O canto de inúmeros pássaros, com trinados maravilhosos, invadia o pequeno quarto. A única janela do aposento estava levemente aberta, e uma réstia de claridade penetrava no recinto. Numa cama um pouco alta, com uma pequena mesa à cabeceira, havia um objeto com uma base e uma espécie de haste dura, em cujo ponto havia uma lamparina estranha, cujo foco de luz era direcionado. Era uma luz suave, num tom azulado, que deixava o ambiente como que translúcido.

Deitado na cama, com a face para cima, a cabeça meio erguida por almofadas, com uma manta cobrindo o peito e os braços esticados por sobre a manta, em paralelo ao corpo, o experimentado cônsul e general dos exércitos de Roma, Lucius Virius Lupus, *Legatus Imperiale* nas províncias romanas da Germânia e da Britânia e cônsul e *Legatus* na província romana do Egito, dormia profundamente.

A porta do aposento foi aberta suavemente, e o administrador da cidade Espiritual de Nova Roma, Lucinius Verus Aquilinus, junto com a enfermeira Dalila, penetraram vagarosamente no recinto. Sentaram--se mais ao lado da janela e puseram-se a conversar em tom baixo. Dalila foi quem falou:

— Nobre Lucinius, ele já está dormindo há aproximadamente trinta dias. Faço-lhe as medicações venosas e vejo a expressão de sua face alternar-se, mas não há agitação.

— Boa Dalila — retrucou Lucinius —, hoje temos autorização da esfera superior para acordá-lo, mas devemos fazê-lo suavemente.

O administrador levantou-se, foi até a janela e abriu-a um pouco mais. O ambiente tornou-se mais claro. A abertura fizera aumentar a bela algaravia dos pássaros. Dalila, com um objeto com uma agulha na ponta, suavemente espetou o braço direito do cônsul e, pelo objeto, um líquido esbranquiçado penetrou-lhe o braço. Após, ambos voltaram a sentar-se, e pacientemente aguardaram, em oração.

Um pouco mais de tempo e Virius Lupus sentiu leve contração nas mãos e braços, e como se fosse bem distante e fraco, começou a ouvir o trinado de pássaros, os quais, aos poucos, iam ficando mais fortes. Num gesto instantâneo, começou a abrir os olhos, e ao fazê-lo, deu-se conta de que estava deitado. Automaticamente olhou para o lado e viu as duas pessoas que estavam sentadas mais ao canto. Uma era uma jovem muito bonita, de cabelos pretos cacheados, caídos sobre os ombros, trajando uma túnica branca, e a seu lado, em traje de gala do exército romano, estava um general do exército, extremamente simpático. Ambos o olhavam com ternura e sorriam levemente.

Virius Lupus, sem entender muito bem tudo o que lhe ocorria, com voz fraca disse:

— Olá! quem sois vós?

E olhando mais diretamente para Lucinius:

— Vós sois, porventura, general e médico? Lembro-me que me deitei para dormir e agora acordo neste local. Onde está minha esposa e meus filhos? Estou num hospital do exército, que não conheço? Se estou, por que fui trazido para cá?

Lucinius percebeu a agitação mental de Virius Lupus e mais do que depressa assomou ao lado da cama dele e disse, com voz calma e suave:

— Ave, nobre general e cônsul Lucius Virius Lupus. Tem calma! Terás todas as respostas que pretendes. Estás sim em um hospital, contudo, não te esforces muito, porque estás em recuperação.

— Recuperação do quê? — indagou o cônsul.

Lucinius nada respondeu, deixando Virius Lupus avançar no pensamento. A seguir, o administrador da Cidade Espiritual de Nova Roma disse a Dalila:

— Por favor, nobre irmã, podes ir buscar nossa amiga.

Dalila saiu dos aposentos. Virius Lupus nada entendeu e perguntou novamente:

— Podeis dizer onde efetivamente estou? Deitei-me para o repouso, com minha esposa Nadir, e estou aqui nesta cama estranha, em local estranho. Estou sonhando? É isso?

— Nobre general — respondeu Lucinius, pacientemente —, não, não estás sonhando. Tudo o que vês é real. Para que possas entender melhor, lembras-te das vezes que visitaste os núcleos cristãos na Terra? Lembras que já ouviste falar na imortalidade da alma? Que Yeshua de Nazareth ensinou que há muitas moradas na casa de Yahweh?

Lucinius fez propositada pausa. Virius Lupus tinha ouvido com atenção e respondeu:

— Imortalidade da alma? Ouvido falar, na Terra? Ora, não estamos na Terra? Vós falais sobre coisas incompreensíveis... Pelo visto, estou doente. Devo ter desmaiado e Nadir deve ter-me trazido para o hospital da Intendência, mas não conheço esta sala.

Olhando em volta exclamou:

— Mas... mas, tudo aqui é estranho para mim.

O cônsul estava se agitando e demonstrando nervosismo. Lucinius então disse:

— Nobre Lucius, tem calma! Daqui a pouco uma pessoa vai entrar por aquela porta e será tudo mais fácil para entenderes.

Virius Lupus imediatamente retrucou:

— Quem? Quem virá? Nadir? Meus filhos? O centurião Aulus?

— Nenhuma dessas pessoas — respondeu Lucinius.

Ia continuar, quando leve batida se fez ouvir, na porta, e a seguir ela foi aberta lentamente. Dalila entrou por primeiro e a seguir acenou com a mão para outra pessoa entrar. Os olhos de Virius Lupus estavam fixos na porta, quando a jovem Júlia Antius Crescente entrou no recinto. Estava simplesmente linda. Os cabelos dourados, cacheados caíam-lhe sobre os ombros; os olhos grandes e belos; trajava uma túnica branca com um xale azul-claro sobre os ombros; na face, a mesma candura. Figurava-se um verdadeiro anjo de beleza. Estava sorridente, e como que levitando pelo chão, caminhou na direção de Lucius Virius Lupus.

O cônsul estava simplesmente estupefato, hebetado. Não conseguiu falar nada, apesar do esforço por fazê-lo. Não conseguiu segurar o rio de lágrimas há muito e muito represado em sua alma. Num esforço enorme, conseguiu dizer:

— Júlia... Júlia... és tu?

Ela acenou com a cabeça positivamente.

— Ah! meu amor, não posso acreditar. Agora tu penetraste no meu sonho?

Júlia, ainda sorrindo, estendeu sua mão e pegou uma das mãos de Virius Lupus, levou aos lábios e beijou-lhe o dorso suavemente, dizendo:

— Olá, Lucius querido, como estás te sentindo?

Embora tivesse se esforçado muito, Júlia não conteve as lágrimas. Virius Lupus, sob a contínua cortina de lágrimas, balbuciou:

— Então, então, não é um sonho? Tudo isto é real? Aliás, minha alma, pelo amor que sempre venerei por ti, deseja que seja.

Júlia, com a outra mão, afagou os cabelos de Virius Lupus, como sempre fazia quando estavam juntos, na Terra, e suavemente falou:

— Meu amado, não, não é um sonho. Tudo é real e é preciso que sejas forte para compreender e enfrentar a nova realidade que bate à porta de tua vida. Já não estás mais na Terra e pela Bondade de Yeshua de Nazareth, foste trazido para este local, que é um hospital nas Esferas dos Céus, construído numa cidade que se chama *Cidade Espiritual de Nova Roma*, para onde têm vindo os romanos que morrem no corpo, na Terra, e que foram pessoas boas, de bom coração, que praticaram o bem e viveram o amor, e, por essa razão, merecem vir para cá. Foi para esta cidade que fui trazida após minha morte do corpo físico, e tu também.

Virius Lupus ouvia a inesquecível amada com atenção, contudo, na sua mente, os acontecimentos fervilhavam, ora crendo, ora duvidando. Júlia, a seguir, falou-lhe:

— Meu amado Lucius, vejo teus pensamentos convulsionados entre a crença e a descrença, porém, há duas pessoas que também estão para chegar, pois querem ver-te. Já que tens alguma dúvida, preciso te falar que faz trinta dias que estás aqui internado, em processo de socorro e de auxílio, pelo sono, para que quando acordasses a tua mente não se agitasse muito.

Ocorreu, amado Virius Lupus, que na noite em que te recolheste para o repouso noturno, conversaste, já deitado, com a boa Nadir.

— Boa Nadir? — interrompeu Virius.

— Sim, meu amado, boa Nadir, eu e ela somos grandes amigas, que aceitamos cuidar de ti na Terra, cada uma a seu tempo. Voltando ao assunto, naquela noite, pela madrugada, o teu coração físico falhou, e acabou por parar de bater. Ao fazê-lo, tiveste falta de ar e a seguir teu corpo físico desfaleceu e acabaste por perecer.

— Pois quê? — sobressaltou-se Virius. — Isso é verdade? E Nadir? E meus filhos? Ah! e nosso filho, Júlia? nosso filho!

Júlia acariciou novamente os cabelos do cônsul, dizendo:

— Não te preocupes. Eles estão muito bem. Já receberam a ajuda que precisavam e seu amigo Aulus está cuidando deles como se fossem de sua própria família. Acalma-te.

A seguir, Júlia lhe disse:

— Meu amado, agora olha para a porta e vê que duas pessoas estão chegando para ver-te.

Virius Lupus instantaneamente olhou para a entrada do aposento, cuja porta permanecera aberta, quando por ela entrou um casal. À frente vinha Lucius Martinus Virius Lupus, nada menos que seu pai, e a seu lado, a boa e carinhosa Gláucia Martinus Virius Lupus, sua mãe. Estavam lindos e remoçados. O pai, com os cabelos grisalhos, e a mãe, incrivelmente, com os cabelos pretos. Caminharam na direção do filho amado, de mãos dadas, e ao chegarem ao lado da cama, sorriram.

Virius Lupus, que tinha controlado as lágrimas, foi novamente vencido por elas, que rolaram pelos desfiladeiros da saudade. Júlia afastou-se, e a senhora Gláucia era agora quem acariciava os cabelos do filho. O silêncio, naquele aposento, era de uma magia indescritível. Virius Lupus novamente se esforçou e disse:

— Papai! Mamãe! Oh! por Yahweh, por Yeshua, não é mesmo um sonho. Quanta saudade! Quantas lembranças! Se alguma pequena dúvida havia, de ser um sonho, agora ela se dissipou.

As lágrimas continuavam aos borbotões. Seu pai lhe havia pegado uma das mãos. A cena era maravilhosa. Era o reencontro familiar. Lucius Martinus disse:

— Querido e amado filho, a saudade que declinas neste momento, é a mesma que eu e tua mãe sempre sentimos de ti, porém, de vez em quando, pela Bondade de Yeshua, volvemos à Terra espiritualmente, para ver-te, acompanhar-te e sempre nos sentimos honrados com teus atos e ações. Anelamos que quando chegasse o momento de teu retorno às moradas celestes, pudéssemos vir ter contigo. Qual não foi a indizível alegria, ao ser informado por nosso administrador aqui presente, que Yeshua havia consentido vires para esta cidade espiritual, o que foi feito, não somente pela Bondade d'Ele, mas principalmente pelos atos dignos de tua vida na Terra.

Agora que estás aqui, haveremos de conversar bastante. Teremos muito tempo para isso. Agora é preciso que descanses. As emoções foram muitas e é preciso que te refaças por completo. Ah! para que te tranquilizes mais, estamos autorizados a dizer-te, amado filho, que nos foi dada a tarefa de velar, na Terra, por Nadir e por nossos netos. Fica tranquilo quanto a isto.

A seguir, os pais beijaram o filho, que em lágrimas disse:

— Amo vocês com as fibras mais sutis do meu coração. Sou-lhes grato por tudo. Obrigado! Obrigado! Que o Mestre Yeshua os abençoe, sempre.

Ainda sorrindo, os pais do cônsul se retiraram.

Então, Júlia aproximou-se novamente e depositando amoroso beijo na testa de Virius, disse:

— Meu amado, por agora, é preciso que melhor te recuperes, assim, ausentar-me-ei também, porém de maneira temporária.

Nosso administrador — disse, olhando na direção de Lucinius —, comunicou-me que Yeshua concordou que fiquemos juntos. Descansa e fica tranquilo.

A seguir, beijando a face de Virius Lupus, acariciou novamente seus cabelos e suavemente se retirou.

Lucinius e Dalila se aproximaram e Lucinius indagou:

— Como te sentes agora, nobre cônsul?

— Me sinto bem — respondeu Virius —, embora com um nó na garganta. Acho que ainda não derramei suficientes lágrimas em razão de tudo o que me aconteceu.

— Sim — disse Lucinius —, contudo, não vos agasteis mais. Dalila irá aplicar-vos um remédio. Precisais repousar após estas emoções. Esse medicamento vos fará dormir mais um tempo necessário.

— Sim, nobre amigo e colega, compreendo, entretanto, dizei-me como estão Nadir e meus filhos. Eles sofreram muito com a minha morte?

— Sim, sim, foi um momento muito triste para Nadir, porque ao acordar e chamar-vos, não respondestes. Ela e os filhos sofreram e têm sofrido muito vossa ausência física, porém, não lhes faltou nem lhes faltará o apoio necessário. O centurião Aulus tem sido um verdadeiro anjo cuidador para eles. Cuida deles como se fosse a sua própria família.

Enquanto falavam, Dalila aplicou no braço de Virius Lupus um líquido amarelado e este quase que repentinamente sentiu os olhos pesarem e logo adormeceu.

Antes de todos estes acontecimentos, naquela manhã fatídica, em Alexandria, Nadir estranhou, porque Virius Lupus, pelo hábito militar, levantava-se geralmente muito cedo. Ela acordou, enlaçou o corpo do marido, que para ela ainda dormia e ao sentir o seu corpo gelado, deu um grito:

— Meu Yeshua! Chacoalhou-o pelos ombros, e nada; chamou-o, já em certo desespero, e nada; nenhuma reação. Então levantou-se, deu a volta na cama e sentou-se ao lado do corpo de Virius Lupus. De seus olhos já corria uma verdadeira enxurrada de lágrimas. Pegou nos pulsos do marido e pôde constatar a ausência de pulsação. Virius Lupus havia falecido enquanto dormia. Ela não pôde perceber isto durante a noite, mas o coração do guerreiro romano havia cessado de bater. Contava ele, então, 53 anos de idade.

Procurando de alguma forma controlar-se, deu o alarme do ocorrido, com cuidado, e mandou chamar Aulus imediatamente. Este, ao entrar e ver o corpo do amado chefe sem vida, não aguentou e ajoelhou-se. Também vertia lágrimas em profusão, e mal conseguia falar.

Após mais algum tempo, ele e Nadir tomaram as providências iniciais, sendo que Nadir se incumbiu da dolorosa tarefa de comunicar aos filhos o que havia ocorrido. Chegando nos aposentos deles, estes travavam divertida conversa sobre pássaros e perceberam de imediato o semblante carregado da mãe; viram que ela estava praticamente chorando; sobressaltaram-se um pouco e foi Lucius Virius Lupus Agrícola, o filho adotivo de Nadir, que falou. Ele a chamava de mãe:

— Mamãe, por que estás chorando? O que houve?

Nadir entendeu que suas feições a denunciaram, então respondeu:

— Filhos, antes que vos diga o que ocorreu, dizei-me: credes em Yahweh e em Yeshua, como tendes aprendido comigo?

— Cremos sim — responderam —, não temos dúvidas quanto a isto.

— E credes que Yahweh é o criador de tudo, tudo, da Terra e do céu, da Humanidade?

— Cremos — responderam novamente.

— Então — disse a mãe —, dizei-me quem fez os pássaros de que estavam falando assim que cheguei?

Agora foi Lucius Virius Lupus Martinus Lucillianus, seu filho do corpo, que respondeu:

— Vós nos ensinastes que tudo o que o homem não criou e existe, é obra de Yahweh.

— Ah, sim! — retrucou Nadir. — Então vos proponho uma questão: Yahweh emprestou-nos os pássaros que abrilhantam e encantam nossos olhos e ouvidos, mas se Ele os pedir de volta, o que fareis?

Os dois responderam:

— Ora, devolveremos eles ao Criador.

Então Nadir, que voltara a chorar, foi ao encontro dos filhos, os abraçou e disse:

— Pois é, meus filhos amados, vosso papai, que é o pássaro alegre de nossas almas, esta noite, enquanto dormia, foi chamado de volta por Yahweh.

Quando ela falou isto, os três choraram a certeza da ausência e da saudade futura, e após, controlando-se, de alguma forma, foram para os aposentos onde estava o corpo do pai e lá chegando, choraram novamente o preito da dor que vergasta a alma.

Ainda com emoção e voz trêmula, os dois disseram, um repetindo o outro:

— *Oh! Yahweh! aqui está o corpo sem vida de nosso amado papai, mas sentimos que sua alma está presente e nos abraça neste instante. Como poderemos suportar a sua ausência física? Vós o pedistes de volta e nós o entregamos com o coração em frangalhos, eis que ele era, e temos certeza de que continuará sendo, o nosso guia. Não aparteis de nós o vosso rosto.*

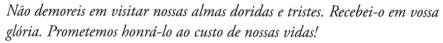

Não demoreis em visitar nossas almas doridas e tristes. Recebei-o em vossa glória. Prometemos honrá-lo ao custo de nossas vidas!

Não há como descrever a emoção daquele momento.

Após o embalsamamento do corpo pelos médicos da Intendência, dez dias depois, sob bela e triste cerimônia conduzida por Aulus, debaixo de honras militares, acompanhado de grande parte da população da cidade de Alexandria, que ficou paralisada, em homenagem ao grande administrador da província romana do Egito, o corpo de Lucius Virius Lupus foi sepultado, na cidade, pois Lucius havia deixado escrito, em seu *testamentum*, o desejo de que seu corpo fosse enterrado na bela Alexandria, que aprendera a amar.

Ao pé do túmulo do grande cônsul e general, Aulus falou, em nome da família e de si próprio, em meio à multidão que acompanhou o sepultamento, despedindo-se do amigo:

— *Nobre cônsul, legatus imperiale e general dos exércitos de Roma, Lucius Virius Lupus! o homem bom e profícuo faz com que tudo ao seu redor se converta em bem, e em muitas ocasiões atende às obrigações alhures e descuida de si próprio. Assim era como vós agíeis. Legastes vossa vida na defesa de Roma. Nas batalhas que travamos juntos, certa vez, confidenciastes-me, na distante pártia, que nunca buscáveis glória pessoal nem elogios, mas buscáveis, sim, humanizar Roma e fazer que ela se tornasse mãe e socorredora.*

Estimado guerreiro, descansareis, por um pouco, e creio no que me dissestes, certa vez, que mesmo morrendo voltaríeis a trabalhar pelos que ficariam na Terra, e que pedirias ao Criador, renovasse-lhe a oportunidade de servir e amar a Roma novamente. Vossos entes queridos, esposa e filhos, e vossos amigos vos reverenciam, neste instante, uma vez mais, e o farão, sempre!

Gratidão e paz e nobre amigo. Ave, Roma! Ave, nobre general, cônsul e legatus imperiale, Lucius Virius Lupus! Até um dia!

O sepultamento foi emocionante, mas a vida prosseguia. Aulus se tornou a sombra protetora de Nadir e dos filhos.

CAPÍTULO LII

IMPORTANTE REUNIÃO NA CIDADE DA FÉ – PLANEJAMENTOS PARA O FUTURO – NOVAS TAREFAS – A MENSAGEM DA ESPERANÇA

Os anos seguiram sua marcha inexorável, e agora corria o ano de 215 d.C. O Cristianismo, apesar das duríssimas lutas que havia enfrentado até ali, havia se espalhado por quase todo o território dominado por Roma. Falava-se de Yeshua de Nazareth em toda a Ásia Menor; em grande parte da Ásia Central; em boa parte do continente africano, além da região da Grécia e Macedônia. Roma, agora, sob o peso da mão dura de Lucius Septimus Bassianus, conhecido como Caracala, caminhava novamente pelas estradas da tirania e do despautério, espalhando morte, temor e dor.

Ao receber a notícia do falecimento do cônsul Lucius Virius Lupus, apesar de sempre tê-lo respeitado, eis que, na verdade o temia, por suas correções e por saber que o general era amado pelo povo, Caracala não manifestou qualquer expressão de sentimento e apenas procurou seguir as formalidades do Estado e decretou luto oficial de dez dias em todos os domínios do império.

Esses dias, na capital Roma, ao invés de serem, de alguma forma, de manifestação de respeito à memória do grande general, que houvera servido com galhardia, destemor e extremada dedicação à Pátria, foram dias e noites em que verdadeiras orgias tomaram conta dos corredores do palácio, inclusive do Senado Romano. Na realidade, Roma continuava cada vez mais a lentamente se aproximar das beiradas do precipício.

A despeito das ocorrências, na Terra, ao final do referido ano, o governador da Cidade da Fé, Acádio, sob ordens superiores, convocou uma importantíssima reunião, na qual o tema central a ser tratado versaria sobre o futuro da Humanidade terrena, e, por vias de consequência, sobre o futuro da Mensagem Renovadora de Yeshua de Nazareth, no orbe terreno, para o que, seriam alvo de menção, assuntos relacionados aos seguintes temas: *Análise da situação da Terra, naqueles tempos; análise da situação das almas que povoavam a Terra, nos seus domínios espirituais e físicos; estabelecimento de novas ações para o futuro da Humanidade; a real situação da Sublime Mensagem de Yeshua e, por fim, as expectativas quanto ao futuro da Terra.*

A manhã resplandecera no local da ionosfera terrestre onde se situava a Cidade da Fé. O Astro-rei do sistema clareava a Vida espiritual. As ruas da bela cidade recebiam inúmeros Espíritos desencarnados e encarnados que, sorridentes, caminhavam na direção do prédio central onde havia o grande auditório. Dentre elas se faziam presentes os amigos Tertullianus de Cartago, Clemente de Alexandria, Eliaquim, Demétrio e Orígenes, que ainda se achavam nas labutas terrenas. Iam alegres, altivos, esperançosos e confiantes. O local logo mais se repletaria de Espíritos bons.

O ambiente era maravilhoso, e todos que chegavam subiam alegres os lances da escada que dava para o interior do auditório, que era todo composto de bancos com assentos e local para apoiar os braços. Eram bancos almofadados em tonalidade azul-escura. O teto do auditório era muito alto e, em sua extensão, pendiam enormes peças arredondadas, com sobreposições em aros, que pareciam de vidro, e delas saíam luzes prateadas, azuladas e violáceas, que se alternavam nas tonalidades, deixando o ambiente simplesmente deslumbrante.

Os quatro corredores com os bancos pareciam se sobrepor uns aos outros, ao estilo dos anfiteatros da Grécia. Embaixo, após a última fileira, havia, a uma regular distância, um tablado com cinco pés de altura. No centro dele havia uma mesa comprida, em que cabia em torno de 30 Espíritos, que se sentavam em bancos azuis, com encosto, sendo que ao centro, o banco possuía um encosto mais alto que os demais. Atrás da mesa, à direita, havia uma enorme parede em tonalidade branca.

Em pouco tempo, o auditório estava totalmente tomado. Ali estavam cerca de 600 almas, ou Espíritos, dos quais a maioria havia transitado pela Terra, desde os tempos de Israel, da Índia, da Pérsia, da Grécia e de Roma, e muitas almas que se dedicaram à fé cristã, desde os tempos de Yeshua, homens e mulheres que serviram ao Cristo, com sacrifício até de suas próprias vidas físicas.

Ali se encontravam todos os apóstolos escolhidos pelo Cristo, os seus discípulos amados, aqueles que carregaram o facho iluminador da Sublime Mensagem do Mestre Nazareno.

Todos os que haviam ingressado no imenso auditório tinham recebido uma pequena flor, com pétalas em azul e amarelo suave, que possuía, ao centro, uma pequena haste branca da qual exalava delicioso e suave perfume.

Os que haviam transitado pela Terra se destacavam pelos trajes de suas existências terrenas preferidas. Ali se podiam ver vários trajes utilizados em várias nações da Terra.

Música suave e maravilhosa inundava o ambiente, e os Espíritos conversavam em clima de harmonia, respeito e quase silêncio. De repente, a música reduziu seu volume automaticamente, e por uma porta lateral entraram vários Espíritos, que ocuparam a mesa central da atividade. Estes irradiavam luz própria, que lhes saía pelos contornos do corpo espiritual: das faces, dos braços e das mãos.

Dentre eles, ali estavam os apóstolos Mateus Levi e João, os discípulos Marcos, Lucas, Paulo de Tarso, Silas, Timóteo, Inácio de Antioquia, Tito de Creta, Policarpo de Esmirna, Irineu de Lugdunum e vários outros abnegados servidores do Cristo.

Por último, entraram e tomaram os lugares ao centro da mesa, o governador Acádio, Simão bar Jonas, os profetas Jeremias, Daniel, Zacarias, Ezequiel e Ezequias.

Quando da entrada desses últimos Espíritos, o auditório todo ficou em pé, em sinal de reverência. Após, todos sentados, a maravilhosa música ambiente automaticamente aumentou de volume e todos ficaram por algum tempo cabisbaixos, em sinal de reverência ao ato. Mais alguns instantes e o governador Acádio levantou-se, no que a música ficou quase que imperceptível, então falou a todos, e sua fala repercutia em todo o auditório, potente e plenamente audível, como se estivesse amplificada:

— Amados irmãos em Yahweh! Saudamos a todos, com os votos do amor divino que foi levado à Terra por nosso irmão maior, Yeshua de Nazareth!

Antes de iniciarmos nossa reunião, rogo ao irmão Simão bar Jonas, que ore por todos nós.

O grande arrebanhador do colégio apostólico, depois do Cristo, levantou-se, e olhando na direção do teto do auditório, iniciou a orar:

— *Senhor de nossas vidas, levantamos nossos olhos para as alturas, direcionando nossos pensamentos, objetivando que ele vare a imensidão dos espaços ainda indevassáveis e alcance vossa Sublime Morada, a fim ofertar--vos nossa total devoção e confiança irrestrita em vosso Amor Infinito.*

Mesmo que Moshe tenha dito que é uma ousadia falar diretamente ao Nosso Senhor, porque somos pó e cinza, bendizemos vossa Sublime Misericórdia para conosco e rogamos nos concedais a paz que anelamos, para que nossa confiança sempre se engrandeça e continuemos servindo--vos, para benefício de nós próprio e do mundo, hoje e por todo o tempo que for necessário.

Abençoai-nos, fortalecei-nos e estai conosco.

Após a prece, o governador Acádio retomou a palavra, e como continuava de pé, iniciou sua locução:

— Irmãos e irmãs da alma! todos fostes trazidos aqui, nesta sublime ocasião, para que possamos entretecer considerações conjuntas sobre a atual situação moral em que se encontra nossa amada Terra, e principalmente sobre os ataques que o Cristianismo vem sofrendo, já há quase dois séculos, por parte de irmãos equivocados, que sem entender até hoje a Sublime Orientação do Cordeiro Divino, preferem se travestir como verdugos da nova fé, quando não buscam tirar proveito próprio, na satisfação dos seus interesses pessoais, elegendo interpretações desconexas alusivas à Sublime Mensagem da Boa-nova, e que têm dado azo ao surgimento de falsas crenças, totalmente apartadas da Lídima Mensagem de Yeshua, portanto, distanciando-se da necessária renovação que precisamos fazer em nossas almas, para podermos ir ao encontro do Reino de Yahweh.

O atual quadro terreno, relativamente ao progresso da Mensagem do Mestre, é preocupante, pois, em nosso próprio meio cristão, vemos surgirem falsos profetas e enganadores, que se manifestam, atribuindo para si e para seus pseudoministérios, as realizações de grandes prodígios, de curas, de promessas de conquista de riquezas materiais.

Fazem isto com tanta ousadia que até muitos dos que se dizem cristãos têm-se deixado enganar, colocando dúvidas entre as palavras de vida eterna de Yahweh, trazidas pelo Amado Mestre da Galileia e as falácias e profecias enganosas.

Yeshua, irmãos e irmãs, sempre nos alertou para que permanecêssemos preparados e vigilantes; que nos conservássemos fiéis e aptos, a fim de vivermos plenamente a sua mensagem, a qualquer tempo, sem titubeios. Alertou para nos precatarmos diante dos falsos profetas.

Muitos que se dizem seguidores do Mestre têm feito grandes ajuntamentos de pessoas, mesmo em alguns núcleos cristãos, fazendo promessas espetaculosas; prometendo maravilhas; iludindo pessoas que muitas vezes lutam contra o desespero, e prometem a elas milagres. E quando esses milagres não são atingidos, têm utilizado sempre da mesma simplória e ilusória resposta: "É preciso ter fé. Se você não conquistou o que desejava é porque, ao pedir, estava sem a fé necessária para lograr atendimento". Ora, aqueles que se veem em dificuldades não são difíceis de persuadir, logo, deixam-se levar pelo engodo e por falsas promessas, impossíveis de serem cumpridas.

O núcleo cristão fiel e exitoso será sempre aquele cujos frequentadores ou fiéis vencerem o mundo, não se desviando dos verdadeiros ensinamentos deixados pelo Cristo Yeshua, *não perdendo tempo em querelas vãs*, em disputas vazias por funções e poder.

Para isto, lembramos, neste momento, de parte da anotação de nosso irmão Marcos, que nos honra com sua presença, quando registrou as sublimes palavras de advertência pronunciadas por Yeshua, eis que o Mestre, na ocasião, falando a seus apóstolos a respeito da destruição do Templo de Jerusalém, disse que não ficaria pedra sobre pedra, advertências que sempre nos será útil lembrar, e que devem ser alvo de lembranças permanentes, eis que Ele assim disse:

"Vede que ninguém se engane. Muitos virão em meu nome, dizendo: Eu sou o Cristo, e enganarão a muitos. Quando, porém, ouvirdes falar de guerras e rumores de guerras, não vos assusteis, é necessário assim acontecer, mas não é o fim. Porque se levantará nação contra nação e reino contra reino. Haverá terremotos em vários lugares e também fome. Estas coisas são o princípio das dores. Estai de sobreaviso, porque vos entregarão aos tribunais e às sinagogas. Sereis açoitados e vos farão comparecer à presença de governadores e reis, por minha causa, para lhes servir de testemunho. Um irmão entregará à morte outro irmão, e o pai ao filho; filhos e filhas se levantarão contra os progenitores e os matarão. Sereis odiados por todos, por causa do meu nome. Mas é necessário que primeiro a minha palavra seja pregada a todas as nações. Quando, pois, vos levarem e vos entregarem, não vos preocupeis com o que havereis de dizer, mas o que for concedido naquela hora, isso falai; porque não sois vós que falais, mas o Santo Espírito. Aquele, porém, que perseverar até o fim, esse será salvo."

Diante de tudo isto, amados, é certo que o futuro ainda está além de nossa compreensão, entretanto, tenhamos fé viva dentro de nós, e, como disse nosso bom amigo Paulo de Tarso, aqui presente, quando escreveu pela vez primeira aos habitantes de Corinto:

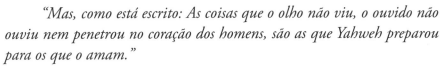

"Mas, como está escrito: As coisas que o olho não viu, o ouvido não ouviu nem penetrou no coração dos homens, são as que Yahweh preparou para os que o amam."

Irmãos, aqui estais, para que vos alertemos em relação às lutas pela verdade. Elas continuarão, acerbas, diante do futuro da Humanidade, haja vista que a criatura humana apenas inicia a sua caminhada para a exata compreensão das coisas de Yahweh. Nesse sentido, aos poucos, mas de maneira segura, ela irá compreendendo que o Criador é tudo, que Ele nos criou e que nos ama em caráter de totalidade. Ele quer o melhor para seus filhos. Somos todos nós, que habitamos a Terra, e muitos outros que estão espalhados pelas suas moradas, nos céus, aqueles que precisamos conhecer todas as Suas Soberanas Leis e buscar viver conforme as mesmas, para sermos glorificados em Yahweh, lembrando de nosso irmão Jeremias, também aqui presente, quando disse:

"Assim diz o Senhor: Não se glorifique o sábio na sua sabedoria, nem o forte na sua força, nem o rico nas suas riquezas, mas o que gloriar, glorifique-se nisto: Em me conhecer e saber que eu sou o Senhor e faço misericórdia, juízo e justiça na Terra; porque destas coisas me agrado, diz o Senhor. Eis que vêm os dias, diz o Senhor, em que castigarei todos os circuncidados, juntamente com os incircuncisos, se se apartarem da minha lei, mas será bendito aquele que confia no Senhor."

O Senhor da Vinha, pela Sua Bondade, escolheu-nos, para que seus ensinamentos sobre a verdade, conduzida com maestria por Yeshua, jamais encontrem pedra de tropeço, e para isso precisaremos sempre redobrar nossas energias para o bom desempenho das tarefas que, ao longo dos tempos, nos têm sido confiadas.

Nosso coração não agasalha dúvidas quanto à sublime convocação do Pai Celestial. Os desafios enfrentados até aqui, por todos nós, que dedicamos o melhor de nossas vidas a serviço da causa de Yeshua, que é a causa de Yahweh, avolumar-se-ão, pois a supremacia do bem somente será conquistada pela sabedoria e pelo amor, consumados no serviço da prática do bem comum. Jamais agasalhemos dúvidas em nossa alma, quanto às condições que temos para servir ao Cristo, com destemor. A esse ponto, lembramos da anotação do nosso amado Lucas, aqui presente, quando escreveu em homenagem aos apóstolos do Mestre:

"Respondeu-lhes Yeshua: A vós não vos compete saber os tempos ou as épocas que o Pai reservou à sua própria autoridade. Mas recebereis poder, ao descer sobre vós o Santo Espírito, e ser-me-eis testemunhas, tanto em Jerusalém como em toda a Judeia e Samaria e até os confins da Terra. Tendo ele dito estas coisas, foi levado para cima, enquanto eles olhavam, e uma nuvem o recebeu, ocultando-o a seus olhos."

Todos devemos sempre restar preparados para o bom combate destes tempos e dos tempos do futuro, para o que, não devemos recuar nem tergiversar, eis que se aproxima ainda o Espírito assolador, que tentará varrer da Terra a alcandorada mensagem da Boa-nova, porém, haverá de encontrar todos nós em oração e ação, em vigília de amor permanente, com as mãos no arado e na charrua, a força de resistência com que conta o Cristo Yeshua. Não há paraíso ocioso. O paraíso, como bem define o Messias, é o reino da alegria interna em razão do dever cumprido, da reta consciência, do amor ao Pai Celestial e ao próximo. A conjugação desses sentimentos-esforços é que nos granjeará o acesso ao Reino de Yahweh.

Concito-vos, pois, a continuardes na estrada dos sacrifícios. Há muito por fazer. Busquemos renovar nossos esforços para que ocorra sempre a intercessão direta de Yeshua em nossas vidas.

Quanto ao futuro, lembramos das orientações feitas há muito tempo pelo profeta Isaías, quando disse:

"E eles edificarão casas e as habitarão e plantarão vinhas e comerão o fruto delas. Não edificarão para que outros habitem; não plantarão para que outros comam, porque os dias do meu povo serão como os dias da árvore, e os meus escolhidos gozarão por longo tempo das obras das suas mãos; não trabalharão debalde nem terão filhos para as calamidades, porque serão a descendência dos benditos do Senhor, e seus descendentes estarão com eles. Então os olhos dos cegos serão abertos, os ouvidos dos surdos desimpedirão. Então o coxo saltará como o cervo e a língua do mudo cantará

de alegria, porque as águas arrebentarão no deserto e ribeiros no ermo, e ouvireis uma grande voz, vinda do trono, que dirá: Eis que o tabernáculo de Yahweh está com os homens, pois com ele habitará e eles serão o seu povo e Yahweh estará com eles. Ele enxugará de seus olhos toda lágrima, e não haverá mais morte, nem haverá mais pranto, nem lamento, nem mais dor, porque as primeiras coisas serão passadas."

Amados irmãos e irmãs! Desejamos que todos se estribem na absoluta confiança no Pai Celestial, arregimentando-vos *Em torno do Cristo,* e continuemos a seguir as estradas das lutas, dos sacrifícios em favor da Boa-nova, sem esmorecimentos.

Dia virá em que o sol refletido de nossas vidas, Yeshua de Nazareth, receber-nos-á com o sorriso do amor imarcescível, no acalanto da paz verdadeira, e uma vez mais abraçará nossa disposição de serviço e nos concederá novas tarefas para que o Amor Divino triunfe, um dia, em definitivo, na Terra que Ele governa, porque Ele nos disse, pela lembrança do amigo e irmão João, também presente, para nosso gáudio:

"Minhas palavras são Espírito e Vida. Não se perturbe, pois, e nem tema o teu coração."

Adiante, amados, amar e servir, este deve ser o lema que alavancará o futuro da Humanidade. Rogamos, pois, a Yahweh e a Yeshua, bênçãos sobre todos nós.

O governador Acádio terminou sua alocução. A música de extraordinária beleza aumentou o volume, e todos, absolutamente todos estavam em silêncio íntimo. A reflexão era a pedra de toque de todos os servidores presentes.

Lágrimas de sentimentos nobres e vibrações extraordinárias das almas criavam uma espécie de vapor colorido que inundava todo o ambiente, quando, na enorme tela da parede, apareceram imagens que foram aos poucos ficando mais fortes e a seguir, todos ficaram em profundo êxtase, eis que, levitando do chão, em relva de um verde maravilhoso, cercado de pequenas flores multicoloridas e ladeado por muitos anjos que se aproximavam de sua grandeza espiritual, com uma túnica de uma brancura jamais vista e uma sobretúnica azul como a abóboda celeste, os cabelos da cor do ouro caídos sobre os ombros, a barba muito bem aparada, os olhos maravilhosos que mais pareciam duas estrelas e o sorriso leve e encantador, nada menos que Yeshua ben Josepho se fazia presente no ambiente.

Magnetizados pela luminosa e divina presença, extasiados e reverentes, todos aguardaram. Então Ele falou:

— *Amados irmãos!*

Externo alegria por ver todos no trabalho imperecível do bem.

Com efeito, a alma pura e singela não se distrai em razão das ocupações úteis, porque faz tudo para a honra e glória de Meu Pai e Vosso Pai, sem buscar em coisa alguma o seu próprio interesse.

Anunciei à Terra o que meu Pai me pediu que anunciasse, entretanto, ainda poucos resolveram ouvir; outros, descuidados, sacrificaram os servos em campanas da dor, negando-me seus ouvidos.

Compreendo ainda a fraqueza de muitos irmãos, e, como disse um amado discípulo: "Esvaeceram-se em suas cogitações, porque preferiram ser grandes no equívoco do que humildes na verdade."

Exulto com vossos comprometimentos. Tenho recebido vossos testemunhos de fidelidade. Anelo que a união de propósitos em amar e servir, sem desejar qualquer espécie de retribuição seja o móvel permanente de todos. Não vos esqueçais que nos momentos das lutas mais soezes devereis buscar-me, portas adentro de vossos corações, eis que, como disse outrora, sempre estarei com todos, até o final dos tempos.

Ide adiante, irmãos do coração! As lutas exigem esforço ingente do trabalhador da Vinha. Deixo-vos, por final, a lembrança de minhas palavras, porque são, segundo Meu e Vosso Pai, de Vida eterna: "Espera no Senhor e faze boas obras. Habita na Terra da tua redenção pelo bem, e serás apascentado com as alegrias do Reino de Yahweh".

Com o testemunho do meu perene amor por todos, Yahweh nos abençoe!

Conservando o maravilhoso sorriso nos lábios, o Anjo da Verdade foi como que desaparecendo daquela enorme tela, acenando para todos.

Ainda mais algum tempo, as euforias das almas presentes nutriam a vida de contagiante alegria. Aos poucos, todos foram trocando abraços e cumprimentos, sob cortinas de lágrimas de contentamento.

O governador Acádio, na companhia do cireneu de Tarso, Inácio de Antioquia, Policarpo de Esmirna e Irineu de Lugdunum, aproximou-se de Tertullianus, Clemente, Demétrio, Orígenes e Eliaquim, e foi Paulo de Tarso quem falou:

— *Amados irmãos, o governador fez-me porta-voz dos amigos que aqui estão conosco. Aprecio em dizer-vos que continuaremos a estar sempre a vosso lado, nas disposições de serviço. Concito que permaneçais firmes na fé. Andai no Espírito reto e jamais busqueis satisfazer às concupiscências da carne. Tornai-vos, a cada dia, prisioneiros de Yeshua. Amai e servi, sempre!*

Novos abraços, gratidão e renovação de forças para o futuro.

Amanheceu em Alexandria. O Astro-rei, como costumeiramente, naquelas bandas do mundo, marcava sua presença. As ruas e praças estavam engalanadas pelas flores viçosas e multicoloridas. Era primavera! Havia uma magia intensa no ar!

Reunidos no núcleo cristão, antes do repasto matutino, os amigos Demétrio, Clemente e os hóspedes Tertullianus e Eliaquim, junto com os diákonos, conversavam animadamente, cruzando as lembranças dos sonhos da noite e planejando incursões mais para o centro do continente africano, a fim de levar a Iluminadora Mensagem de Yeshua de Nazareth a outras almas ainda imberbes e necessitadas de conhecer as sublimes verdades do Evangelho do Cristo.

O Futuro com Yeshua era o carro do tempo que os esperava.

Anotações

ANOTAÇÕES

ANOTAÇÕES